TRAITÉ

DE LA

MANIE RAISONNANTE

TRAITÉ

DE LA

MANIE RAISONNANTE

PAR

LE DOCTEUR CAMPAGNE

Médecin en chef de l'Asile public d'aliénés de Montdevergues (Vaucluse)
Ancien interne de l'Asile public d'aliénés de Montpellier
Membre du Conseil d'hygiène et de salubrité publiques du département de Vaucluse
Membre de la Societé médico-psychologique de Paris, etc

OUVRAGE COURONNÉ

PAR LA SOCIÉTÉ MÉDICO PSYCHOLOGIQUE DE PARIS (Prix Andre, 1867)

Je n'ai point tiré mes principes de mes préjugés,
mais de la nature des choses.

MONTESQUIEU, Préface de l'*Esprit des lois*.

Il est des hommes mal doués à qui manquent
certaines facultes de l'intelligence. Ils sont, relativement à ceux qui possèdent ces facultés, ce
que le malheureux privé d'un ou de plusieurs or
ganes est a l'homme bien constitué.

BALMÈS, *Art d'arriver au vrai*, p. 220.

PARIS

VICTOR MASSON ET FILS

PLACE DE L'ÉCOLE-DE-MÉDECINE

—

1869

Le mémoire sur la manie raisonnante, présenté à la fin de 1865 à la Société médico-psychologique de Paris, et couronné par elle dans la séance du 25 février 1867, renfermait déjà presque toutes les idées contenues dans le livre que je publie aujourd'hui. Mais ces idées ont été l'objet d'une nouvelle élaboration, d'un développement plus étendu, d'un plus fort enchaînement et d'une coordination différente. Je me plais à croire qu'elles auront gagné à être ainsi transformées.

Montdevergues, le 14 décembre 1868.

INTRODUCTION

STATIQUE MENTALE

Les savants de tous les pays et de toutes les époques ont cherché à connaître l'essence, la nature des êtres, espérant y trouver la base des sciences appelées aujourd'hui sciences biologiques. Leurs efforts, continuellement renouvelés, ont été stériles, puisque ce problème est encore à résoudre. Sa solution n'est pas, ce me semble, absolument indispensable pour établir sur un terrain solide l'édifice des sciences précitées : je crois, en effet, que nos connaissances sur la nature des êtres vivants sont suffisantes pour nous permettre de fonder sur elles, en dehors de toute hypothèse, la biologie entière. Parmi ces connaissances, il en est une dont la certitude est complète ; nous la formulons en ces termes :

L'individu est un être un (puisqu'il existe), indivisible, indécomposable, et au fond toujours invariable.

Émettre une pareille proposition, qui n'a pas, d'ailleurs, le mérite de la nouveauté, c'est démontrer son exactitude; elle s'impose à notre esprit avec la puissance d'un axiome.

« Mais de ce qu'un tout est essentiellement *un,* il ne résulte pas que les divisions qu'on y établit soient purement artificielles : elles peuvent correspondre à des différences réelles et importantes et représenter, dans l'ensemble unique, autant d'ensembles secondaires ayant aussi leur valeur propre, et par conséquent leur existence logiquement distincte. Rien de plus légitime et de plus rationnel que cette décomposition de l'unité principale en unités d'un ordre inférieur, et même successivement de plusieurs ordres inférieurs, toutes les fois qu'elle est établie sur une connaissance suffisamment avancée de leurs véritables rapports [1]. »

Ainsi, tout en admettant l'unité de l'être vivant, notre intelligence, guidée par l'analyse, découvre dans la série animale, dans des proportions variables, la ma-

---

[1] I. Geoffroy Saint-Hilaire. *Histoire naturelle générale des règnes organiques,* t. 1er, p. 177.

tière, la vie et l'entendement. On perdrait son temps et sa peine à y chercher d'autres éléments que ceux-là.

Établie de la sorte, la constitution intime individuelle représente le point le plus culminant qui soit accessible à notre observation : elle vient immédiatement après la question de l'essence des animaux. Son importance hiérarchique lui assigne évidemment le second rang.

Comment et à quel titre existent les éléments mentionnés ci-dessus ? Ils n'ont pas une existence isolée, propre, indépendante, et, sous ce rapport, ils ne sont pas mieux partagés que l'hydrogène, le carbone et l'oxygène, trouvés par le chimiste dans l'acide acétique ; aucun de ces corps simples, étudiés séparément, ne rend compte des caractères du vinaigre ; celui-ci, à son tour, offre un signalement qui le distingue nettement des substances composantes prises isolément.

Il en est de même de l'homme ; les faits observés en lui sont de trois ordres : spirituels, vitaux et matériels ; cependant ils ne vont jamais séparément ; leur concours est obligé, nécessaire, dans toutes les conditions et dans toutes les circonstances de sa carrière sur la terre. L'activité humaine se traduit principalement, ici par des phénomènes physiques, là par des phénomènes vitaux, ailleurs par des phénomènes psychiques, sans que son unité soit jamais altérée ou détruite.

Sans doute, ces trois principes sont irréductibles ;

mais cette irréductibilité, toute spéculative, est une
vue de l'esprit et nullement un fait : elle est le résultat
de l'analyse ; et celle-ci, il ne faut pas l'oublier,
« est d'autant plus artificielle, que le sujet offre plus
d'unité [1]. »

Il est donc complétement impossible de les considérer comme des entités distinctes. C'est pourtant sur
cette impossibilité que le matérialisme, le vitalisme et
l'animisme, ont été fondés. Ces trois systèmes ne sont
que trois aspects différents d'une seule entité ; ils
se complètent réciproquement, sans que chacun d'eux
puisse jamais aspirer à une indépendance quelconque.
Voilà comment toute doctrine basée sur cette indépendance sera toujours arbitraire, imaginaire, entachée
d'erreurs, et, par suite, frappée de nullité. L'histoire
déclarerait au besoin que, en réclamant l'empire des
sciences, chacune d'elles élève des prétentions exorbi-
bitantes ou purement chimériques.

« L'homme est *un*, malgré les éléments distincts
dont il est formé. En lui se combinent d'une manière
merveilleuse les forces brutes, les forces organiques et
les forces spirituelles ; le mutiler, le décomposer, en
séparer les éléments afin de mieux le connaître, c'est
faillir à toutes les règles de la logique, c'est procéder
par l'analyse, qui disperse, sans avoir présente à la

[1] Ch. Bénard, *Diction. des sciences philosophiques* de Franck,
Art. *Analyse.*

pensée la synthèse, qui réunit; c'est en quelque sorte reproduire le chaos pour comprendre la création [1]. »

Par conséquent, c'est à la nature humaine qu'il faudra remonter chaque fois qu'il s'agira d'une conception systématique des faits biologiques.

Je ne me permettrai pas de développer, actuellement, les nombreuses conséquences qui dérivent de l'unité de l'être et de sa triple composition; je me permettrai encore moins d'en déduire les lois de la biologie: je dois me contenter d'énoncer, avec insistance, la proposition suivante qui surgit naturellement des lignes précédentes: L'homme, étant un être *un*, est inévitablement soumis à des lois qui doivent gouverner ses fonctions dynamiques, tout aussi bien que ses fonctions plastiques; d'où l'on peut conclure: que toute règle générale, vraie dans le domaine du corps et de la vie, est également vraie et parfaitement applicable dans le domaine de l'entendement; que, malgré la thèse soutenue par les psychologues et par quelques médecins désireux d'arracher la psychologie à la physiologie, il n'y a pas deux méthodes distinctes pour nous diriger dans l'étude de notre personne. Dans l'une, comme dans l'autre de ces sciences, l'observation opère de la même façon: elle s'élève du connu à l'inconnu, à l'aide des règles d'une logique invariable. Identité des lois, et par-

---

[1] *Annales médico-psychologiques*, Introduction, Ier vol. 1843, p. VII.

tant identité de méthode pour arriver au vrai : tel est, en un mot, le principe général qui régit les phénomènes de l'individualité humaine.

S'il en est ainsi, pourquoi ne nous servirions-nous pas, en explorant la sphère psychique, des guides fidèles qui nous conduisent, avec tant de succès, jusqu'aux régions les plus obscures de la physiologie ? En quoi serions-nous répréhensible si nous parcourions en physiologiste les vastes étendues de l'entendement ? Non, il est temps de disputer aux sciences abstraites un terrain qui n'aurait jamais dû leur appartenir. Il est temps d'abandonner des idées qui ne sont plus de notre époque, car « ce que la raison publique et les besoins de la société demandent désormais à la philosophie, dit M. Lelut, ce ne sont plus des logomachies stériles sur des questions qu'elle ne saurait résoudre et qu'elle devrait s'abstenir de poser, mais bien des recherches pratiques et des solutions immédiatement applicables au perfectionnement moral et au bien-être matériel de l'humanité, deux choses que depuis Pythagore et Platon la saine morale n'a jamais séparées [1]. »

M'inspirant de ces remarquables paroles, je vais essayer à mon tour d'entrer dans une voie déjà connue, mais peu suivie, quoiqu'elle soit très-pratique et d'une fécondité prodigieuse.

---

[1] *Qu'est-ce que la Phrénologie ?* Paris, 1836 ; p. 9.

A. *Connaître, sentir* et *vouloir*, voilà les prérogatives de l'esprit humain. L'activité psychique tout entière est résumée dans ces trois mots, qui désignent,
en même temps, les trois grandes fonctions de l'entendement, admises, implicitement ou explicitement, par
tous les médecins et par tous les philosophes, tant
anciens que modernes. Ces trois fonctions, que l'analyse sépare, ne sont pas cependant isolées : elles mêlent
leur travail de la façon la plus intime, et le mélange
des effets implique nécessairement la confusion des
causes.

Toutefois, quoique ayant un but commun, ces trois
fonctions sont, à leur tour, essentiellement irréductibles ; elles conservent une spécialité d'action qu'il est
impossible de méconnaître. Les appareils de la digestion,
de la circulation, de l'innervation, concourent tous
aux actes de la vie plastique, et pourtant à chacun
d'eux revient une tâche fonctionnelle propre. On doit en
dire autant de l'intelligence, de la sensibilité et de la
volonté, qui se meuvent dans une sphère à la fois générale et particulière. C'est là une loi de leur activité,
loi qui se retrouve encore dans les divisions et subdivisions de ces trois grands pouvoirs de la pensée, et qui
maintient l'unité de l'âme sans entraver les manifestations multiples et variées de ses diverses facultés.

L'intelligence a pour caractère essentiel d'éclairer
nos déterminations, et nullement de les faire naître :

elle fournit des renseignements, raisonne les mobiles de nos actes, les apprécie, mais ne nous porte jamais à l'action. Ce fait, rendu évident par les remarquables travaux de l'École écossaise, a été unanimement accepté par tous les psychologues de notre siècle.

Le privilége de nous porter à l'action, de nous déterminer, appartient exclusivement à la sensibilité morale, au moral.

La volonté, pouvoir unique, opère, en vertu de sa propre puissance, sur les matériaux de l'intelligence et des sentiments et décide en souveraine ; elle gouverne et commande : ses décisions sont absolues, sans appel.

Telles sont les attributions, tels sont les caractères spécifiques des trois grandes fonctions de l'esprit : la connaissance est le but de l'intelligence, la sensibilité crée l'impulsion, la volonté se réserve la direction ; et ces trois ordres de forces, agissant simultanément et dérivant d'un principe primordial unique, donnent satisfaction à tous les besoins de notre nature.

B. Notre organisation est en tout comparable aux grandes usines où chaque ouvrier a sa partie, sa tàche particulière. Dans le corps, ces ouvriers sont les *organes ;* dans l'entendement, ils portent un autre nom : on les appelle *facultés.* Les organes et les facultés, tout en concourant au même but, se distinguent par les attributions spéciales qui leur sont dévolues : plus un animal occupe un rang élevé dans l'échelle zoologique, et plus aussi ses besoins sont confiés à un grand nombre d'agents ou d'instruments. La division du travail, ainsi que l'a démontré M. Milne-Edwards, est portée à son apogée chez l'homme, l'être le plus complet sous tous les rapports et, par suite, le plus parfait de la création.

Parmi les phénomènes psychiques, la méthode analytique nous a fait reconnaître les faits de l'intelligence, ceux du moral et ceux de la volonté. Poursuivant maintenant les subdivisions, nous verrons que chacune de ces dernières catégories est susceptible de recevoir d'autres subdivisions renfermant aussi des agents distincts, quoique secondaires.

1° L'intelligence perçoit les objets et se met en rapport avec le monde extérieur ; elle conserve les impressions reçues, combine les perceptions, les idées et les souvenirs qui en résultent, les isole, les généralise, les associe, les raisonne, les juge, et, en faisant tout cela, elle est attentive et consciente.

Ces actes multiples de la pensée sont, à juste titre, considérés comme provenant d'un nombre égal de facteurs, de pouvoirs, de principes ou de facultés, qui, en raison des analogies de leurs produits, sont classés en trois groupes assez bien circonscrits.

Les facultés perceptives constituent un premier

groupe, composé de la perception extérieure, de la mémoire et, peut-être, de la conscience et de l'attention ; elles introduisent dans l'intelligence ou lui procurent les matériaux élémentaires sur lesquels s'exerce son activité. On les rencontre dans tous les rangs de l'animalité. Les idiots les possèdent, quoique faiblement développées, et, dans le cercle restreint de leur capacité, ils les mettent à profit pour faciliter les opérations de leurs instincts, pour donner satisfaction à leurs besoins matériels et pour éviter les causes grossièrement hostiles à leur misérable existence.

Le second groupe comprend les facultés transformantes, connues sous les noms d'imagination, d'abstraction, de généralisation et d'association des idées. Elles élaborent, travaillent, transforment les matériaux élémentaires apportés par les pouvoirs précédents, et les accommodent ou les approprient aux exigences des facultés réflectives. Par elles, l'être commence réellement à s'emparer de son milieu, à le dominer et à vivre de la vie spéculative. Elles appartiennent aux animaux supérieurs. L'homme leur doit le complément des moyens indispensables au fonctionnement régulier de son mécanisme, tout en restant encore très-incomplet au point de vue de l'étendue et de la profondeur de ses manifestations mentales.

Enfin la comparaison, le raisonnement, la causalité, le jugement, sont des facultés réflectives et forment une classe à part. Probablement absentes, ou du moins faiblement développées, même dans les mammifères, et nullement nécessaires à l'accomplissement des fonctions plastiques, elles ont pour but de perfectionner le produit des autres facultés et de leur donner, en le complétant, le degré de supériorité réclamé par les exigences de la vie psychique et sociale. Dépourvue de ces principes, une personne peut, à la rigueur, mériter la réputation de personne intelligente; mais son intelligence, sans profondeur, sans originalité, sans justesse, sans élévation, toujours stérile, improductive, superficielle, ne sera jamais animée par ce feu divin qui échauffe les âmes d'élite, et qui préside à la naissance de ces idées grandioses réservées uniquement à l'inspiration du génie.

Dans ces derniers temps, à l'occasion de l'aphasie, on a généralement admis une faculté qui ne se trouve pas dans notre tableau : je veux parler de la faculté du langage, pour laquelle on a trouvé un siége particulier dans la troisième circonvolution frontale de l'hémisphère cérébral gauche. Pour ma part, je ne pense pas que le langage puisse être élevé au rang de faculté de l'intelligence, et voici pourquoi : toute force a ses manifestations, par cela seul qu'elle est une force et qu'elle agit; or le langage, dans son acception la plus étendue, n'étant que l'expression de l'activité de tous les ressorts psychiques, ne saurait être un pouvoir, mais un mode d'expression commun à tous les pouvoirs de l'esprit. Le langage n'est donc pas une faculté ; c'est à peine si, en raison de la facilité d'élocution propre à certains individus, nous pouvons le placer parmi les aptitudes intellectuelles.

La détermination des aptitudes intellectuelles est encore plus difficile et moins naturelle que celle des principes de la pensée. Nonobstant, je crois que les dix aptitudes intellectuelles que je vais énumérer dans un instant répondront à tous les besoins de la psychiatrie clinique.

2° Les facultés de la sensibilité morale, appelées par l'École écossaise facultés actives, c'est-à-dire facultés qui déterminent à l'action, doivent jouir, en psychologie, d'un rôle prépondérant, puisqu'elles constituent le *caractère*, le *tempérament moral* des individus. Ces mots disent tout ce qu'elles sont.

Nous les diviserons en quatre classes : 1° facultés morales proprement dites, ou sentiments supérieurs ; 2° facultés sociales, ou sentiments altruistes ; 3° facultés personnelles, passions ou sentiments égoïstes ; 4° enfin les besoins, les instincts, les penchants, ou sentiments inférieurs.

Les sentiments supérieurs sont les plus élevés, les plus nobles et les premiers à s'éteindre : ils nous donnent la notion de l'infini. M. de Quatrefages a prouvé, après beaucoup d'autres, que l'homme seul les possède et, partant, qu'ils manquent dans toute l'échelle animale. Par ces motifs, nous avons jugé opportun d'en faire une classe à part.

Les sentiments altruistes ont également le droit de former une section spéciale. Par eux l'homme devient éminemment sociable, pouvant faire taire son intérêt personnel pour le bien de ses semblables. Ils le détachent de lui-même, afin de le mettre en rapport avec le milieu moral qui est indispensable à l'évolution complète de son existence. L'âge et la maladie les affaiblissent notablement.

La sphère d'action se rétrécit encore dans la classe des passions ou des sentiments égoïstes : ici l'homme n'aspire plus à contempler l'infini ; il ne songe pas davantage à vivre dans l'humanité ; ses aspirations ne dépassent jamais les limites tranchées de son individualité. Plus dépendants de son système plastique, et, par suite, plus tenaces que les précédents, ainsi que l'a fait voir M. Lelut, les sentiments égoïstes ne lui procurent aucun honneur : ils le rendent parfois méprisable.

Les appétits, les penchants, les besoins, semblent être préposés entièrement au maintien de la régularité des fonctions corporelles. Ils ont des racines puissantes dans les profondeurs de l'organisation, et l'air de famille qu'ils présentent les distingue parfaitement de tous les autres sentiments.

Ces quatre groupes sont très-naturels; ils offrent isolément un cachet spécial, caractéristique et distinctif.

3° Quant à la volonté, nous l'admettons telle qu'elle est reconnue par la psychologie moderne.

Le tableau ci-après résume les lignes précédentes.

NATURE HUMAINE ESSENTIELLEMENT UNE

Constitution de l'homme
- 1° Physique ou matérielle
- 2° Vitale
- 3° Psychique ou spirituelle
  - A. Intelligence proprement dite.
  - B. Sensibilité morale ou sentiments.
  - C. Volonté

A INTELLIGENCE PROPREMENT DITE

- 1er GROUPE — Facultés perceptives.
  - Perception extérieure.
  - Conscience (?)
  - Mémoire.
  - Attention (?)
- 2me GROUPE — Facultés transformantes
  - Imagination.
  - Abstraction.
  - Généralisation
  - Association des idées.
- 3me GROUPE — Facultés réflectives
  - Comparaison.
  - Raisonnement
  - Causalité
  - Jugement

Appendice — Aptitudes intellectuelles
  - Esprit d'imitation.
  - — caustique.
  - — scientifique.
  - — artistique... (Peinture. Sculpture. Musique. Littérature)
  - — industriel
  - — commercial.
  - — guerrier
  - — politique.
  - — des collections.
  - — du langage.

B — SENSIBILITÉ MORALE OU SENTIMENTS

1er Groupe — Sentiments supérieurs
- Sentiment de l'infini, foi, vénération, religion
- Sentiment moral, sentiment du bien et du mal.
- Sentiment de l'autorité, de l'ordre, de la justice.
- Sentiment de l'honneur, de la dignité
- Sentiment national, patriotisme.
- Sentiment de la gloire

2me Groupe — Sentiments affectifs et altruistes
- Affections de famille (conjugale, paternelle, filiale pour les parents).
- Amour.
- Attachement, amitié.
- Reconnaissance.
- Dévouement, charité.
- Bienveillance, tolérance, philanthropie.
- Estime, respect.
- Pudeur, modestie, décence, sentiment des convenances.
- Franchise, loyauté.
- Générosité.
- Crédulité, confiance.
- Sentiment de la propriété, respect de la propriété d'autrui.
- Pitié, commisération
- Admiration (?)

3me Groupe — Sentimts égoïstes Passions proprt dites
- Egoïsme proprement dit.
- Orgueil, ostentation, estime de soi, personnalité.
- Ambition, amour de la puissance, de la réputation, de la gloriole.
- Avarice, usure.
- Jalousie, envie.
- Vanité.
- Peur, crainte, frayeur, terreur — courage, audace.
- Ruse, hypocrisie, dissimulation, mensonge.
- Vengeance, cruauté, méchanceté.
- Misanthropie, haine.
- Curiosité.
- Prudence, circonspection
- Colère (?)
- Passion du jeu (?)
- Espérance (?)

4me Groupe — Sentiments inférieurs ou instincts, penchts et besoins.

1° Penchants
- Luxure.
- Gourmandise
- Paresse.
- Gloutonnerie, voracité.
- Ivrognerie.

2° Instincts proprement dits
- de la liberté.
- sociaux
- de conservation.
- de reproduction.
- du merveilleux (?)

3° Besoins
- naturels
  - d'activité.
  - de respiration.
  - d'alimentation.
  - d'exonération.
- factices
  - Tabac.
  - Boissons alcooliques, etc.
- Résultant de l'habitude.

C — VOLONTÉ. Pouvoir unique.

C. Essayons maintenant de nous faire une idée nette de la signification du mot *Faculté,* et cherchons ensuite à nous rendre compte de la valeur du tableau que nous venons de donner.

« On reconnaît qu'une chose a plusieurs propriétés, dit M. Jouffroy, quand elle manifeste des phénomènes de nature différente ; chaque espèce de phénomènes suppose une capacité spéciale, et l'on reconnaît dans une chose autant de propriétés différentes qu'on y a observé d'espèces distinctes de phénomènes. C'est de la même manière qu'on parvient à distinguer les différentes facultés de l'âme humaine et à en fixer le nombre [1]. »

M. Jacques a écrit les lignes suivantes dans le *Dictionnaire des sciences philosophiques,* de M. Franck : « Toutes les fois que je suis témoin d'un phénomène, quelle que soit sa nature, je ne puis m'empêcher de lui supposer une cause. Il se peut qu'en la cherchant je me trompe, et que, croyant faussement l'avoir découverte, je la place où elle n'est pas, je l'imagine autre qu'elle n'est, et lui prête des attributs chimériques. Mais, que je renonce ou non à la déterminer, je crois toujours qu'elle est ; que je réussisse ou que je succombe dans mes recherches, il y a toujours cela de vrai, à mes yeux, qu'elle existe. Je crois plus encore :

---

[1] *Mélanges de philosophie,* 1860, p. 270.

je crois que cette cause, bien ou mal connue de moi, préexistait au phénomène et lui doit survivre. L'effet passé, la cause demeure. Tout à l'heure elle n'agissait pas, et maintenant elle n'agit plus ; mais, inactive et comme en repos, je n'en pense pas moins qu'elle persiste, capable de reproduire à l'infini des effets pareils, que j'attends avec confiance du retour des occasions. La cause ainsi conçue d'un phénomène, presque toujours insaisissable en elle-même et dénoncée seulement par ses effets, mais en tous cas considérée comme indépendante d'eux, puisqu'elle était avant et sera encore après, c'est ce qu'on nomme en général une propriété, une vertu, une puissance, une force, une faculté [1]. »

On ne saurait être ici plus exigeant que dans les sciences exactes, attendu que là aussi il y a de ces rubriques, de ces X, de ces inconnues appelées attraction, fluide lumineux, électricité, affinité, et que ces noms, donnés à des causes supposées, sont utilement employés à chaque instant, dans le langage scientifique, sans qu'elles inspirent au savant la plus légère défiance sur leur légitimité.

Au reste, on voit dans les paroles de MM. Jouffroy et Jacques que la notion de faculté s'impose nécessairement à tout esprit philosophique ; mais si, malgré la justesse des considérations émises par ces deux auteurs, on con-

---

[1] Article *Facultés de l'âme.*

servait une certaine répugnance à comprendre l'idée de cause dans la signification du mot faculté, on pourrait aisément supprimer cette idée, sans qu'au point de vue de notre travail et de la physiologie de la pensée il en résultât le plus petit inconvénient. Alors ce vocable représenterait uniquement un ensemble de faits psychologiques semblables, dûment constatés par l'observation en dehors de toute hypothèse, et, partant, inaccessibles à la critique. En disant, par exemple, qu'un individu est égoïste, qu'il n'a ni le sentiment religieux, ni le sentiment moral, nous voulons exprimer deux sortes d'idées : une idée essentielle, reposant invariablement sur des faits d'observation, et une idée accessoire, pouvant recevoir impunément des interprétations diverses. Par la première, nous affirmons que cet individu n'accomplit pas les nombreux devoirs prescrits par la religion et par la morale, qu'il rapporte tout à sa personnalité, et que celle-ci est le pivot unique de sa conduite; par la seconde, et dans le but de nous épargner la longue énumération de ces devoirs et des mobiles qui dirigent ses actions, nous proposons une espèce de formule, qui peut être acceptée ou rejetée, sans que son admission ou son rejet puisse porter la moindre atteinte aux données pratiques, aux faits, aux particularités individuelles, qui nous ont permis de le déclarer égoïste et peu sensible aux choses morales et religieuses.

Notre affirmation repose donc sur une réalité incontestable, sur des faits ; nous lui attribuons une valeur intrinsèque absolue, tandis que nous n'accordons à notre manière de l'expliquer, de la formuler, de l'exprimer en abrégé, qu'une importance accessoire ou secondaire.

C'est bien entendu, chaque fois que nous parlerons d'un sentiment, d'une faculté quelconque, il ne sera question d'aucune théorie, d'aucune hypothèse, d'aucune localisation : il s'agira tout bonnement d'un ensemble de faits physiologiques ou morbides analogues, parfaitement observés, généralisés et placés sous une étiquette, sous une rubrique, sous une dénomination distincte. En d'autres termes, le mot faculté n'est pour nous, dans ce travail, que la base d'une simple nomenclature ou d'un langage psychologique qui, comme les langages algébrique et chimique, a pourbut d'économiser beaucoup de temps, de faciliter la communication de la pensée, et de favoriser ainsi les progrès de la science.

Citons un exemple : La formule chimique $SO^3 KO$ veut dire qu'une partie de soufre unie à trois parties d'oxygène forme l'acide sulfurique, et que celui-ci, entrant en combinaison avec une partie de potasse (constituée elle-même par l'association du potassium et de l'oxygène), donne lieu à un équivalent de sulfate de potasse. De cette façon, quatre lettres et un chiffre suffisent pour nous transmettre clairement l'idée de la constitution de ce dernier corps, idée qui, pour être exprimée avec la même clarté par la méthode ordinaire, exigerait une très-longue paraphrase.

Il en est de même en psychologie : lorsque nous disons « Antoine est très-orgueilleux », nous voulons dire qu'il est égoïste, et que, par suite, rapportant tout à sa personne, il doit toujours se préoccuper de lui-même alors qu'il paraît s'intéresser à autrui. En second lieu, du moment que l'orgueil et l'égoïsme le dominent, Antoine ne doit avoir d'autres mobiles et d'autres principes sociaux que la satisfaction de son *moi*. De cette simple remarque découlent nécessairement, ainsi que nous le verrons dans le cours de cet ouvrage, une foule de conséquences qui, pour être exposées convenablement, nous obligeraient à écrire plusieurs pages. On voit par là combien est grande l'économie de temps et la facilité d'expression que nous procurent ces précieux langages, dont l'importance et l'utilité pour la science sont immenses. Le langage psychologique n'existe pas encore, mais j'aime à croire que mes recherches sur le *caractère* me permettront de l'établir bientôt sur des bases certaines.

En résumé, que le mot faculté soit pris dans le sens de cause ou qu'on lui donne la valeur d'un simple signe abréviatif, toujours est-il que ce mot représente, pour nous, un ensemble de faits réels puisés dans l'observation clinique, et sur lesquels seront fondées les

considérations émises plus bas. Nous n'opérerons donc
pas sur des abstractions ou sur des données hypothétiques, mais bien sur des réalités fournies par l'observation physiologique de l'entendement.

D. *Indétermination des facultés.* — Il résulte de
ce qu'on vient de lire que la notion de faculté, dans
les deux significations proposées, repose sur une
collection de phénomènes psychiques de nature semblable; malheureusement il est très-difficile, ou plutôt
il est presque impossible, en faisant ces collections, de
poser entre elles des limites invariables et de fixer ainsi
l'étendue de chaque faculté. Effectivement, en vertu
d'une loi psychologique que nous mettrons en lumière
dans un prochain mémoire, et que nous appellerons d'ores
et déjà *loi d'association des facultés*, celles-ci s'associent,
se réunissent, d'après leurs affinités naturelles ou leurs
analogies réciproques, afin de mieux atteindre leur but
commun. Est-ce que le dévouement, la reconnaissance,
la charité, la philanthropie, l'attachement, la moralité,
le véritable sentiment religieux, ne coexistent pas et ne
doivent pas coexister pour agir utilement et pour remplir plus aisément leurs fonctions? Par conséquent, le
travail des facultés morales s'enchaîne, s'entrelace,
s'enchevêtre d'une façon tellement intime et souvent
d'une façon tellement inextricable, qu'il n'est pas toujours aisé de dire si tel ordre de faits dérive d'une seule

puissance primordiale ou s'il est le produit de deux ou de plusieurs facultés. D'autres fois, au contraire, on est embarrassé pour décider si cette même puissance ne renferme pas d'autres ordres de faits.

Les caractères donnés par l'illustre Gall, pour déterminer les forces de l'esprit, étant très-insuffisants, nous font penser, avec M. Lelut, que cette détermination n'est pas possible. N'est-il pas probable que, si le problème n'avait pas été insoluble, le génie du grand phrénologiste serait parvenu à le résoudre ?

Néanmoins, bien qu'en fait les forces mentales soient indéterminables, je crois qu'il convient de faire encore quelques nouvelles tentatives dans cette voie, ne serait-ce que pour essayer d'introduire dans cet obscur sujet la rigueur relative qu'il comporte. Les cas exceptionnels, soit physiologiques, soit extra-physiologiques, soit franchement morbides, peuvent nous être fort utiles dans une pareille entreprise. Ces cas se présentent, par exemple, lorsqu'une faculté, par une cause quelconque, acquiert une prédominance bien marquée. Dans ces circonstances, il est facile d'isoler ou de limiter assez nettement son cercle d'action. Les cas dont nous parlons, sans être fréquents, sont loin cependant d'être rares. Tous les jours nous voyons des hommes, et surtout des aliénés, éminemment religieux, moraux, affectueux, bienveillants, orgueilleux, avares, voluptueux, gourmands, etc., etc., qui, entraînés sans cesse par l'énergie de leur faculté prédominante, ne paraissent vivre que pour lui donner satisfaction ou pour obéir à ses instigations, car c'est d'elle que partent tous les mobiles de leur conduite et c'est vers elle que convergent toutes les aspirations de leur nature.

Eh bien! en étudiant attentivement les personnes douées d'une faculté prépondérante quelconque, on finit par réunir un nombre assez considérable de catégories composées de faits semblables; on donne ensuite un nom propre à chacune de ces catégories, et l'on arrive ainsi à former le tableau précédent.

E. *Nombre des facultés mentales.* — Avons-nous tous le même nombre de facultés? On le croit généralement; mais cette question, n'ayant jamais été posée scientifiquement, est restée inaperçue malgré son importance. Pour ma part, je n'hésite pas à me prononcer formellement en faveur de la négative. Voici mes raisons:

En ce qui concerne l'intelligence, il est indubitable que les idiots n'ont pas un casier psychique aussi complet que l'homme normal. Dans l'idiotie, la quantité d'activité psychique n'est pas seulement diminuée: il y a, encore, un défaut de spécialisation de cette activité, si je puis me servir de cette expression; la division du travail n'est pas portée jusqu'aux limites assignées par la nature à l'homme intelligent, et nécessairement, les ouvriers manquant, l'ouvrage doit s'en ressentir. L'idiot n'invente rien ; il ne peut non plus ni abstraire, ni généraliser, ni comparer, ni associer ses idées : son raisonnement, son jugement sont nuls, et la nature l'a privé de ce ressort qui nous pousse à rechercher les causes et l'enchaînement des phénomènes. Mieux doués que les idiots, les imbéciles sont cependant fort incomplets ; leurs facultés transformantes, et surtout leurs facultés réflectives, quand elles existent, ne sortent pas d'un état rudimentaire qui met ces infortunés dans l'impossibilité de faire face convenablement aux exigences de la vie sociale.

En ce qui concerne le moral, nous pouvons en dire autant, attendu qu'il y a des idiots et des imbéciles par le cœur, comme il y a des idiots et des imbéciles par l'intelligence. On n'est pas à la fois avare et généreux, égoïste et dévoué, ingrat et reconnaissant, orgueilleux et modeste, bienveillant et misanthrope, envieux et tolérant, etc., etc., ce qui prouve qu'il y a des incompatibilités dans le moral comme dans le physique. Ces oppositions prouvent encore que nous n'avons pas tous les mêmes facultés, et, partant, que le nombre de ces dernières peut être dans une personne plus ou moins considérable que dans une autre.

Tout ce travail a pour but de faire connaître une catégorie d'individus incomplets, dépourvus qu'ils sont des sentiments supérieurs et altruistes ; leur état constitue réellement une *idiotie morale partielle*. Il est évident, à nos yeux, que le nombre des facultés morales est moins considérable chez eux que chez les personnes mieux organisées. Les êtres plus ou moins incomplets se rencontrent aussi dans les maisons de force et de correction. Nous trouverons bien positivement, dans leur constitution mentale, une variabilité numérique des ressorts moraux qui nous étonnera peut-être d'abord, mais que nous serons ensuite obligé de reconnaître, si nous voulons nous faire une idée exacte du présent, du passé et de l'avenir des détenus. Cette variabilité n'est pas rare non plus dans la société, et cela doit être, puisque l'égalité du cœur est aussi impossible que l'égalité de l'esprit. Les nuances du caractère dérivent en grande partie de cette inégalité, sans laquelle l'individualité serait une chimère.

En résumé, les éléments primordiaux de l'entendement sont différents et dans leur nombre et dans leur mode d'association chez les divers individus. Notre tableau ne saurait reproduire cette double diversité d'une façon irréprochable; cependant il offre un certain degré d'exactitude, en ce sens qu'il comprend les principales forces psychiques assignées à l'espèce humaine ; d'un autre côté, il tend à faire ressortir leurs affinités naturelles. Ainsi, lorsqu'une personne présente une faculté prédominante quelconque, nous pouvons affirmer d'avance qu'elle offrira une prépondérance

de certaines autres facultés du même groupe et un
arrêt de développement des facultés appartenant à un
autre groupe. Par exemple, les avares, les orgueilleux, les envieux, auront plusieurs sentiments égoïstes
prépondérants et des sentiments supérieurs et altruistes
peu énergiques; et, réciproquement, les hommes richement organisés sous le rapport des sentiments supérieurs ou altruistes ne seront que très-faiblement
égoïstes. C'est donc au groupe et nullement à la faculté
que nous devons accorder notre attention. Toujours facile à déterminer, le groupe ne laisse jamais la moindre
prise à l'indécision, car, lorsqu'une faculté ne prédomine pas, le groupe est généralement assez saillant
pour que sa suractivité soit aisément appréciable. Les
individus, excessivement rares d'ailleurs, qui jouissent
d'un équilibre moral parfait, échappent seuls à ce genre
d'appréciation; mais alors cet équilibre même les carac-
térise parfaitement.

La distribution des pouvoirs de l'entendement qui
figurent dans notre tableau, loin d'être imaginaire ou
arbitraire, est donc fondée sur la loi d'association précitée; il s'ensuit que nos groupes sont très-naturels
et très-pratiques; ils rendent notre classification des
facultés mentale, bien différente de celles qui ont
été proposées à diverses époques, et notamment
de celle de Reid, l'illustre chef de l'École écossaise.
Sans doute, comme le tableau de ce grand philosophe,

le nôtre est susceptible de subir plusieurs modifications plus ou moins heureuses, mais on n'arrivera peut-être jamais à le rendre parfait. Nous pouvons affirmer, nonobstant, qu'il est très-pratique et qu'il nous a fourni une méthode sûre pour ne rien oublier pendant que nous étions occupé à étudier nos malades ou à rédiger leur histoire médicale. Les services qu'il nous a rendus nous engagent à le recommander fortement à l'attention de nos jeunes confrères : ils y trouveront, nous en sommes bien persuadé, un moyen très-simple de procéder avec ordre dans l'étude de l'organisation psychique des aliénés.

F. *État de la sensibilité morale.* — Imitant le chimiste qui, après avoir pris connaissance de la nature et de la constitution d'une substance, s'occupe immédiatement des divers états qu'elle peut prendre, le physiologiste doit aussi examiner exactement les états des êtres qu'il connaît déjà dans leur nature et dans leur constitution. L'état des êtres et des corps est bien, selon l'ordre hiérarchique indiqué par l'importance des choses, le troisième point de vue qui doit attirer l'attention de l'observateur.

L'état des corps bruts correspond aux modes ou manières d'être des corps vivants ; ces modes sont principaux ou secondaires. La veille et le sommeil, la santé et la maladie, doivent être placés dans la première catégorie; dans la seconde, nous mentiônnerons les modalités de l'intelligence et de la sensibilité morale.

Ne pouvant pas les aborder ici avec le soin et les détails que leur importance comporte, nous ñous contenterons de faire une simple énumération des modalités psychiques qui intéressent le plus le médecin aliéniste.

MANIÈRES D'ÊTRE	
DE L'INTELLIGENCE	DE LA SENSIBILITÉ MORALE
Lente. Rapide. Superficielle. Profonde. Générale. Partielle. Claire. Obscure. Juste. Bizarre.	Exagérée. Diminuée. Inquiète. Fantasque. Mobile. Constante. Régulière. Irrégulière. Concentrée. Expansive. Calme. Irritable. Sombre Enthousiaste. Pervertie.

Faut-il démontrer qu'entre une faculté et une manière d'être de la sensibilité morale il y a une différence immense? Sans la crainte de nous arrêter sur un point indiscutable, nous citerions surtout la folie à double forme, et nous n'aurions aucune peine à faire voir que, dans cette espèce de délire, l'état des facultés ne varie pas ; la manière d'être de la sensibilité morale change seule, et produit alternativement l'exaltation ou l'affaissement avec toutes leurs conséquences. N'est-il pas certain que les facultés morales seraient modifiées comme les modes de la sensibilité, si ceux-ci et celles-là étaient une seule et même chose ?

En résumé, la nature humaine, force primordiale, en passant par les organes ou les facultés chargés de sa manifestation, se spécialise, c'est-à-dire acquiert des caractères particuliers et produit, ici une fonction organique, là un sentiment, une passion, un penchant, et l'ensemble de ces opérations constitue le vie intellectuelle, physique et morale de l'individu. En outre, cette force peut agir de plusieurs façons et donner lieu aux modalités que nous venons d'énumérer.

DE LA

MANIE RAISONNANTE

PREMIÈRE PARTIE

HISTOIRE DE LA MANIE RAISONNANTE

I

IMPORTANCE ET DIFFICULTÉS DE LA QUESTION

L'esprit humain attache nécessairement de l'importance à toutes les questions qui le préoccupent fortement
et pendant longtemps. Plus il approfondit une donnée
scientifique quelconque, et plus aussi il se sent disposé
à lui attribuer une grande portée. Cette tendance de
notre intelligence est si générale et si puissante, que
nous ne saurions trop nous mettre à l'abri de son influence. Ennemi de toute exagération, nous cherche-

rons à ne pas dépasser les limites de la vérité dans les
considérations que nous allons exposer rapidement sur
l'importance et sur les difficultés de l'étude de la manie
raisonnante.

La maladie que nous venons de nommer n'est qu'une
des nombreuses espèces morbides désignées sous le nom
générique d'aliénation mentale. Ainsi que nous le dé-
montrerons plus tard, c'est une espèce pathologique,
une entité morbide, et rien de plus. Dès lors son importance doit être forcément restreinte. En effet, il ne
s'agit pas ici d'une classe entière de phrénopathies, ni
même d'un groupe plus ou moins complexe, renfermant
plusieurs affections mentales et pouvant provoquer
directement, par sa seule influence, une révolution
heureuse ou funeste dans la psychiatrie : il ne s'agit
tout simplement que d'une maladie unique, perdue pour
ainsi dire au milieu d'un grand nombre d'états pathologiques encore indéterminés dans la science actuelle.
Néanmoins nous pouvons affirmer, sans crainte de
nous tromper, que, dans la sphère où elle vient d'être
circonscrite, la manie raisonnante est incontestablement une affection morbide digne, sous tous les rapports,
des réflexions du clinicien, du médecin légiste et même
du magistrat; on chercherait peut-être en vain dans les
cadres de la pathologie mentale un sujet plus pratique
et en même temps plus ardu que le nôtre.

« La monomanie raisonnante, dit Esquirol, doit être
» étudiée avec d'autant plus de soin, que les individus
» qu'elle affecte savent tromper même les médecins les
» plus habiles, parce qu'ils dissimulent leur état à ceux

» qui les observent et à l'autorité qui doit prononcer sur
» leur isolement ; parce qu'ils en imposent aux magis-
» trats, juges de leur capacité légale pour administrer
» leur personne ou leur fortune ; enfin, parce qu'ils sont
» fréquemment l'objet de questions médico-légales très-
» difficiles à résoudre [1]. »

On ne saurait mieux et plus brièvement apprécier
l'intérêt inhérent à l'observation de ces infortunés.
Actifs, remuants, satisfaits, joyeux, dissipateurs et
jouissant habituellement d'une lucidité intellectuelle
presque complète, ils trouvent partout et toujours
des défenseurs maladroits constamment prêts, sans les
connaître, à les déclarer sains d'esprit. Il est vrai
que, de leur côté, ces malades justifient souvent la
bonne opinion qu'ils inspirent dans la société, par
l'enchaînement, l'à-propos et parfois la finesse de leurs
réflexions. Et, comme les individus qui ne délirent pas
d'une manière très-apparente, ni en actes, ni en paroles, et qui ne sont le jouet d'aucune fausse sensation, paraissent parfaitement raisonnables aux yeux
du public, il en résulte que ces insensés, quoique désagréables et dangereux, font croire aisément à l'intégrité de leurs facultés mentales.

Sous ce rapport, il est pénible de le dire, la majorité
des médecins reste, comme le public, dans un état
d'ignorance regrettable. Bien plus, les personnes obli-
gées de fréquenter ces pauvres malades, ayant à souffrir
de leur ruse, de leur méchanceté, de leur orgueil, de
l'ensemble de leur caractère, ne peuvent pas admettre

---

[1] Esquirol, *des Maladies mentales*. Paris, 1838, l. II, p. 72.

qu'ils soient aliénés et s'obstinent à les regarder comme
des natures perverses, appartenant de droit aux maisons
de force et de correction.

Il y a quelques mois à peine, l'infortuné qui fait le
sujet de notre première observation, méconnu par l'administration départementale, a été déféré, à plusieurs
reprises, aux tribunaux pour cause de vagabondage ou
d'escroquerie, tandis que ces derniers le renvoyaient
régulièrement aux autorités du département, ne trouvant en lui qu'un aliéné malicieux poussé par de mauvais penchants.

Il faut pourtant que tout le monde sache ce qu'ils
sont et ce qu'ils sont capables de faire ; c'est le seul
moyen de rendre à ces malheureux un service réel,
tout en inspirant aux populations la confiance qu'elles
doivent avoir dans les hommes spéciaux qui consacrent
leur existence à la guérison ou à l'amélioration de la
plus cruelle des infirmités humaines.

Abandonnés à leurs propres ressources, les aliénés
de cette catégorie sont incapables de se conduire dans
les situations les plus ordinaires de la vie ; leurs passions les entraînent dans une voie déplorable, où ils dé-
périraient promptement sans les bienfaits de la civili-
sation et de la charité, qui, en les séquestrant, mettent
un terme à leurs orgies, calment la surexcitation de
leur système nerveux et prolongent considérablement
leur existence. Ces bienfaits, il faut le reconnaître, sont
le résultat des progrès de la science, et, plus ceux-ci
seront grands, plus les malades qui nous occupent seront à l'abri des funestes tendances de leur organisa-

tion mentale. Voilà comment ils ont un avantage réel à être l'objet d'une observation attentive, sérieuse et approfondie.

On ne saurait croire combien ces malades sont désagréables pour leurs familles : leur jeunesse dissipée, oisive, indisciplinée et vicieuse, est d'abord pour elles une source de chagrins, qui augmentent à mesure qu'ils avancent en âge. Plus tard, victimes des actes de ces infortunés, elles gémissent en les voyant persister dans le mal, au mépris des conseils de l'affection la plus tendre, la plus dévouée. Tout ce qui les entoure, parents, amis, maîtres ou domestiques, souffre de leur présence, et c'est seulement lorsque la surexcitation mentale rend leur folie très-évidente, que les familles de ces êtres déclassés et longtemps méconnus songent à les mettre sous la tutelle médicale. Pour éviter en grande partie tous ces inconvénients, il importerait donc que cette maladie fût généralement connue et qu'elle fût, de bonne heure, l'objet d'un traitement spécial dans une maison de santé.

La société a besoin de les connaître pour se méfier de leurs tendances, pour éviter des alliances malheureuses, pour sauver une fortune qui disparaîtrait rapidement, entre les mains de ces arrogants dissipateurs.

Le magistrat désireux de remplir consciencieusement les devoirs de sa profession doit s'attacher à les distinguer des coupables, dont ils ont très-souvent les allures, pour les juger sainement et pour ne pas imprimer le cachet de l'infamie sur la famille qui compte, parmi

ses membres, un de ces tristes et embarrassants re-
jetons.

Le médecin, enfin, est absolument tenu d'être bien
instruit sur la nature des mobiles qui font agir les
maniaques raisonnants, et mieux que personne il doit
savoir les apprécier; car l'honneur, la fortune et la
longévité de ces malheureux, l'honneur, la fortune, la
dignité de leurs parents, la tranquillité, la sécurité de
leur entourage, reposent souvent sur sa décision éclairée.

Est-il permis d'insister davantage sur l'importance
d'une question qui résume des intérêts si nombreux, si
graves, si variés? Nous ne le pensons pas. Encore un
mot, cependant, sur l'influence probable de son étude
sur l'ensemble de la psychiatrie.

La manie raisonnante fait partie d'un groupe de maladies mentales qu'on pourrait appeler groupe *des folies
lucides* ou *des folies raisonnantes*. Ces maladies ont
entre elles les plus grandes analogies, de sorte que, si
l'une d'elles vient à recevoir une impulsion satisfaisante, il y a lieu de croire que cette impulsion facilitera
notablement la connaissance des troubles psychiques
congénères et produira, par suite, un retentissement
favorable sur toute la pathologie mentale. A ce point
de vue, l'étude de cette maladie a encore une portée
manifeste.

La manie raisonnante a donc une importance extrême; mais, il ne faut pas se le dissimuler, les difficultés qu'elle présente sont imposantes, et l'obscurité qui
l'environne n'est pas prête à se dissiper entièrement.

En faisant l'historique de cette affection, nous verrons combien la science est pauvre à son égard. Les descriptions qu'on en donne sont fondées sur des phénomènes accessoires, tandis que, d'un autre côté, elles sont encombrées de symptômes étrangers, appartenant à d'autres maladies. L'étiologie, la marche, l'anatomie pathologique, le traitement, la nosologie de la manie raisonnante, sont entièrement à découvrir, et les données que nous possédons sur quelques points de son histoire sont fort incertaines, très-incomplètes et très-vagues. Ajoutons que ces données sont peu homogènes, qu'elles sont souvent fausses, qu'elles sont enfin très-embrouillées, et nous aurons une idée de ce qui a été fait et de ce qui reste encore à faire.

Nous marcherons donc sur un terrain vierge, c'est-à-dire pleins d'écueils : les obstacles surgiront à chaque instant sous nos pas, et nous n'aurons, pour les éviter ou les écarter, que les secours de notre propre observation.

Mais l'observation même des maniaques raisonnants n'est-elle pas hérissée de difficultés ? Consultez les gardiens et les sœurs sur l'état mental de ces infortunés, et vous verrez dans leur hésitation combien votre question est embarrassante. Malgré l'habitude que leur donne un long séjour dans un établissement, et après un examen prolongé de ces malades, les personnes qui les soignent sont fortement disposées à les prendre pour des êtres affligés d'une perversion congénitale, plus digne d'une maison de correction que d'un asile d'aliénés. Le médecin spécial lui-même n'est pas toujours

à l'abri de ces hésitations, car la manie raisonnante,
il ne faut pas l'oublier, ne se traduit guère par des
phénomènes saillants : elle offre beaucoup de silhouettes
de symptômes et peu de symptômes parfaitement dessinés. Son appareil de manifestation repose tout entier
sur des nuances, sur de simples degrés de l'activité
mentale, et jamais sur des phénomènes morbides énergiquement accusés et parfaitement reconnaissables. En
outre, cette affection morbide est très-voisine des limites extrêmes de la physiologie.

Elle forme le premier échelon des troubles pathologiques du moral, et parfois même les conditions de milieu suffisent pour faire paraître entièrement raisonnable
l'individu atteint de la manie raisonnante la mieux
caractérisée.

Voilà pourquoi les magistrats se laissent convaincre
si difficilement par nos paroles quand il s'agit de ces
infortunés. Ils voient un homme qui parle très-sen-
sément, qui discute, interroge, affirme, se plaint avec
art, etc., et, en conséquence, sans tenir compte de notre
opinion, ils le déclarent bizarre, original, amusant peut-
être, mais nullement aliéné.

Tout cela prouve évidemment que l'étude de cette
maladie, plus que celle de tous les autres états intermédiaires entre la raison et la folie non lucide, est
excessivement ardue. Aussi disons-nous, avec une conviction profonde, que la manie raisonnante est la question la plus délicate et la plus difficile que la psychiatrie puisse recommander aux investigations de ses
adeptes.

II

On remarque en lisant les anciens auteurs, ainsi que
les ouvrages des médecins du moyen âge, quelques
passages dans lesquels il est question de certains aliénés ayant une intelligence lucide, bien que leurs actes
de folie soient incessants. Cette particularité, signalée
également dans les livres de médecine publiés dans les
trois derniers siècles, n'a guère fixé l'attention des
hommes de l'art qu'à titre de phénomène curieux, bizarre ou extraordinaire [1]. Il faut arriver à Pinel et à

[1] En parcourant les auteurs, on est surpris du silence qui n'a
cessé de régner sur la folie raisonnante, des temps les plus reculés
au commencement de notre ère.

Toutes les autres vésanies se trouvent effectivement plus ou moins
bien mentionnées. L'antiquité a laissé d'excellentes descriptions de
la fureur, de l'hypochondrie, de l'ennui. Certains passages de la col
lection hippocratique (*Traité du régime dans les maladies aigues*) prouvent que le Père de la médecine a connu le *delirium tremens* et la
stupidité temporaire. Arétée distingue les folies nées du cerveau
de celles qui sont nées des viscères, dites depuis sympathiques (*de
Cur. morbor. diut.*, lib. II, cap. v et vi). Il signale la paralysie consé-

son époque pour que l'intégrité relative de l'intelligence, coïncidant avec un trouble profond dans la

cutive à la mélancolie (cap. v), que devait reconnaître Fernel, et à
laquelle Sennert consacra presque un paragraphe (*Opera omnia*,
1641, t. II, p. 204 et 205). Le premier, Thémison prononce le mot
de nymphomanie (Semelaigne, *Études historiques*, in *Journal de médecine mentale*, mai 1866, p. 174), et Cœlius Aurelianus fait de l'hy-
drophobie une sorte de délire toxique (*Œuvres*, édition de 1722,
p. 224), idée qu'on retrouve dans L Rivière, Stahl, Bellini,
Th. Willis, etc., etc. Les modernes ne manquent pas de documents.
A l'article *Tremulentia*, Félix Plater (*Praxeos medicæ Opus, de mentis
Alienationib.*, cap. III) décrit les délires alcooliques: gai, triste,
torpide; en quoi il fut imité par Sennert (*Opera omnia*, 1641, t. II,
p. 119), et, dans ses *Opera*, il cite des monomanies ébrieuses, auxquelles il prescrit les narcotiques. C'est ce que Sauvages (*Nosologie
méthodique*, t. II, classe VIII, chap. XVII) range sous le titre de
Paraphrosyne des ivrognes, équivalent de *vinolentia*, dont se sert
Sénèque. La folie alternante, circulaire, à double forme, est clairement énoncée dans la première page de la huitième Lettre anato-
mico-chirurgicale de Morgagni, après Frédéric Hoffmann (*Opera
omnia*, 1748, chap. VIII, observation III, *epicrisis* et table) et Ch.
Willis (*Opera omnia*, premières lignes du chapitre *de Maniá*), qui
l'avait lu dans Arétée. Sous le nom de *melancolia attonita*, Bellini
dépeint la stupeur mélancolique télle qu'on la voit de nos jours
(*Opera omnia*, 1732, L., p. 380), et Th. Willis lui consacre un chapitre complet, la distinguant de la *stultitia* ou *imbécillité* (*Opera omnia*, 1681, t. II, chap. XIII). Une observation de Stoll sur la fré-
nésie bilieuse prouve qu'on connaissait fort bien de son temps l'action de l'estomac sur le cerveau (*Médecine pratique*, chap. X). J'allais oublier les névroses diathésiques, sur lesquelles, depuis près de
dix ans, j'appelle l'attention! A peine la vérole avait-elle paru en
Europe, que Paracelse, contemporain de François Ier, indiquait la
paralysie syphilitique (*de Morbo gallico*), en attendant que Bell eût
apporté des exemples de manie et d'épilepsie de ce mode spécifique
(*Traité des maladies vénériennes*). Les coïncidences ou les rapports
du rhumatisme avec l'encéphalite et le délire chronique ne peuvent
être mieux constatés que par certains alinéas de Boerhaave et de
Musgrave. (V., pour le premier, les *Aphorismes annotés* par Stoll; pour
le second, *de Arthritide anomalá*.) Où découvrir depuis Sauvages une

sphère morale, soit présentée comme un fait morbide réclamant, par son intérêt et par son importance, un examen très-attentif. Aussi croyons-nous devoir négliger ce qui a été dit avant lui sur cette maladie, pour chercher à nous rendre un compte exact de tout ce qui a été fait par l'auteur de la *Nosographie philosophique* et par les aliénistes qui l'ont suivi dans cette voie.

Pour apprécier l'œuvre de Pinel, il convient d'extraire de son magnifique traité quelques passages relatifs à la variété de manie qu'il créa et qu'il désigna sous le nom de manie sans délire, de folie raisonnante.

Dans la première édition de son *Traité de la manie,* nous trouvons les lignes suivantes, qui manquent dans la deuxième édition : « *Caractères spécifiques de la » manie sans délire.* — Elle est continue ou marquée » par des accès périodiques. Nulle altération sensible » dans les fonctions de l'entendement, la perception, » le jugement, l'imagination, la mémoire, etc., mais » perversion dans les fonctions affectives, impulsions » aveugles à des actes de violence ou même d'une

peinture plus exacte de la goutte mélancolique dont sut profiter Barthez? (*Nosolog. méthod.*, classe VII, chap. I). Quant aux métastases dartreuses sur l'axe cérébro-spinal, nos recueils en sont remplis : on en rencontre, çà et là, dans une foule d'ouvrages médicaux. Lisez particulièrement : Viussens (*OEuvres*, t. II, 1715, Montpelhier), Sennert (*Pratique méd.*, part. III, section II, chap. XLIV), Bordeu (*Maladies chroniques*, CLIV), Louyer-Villermay (*Vapeurs*), t. II, etc.

Ainsi, à part la folie raisonnante, tous les genres de folie ou de délire vésanique ont été désignés par nos devanciers. (M. Berthier, *Dis. sur la folie raisonnante, Annales méd.-psycholog.*, janvier 1867, p. 90.)

» fureur sanguinaire, sans qu'on puisse assigner aucune
» idée dominante, aucune illusion d'imagination, qui soit
» la cause déterminante de ces funestes penchants [1]. »

« On sait qu'une des variétés de la manie qu'on ap-
» pelle dans les hospices folie raisonnante est marquée
» surtout par la cohérence la plus extrême dans les
» idées et la justesse du jugement ; l'aliéné peut alors
» lire, écrire, réfléchir, comme s'il jouissait d'une rai-
» son saine, et cependant il est souvent susceptible aussi
» des actes de la plus grande violence. J'en ai vu quel-
» ques-uns conserver l'habitude de déchirer tout ce qui
» tombait sous leurs mains, comme leurs vêtements ou
» leurs couvertures, avec une sorte de fureur aveugle [2]. »

« Les hospices des aliénés ne sont jamais sans offrir
» quelque exemple d'une manie marquée par des actes
» d'extravagance ou même de fureur, avec une sorte de
» jugement conservé dans toute son intégrité, si on en
» juge par les propos : l'aliéné fait les réponses les plus
» justes et les plus précises aux questions des curieux,
» on n'aperçoit aucune incohérence dans ses idées ; il
» fait des lectures, il écrit des lettres comme si son
» entendement était parfaitement sain ; et cependant,
» par un contraste singulier, il met en pièces ses vête-
» ments, déchire quelquefois ses couvertures ou la paille
» de sa couche, et controuve toujours quelque raison
» plausible pour justifier ses écarts et ses emporte-

---

[1] Pinel, *Traité médico-philosophique sur l'aliénation mentale*. Paris,
an IX, p. 155.

[2] Pinel, *ibid.*, 2me édition, p. 80.

» ments. Cette sorte de manie est si peu rare, qu'on lui
» donne le nom vulgaire de folie raisonnante [1]. »

« Les exemples de manie avec fureur, mais sans
» délire et sans aucune incohérence dans les idées, sont
» loin d'être rares parmi les hommes comme parmi les
» femmes, et ils font voir combien les lésions de la
» volonté peuvent être distinctes de celles de l'enten-
» dement, quoique souvent aussi elles soient réunies. On
» ne peut songer sans horreur à l'effrayante énergie que
» peuvent contracter ces penchants involontaires [2]. »

Il est clair, à nos yeux, que la description donnée par
Pinel de la manie raisonnante ne convient pas à cette
maladie telle que nous l'entendons. La fureur aveugle
était pour lui le symptôme essentiel et prédominant
dans tous les cas, tandis que ce phénomène ne se rencontre pas dans les observations qui nous sont propres.
D'où provient cette différence? Elle provient de ce
que l'éminent médecin aliéniste appelait manies raisonnantes les affections mentales qui ont servi plus
tard à constituer le groupe des manies ou des monomanies instinctives, groupe qui a provoqué dans ces
dernières années des discussions animées et fort inté-
ressantes.

M. Griésinger a formulé une critique un peu trop
vive des opinions du grand nosologiste. « Avant de ter-
» miner l'étude de la manie, dit-il, nous avons encore à
» dire quelques mots de ce que l'on appelle la *manie*

---

[1] Pinel, *Traité médico-philosophique sur l'aliénation mentale,* 2me
édition, p. 93.

[2] Pinel, *ibid.,* 2me édition, p. 102.

» *sans délire,* espèce pathologique que Pinel a créée, il
» faut bien le dire, pour le malheur de la science. En
» effet, si la remarque que Pinel avait déduite de ses
» observations était exacte et méritoire, à savoir que
» les impulsions et les actes de violence des maniaques
» ne sont pas toujours le résultat d'une perversion des
» idées (on admet aujourd'hui qu'originairement il n'en
» est presque jamais ainsi), il y avait déjà confusion à
» donner la même dénomination à deux états de folie
» différents: ce sont, d'un côté, les véritables accès de
» fureur périodique ne s'accompagnant pas d'un délire
» intense; de l'autre, et principalement, ces états d'exal-
» tation mentale modérée, dans lesquels les malades font
» des actes insensés, mais sont encore en état de jus-
» tifier et d'expliquer leurs actions par un raisonnement
» cohérent et qui ne sort pas encore des limites du pos-
» sible : je veux parler de la folie raisonnante. Sous ce
» même nom, les successeurs de Pinel ont encore rangé
» d'autres états, par exemple ceux que nous avons dé-
» crits plus haut comme des degrés de mélancolie mo-
» dérée avec tendance à des actes de violence, et même
» des actes de violence commis par suite d'idées fixes
» restées jusque-là cachées, ce qui enfin ne pouvait pas
» être justifié ! [1] »

On le voit, M. Griesinger reproche à Pinel d'avoir
réuni sous un même titre des affections mentales très-
dissemblables, ce qui est vrai; mais il l'accuse d'une
manière peut-être exagérée quand il dit qu'il a créé la
manie sans délire pour le malheur de la science. Evi-

---

[1] *Traité des maladies mentales,* Paris, 1865, p. 355.

demment M. Griésinger juge Pinel sans tenir compte de l'état de la psychiatrie à la fin du siècle dernier. A cette époque, la folie était partout considérée comme une maladie toujours une, comme une entité pathologique unique, qui pouvait, nonobstant, revêtir des formes multiples et constituer des variétés nombreuses. Par conséquent, la confusion était et devait être inévitablement aussi grande que possible; l'augmenter n'eût été guère facile. Pourquoi donc le rendre responsable de la position qui lui était faite, surtout quand, de nos jours encore, on trouve quelques médecins qui croient à l'unité nosologique de la folie? Pour notre part, loin de lui attribuer cette confusion, nous voyons, au contraire, dans la création de la folie sans délire, une inspiration très-heureuse de son génie pratique et un grand pas accompli au profit de la science et de l'humanité. Admettons tant qu'on voudra que cette variété de manie ne soit qu'un amas de choses disparates, mais reconnaissons aussi que, en éliminant cet amas d'un ensemble de choses non moins hétérogènes, Pinel a introduit un commencement d'ordre et de clarté, et que, par cela même, sa tentative est un commencement de réalisation d'une bonne inspiration.

S'il peut être rendu responsable d'une confusion quelconque, c'est uniquement pour avoir introduit dans sa nouvelle catégorie, et nous croyons qu'il a parfaitement fait, plusieurs états alors mal déterminés, que la science des maladies du moral abandonnait inconsidérément à la physiologie ou à la psychologie normale. Les conséquences de cette mesure, très-importantes pour la psychiatrie, ont été très-bienfaisantes pour la société, puisqu'elles ont épargné la mort ou les peines infamantes à une foule de pauvres aliénés, qui autrement auraient été victimes de l'ignorance du moment. Devant un si grand résultat, la critique ne saurait user de trop de ménagements.

En résumé, Pinel a su distraire de la manie un certain nombre d'états morbides ayant la lucidité intellectuelle, et souvent les accès de fureur, pour caractère commun ; à ces états il en a ajouté d'autres, qu'il a tirés de la physiologie, et de tout cet ensemble il a formé la manie raisonnante. Celle-ci représentait bien certainement à ses yeux une série d'affections morbides différentes par le fond comme par la forme, leurs dissemblances ne pouvant pas échapper à son esprit profondément analytique.

Il est fâcheux seulement que le mot *variété* se soit trouvé sous sa plume plutôt que le mot *groupe;* et cependant, même ici, Pinel n'est pas répréhensible, puisque, par la force des choses, il ne pouvait pas se servir d'une autre expression.

Répétons donc que le savant aliéniste français, tout en méconnaissant complétement la manie raisonnante comme espèce pathologique, a eu le mérite de mettre en relief les délires compatibles avec la lucidité intellectuelle, parmi lesquels se trouve la maladie qui fait l'objet de ce travail. En fixant sur eux l'attention des magistrats et des médecins, il a rendu un service signalé à la science, et il a ouvert une voie qui a été brillamment parcourue par les Esquirol, les Prichard, les Georget,

les Marc et plusieurs autres célébrités médicales con-
temporaines.

Quelques auteurs lui ont attribué l'invention du mot
folie raisonnante; mais Pinel n'emploie jamais cette
expression sans y joindre le mot *vulgaire,* ce qui prouve
qu'il n'en est pas l'inventeur. S'il fallait absolument
expliquer l'origine de cette création, nous hasarde-
rions une supposition. On sait que, dans chaque asile
d'aliénés, il y avait plusieurs particularités curieuses
qui se transmettaient traditionnellement et qui ne dé-
passaient guère les limites de l'établissement; parmi ces
particularités, qui d'ailleurs tendent à se perdre de plus
en plus, on remarquait une sorte de vocabulaire spécial,
imaginé par les infirmiers et par les malades eux-
mêmes, vocabulaire tout à fait local, composé de six,
huit ou dix mots, servant à désigner, avec plus ou
moins de bonheur, telle ou telle manière d'être des
aliénés. Or il est à croire que le mot *folie* ou *manie
raisonnante* n'a pas eu d'autre source, et qu'il a été
primitivement inventé et employé par les infirmiers,
pour distinguer les aliénés lucides d'avec ceux qui ne
le sont pas. Pinel, en parlant de la folie raisonnante
plutôt que de la manie raisonnante, paraît avoir conservé à cette acception toute son étendue. Dans tous les
cas, le mot est bien trouvé : il faut le conserver, sauf
à lui assigner, s'il y a lieu, des limites précises et une
signification bien arrêtée.

Jacquelin Dubuisson, dans la *Manie sans délire,* dit
que « l'on observe pour symptôme pathognomonique
» de cette affreuse maladie une perversion bien mal-

» heureuse des facultés affectives et morales, qui sub-
» jugue la volonté de ces dangereux aliénés, et qui les
» porte inopinément à des actes de méchanceté, de fu-
» reur et même de cruauté, dont ils témoignent ensuite
» les regrets en déplorant les impulsions irrésistibles qui
» les y incitent. Dans cette maladie, il y a lésion sub-
» versive du libre arbitre, ce qui fait que les détermina-
» tions et les actions, au lieu d'être le résultat du juge-
» ment et de la réflexion, ne sont que les impulsions
» aveugles d'un penchant dénaturé[1]. »

« L'on voit d'autres aliénés qui font des actions
» de la plus insigne extravagance, qui déchirent, qui
» brisent, qui frappent, etc., etc., et qui cependant
» parlent, répondent, écrivent avec beaucoup de justesse
» et de raison, comme le prouve la manie sans délire,
» qu'on appelle vulgairement folie raisonnante : c'est
» alors une perversion de la volonté ou de la liberté
» morale[2]. »

Jacquelin Dubuisson, on peut l'affirmer d'après les
citations précédentes, se fait l'écho de Pinel ; il le
copie même sans émettre de son côté une opinion personnelle.

L'ouvrage du Dr Prichard sur la folie morale nous
est inconnu ; il nous est donc impossible de savoir le rang
que cet auteur occupe parmi les hommes qui ont fait
avancer l'étude de la manie raisonnante. Toutefois, un
médecin aliéniste dont la compétence est bien connue,

---

[1] *Des Vésanies,* p. 17.
[2]   *Id.*   p. 21.

M. le Dr Morel, en parlant, il y a vingt ans, de cette question historique, s'exprimait ainsi [1] : « M. Prichard a le mérite d'avoir insisté plus que les autres sur ce point (folie raisonnante), de l'avoir traité à fond et examiné dans ses rapports avec la jurisprudence. Le médecin anglais se plaît à reconnaître qu'il est imbu des principes d'Esquirol et de Georget. » Nous acceptons volontiers ce jugement, mais nous ignorons jusqu'à quel point Prichard a séparé cette maladie de tout ce qui n'est pas elle ; nous ignorons, en d'autres termes, l'étendue qu'il donne à la signification du mot folie *raisonnante*.

Esquirol paraît avoir pris pour tâche la détermination des éléments divers compris par Pinel dans sa manie sans délire.

Voici comment il s'exprime en parlant de la maladie qu'il appelle monomanie affective, monomanie raisonnante : « Cette variété de folie, dit-il, que Pinel a nom-
» mée manie raisonnante, que le Dr Prichard appelle folie
» morale, est une véritable monomanie : les malades at-
» teints de cette variété de folie ont vraiment un délire
» partiel ; ils font des actions, ils tiennent des propos
» bizarres, singuliers, absurdes, qu'ils reconnaissent pour
» tels et qu'ils blâment [2].

» Parmi ces malades, les uns sont turbulents, inso-
» ciables, commettent des actions ridicules, blâmables,
» contraires à leurs anciennes affections et à leurs vrais

---

[1] Morel, *Annales médico-psychologiques*, t. I, 1843, p. 331.
[2] Esquirol, *Traité des maladies mentales*, t. II, p. 70.

4

» intérêts ; ils se trouvent mal partout, changent sans
» cesse de place ; ils disent et font le mal par malice,
» par désœuvrement, par méchanceté; incapables d'ap-
» plication, ennemis du travail, ils bouleversent, cassent,
» déchirent. La perversion de leur caractère en fait des
» fléaux pour les familles, pour les maisons dans les-
» quelles ils sont réunis. A la Salpêtrière, à Charenton,
» le séjour de ces monomaniaques est redouté : par leurs
» exemples, par leurs conseils, ils détruisent la discipline,
» la subordination, si nécessaires dans de pareils établis-
» sements. Les autres connaissent parfaitement bien
» leur état, en discutent pertinemment, désirent s'en
» délivrer ; ils ne sont point dangereux par leurs pro-
» pos, par leurs actions ; ils ne sont nuisibles qu'à eux-
» mêmes ; abandonnent les objets de leurs affections,
» quittent leurs familles, leurs affaires, compromettent
» leurs vrais intérêts, toujours mus par des motifs plus
» ou moins plausibles [1].

   » Dans la monomanie raisonnante, les malades sont
» actifs, sans cesse en mouvement, parlant beaucoup et
» avec vivacité. Ils étaient bons, francs, généreux ; ils
» sont devenus acariâtres, dissimulés, méchants ; ils
» étaient affectueux et tendres pour leurs parents, ils
» sont mécontents, disent du mal de ceux qu'ils ai-
» maient et les fuient ; ils étaient économes, ils sont
» prodigues ; leurs actions étaient régulières, elles sont
» inconsidérées, aventureuses et même répréhensibles ;
» leur conduite était coordonnée à leur état et à leur

----

[1] Esquirol, *Traité des maladies mentales*, t. II, p. 70.

» situation sociale, elle est irrégulière et en désaccord
» avec leur position et leur fortune. Toujours des mo-
» tifs les déterminent. Par leur maintien, par leurs
» discours, ces malades en imposent aux personnes qui
» ne les connaissaient point avant leur maladie ou qui
» ne les voient que momentanément, tant ils savent se
» contenir et se dissimuler [1]. »

Désireux d'éclaircir l'épais brouillard qui obscurcis-
sait la manie sans délire de Pinel, Esquirol, dans
plusieurs endroits de son immortel ouvrage, essaya de
préciser l'étendue du délire ; contrairement aux vues
de Pinel, il mit la folie morale dans la catégorie des
monomanies affectives, à cause de l'intégrité intellectuelle que présentaient ses malades.

Malgré le profond respect que nous inspirent le nom
et les opinions d'Esquirol, nous devons avouer que
nous ne sommes pas bien disposé à partager ici complétement sa manière de voir. Sans doute la sensibilité
morale est le siége principal de cette maladie, mais le
délire intellectuel, quoique vague, est pourtant assez
manifeste, surtout dans les périodes d'exaltation de ces
malades. Ce n'est pas encore le moment de traiter cette
question, nous en parlerons plus loin.

Ensuite il n'hésita pas à distraire de son cadre les
cas francs de folie instinctive pour en faire une catégorie à part, et il eut parfaitement raison, les allures
symptomatiques de cette affection ayant un cachet particulier, caractéristique, bien différent de celui que

---

[1] Esquirol, *Traité des maladies mentales*, t. II, p. 50

nous offre la manie raisonnante. Quant à ses véritables
monomanes, ils ont tous un certain délire et ne se
livrent pas subitement, irrésistiblement, aveuglément,
à des actes d'une cruauté effrayante; ils sont toujours
déterminés par des motifs qui manquent. à ceux de
Pinel et qui en font une catégorie à part. Toutefois,
ne voulant pas rompre entièrement sur ce point avec
les idées du grand nosologiste, il conserva, à tort ce
nous semble, dans la monomanie raisonnante, certains
aliénés suicides qui font le sujet de la fin du second paragraphe de nos citations. Parmi ces malades, dit-il, les
uns sont turbulents, insociables, etc. Le portrait qu'il
en fait, sans être trop ressemblant, a néanmoins la
physionomie des infortunés qui nous occupent. Les
autres reconnaissent parfaitement leur état..., ne sont
nuisibles qu'à eux-mêmes. Ces derniers sont positivement des lypémanes tourmentés par un penchant au suicide, sans idées délirantes proprement dites, ce qui
permettra peut-être, dans quelques années, de les assi-
miler aux monomanes instinctifs.

Cette séparation, indiquée plutôt qu'effectuée par
Esquirol, est d'autant plus indispensable, que les mobiles
d'action de ces deux espèces de malades sont tout différents. Ainsi les premiers obéissent à l'impulsion de leurs
passions ou de leur délire intellectuel, et jamais à celle
de leurs penchants. Leurs sentiments inférieurs ou leurs
instincts sont peu atteints. Chez les seconds, au contraire, on constate une prédominance marquée des
penchants, des instincts, des sentiments inférieurs. La
lésion des passions n'est qu'accessoire, secondaire.

Quoi qu'il en soit, la différence existant entre ces deux types d'aliénés nous paraît trop profonde, trop radicale, pour qu'il soit possible de les réunir sous la même dénomination. Il est inutile de dire que notre cadre n'admettra pas les mélancoliques suicides précités.

Après avoir fait cette distinction, qui a bien sa valeur, Esquirol prit, selon toutes les probabilités, des monomanies raisonnantes symptomatiques d'autres affections mentales pour de véritables manies raisonnantes essentielles. Nous ne voulons pour preuve que les caractères qu'il leur assigne.

« Les signes de cette maladie sont, dit-il, le chan-
» gement, la perversion des habitudes, du caractère,
» des affections.

» La monomanie raisonnante a une marche aiguë
» ou chronique. On y distingue trois périodes : dans la
» première, le caractère et les habitudes sont changés ;
» dans la seconde, les affections sont perverties ; enfin,
» dans la troisième, l'exaltation maniaque se manifeste,
» ou bien la dégradation des facultés plus ou moins
» rapide conduit le monomaniaque à la démence.

» Cette monomanie est intermittente ou rémittente,
» elle est sujette aux récidives ; elle se complique avec
» la lypémanie, l'hypochondrie, l'hystérie, surtout avec
» la paralysie [1]. »

Il suffit de lire nos observations pour se convaincre de l'impossibilité absolue qu'il y aurait à faire entrer nos malades dans la description tracée par Esquirol. Ici

---

[1] Esquirol, *Traité des maladies mentales*, 7 : 2, p. 71.

encore il y a erreur ; si notre travail ne roule pas sur une chimère, Esquirol s'est trompé, nos bases respectives n'ayant pas la moindre affinité. Au surplus, des trois observations qui lui sont propres, la première est un délire maniaque qui a beaucoup d'analogie avec la folie hystérique ; la seconde est une manie intermittente, ou rémittente : toutes les deux ont les apparences de la manie raisonnante, les apparences seulement, et rien de plus. Quant à la troisième, nous n'hésitons pas à la considérer comme une forme de lypémanie dont le fond nous est aujourd'hui inconnu. M. Morel aurait raison de la prendre pour une folie héréditaire.

Les emprunts qu'il a faits à Prichard sont susceptibles des mêmes reproches. La guérison de la première observation ; l'apoplexie, deux ans après l'explosion du délire, dans la deuxième ; l'étendue du délire intellectuel dans la troisième ; les tentatives de suicide avec guérison dans la quatrième, nous font croire que, comme le médecin français, le médecin anglais n'avait pas saisi la nature de ces affections.

Pour nous résumer, nous dirons : Esquirol a écarté de la manie sans délire de Pinel quelques espèces de folie qui ont déblayé le terrain servant de base à la manie raisonnante. Il a circonscrit assez bien la zone de l'esprit dans laquelle se produisent les principales manifestations de celle-ci ; mais sa monomanie affective ne se compose que des cas de folie lucide de nature différente ; c'est ce qui explique comment, malgré la sûreté de son jugement, il s'est trouvé dans l'impossibilité d'assigner à cette aliénation mentale des caractères précis.

Faisant preuve d'une érudition très-étendue, Fodéré[1] s'attache à démontrer que la manie sans délire,
ou folie raisonnante, a existé de tout temps et que la
description en a été faite par les médecins de l'antiquité.
« Hérodote, Arétée et les auteurs du moyen âge, pense-
» t-il, ont décrit, sous le titre impropre d'enthousiasme,
» l'aliénation que nous appelons aujourd'hui manie
» sans délire. L'individu, disent-ils, croit entendre des
» sons de musique, auxquels il se met à sauter, à cou-
» rir, à saisir la première arme qui tombe sous sa main
» et à frapper à tort et à travers, même à se frapper
» lui - même, s'il ne trouve personne sur laquelle il
» puisse exercer sa rage, et, faute d'armes, il se met à
» mordre. Les Latins nommaient ces insensés *percus-*
» *sores,* et les Grecs, trompés par une religion fallacieuse,
» les disaient inspirés d'une divinité. »

Le désir de faire remonter la connaissance de cette
maladie à une époque très-reculée est fort louable ;
mais Fodéré n'est parvenu qu'à compliquer la question
d'une manière fâcheuse, en y introduisant un élément
nouveau, les fausses sensations, laissé dans l'ombre,
avec raison, par Pinel et par Esquirol. Il ne tient
aucun compte des progrès accomplis par ce dernier.

« Il faut, dit Marc[2], puisque les faits l'exigent, ad-
» mettre deux sortes de monomanie, dont l'une est in-
» stinctive, l'autre raisonnante. La première porte le mo-
» nomaniaque, par l'effet de sa volonté primitivement

---

[1] Fodéré, *Traité du délire*, t. I, p. 405
[2] Marc, *de la Folie*, t. 1, p. 244.

» malade, à des actes instinctifs automatiques, qu'aucun
» raisonnement ne précède ; l'autre détermine des actes
» qui sont la conséquence d'une association d'idées.
» Ainsi le monomaniaque qui attente à la vie de quel-
» qu'un parce que, voulant mourir et n'ayant pas le
» courage de se donner la mort, il veut se faire con-
» damner, est un fou qui n'agit pas par une impulsion
» instinctive, mais qui raisonne l'acte qu'il commet. Il
» en est de même du monomaniaque auquel une hallu-
» cination du sens de l'ouïe fait entendre des propos
» insultants et qui, pour se venger, attaque dans sa
» colère la première personne qui se présente à sa
» vue. »

Le mot *raisonnante* appliqué par Marc à la folie,
veut dire seulement que l'aliéné agit en vertu d'un raisonnement, tandis que les malades dont les actes sont
automatiques, et non raisonnés, sont des monomanes
instinctifs. Par conséquent, le célèbre médecin légiste
n'a pas abordé l'étude de l'affection qui fait l'objet de
ce traité. Nous pouvons en dire autant de Bouchet (de
Nantes) et d'Aubanel (de Marseille).

En 1841, M. Moreau (de Tours) publia, dans le
journal médical *l'Esculape,* une série d'articles sur la
folie raisonnante. Il nous a été impossible de nous
procurer ce recueil. D'après ce que ce savant auteur a
dit dans les *Annales médico-psychologiques,* en 1844,
nous avons lieu de supposer que, pour lui, cette maladie n'est que la monomanie instinctive d'Esquirol.

Le *Traité de pathologie cérébrale* du Dr Scipion
Pinel, publié en 1844, contient un article sur la manie

raisonnante ; il la classe dans l'ordre des affections
mentales caractérisées par la lésion des penchants et des
instincts. Nous allons lui laisser la parole : « Je pense
» qu'on peut appeler manie de caractère cette perver-
» sion légère des instincts et des affections qui fait d'un
» individu un fléau pour tout le monde, sans néanmoins
» qu'il soit aliéné. Ce sont ces êtres turbulents, indo-
» ciles, prompts à la colère, se livrant à des actes con-
» damnables qu'ils sont toujours prêts à justifier par de
» bonnes raisons, qui deviennent pour leurs familles,
» leurs proches et leurs amis, un sujet continuel d'in-
» quiétude et de chagrin ; ils font le mal par désœu-
» vrement, par malice, par méchanceté ; incapables
» d'application, de travail, ils cassent, bouleversent, dé-
» chirent.[1] »

  « Il n'est pas rare de rencontrer dans le monde des
» individus doués d'une organisation semblable, qui ne
» sont exaltés que dans leurs actions, et encore qui
» savent très-bien se renfermer dans les limites de la
» violence et échapper aux conséquences de leurs dires
» et gestes. Ils présentent une perversion comme native
» des penchants, mais à un degré qui n'exige pas la
» réclusion ; leurs moments d'exaltation furieuse se
» passent vite, s'adressent à tous les sujets, à toutes les
» occasions, puis ils retombent dans l'habitude de leur
» méchanceté naturelle, de leur caractère intraitable.
» C'est pour cette raison que je donne à cette infirmité
» cérébrale le nom de manie de caractère, parce qu'elle

----

[1] Pinel (Scipion), *Traité de pathologie cérébrale*. Paris, 1844, p. 330.

» n'est pas une aliénation proprement dite et qu'elle ne
» porte que sur la manière d'être qu'on appelle carac-
» tère chez chaque individu [1]. »

Voilà un certain nombre de propositions franchement contradictoires. Nous ne comprenons pas, en
effet, comment un homme jouissant de sa raison puisse
offrir une infirmité cérébrale qui se traduise par une
perversion native des penchants, par des moments
d'exaltation furieuse, par une méchanceté naturelle,
par un caractère intraitable, portant sur l'ensemble de
sa manière d'être ; nous ne comprenons pas, disons-
nous, qu'un homme de ce genre, indocile, turbulent,
colère, incapable de tout travail, qui casse, brise et
déchire, qui est un fléau pour tout le monde, puisse
jouir de l'intégrité de ses facultés. Vraiment, si de pareils symptômes appartiennent à la raison, il n'est pas
possible de se demander sans frémir ce que seront les
phénomènes morbides de la folie.

La perversion des penchants et des affections, centre
vers lequel converge l'appareil symptomatique de la
manie de caractère de Scipion Pinel, n'est pas le trait
distinctif de nos malades. Le nom qu'il donne à leur
folie est assez exact, clair, saisissant. Nous l'accepte-
rions volontiers s'il n'avait pas l'inconvénient de comprendre, sous la même dénomination, plusieurs espèces
de folie ayant toutes le caractère pour raison d'être et
pour substratum indispensable.

Dans la première édition de son *Traité d'aliénation*

---

[1] Scipion Pinel, *Traité de pathologie cérébrale*. Paris, 1844. p. 341.

mentale, Guislain partage pleinement les idées de
Pinel sur la manie sans délire, et, par conséquent, sur
la manie raisonnante. Dans son remarquable ouvrage
sur les phrénopathies, publié vingt-six ans après, le
même auteur modifie ses opinions sur ce sujet. Pour
lui, la manie n'affecte pas moins de vingt-trois formes
simples, primitives, parmi lesquelles nous voyons la
manie tranquille, la manie raisonnante, la manie astu-
cieuse, malicieuse, et la manie tracassière. C'est dans
ces quatre types de folie que nous trouvons les véritables symptômes de la maladie qui nous occupe. Il
s'attache à séparer la manie sans délire de la manie
raisonnante, mais son diagnostic différentiel ne repose
que sur l'intensité de l'exaltation. Il faut avouer que, si
le médecin belge n'est pas heureux comme théoricien,
sa supériorité comme praticien est aussi incontestable
qu'incontestée.

En 1849, M. Brierre de Boismont publia, dans le neuvième volume de la *Bibliothèque du médecin praticien,*
un *Traité d'aliénation mentale,* dans lequel il décrit la
monomanie raisonnante, désignée sous le nom de *folie
d'action.* Cette expression, assez significative, n'est pas
fondée sur un caractère appartenant exclusivement à
cette maladie. Il est vrai que, pour cet auteur, la manie
raisonnante est tout simplement la monomanie instinctive ; à ce point de vue, il a eu raison de l'appeler folie
d'action.

« Un septième groupe de lypémanies sans réaction de
tristesse se compose d'affections dans lesquelles les malades, avec un ordre de préoccupations habituellement

tristes, se plaignent continuellement de toutes choses, se montrent en tout d'une exigence extrême et sont constamment travaillés par le besoin de faire des observations. C'est à cette affection que Pinel a donné le nom de manie raisonnante ; celui de lypémanie raisonneuse me paraît lui convenir beaucoup mieux, car les malades sont bien plus raisonneurs que raisonnants, et la maladie revêt beaucoup plus le caractère de la lypémanie que celui de la manie [1]. »

Les lignes précédentes sont de M. Billod ; elles n'ont pas besoin de commentaires pour le moment ; nous y reviendrons dans la partie nosologique.

Les études cliniques sur les maladies mentales, de M. Morel, ont été publiées en 1852. A cette époque, l'auteur considérait la manie raisonnante comme une variété de la manie instinctive, qui n'était qu'une forme de la manie. Depuis lors, il a modifié très-avantageusement ses idées sur la manie raisonnante. Cette maladie fait partie du deuxième groupe des folies héréditaires, dans la classification si remarquable des maladies mentales qu'il publia en 1860. La place qu'il lui assigne suffit pour nous engager à reconnaître : 1° que les caractères du groupe où se trouve classée la manie raisonnante lui sont assez généralement applicables ; 2° que ces caractères, quoique génériques, répandent quelque jour sur la question ; 3° enfin, que, en la considérant comme une première variété de dégénéres-

[1] Billod, *Annales médico-psychologiques*, 1856, t. II, 3me série, p. 331.

cence, il est entré largement dans la voie de la vérité.

Les progrès imprimés par lui à l'étude de la manie raisonnante sont donc indirects; ils dérivent tous de sa classification, c'est d'elle qu'ils reçoivent leur importance. Nous n'hésitons pas à déclarer que la portée de la classification du Dr Morel est immense. Si jusqu'ici cette classification n'a pas été appréciée, c'est qu'elle n'est pas complète ; mais je ne crains pas d'avancer que, malgré ses défauts, elle renferme les germes d'un progrès certain de la science des maladies du moral.

Le livre si intéressant et si remarquable de M. Trélat, sur la folie lucide, est destiné à mettre en relief le mauvais caractère des aliénés qui raisonnent et les conséquences sociales qui en dérivent. Tous les types morbides du moral avec intégrité intellectuelle sont successivement passés en revue dans cet ouvrage, qui n'a d'autre but que celui de mettre la société en garde contre les personnes bizarres, excentriques, fantasques, etc., etc. Il est à regretter que, possédant une masse si considérable de faits, M. Trélat n'ait pas tiré de ses riches matériaux les enseignements scientifiques qu'ils renferment. Espérons qu'il ne laissera pas son œuvre dans cet état d'imperfection.

Pour M. Dagonet, la manie raisonnante est une variété de la manie. Parmi les symptômes qu'il énumère, les uns doivent être rapportés à cette variété, les autres lui sont entièrement étrangers. La lypémanie raisonnante du même auteur est tout simplement la lypémanie franche, c'est-à-dire sans idées délirantes : c'est la mélancolie sans délire. Il n'a donc pas abordé, et il ne devait pas aborder, dans un traité élémentaire, les difficultés inhérentes à la manie raisonnante.

Plus explicite que lui, Marcé, dans un ouvrage très-bien fait sur les maladies mentales, nie l'existence de la monomanie raisonnante comme entité pathologique distincte. « Tous les faits de cette nature que j'ai re-» cueillis, dit-il, se rangent en deux catégories : ce sont » ou des états congénitaux, dont on retrouve les traces » dès la première enfance et qui peuvent légitimement » être rattachés à de l'imbécillité, ou des états anormaux » de l'intelligence consécutifs à des accès antérieurs de » folie, et se rapprochant de l'excitation maniaque[1]. » Nous verrons plus loin ce que nous devons penser de cette assertion.

M. Delasiauve paraît comprendre la manie raison-nante dans la pseudo-monomanie. A-t-il bien fait ? Nous ne le croyons pas. A l'occasion du diagnostic, nous re-viendrons sur les idées du savant médecin de Bicêtre.

Le Dr Griésinger, qui reprochait à Pinel, nous l'avons déjà dit, d'avoir introduit de la confusion dans notre sujet, justifie jusqu'à un certain point sa critique, en ce qu'il ne sait pas trop lui-même à quoi s'en tenir sur la manie raisonnante, quand il dit que « ce qu'il » y aurait de mieux à faire serait de laisser complète-» ment tomber en désuétude cette dénomination vague, » obscure, et qui éveille toujours la curiosité des hommes » de loi et des gens du monde[2]. » N'est-il pas regret-

---

[1] Marcé, *Maladies mentales.* Paris, 1862, p. 391.
[2] *Traité des maladies mentales.* Paris, 1865, p. 356

table qu'un esprit si éclairé, si remarquable, soit passé
à côté de cette question sans l'approfondir ?

Après avoir passé en revue les diverses opinions qui
se sont produites depuis Pinel jusqu'à nos jours, sur la
manie raisonnante, nous devons chercher à les résumer et à les apprécier dans leur ensemble.

Appelée manie raisonnante dans les hôpitaux, manie
sans délire par Pinel, monomanie affective ou raisonnante par Esquirol, folie morale par Prichard, manie
de caractère par Scipion Pinel, folie d'action par
M. Brierre de Boismont, lypémanie raisonneuse par
M. Billod, etc., la maladie qui porte un si grand nombre
de noms devrait être depuis longtemps une affection
parfaitement connue, si l'on prenait au sérieux sa riche
nomenclature. Il n'en est rien, cependant, et même
nous pouvons dire que la science se trouve aujourd'hui
dans l'impossibilité d'assigner à tous ces mots une signification précise quelconque.

Pour les uns, ces nombreuses dénominations désignent
la monomanie instinctive (Pinel, Dubuisson, Moreau,
etc.); pour les autres, elles conviennent à toute espèce de folie avec conservation relative de l'intelligence et du raisonnement (Marc, Fodéré, Aubanel,
Bouchet). Pour ceux-ci, elles s'appliquent aux maladies
caractérisées par une perversion des sentiments, des affections et des instincts (Esquirol, M. Brierre de Boismont,
etc.); pour ceux-là, elles mettent en saillie une variété
de la manie franche. Et, tandis que M. Pinel (Scipion)
voit surtout dans la manie raisonnante une manière

d'être physiologique portant sur l'ensemble du caractère de certains individus, Marcé est d'avis qu'elle peut
être rattachée à l'imbécillité ou à des anormaux de
l'intelligence consécutifs à des accès antérieurs de folie,
et se rapprochant de l'excitation maniaque[1].

Que devons-nous penser de cette multitude d'opinions ? Nous pensons que les diverses épithètes citées
ci-dessus annoncent une richesse factice, illusoire, sous
laquelle la science cache sa profonde misère. On s'est
donné un trop grand luxe et une trop grande fatigue
en créant des noms destinés à désigner une maladie
dont l'existence nosologique, à peine entrevue par moments, est formellement contestée aujourd'hui.

En effet, la revue historique que nous venons de terminer prouve que la manie raisonnante, avec sa magnifique synonymie, n'a pas encore en nosologie, comme
espèce pathologique, une existence assurée, propre,
indépendante.

Admise d'abord là où elle n'était pas, cette maladie
a été ensuite vue partout, et finalement elle a été niée
et rejetée des espèces phrénopathiques proprement dites.
Les descriptions faites jusqu'à ce jour, nous le répétons,
sont encombrées de symptômes qui ne lui appartiennent
pas du tout. L'obscurité la plus complète règne dans

---

[1] M. Berthier pense, contrairement à l'opinion du très-regret-
table docteur Marcé, « que la manie raisonnante est un degré inférieur, un état rudimentaire, dont la caractéristique est une surexci-
tion. La folie mal dénommée raisonnante, ajoute-t-il, est aux autres
folies ce qu'est l'enfance à l'âge mûr. » (*Annales médico-psycholog*, janvier 1867, p. 93 et 94.) Ces deux savants aliénistes sont dans l'erreur.

tout son domaine : étiologie, pronostic, traitement, nosologie, tout est à faire. Espérons cependant que cette
confusion et cette obscurité si regrettables ne tarderont
pas à disparaître, et que les problèmes inhérents à
l'affection dont il s'agit recevront bientôt une solution
satisfaisante.

L'analyse découvre donc dans l'histoire de la manie
raisonnante, ou plutôt dans l'histoire de ces deux mots,
quatre époques, représentées par Pinel, par Esquirol,
par M. Morel et par Marcé.

La silhouette (si je puis employer cette expression)
de la manie raisonnante se dessine vaguement dans le
lointain avec la manie sans délire de Pinel : ses contours
sont entourés de nuages et son centre lui-même est invi-
sible. En se rétrécissant, elle prend un peu de corps, un
peu de consistance, sous l'admirable génie d'Esquirol,
mais elle s'évanouit comme une ombre quand on l'approche. Tout en la circonscrivant dans un cercle infranchissable, M. Morel la laisse indéterminée, insaisissable
et inaccessible aux regards de la foule. Marcé, enfin,
anéantit d'un trait de plume, véritable coup de ba-
guette magique, les heureux rêves de ses prédécesseurs,
et distribue en deux groupes les prétendus faits de manie
raisonnante [1].

---

[1] L'intéressante discussion qui vient d'avoir lieu au sein de la Société médico-psychologique confirme l'exactitude de ces appréciations
historiques. On a beaucoup parlé de la folie raisonnante, considérée
comme un état symptomatique des maladies mentales, caractérisé
par le délire des actes et par un délire intellectuel excessivement
restreint ; mais on n'a rien dit de la manie raisonnante comme
espèce nosologique distincte. Les orateurs qui l'ont abordée à ce

Et maintenant, si les leçons du passé ont quelque vertu, si elles ont encore quelque faveur, pouvons-nous entrer sans crainte dans cette arène où se sont égarés les grands talents que la psychiatrie place parmi les plus brillantes illustrations du XIX⁰ siècle ? Pouvons-nous compter sur la solidité du terrain que nous avons à parcourir ?...

Mais qu'importe ?... si nous sommes englouti dans les sables que nous avons laborieusement recueillis, les débris de nos veilles, amoncelés sur le seuil de notre route, resteront toujours pour indiquer, à quelques contemporains érudits, un écueil à éviter, un danger à prévenir.

C'est pourtant avec une confiance pleine et entière que je livre à l'appréciation du public ces pages mûrement réfléchies et péniblement élaborées, espérant qu'elles apporteront un contingent sérieux au progrès de l'étude de la manie raisonnante et à la création d'un type phrénopathique nouveau.

point de vue se sont contentés de nier son existence, sans juger opportun de motiver leur opinion. Il est probable que, dans leur esprit, la non entité de cette maladie était assez claire pour n'avoir besoin d'aucune justification. Toujours est-il que, malgré la longueur des débats, et quoique toutes les opinions sur ce sujet aient eu le temps de se produire, mon travail conserve encore aujourd'hui, avec l'intégrité de ses principes, son originalité primitive.

III

LIMITES DU SUJET

Au milieu des divergences que nous venons de signaler, désireux d'avoir une notion exacte sur la manie raisonnante, nous nous sommes adressé à la nature : nous avons examiné tous les malades qui nous sont confiés, nous avons fait appel à nos souvenirs, à nos observations, à nos notes, et, de l'examen conscien‑cieux de ces divers éléments il est résulté, pour nous, la conviction que cette maladie existe réellement avec son essentialité, avec sa puissante individualité; elle constitue une entité pathologique indépendante, et les pages qui vont suivre mettront cette opinion à l'abri de toute contestation.

Mais, avant de commencer l'étude de la manie rai‑sonnante, il convient de tracer les limites qui nous semblent devoir la circonscrire, et d'exposer la concep‑tion générale qui doit nous diriger désormais.

Et, d'abord, pouvons-nous donner ce nom à toutes

les espèces phrénopathiques qui se présentent avec un délire intellectuel peu apparent? Avons-nous à considérer cette expression comme spécifique ou comme générique ? En un mot, s'agit-il d'appliquer cette dénomination à une seule maladie, ou bien faut-il l'étendre à tout un groupe de maladies mentales ayant la lucidité intellectuelle pour caractère commun ?

Ici quelques réflexions préliminaires nous paraissent indispensables.

En suivant les diverses phases de l'histoire de la psychiatrie, nous constatons un fait dominant et d'une importance majeure : c'est que, chaque fois qu'elle a eu à enregistrer un progrès réel, certain et durable, ce progrès a pris naissance dans l'étude d'une espèce phrénopathique isolée. Les folies paralytique, épileptique, hystérique, à double forme ; la stupidité, la démonomanie, l'alcoolisme, la folie des femmes enceintes, etc., sont, pour la science, des acquisitions précieuses qu'on ne saurait méconnaître.

La médecine mentale leur doit le rang qu'elle a aujourd'hui parmi les autres branches de l'art de guérir.

Tant que la folie a été prise pour une entité pathologique, la science n'a pas fait un seul pas : elle n'a guère commencé à s'enrichir que lorsque des fractions ont été séparées du tout, et que ces fractions ont été soumises à une observation patiente et détaillée.

Autant les généralisations faites à propos sont utiles et désirables, autant les généralisations prématurées sont funestes. Les premières impriment au mouvement scientifique une impulsion heureuse ; les secondes l'entravent et le paralysent. La méthode analytique doit avoir épuisé presque entièrement un sujet pour que la synthèse s'en empare avec quelques chances de succès. Si l'analyse n'a pas suffisamment épuré les matériaux, il ne faut pas songer à les classer et à les résumer dans des formules générales, autrement on court le risque de voir la règle anéantie par les exceptions les plus variées[1] .

C'est précisément ce qui est arrivé en psychiatrie. Les généralisations aventureuses qui ont englobé sous un titre unique tous les troubles psychiques n'ont donné lieu qu'à une confusion, à une obscurité, à un chaos vraiment déplorable. Quand on voulait les appliquer aux cas particuliers, elles se trouvaient presque toujours en défaut et déroutaient l'observation clinique.

L'étude des espèces morbides a été, est et sera toujours la condition *sine quâ non* de tout progrès. L'oublier dorénavant serait fermer les yeux à la lumière et retomber dans les errements du passé. « Pour sortir du dédale inextricable des faits individuels, dit le Dr Monneret, il faut absolument s'élever, par la généralisation, à l'idée de l'espèce ; sans elle, il n'y aurait point d'art du diagnostic, du pronostic, ni de traitement; sans elle, point de science médicale. On n'accorde généralement aujourd'hui qu'une médiocre attention à l'espèce, et cependant elle est le seul fondement solide de la pathologie et la source à laquelle on peut seulement puiser

[1] « Ce n'est qu'à la condition d'une analyse rigoureuse et préalable que la synthèse est légitime et, par suite, fructueuse.» C. Cavalier, *sur l'Hémorrhagie cérébrale* (*Montpellier médical*, 1861).

des idées générales et les lois qui régissent la thérapeutique[1]. »

Ne nous arrêtons donc pas devant ces essais informes,
prématurés, qui caractérisent partout les débuts de la
psychiatrie et qui constatent, par la stérilité des résultats, une absence de travail et d'examen ; ne cherchons
pas à nous élever imprudemment sur des échafaudages
mal établis : restons dans la sphère du vrai, et contentons-nous de réunir un assez grand nombre d'éléments
dûment épurés, qu'un esprit vaste et sûr reprendra plus
tard, n'en doutons pas, pour les grouper d'après leurs
affinités naturelles et pour les généraliser d'une manière satisfaisante.

En conséquence, fondant tout l'avenir de la science
des maladies du moral sur la connaissance approfondie
des espèces phrénopathiques, il est clair que nous ne
pouvons donner qu'une réponse à la question que nous
nous adressions il y a un instant : le mot *manie raisonnante* doit servir désormais à désigner une seule espèce
morbide, toujours une, dont les caractères franchement
accusés seront établis plus loin. Les vocables *folie lucide,
délires généraux maniaques, folie raisonnante, folie
morale*, etc., pourront comprendre tous les troubles
psychiques, partiels ou généraux, expansifs ou tristes,
non accompagnés de désordres considérables des facultés
intellectuelles.

Il serait, par conséquent, à désirer que l'acception
restreinte que nous lui donnons ici, et que nous propo-

[1] *Pathologie générale*, t. 1, p. 107.

sons aux médecins aliénistes, fût généralement admise; des confusions déplorables seraient ainsi évitées, au grand avantage de la science.

Au reste, un nom unique pour fixer nettement une idée, quelque imparfait, quelque défectueux qu'il soit, sert mieux les intérêts de la pathologie que la nomenclature la plus variée, lorsqu'elle est vaguement appliquée. C'est pour cela que, malgré les justes reproches qu'on pourrait adresser au mot *manie raisonnante*, nous le préférons, ainsi circonscrit, à toute autre dénomination[1].

Passant ensuite des mots aux choses, nous tâcherons de réunir un certain nombre de faits parfaitement ressemblants, et constituant une unité pathologique suffisamment déterminée pour répondre aux besoins actuels et peut-être aux besoins futurs de la psychiatrie. Agir autrement, ce serait amalgamer en pure perte des éléments plus ou moins hétérogènes, destinés à perpétuer la confusion que nous déplorons.

Ainsi nous pensons qu'il est utile d'éloigner du cadre de la manie raisonnante tous les délires monomaniaques ou lypémaniaques bien accentués, qu'ils respectent ou qu'ils ne respectent pas notablement les facultés intellectuelles. Entre le mélancolique, abattu, concentré,

[1] Connaissant l'influence des mots sur les idées, j'ai peut-être tort de conserver à la maladie qui va nous occuper le nom de manie raisonnante. Il est à croire en effet que, sous ce titre, l'essentialité, l'indépendance nosologique de la phrénopathie, dont il s'agit, sera, par suite de l'habitude et malgré mes efforts, plus ou moins méconnue, tandis qu'elle aurait été généralement acceptée si je l'avais présentée avec une autre étiquette. Mais la création d'un nouveau nom m'effraye et me fait persister dans ma première opinion.

sombre, affaissé, qui ne se plaît que dans la solitude, et le maniaque raisonnant déplorablement expansif, qui provoque sans cesse les occasions de se produire et d'imposer autour de lui sa volonté, sa personnalité, il y a une distance immense, que la nosologie ne doit jamais franchir.

L'intervalle qui sépare ce dernier du monomane systématique, constamment préoccupé d'une série d'idées délirantes, est si grand, que toute tentative d'assimilation serait très-malheureuse. Chez l'un, l'intelligence est le siége principal de la maladie ; chez l'autre, au contraire, celle-ci a surtout le moral pour substratum indispensable : l'un déraisonne à peine, l'autre délire pleinement dans un certain ordre de sujets. Et nous placerions ces deux êtres, dont les allures physiques et mentales sont si différentes, dans la même catégorie ! Non, ce n'est pas possible.

Nous n'admettrons pas davantage les délires sympathiques qui peuvent affecter plus ou moins les apparences extérieures de la manie raisonnante. En supposant que ces délires existassent réellement, ce qui me paraîtencore douteux, ils ne seraient pas moins distincts de cette espèce phrénopathique, et par leurs causes, et par l'ensemble de leurs symptômes, et par leur marche, et par leur gravité, etc., etc. A quoi servirait cette confusion ?

Les délires revêtus de la même forme, dépendant des affections hypochondriaques, choréiques, épileptiques, ou provenant d'une intoxication, doivent partager la même exclusion. N'ont-ils pas, chacun d'eux, une physionomie assez caractéristique, qui s'impose forcément au nosologiste le moins clairvoyant ? La folie hystérique est celle qui prend le mieux le masque de la manie raisonnante, et pourtant quel est l'aliéniste qui ne serait pas honteux de son diagnostic, si on lui reprochait d'avoir confondu ces deux espèces morbides? En un mot, toute manie raisonnante symptomatique d'une phrénopathie essentielle quelconque ne doit pas avoir de place dans notre cadre.

Il y a, enfin, des aliénations mentales intermittentes d'abord, rémittentes plus tard, qui offrent, à une certaine époque de leur évolution, le cachet distinctif de la manie raisonnante. Cette particularité, il est inutile de le dire, étant transitoire, leur enlève le droit de figurer dans cet ouvrage. La folie circulaire est dans le même cas.

On s'imaginera peut-être qu'en procédant par voie d'exclusion, comme nous venons de le faire, nous n'avons pas de raisons pour nous arrêter, et que, par cette méthode, il nous est impossible d'arriver à la création d'un type morbide naturel. Mais c'est là une erreur qu'il nous sera facile de combattre, en priant nos contradicteurs de lire ce travail jusqu'à la fin. Ils verront alors que nos observations sont parfaites sous le rapport de la ressemblance, de l'homogénéité, de l'identité, et qu'elles justifient complétement les considérations générales exposées dans les chapitres suivants. D'ailleurs, la conception de ce type a eu lieu d'emblée, directement, dans mon esprit, et ces éliminations, toutes consécutives, n'ont servi qu'à la dégager ou à l'épurer.

Concluons donc que notre manie raisonnante n'est pas
constituée, de toutes pièces, par un ensemble de faits
réfractaires aux espèces déjà connues en psychiatrie:
c'est une maladie mentale simple, essentielle, primitive, idiopathique, pour le moins aussi nettement et
aussi fortement caractérisée que toutes les autres maladies du moral. La paralysie générale elle-même, la plus
accentuée des phrénopathies, n'a pas un cachet plus
franc, plus distinctif et mieux déterminé, que celui de la
manie raisonnante.

IV

SYMPTOMATOLOGIE

———

PRÉLIMINAIRES

La symptomatologie, en général, laisse beaucoup à désirer. Dans les descriptions des maladies, on a le soin d'accumuler le plus grand nombre possible de phénomènes pathologiques, sans se préoccuper de leur valeur, sans s'inquiéter de leur assigner un rang dans l'ensemble de l'appareil morbide. Les symptômes qui apparaissent à une époque avancée de la maladie figurent fréquemment à côté de ceux qui se montrent au début, et cet état de choses fait naître une confusion déplorable, bien faite pour ralentir forcément les progrès de la science.

Les lacunes que nous signalons sont encore plus

graves et plus regrettables dans la symptomatologie
de la folie. Pour les combler, sinon en totalité, du moins
en grande partie, il conviendrait de noter tous les détails de l'appareil symptomatique, de les étudier dans
leur mode d'évolution, de suivre leur filiation dans les
diverses périodes du mal et de les classer de façon à
établir, pour chacun d'eux, un ordre de succession, une
hiérarchie, qui nous donnerait, avec la mesure de leur
importance, le moyen de saisir les manifestations primordiales essentielles, véritables signes pathognomo-
niques de la maladie. Ces manifestations primordiales,
souvent uniques, toujours en très-petit nombre, rendraient le diagnostic facile, favoriseraient et dirige-
raient les recherches étiologiques et fourniraient une
base certaine à la nosologie, au pronostic et au traitement.

Il serait nécessaire ensuite de songer définitivement
à déterminer les diverses espèces phrénopathiques qui
sont enchevêtrées les unes dans les autres, sans que
nous puissions tracer, même aujourd'hui, les signes
caractéristiques de la plupart d'entre elles.

En outre, les maladies se présentent à nous avec des
symptômes physiques et psychiques. Or les derniers, peu
connus ou mal appréciés, ont une signification que
l'absence de tout enseignement pratique fourni par la
psychologie normale nous empêche de saisir convenablement. En effet, la psychologie normale, ou mieux la
physiologie de l'entendement, est encore très-peu avancée.

Ne connaissant pas le fonctionnement physiologique

de l'esprit et les lois qui gouvernent son activité,
comment pourrions-nous avoir une notion exacte des
troubles nombreux qu'il offre à nos investigations ?
Cette disette de connaissances en psychologie normale
entrave considérablement les progrès de notre spécialité,
quand elle ne les paralyse pas complétement.

Voici maintenant les conséquences de cette ignorance :

Appelés à donner des soins à un insensé, nous examinons ses actes et ses paroles ; mais nous examinons
les actes en eux-mêmes, les paroles en elles-mêmes,
sans que nous cherchions à remonter jusqu'à la source
d'où ils proviennent, jusqu'à la cause qui renferme leur
raison d'être. Que dirions-nous d'un médecin qui, après
avoir constaté chez un malade une gêne de la respiration, une enflure des jambes, une couleur violacée des
lèvres, une irrégularité du pouls, etc., envisagerait isolément ces divers phénomènes et les traiterait séparément, sans s'inquiéter des liens qui les rattachent les uns
aux autres, sans se préoccuper de la lésion du cœur qui
les produit ? Eh bien ! c'est pénible à dire, en médecine
mentale nous procédons souvent ainsi. Nous nous arrêtons devant les conceptions délirantes ; nous avons la
candeur de les faire servir ensuite à la caractérisation
des phrénopathies, et nous finissons par leur accorder
en nosologie une portée aussi exagérée que fâcheuse.

Nous ne saurions trop nous élever contre cette manière de faire. Les idées délirantes n'ont aucune importance intrinsèque, car elles manquent plus ou moins
dans plusieurs circonstances, et la folie n'en est pas

moins certaine. De plus, les conceptions folles de la majorité des insensés changent ou se modifient presque tous les jours; de sorte que le signalement patholo-gique qu'elles donnaient la veille n'existe plus le len-demain. Hier, par exemple, le malade se croyait damné; aujourd'hui il ne craint que la police, et demain peut-être il aura peur de perdre sa fortune. N'est-il pas évident que fonder une notion scientifique quel-conque sur un terrain aussi mouvant, c'est s'exposer à la voir renversée à la moindre secousse?....

Nous pourrions en dire autant des actes; bien qu'ils soient, par leur nature, plus fixes, plus stables que les idées, nous arriverions à conclure que les uns et les autres n'ont pas la valeur qu'on leur accorde.

Non, en physiologie comme en pathologie, comme en philosophie, il n'est pas permis de ne considérer que l'effet; il faut essayer de remonter à la cause. Or quelle est la cause de nos idées? quelle est la cause de nos actes? Ce sont incontestablement nos facultés. Ceux-là ne sont que la conséquence, le produit, le résul-tat du travail de celles-ci. Le chirurgien, en voyant la claudication d'un malade, cherche l'organe dont la fonc-tion est défectueuse; le simple bon sens le contraint irrésistiblement à faire cette recherche préliminaire, qui doit servir d'élément à son pronostic et à son traite-ment. Pourquoi n'agirions-nous pas en psychiatrie de la même façon? Pourquoi, par exemple, ne remonte-rions-nous pas, dans le cas cité tout à l'heure, jusqu'au sentiment altéré de la peur, qui porte l'aliéné à craindre successivement pour son âme, pour sa liberté, pour sa fortune? Dans le fou hypochondriaque, dévoré périodiquement par son ambition, ou tourmenté alternativement par son hypochondrie et par les idées ambitieuses, nous ne devons pas signaler deux sortes de lésions, mais un seul et même trouble se manifestant sous deux aspects différents et provenant d'une seule faculté, le sentiment de la personnalité.

Abandonner cette méthode, qui a au moins l'incontestable avantage d'être logique, c'est renoncer à tout progrès sérieux ; car elle renferme, nous en sommes convaincu, les germes de l'avancement de la médecine mentale et de la psychologie. En l'employant régulièrement, nous parviendrons à réaliser les espérances de Descartes et de d'Alembert, qui croyaient fermement, et avec raison, que la médecine, ayant tout à donner à la philosophie et n'ayant rien à recevoir d'elle, était la seule source où la psychologie devait puiser des connaissances exactes.

Ne comptons donc pas sur les découvertes de celle-ci et ne perdons pas notre temps à attendre d'elle des secours que nous n'avons pas à lui demander. Faisons cesser nous-mêmes notre embarras, et cherchons dans la clinique les matériaux nécessaires pour créer une physiologie de la pensée appropriée aux exigences de la pratique.

Sans doute, la méthode dont nous parlons offre quelques difficultés ; elle peut donner lieu à quelques fausses inteprétations ; mais ces inconvénients sont insignifiants relativement aux avantages qu'elle présente ; d'ailleurs, une observation attentive des aliénés suffira pour écarter toutes les chances d'erreur dont elle est susceptible.

Ainsi, voilà une jeune fille qui demande tous les jours des nouvelles de sa famille; il est permis de supposer d'après cela qu'elle désire voir ses parents pour donner satisfaction à son affection pour eux; mais il n'en est rien, attendu qu'au parloir elle prend les objets de toilette qu'on lui apporte, et aussitôt elle rentre dans sa section sans leur témoigner aucun attachement. Que faut-il penser de ce fait? Que la méthode n'est pas bonne, qu'elle est trompeuse?... Non, il faut penser qu'elle a été mal employée; et la preuve, c'est que, en voulant découvrir le motif qui engageait cette jeune fille à s'informer de l'état de ses parents, on ne tarde pas à reconnaître qu'elle est très-vaniteuse, très-indifférente; atteinte d'un délire des grandeurs, elle ne voulait voir sa famille que pour recevoir les objets si vivement désirés qu'on devait lui apporter. Il y avait donc chez cette jeune fille une exagération du sentiment de la personnalité et un affaiblissement de ses sentiments affectifs, le tout caché sous les apparences d'un amour vrai. Sa conduite à l'égard de ses parents justifie pleinement cette interprétation.

Un autre exemple: Une pauvre mère de famille, atteinte d'une lypémanie anxieuse, demande sans cesse ses enfants. Croyant que cette demande dérivait, comme autrefois, d'un désir naturel et d'une affection sincère et profonde, le mari de cette dame s'empresse de lui amener ses enfants. Le médecin le prévient de l'accueil froid qui les attend, et la malade est conduite au parloir.

Mais, en présence de ses enfants, elle continue ses promenades automatiques, sans faire attention aux caresses de ses trois charmants petits garçons. Comment se fait-il donc que les sentiments de cette malade soient si faibles, alors que ses paroles semblaient annoncer le contraire? Pour avoir l'explication de cette particularité, il suffit de remarquer que l'aliénée était inquiète, mobile, énervée, et qu'en demandant ses enfants elle ne faisait, pour ainsi dire, que pousser un gémissement articulé, comme elle aurait poussé un soupir, sans exprimer autre chose qu'une souffrance extérieure, vague, nerveuse et tout à fait étrangère à un mouvement affectif quelconque.

On voit par ces deux observations que la méthode en question peut être mal appliquée, et que, dans ce cas, elle doit nous induire en erreur; mais, quand on a l'habitude de la manier, ces erreurs sont impossibles, et, dans tous les cas, elles ne lui sont pas imputables.

D'ailleurs elle a été employée avec succès, notamment en ce qui concerne la mémoire; quand il s'agit des faits provenant de cette source, quel que soit leur intérêt, on les néglige volontiers pour ne parler que de l'état de la faculté qui les fournit. Il n'y aura désormais qu'à étendre la même manière de faire à toutes les puissances de la pensée, et nous obtiendrons ainsi une base solide, certaine, invariable, sur laquelle toute symptomatologie précise doit venir s'appuyer.

DESCRIPTION SYMPTOMATOLOGIQUE

Quoique identiques au fond, les maniaques raisonnants offrent au moral quelques dissemblances secondaires, il est vrai, mais assez saillantes et assez importantes pour leur imprimer un cachet particulier, et conséquemment pour nous obliger à les distribuer en trois groupes constituant autant de variétés distinctes : ce sont les variétés *orgueilleuse, envieuse* et *égoïste*. Sans doute l'égoïsme, l'envie et l'orgueil, prédominent toujours chez ces malheureux; seulement cette prédominance est, relativement, plus ou moins marquée. Lorsque le sentiment de la personnalité, par son développement exagéré, domine tous les autres sentiments, on a la variété orgueilleuse; si la jalousie est le trait le plus fortement dessiné dans leur caractère, on a la variété jalouse ou envieuse; enfin la variété égoïste existera naturellement chaque fois que l'égoïsme proprement dit sera très-fortement accusé. En d'autres termes, tous les maniaques raisonnants ont des facultés égoïstes très-énergiques, et par là ils forment un tout homogène; mais ils diffèrent les uns des autres par la nature du sentiment égoïste qui domine dans leur moral. Ces différences sont donc de second ordre; tout en justifiant les variétés que nous croyons devoir admettre, elles respectent les grandes lignes qui spécifient la manie raisonnante.

Le tableau que nous allons tracer est celui des maniaques raisonnants orgueilleux ; ils sont le type de l'espèce phrénopathique étudiée dans ce travail. C'est à ce type que nous rapporterons les deux autres variétés de cette maladie ; elles feront l'objet d'un chapitre spécial.

I. — PHÉNOMÈNES PSYCHIQUES

—

A

SENSIBILITÉ MORALE, SENTIMENTS, PASSIONS, PENCHANTS

Il serait peut-être logique de commencer notre description psychologique des maniaques raisonnants par l'étude de leur intelligence proprement dite ; toutefois, comme ces malades sont plutôt déraisonnables dans leurs actes que dans leurs paroles, nous croyons qu'il est préférable d'intervertir cet ordre et d'aborder immédiatement l'examen des sentiments, des passions, des penchants, c'est-à-dire de la partie constante, essentielle, base de leur constitution mentale, source des mobiles de leurs actions.

Les maniaques raisonnants ont tous une sensibilité morale vive, exagérée et très-mobile. La moindre chose, la plus légère émotion, la plus petite discussion, les anime, les passionne, les exalte outre mesure ; **un dîner d'amis, une partie de cartes, un petit excès de**

boisson, une conversation, un rien les surexcite, et alors
ils parlent beaucoup, gesticulent, prennent des atti-
tudes variées, marchent et se remuent de mille façons
pour se donner de l'importance. Ils s'enivrent pour
ainsi dire en parlant, les rapports sociaux, même à
petite dose (si je puis parler ainsi), étant pour ces natures versatiles ce que sont pour les ivrognes les boissons alcooliques ou fermentées. Leur exaltation apparaît
et disparaît avec la plus grande facilité : on les voit
soutenir avec feu une thèse quelconque, et un moment
après l'effervescence tombe, et le calme revient dans
l'esprit de ces infortunés ; mais qu'un incident insignifiant vienne mettre en mouvement leur sensibilité
inquiète et fantasque, et aussitôt ils présenteront, à
nouveau, des signes non équivoques d'exaltation mentale.

Passant, sans transition aucune, d'un extrême à
l'extrême opposé, ils plaident aujourd'hui avec chaleur
une cause qu'ils dénigraient la veille, et qu'ils dénigreront encore le lendemain. Dans l'espace d'une seconde,
ils changent d'avis sur les personnes et sur les choses :
la nouveauté les captive et les ennuie presque en même
temps. Ils vendent à vil prix des objets récemment
achetés, afin d'en acheter d'autres, qui ne tarderont
pas à subir le même sort; et, chose étonnante, avant
de posséder ces objets, ils les convoitent avec une ardeur égale à l'empressement qu'ils mettent à s'en dé-
faire, quand ils en sont les propriétaires. Regarder,
désirer et devenir indifférents, voilà les trois stades
qu'ils parcourent avec une rapidité incroyable.

Lorsque les penchants ou les passions entraînent le maniaque raisonnant dans une pente fatale, il se montre fixe, persévérant et d'une invariabilité désespérante ; partout ailleurs il n'est constant que dans son inconstance même. Se fier à ces malades, c'est commettre une imprudence : leur parole d'honneur, mise en avant à tout propos, est sans portée, et la foi du serment résiste rarement devant l'attrait que leur inspire la flatterie ou l'intérêt. Susceptibles, irritables, emportés, violents, pleins d'un amour-propre mal placé, ils sont excessivement chatouilleux : un rien les exaspère et les met en colère. Comme ils voient surtout le mauvais côté des hommes et des choses, ils trouvent, dans leur manière de sentir, une source inépuisable de sujets de critique et de mécontentement. On les remarque au milieu de toutes les discussions, de toutes les querelles, de toutes les scènes de scandale ou de tapage nocturne ou diurne. Y a-t-il du bruit quelque part, ils y accourent comme le papillon vers la lumière, attirés qu'ils sont par une sorte d'aimant irrésistible.

Leur sensibilité morale, toujours mobile, fantasque, irrégulière, tantôt affaissée, tantôt exaltée, n'est jamais pervertie, et leurs goûts, marqués au coin de l'originalité ou de l'extravagance, ne vont jamais jusqu'à la perversion. En d'autres termes, leur sensibilité morale peut varier de degré, de quantité, elle peut être altérée en plus ou en moins, mais sa nature reste toujours la même.

Le mot *perversion* n'a pas, en médecine, une signification parfaitement établie : on lui donne parfois une acception trop restreinte ; d'autres fois il a une étendue qu'il ne devrait pas avoir ; c'est ce qui a lieu quand on s'en sert pour exprimer le changement du bien en mal. Dans le Dictionnaire de Nysten, il est dit qu'il y a perversion de l'appétit dans le pica ; perversion de la vue, dans la diplopie. Ces exemples ne me paraissent pas analogues : le pica consiste dans l'aberration des fonctions de l'estomac, dans la modification de son impressionnabilité pour ses excitants habituels, tandis que la diplopie provient du défaut de parallélisme entre les axes visuels. Ici le phénomène est consécutif et dérive d'une cause purement physique ; là, au contraire, il est primitif et provient d'une lésion directe, immédiate, de la sensibilité organique.

Selon moi, le mot *perversion* devrait être uniquement appliqué aux cas dans lesquels l'observation constate un changement contre nature, extraordinaire, exceptionnel et tout à fait pathologique, changement qui rend une faculté morale ou un organe réfractaire à son excitant normal, pour le faire devenir accessible à des excitants anormaux, non habituels, étrangers à son mode de fonctionnement ordinaire.

L'appétit, c'est-à-dire le besoin d'activité de l'estomac, peut être augmenté (boulimie), diminué (inappétence), perverti (pica). Il en est de même de l'appétit vénérien : son augmentation produit peut-être le satyriasis, sa diminution donne lieu à l'anaphrodisie ; tandis que le goût exclusif pour le pédérantisme et surtout pour le tribadisme, la bestialité, les statues, les objets inanimés, les cadavres, etc., est une perversion dans toute la force du mot. La perversion nous représente donc une dérogation aux lois qui régissent la sensibilité propre des organes et des facultés ; ce n'est pas une simple question de degré ou d'intensité, ce n'est pas une modification en plus ou en moins de leur activité, mais un changement dans la nature de cette activité. Ainsi interprété, le mot *perversion* me paraît avoir un rôle déterminé et très-important dans le diagnostic, le pronostic, le traitement et la nosologie des diverses espèces de folie. Nous l'emploierons dans ce sens dans le cours de ce travail.

L'observation la plus attentive, la plus minutieuse, ne parvient dans aucun cas à constater dans la manie raisonnante ces troubles profonds des instincts si caractéristiques de certaines aliénations mentales. Le penchant au suicide, les penchants génésiques contre nature, n'existent pas chez ces malheureux, quoi qu'on en ait dit. C'est là un fait d'une importance majeure, que nous ne saurions trop mettre en lumière, et sur lequel nous reviendrons tout à l'heure à cause de la grande valeur que, depuis Pinel, les aliénistes ont voulu lui attribuer dans la caractérisation de cette maladie. Qu'il nous suffise pour le moment de déclarer que nous avons constamment cherché, avec un soin scrupuleux, les moindres traces de trouble dans la nature de la sensibilité morale de ces aliénés, et que nos recherches sur ce point ont été entièrement infructueuses. Leur manière de sentir est toujours altérée dans sa quantité, jamais dans sa qualité. Pour se convaincre de l'exactitude de notre assertion, on n'a qu'à lire les observations qui servent de base à ce mémoire.

Ne cherchons pas chez les maniaques raisonnants les sentiments supérieurs, car ils n'en ont aucun : ce sont de vrais idiots sous ce rapport. Sans doute, l'éducation peut leur donner l'idée, la notion du juste et de l'injuste, du bien et du mal ; ils peuvent avoir des idées d'ordre, de religion, de justice, de moralité ; mais ce qui leur manque, c'est le sentiment de ces idées. On trouve dans cette absence l'explication des jugements si contradictoires qu'ils portent sur des faits analogues. N'ayant pas le sentiment pour guide immuable dans leurs appréciations de morale, de justice, d'amour, ils suivent les inspirations du moment, et ces inspirations, éminemment variables selon les circonstances, ne partent que de leur égoïsme, de leur jalousie, de leur orgueil ou de leur intérêt. Chaque fois que leur personnalité est en cause, ils sont de mauvais juges : elle fait pencher la balance de leur côté.

Il n'est pas rare de voir les maniaques raisonnants aller à l'église et remplir leurs devoirs religieux, et pourtant, quand on tient à se rendre compte des mobiles de ces actes, on y trouve tout, excepté la foi religieuse.

Aimer Dieu en lui-même et pour lui-même, parce qu'il est infiniment aimable, voilà ce que nos maniaques répéteront facilement, mais voilà aussi ce qu'ils ne sentiront certainement pas. Pour eux, les délices de l'amour divin, si chères à certaines âmes d'élite, n'existent pas. Bien plus, ces malades sont ordinairement fort irreligieux ; ils tournent volontiers en dérision les pratiques du culte. Le prêtre n'est à leurs yeux qu'un homme toujours prêt à exploiter la crédulité publique.

Sous ce rapport, le malade qui fait l'objet de notre première observation est excessivement remarquable. Il commence par se faire ordonner prêtre; il prend ensuite, et successivement, les habits de sept ordres religieux, abjure plus tard la religion catholique pour adopter la religion réformée, se marie au bout de quelque temps avec la fille d'un pasteur protestant, et finit, en dernier lieu, par se confesser et par demander un billet de confession en bonne règle et dûment légalisé par le maire de la commune. Ces nombreuses péripéties de son existence lui étaient faciles : sa conscience les acceptait aisément, ce qui ne l'empêche pas aujourd'hui de se moquer de tous les dogmes religieux, de toutes les croyances, et notamment de son billet de confession.

Cet exemple se retrouve encore, quoique moins saillant, dans notre troisième observation, et nous le rencontrerions partout si nous jetions un regard profond dans le cœur de tous ces aliénés.

Il résulte de là que le maniaque raisonnant critique avec vigueur et par forfanterie la religion et ses représentants; et, lorsqu'il pratique les devoirs religieux, il le fait par imitation, par curiosité, par ostentation, par intérêt ou par un autre motif peu avouable. N'ayant pas la foi, il lui est impossible d'avoir une conviction stable, solide. Le dernier qui lui prêche l'entraîne pendant quelques instants sans le convaincre. Comment donc pourrait-il avoir le sentiment de l'infini, lui qui, le plus souvent, ne croit pas en Dieu?

La moralité pour lui n'est qu'un vain mot; son

intérêt actuel, voilà la clé de toute sa morale. Il connaît ce qui est bien et ce qui est mal, tant que sa personnalité ou ses passions ne sont pas en jeu; dans le cas contraire, le bien est ce qui lui est utile ou agréable immédiatement; le mal, ce qui ne convient pas directement à son égoïsme. Le contact social lui a enseigné une série de propositions, à la faveur desquelles il juge ses semblables, tandis qu'il ne pourra ou ne consentira jamais à les prendre pour guides en appréciant sa propre conduite. En pareilles circonstances, il se créera au besoin une morale à lui, fondée sur ses penchants ou sur ses mauvaises passions. Ces dernières donnent à ses idées, à ses actes, une couleur distinctive; elles sont les arbitres suprêmes de sa conduite publique, de sa vie privée, en un mot de son existence intellectuelle et morale.

A les entendre parler, les maniaques raisonnants sont des perfections en toute chose; ils sont d'une sévérité de mœurs admirable, mais, quand on les voit agir, le voile tombe et leur immoralité apparaît. Peu scrupuleux pour s'emparer du bien d'autrui, ils commettent cependant des vols de peu de valeur. Ils ne volent pas pour s'enrichir, ni pour obéir à une impulsion irrésistible: ils volent uniquement pour suivre des inspirations étrangères à la cupidité, et provenant de l'énergie de leurs désirs ou de leurs passions. Dans cette catégorie se recrutent un assez grand nombre de petits voleurs, d'escrocs, d'hommes à petits moyens, mais jamais ces voleurs génies qu'on rencontre parfois dans les bagnes et presque jamais dans les maisons centrales. Les maniaques raisonnants ne sont pas de ces voleurs émérites qui, le code à la main, calculent froidement les chances d'un échec : ils volent bêtement, sans passion et sans intelligence. Dans les asiles, quand ils sont fumeurs, le tabac ne leur manque point, attendu que tous les moyens leur sont bons pour se le procurer. Industrie, menaces, promesses fallacieuses, manœuvres plus ou moins illicites, ils mettent tout en œuvre pour s'approprier les objets de leur convoitise. S'ils sont pris en faute et qu'on veuille leur faire comprendre ce qu'il y a de répréhensible dans leurs larcins, ils répondent naïvement : « C'est si peu de chose !.... » Au surplus, vouloir leur faire sentir que la nature ou la valeur de l'objet soustrait n'est pour rien dans la moralité absolue de la soustraction et que cette moralité en est indépendante, ce serait tenter l'impossible.

Le maniaque raisonnant est privé d'un sens qui le rend inaccessible à ce genre de sentiments, comme l'aveugle de naissance manque d'un organe spécial pour avoir la sensation des couleurs. Ainsi constitué, pourrait-il s'élever jusqu'à cette moralité supérieure aux faits qui met l'humanité en relief et lui donne sa grandeur ? Non, sans doute, déshérité qu'il est par la nature, il lui est interdit de planer sur ces hauteurs ; plaignons-le, et ne lui reprochons pas son malheur !...

Ennemi de l'ordre, de la justice, de l'autorité sous toutes ses formes, il est en quelque sorte l'opposition, la révolution en permanence. Indiscipliné et indisciplinable, il ne connaît que sa volonté ; frondeur par-dessus tout, ne se conformant à aucune mesure gênante, il méprise les lois avec une énergie sauvage, et pourtant il est le premier à les invoquer en sa faveur à la moindre occasion. Le joug qu'il impose si volontiers à ses semblables, il le supporte difficilement ou bien il ne le supporte pas du tout. Ses supérieurs et ses inférieurs ont également à se plaindre de son despotisme. Le moindre de ses désirs est un ordre qu'il formule rudement, brutalement, tout en exigeant d'autrui une politesse exquise. Il puise dans les prérogatives de la vie sociale la justification de sa conduite envers ses inférieurs, sauf ensuite à nier ces prérogatives quand il faut montrer de la déférence pour ceux qui sont au-dessus de lui.

Parlez-lui de ses droits, mais gardez-vous bien de lui rappeler ses devoirs, si vous ne voulez pas lui déplaire. La justice, c'est lui-même : il en est l'expression la plus accentuée, la plus vivante ; il s'en flatte sans cesse, proclame hautement son impartialité, et laisse éclater, au milieu même du triomphe de son éloquence, des préférences criantes, que sa vanité affiche sans pudeur. Le principe chrétien : « Fais à autrui ce que tu voudrais qu'on te fît », n'est pour lui qu'une phrase banale, applicable tout au plus à quelques rares exceptions. Il se récrierait énergiquement si la société lui réclamait le dixième de ce qu'il exige d'elle. Tout lui est dû, tandis qu'il ne doit rien à personne ; sa règle ici, là, ailleurs, est et sera toujours son individualité. En politique, en science sociale, en administration, son opinion, quoique très-incompétente, est infaillible, il le dit, et malheur à celui qui oserait émettre une pensée différente de la sienne.

Les maniaques raisonnants lancent à tort et à travers les mots honneur, loyauté, dévouement, probité, patriotisme, désintéressement, charité. Il y a du plaisir à les entendre pérorer sur les nationalités, sur la liberté, sur la fraternité ; rien n'égale leur soi-disant patriotisme, leur prétendu dévouement à la cause commune ; seulement, il ne faut pas contrôler leurs déclamations en examinant leur conduite, quand on tient à éviter une déception. Oubliant la valeur que donne à tout homme intelligent l'esprit de suite et l'enchaînement entre les actes et les paroles, ils sont, avec eux-mêmes, dans un état de contradiction perpétuel. Ils laissent à d'autres les défauts ou les vices et se constituent les dépositaires des grandes vertus, dont ils prétendent avoir le monopole exclusif. En soutenant une pareille thèse, ils sont souvent de bonne foi ; ils font, en effet, des efforts pour être charitables, dévoués, probes et honorables, avec cette différence, toutefois, qu'ils entendent ces grands sentiments à leur façon. Ainsi ils croiront leur honneur engagé dans une discussion peu importante ; ils s'imagineront que leur opinion, quoique sans portée réelle, intéresse l'humanité entière, et, à ce titre, ils se feront un devoir de la défendre à outrance. D'ailleurs ces efforts ne sont-ils pas l'indice certain de la difficulté que ces infortunés éprouvent en faisant de la charité, du dévouement, de la probité ? Et cette difficulté ne prouve-t-elle pas combien ils sont obligés de lutter contre les tendances de leur nature opposées à tous ces grands sentiments ?

Leur bonheur suprême consiste à se croire des types

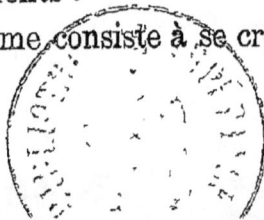

uniques, ayant des vertus, des idées, des manières de
faire tout à fait différentes de celles de tout le monde.
« Le moule qui me fit, disait un de nos malades, se
brisa après ma naissance. » — « Il n'y a qu'un Dieu, s'il
y en a un, ce qui est douteux, nous disait un autre
maniaque, mais il n'y a certainement qu'un moi. » Le
fait est qu'ils sont inimitables et fort singuliers.

Les maniaques raisonnants se posent partout et
toujours en redresseurs obligés de tous les torts possibles et imaginables, passés, présents et futurs. Ils déploient dans l'accomplissement de cette rude tâche une
telle énergie, une telle activité, une telle candeur, qu'ils
seraient réellement admirables si leur mission avait un
fondement quelconque. Par malheur, ils ne combattent
que des moulins à vent et prennent pour vérité incontestable ce qui n'est, en définitive, qu'une idée fausse,
éclose dans leur imagination. Dans tous les cas, une
vérité devient une erreur entre leurs mains, tant ils
l'exagèrent, l'amoindrissent ou la dénaturent. En outre,
ils considèrent la vertu à travers le prisme de leurs
passions et nullement comme elle doit être vue. Ainsi
conçue, elle ne peut les conduire à aucun résultat sérieux.

Au reste, le commencement de toutes leurs croisades
en faveur du triomphe de cette pseudo-vertu n'est pas
toujours très-louable; souvent ces croisades sont entreprises primitivement pour justifier un mot caustique,
sonore ou recherché, et, une fois lancés dans cette
route, ces malades ne s'arrêtent plus. Elles sont entreprises encore dans le but de contrarier quelqu'un, car

les maniaques raisonnants trouvent ainsi le moyen d'affirmer leur puissante personnalité. Voyant tout autrement que leurs semblables, ils s'évertuent à faire prévaloir leurs idées en morale, comme partout ailleurs, persuadés qu'ils sont de la bonté de leur cause et ne se doutant pas que l'orgueil est chez eux le centre d'où part et vers lequel converge le courant de leurs sentiments et de leurs pensées. Voilà comment leur gloriole peut être à la fois excusable et blâmable selon la manière dont elle est envisagée : excusable, en ce sens qu'ils agissent et raisonnent d'après leurs convictions; blâmable, au contraire, quand on l'examine dans sa source et qu'on la juge d'après les lois inscrites dans le cœur des sociétés. Voilà aussi comment ils délirent, alors que leurs actes et leurs raisonnements, étudiés isolément, semblaient parfaitement normaux.

Hâtons-nous toutefois d'ajouter que, si, très-fréquemment et par bêtise, ils se montrent peu loyaux, peu délicats et d'une honorabilité très-équivoque, plus fréquemment encore ils se rendent coupables des mêmes torts par méchanceté et par esprit de dénigrement. Ils sont, dans tous les cas, plus à plaindre qu'à blâmer : ce n'est pas leur faute s'ils sont ainsi faits et si leur casier psychique offre une lacune qu'une éducation soignée serait impuissante à combler.

Les affections de famille font bien rarement, pour ne pas dire jamais, la joie de ces pauvres malheureux. Indifférents pour leurs parents, ils n'éprouvent pour personne un attachement bien sincère. Nés de parents doués généralement d'un caractère faible et mal fait pour leur inspirer l'estime, le respect, l'amour, les maniaques raisonnants ont un cœur froid, sec, réfractaire à ces douces émotions, à ces mystérieuses sympathies qui élèvent l'âme et lui procurent un bonheur constant, calme et serein. Mauvais fils, mauvais maris, mauvais pères, ils n'apportent que des désagréments à cette vie de famille si chère aux natures nobles et généreuses. Parfois ils sont pourtant caressants; mais il y a dans leurs caresses un certain cachet qui les rend suspectes, de mauvais aloi : elles sont plutôt nerveuses qu'affectives, plutôt instinctives, de provenance génésique, que platoniques. Des caresses pures, désintéressées, cordiales, ils n'en ont pas même pour leurs enfants. Quand ils sont très-bien partagés en fait d'affection, celle-ci ne dépasse jamais les limites de l'animalité ; ils peuvent tout au plus s'attacher aux animaux et jamais aux personnes. Cette observation n'est pas une rêverie, elle est l'expression de la vérité ; nous pourrions citer un assez grand nombre de personnes jouissant d'une vie sociale fort étendue qui sont naturellement douées, malgré les apparences contraires, d'un cœur très-indifférent et qui n'ont de l'affection que pour les chiens ou pour les chats.

Il ne faut pas se laisser séduire par leur babil : les paroles tendres sont toutes étudiées; partant du bout des lèvres, elles n'ont aucune racine dans leur cœur. Oubliez leur langage, pour ne faire attention qu'à leurs actes, et vous découvrirez positivement, sous des dehors peut-être touchants, un mobile constamment implanté au centre d'un égoïsme exorbitant.

Depuis Pinel, on a dit et l'on a répété que la maladie dont il s'agit est caractérisée par le changement de caractère et par la perversion des affections. Esquirol lui-même est tombé dans cette regrettable erreur, qui a peut-être paralysé ses efforts dans la voie du progrès. De leur côté, les aliénistes modernes ont accepté de confiance l'opinion de Pinel, ne se souciant pas de la soumettre à une vérification consciencieuse.

Pour notre part, nous n'avons pas craint de consulter la nature ; elle nous a dit que ces aversions si profondes, ces haines implacables de certains aliénés pour leurs parents, ne se rencontrent jamais chez les maniaques raisonnants. Les observations recueillies par nous avec un soin tout particulier attestent, de la manière la plus explicite, l'exactitude de notre opinion sur cette question. Les sentiments affectifs ne sont jamais pervertis chez nos malades : c'est là une vérité dûment établie dans notre esprit, et sur laquelle nous insistons avec d'autant plus de force, que nous n'avons pas rencontré une seule exception à cette règle.

Nous dirons même plus, il n'y a pas de perversion dans les affections de nos malades, et il ne peut pas y en avoir, par la raison toute simple que cette lésion ne saurait exister dans une faculté absente. Nous avons vu effectivement qu'ils n'étaient susceptibles, par caractère, d'aucun attachement ; qu'ils étaient foncièrement, naturellement, indifférents ; que l'affection, sous toutes ses formes, leur manquait absolument : pourrions-nous, dès lors, rencontrer en eux la lésion propre à un sentiment qui leur fait entièrement défaut ? Non,

7

la chose n'est pas possible, car « il y a des impossi-
bilités biologiques aussi bien que mathématiques [1]. »

L'amour, cette belle passion de la jeunesse, n'a été
pour ces malades que le cri de l'éveil des organes génésiques. Leur esprit, volage, dissipé, incapable d'un
attachement de ce genre, en s'affranchissant du joug
protecteur de la famille, les lance de bonne heure dans
les tourbillons du vice ; et leurs sens, satisfaits jusqu'à
la fatigue, anéantissent l'élément psychique qui entre
nécessairement dans la constitution de l'amour.

L'amitié s'établit facilement dans les habitudes et
nullement dans le cœur de ces aliénés ; elle arrive à
son apogée avec une grande rapidité, pour s'attiédir
bientôt après ou s'effacer complétement. Ils ont de
vieilles connaissances et jamais de vieux amis. Or,
comme ces derniers sont les seuls dignes de ce titre, il
s'ensuit que nos maniaques raisonnants n'ont, dans
aucune circonstance, une amitié assez éprouvée, sur
laquelle ils puissent compter.

Comme l'affection, l'amour et l'amitié de ces aliénés
ne présentent pas non plus, et par la même raison, la
plus légère trace de perversion.

Dans les asiles, ils ne se lient ni avec les gardiens,
ni avec les autres malades ; et, quand on les voit
dans l'intimité avec un ou plusieurs de leurs compagnons d'infortune, on peut être certain qu'ils combinent
ou préparent ensemble les moyens de commettre une

---

[1] 1. Geoffroy Saint-Hilaire *Histoire des règnes organiques*, t. Ier,
p. 570.

mauvaise action. S'ils fréquentent un aliéné dont la conduite est bonne, c'est qu'ils veulent l'exploiter d'une façon quelconque. Leurs relations habituelles ont lieu de préférence avec les mauvais sujets, avec les aliénés indisciplinés, afin de combiner une petite révolution contre un infirmier, contre le médecin ou contre l'administration. La satisfaction contre nature des besoins génésiques n'est jamais la cause de ces amitiés subites, qui ont généralement pour but final l'évasion isolée ou collective des individus ainsi associés. Il faut avoir vécu longtemps avec eux pour savoir jusqu'à quel point leur imagination est féconde et habile à calculer toutes les possibilités, toutes les chances d'une évasion. Ils payent d'audace, de constance et de ruse, dans l'accomplissement de leurs projets, et ils les réalisent souvent avec un succès qui tient du prodige. Les maisons d'aliénés ne sont pas faites pour assurer leur séquestration : la hauteur des murs ne les effraye pas ; et, en dernière ressource, ils usent de l'influence qu'ils savent prendre sur les mauvais gardiens pour les forcer à faciliter leurs entreprises. Je ne pense pas qu'il y ait en France un seul asile capable d'opposer à l'évasion de ces maniaques un obstacle insurmontable.

Pourront-ils être reconnaissants, dévoués, eux qui ne sentent rien pour personne? Sans doute ils parleront avec complaisance de toutes les espèces de mémoire du cœur; ils sauront aussi les simuler et les produire, le cas échéant, avec une certaine habileté. Ne nous y trompons pas cependant: ils cachent sous des mots pompeux le triste néant de leurs sentiments.

Sachant combien nos devoirs envers nos semblables
sont dignes de respect, ils en parlent avec des expressions très-élogieuses; mais, chaque fois qu'il s'agira
d'appliquer leur doctrine à un fait particulier et personnel, ils ne manqueront pas d'accumuler raisons
sur raisons pour ne pas s'y conformer. Faut-il faire
l'aumône à un pauvre infirme éprouvé par le malheur, ils diront qu'il est pauvre par sa faute, que ses
infirmités sont les conséquences du vice, qu'il est fai-
néant, ivrogne, etc., et, non contents de lui refuser un
secours, ils le dénigreront et empêcheront les autres
de lui venir en aide. Ils auront, en un mot, une foule
de prétextes pour éluder, en pratique, l'application des
devoirs sociaux qu'ils exposent avec tant de verve.

Ne nous faisons donc aucune illusion sur leur compte :
acceptons les marques d'estime, d'affection, de dévouement, de reconnaissance, qu'ils nous donneront; admettons tout ce qu'ils nous diront sur leur moralité, sur leur
religion, sur les sacrifices qu'ils sont prêts à faire en
faveur d'une personne qui les a obligés ; mais n'oublions
pas que leurs actes ne concordent jamais avec leurs paroles, et qu'en les étudiant sérieusement on trouvera en
eux une absence non douteuse de ces sentiments élevés
qui sont le plus bel apanage de l'humanité. Cette conclusion nous paraît être suffisamment démontrée et justifiée
par les détails contenus dans les pages précédentes.

Il y a donc des individus, et les maniaques raisonnants sont dans ce cas, qui offrent une constitution
mentale incomplète. Ils manquent naturellement de
plusieurs sentiments, qui doivent rendre défectueuses

les autres facultés de leur esprit. Ce sont de véritables monstruosités morales, inconnues jusqu'à ce jour dans le domaine de la science, et qui sont pourtant bien dignes de figurer parmi les connaissances les plus certaines, les plus curieuses et les plus importantes de la psychiatrie. D'un autre côté, je ne méconnais pas les conséquences nombreuses, variées et pleines de gravité, qui découlent forcément de l'idée mère que nous venons d'établir; mais, si elle est vraie, comme je le crois avec la plus profonde conviction, ses conséquences ne seront point à craindre : la vérité ne saurait être dangereuse.

Tout s'enchaîne en ce monde avec la plus parfaite harmonie : dans les faits de grande portée, comme dans les détails insignifiants, cette magnifique loi, qu'on pourrait appeler *loi d'association morale,* est inscrite en caractères ineffaçables. Il suffit de la regarder pour l'apercevoir et la reconnaître.

Au point de vue qui nous occupe, elle fait que l'homme assez mal organisé pour être insensible à la beauté morale est également incapable de sentir la beauté religieuse ou la beauté sociale. La véritable religion ne va jamais sans le dévouement, la charité, la bienveillance, l'affection, la reconnaissance. Les qualités, comme les défauts, s'associent en vertu d'un principe constant, immuable, que nous pourrions formuler, au point de vue psychologique, en disant que le *développement exagéré d'un organe ou d'une faculté quelconque coïncide, constamment, avec un surcroît d'action des organes ou des facultés congénères;* et.

réciproquement, *la faiblesse d'un organe ou d'une fa-*
culté s'accompagne invariablement d'une faiblesse des
organes ou des facultés qui leur correspondent. Ce
n'est pas ici le lieu de démontrer la vérité de ce grand
principe; contentons-nous de dire avec Vauvenargues:
« Il n'y a pas de contradiction dans la nature. »[1]

Une autre grande loi d'une importance majeure en
biologie, désignée, mais non découverte, par l'éminent
physiologiste Adelon[2], sous le nom de *loi de balance-*
ment fonctionnel, est aussi bien applicable au moral
qu'au physique. Au point de vue mental, nous pourrions
dire : *le développement considérable ou exagéré d'une*
ou de plusieurs facultés du cœur coïncide inévitable-
ment avec la faiblesse ou la diminution d'énergie des
facultés qui leur sont antagonistes; et, réciproquement,
la faiblesse de celles-là suppose dans celles-ci une éner-
gie correspondante. Passons encore, quoiqu'à regret,
sur la démonstration de cette seconde loi psychologique,
et notons, pour mémoire seulement, que la faiblesse
des unes et la suractivité des autres sont, sans nulle
exception, en raison inverse; de sorte que les premières
pourront servir de mesure aux secondes, et *vice versâ.*

Ces principes, posés plutôt que régulièrement établis,
trouveront, dans les paragraphes suivants, des preuves
nombreuses en leur faveur.

Jusqu'à présent nous avons fait observer, chaque

---

[1] *Les Moralistes français* (*Panthéon littéraire*, p. 570).

[2] On attribue généralement à Goethe l'honneur de cette loi; mais
on pourrait en trouver aisément le germe dans les écrits du Père de
a médecine.

fois que l'occasion s'offrait d'elle-même, que les maniaques manquent de plusieurs facultés, ou, si l'on aime
mieux, qu'ils ne sont pas organisés comme les autres
hommes, puisqu'ils ne sont pas doués naturellement de
ces qualités solides, bonnes, aimables, sur lesquelles repose l'édifice social. Nous allons trouver maintenant une
compensation à la faiblesse congéniale dont nous avons
parlé, dans l'énergie ou dans le surcroît d'activité
des pouvoirs préposés à tout ce qui concerne la vie individuelle. Nous verrons, en effet, combien nos maniaques sont vaniteux, orgueilleux, menteurs, poltrons,
méchants, envieux, rusés, paresseux, gourmands, jaloux, égoïstes et misanthropes. Si nos remarques sont
justes, ils seront donc, au moral, l'expression vivante
de ce balancement fonctionnel, méconnu par les psycho-
logistes anciens et modernes.

L'exagération du *moi* sous diverses formes constitue
le pivot autour duquel viennent converger toutes les
forces morales de ces individus.

Le maniaque raisonnant n'est autre chose qu'un amas
de passions et de mauvaises qualités gravitant autour
d'un orgueil immense. L'importance qu'il donne à la
plus insignifiante de ses paroles, de ses actions, de ses
pensées, est incommensurable. L'attitude, la démarche,
le ton de la voix, la tenue et surtout la parole, le dé-
noncent parfaitement. Observez-le un moment, prenant
part à la conversation dans un cercle composé de personnes de son âge, de sa condition, et vous le verrez,
au milieu d'elles, étalant une supériorité exorbitante,
discutant avec chaleur une idée, une opinion, critiquant

les uns, attaquant les autres, gesticulant sans cesse, mettant en relief de temps en temps ses actes ou ses pensées antérieurs, entrant dans des digressions interminables, parlant plus souvent qu'à son tour, interrompant à chaque instant ceux qui parviennent à s'emparer de la parole, faisant des réflexions bonnes ou mauvaises sur toute chose, et ne donnant en rien une conclusion nette et précise. Il brille dans les clubs et dans les réunions, où la vivacité des apostrophes remplace les bons arguments; l'enthousiasme le gagne facilement et contribue à le mettre en évidence; la gloriole le séduit, l'exalte et l'entraîne hors de la voie du bon sens et de la raison.

Lorsque la personnalité prend un peu la forme vaniteuse, ce qui a lieu parfois chez la femme atteinte de cette triste maladie, elle ne songe qu'à sa toilette et à faire parler de sa personne de n'importe quelle façon; elle ne manque pas d'une certaine tenue : sa mise extérieure est toujours élégante, d'une propreté irréprochable, ce qui ne l'empêche pas de se négliger dans son ménage et même dans la partie non apparente de ses effets d'habillement. Elle est heureuse quand une robe, un châle, lui attirent les regards des promeneurs. Son bonheur est au comble si sa toilette ou sa figure excite la jalousie de ses voisines.

Les maniaques raisonnants feront des bassesses de toute sorte pour donner satisfaction au désir d'approbation qui les porte à mendier, pour ainsi dire, un témoignage d'admiration futile, sans valeur. Pour l'obtenir, ils n'auront pas recours à des moyens gracieux, aimables; non, ils gémiront, au contraire, et formuleront des plaintes contre le monde entier, s'il le faut. Se plaindre en critiquant, tel est encore leur système.

Le sentiment de la personnalité doit sa prépondérance normale à son importance intrinsèque, aux formes variées qu'il peut revêtir, et à son influence sur toutes les autres facultés. Cette prépondérance devient exorbitante chez nos malades; ne soyons donc pas étonnés de la forte pression que l'orgueil exerce sur toutes leurs pensées, sur toutes leurs déterminations. La plupart de leurs mobiles dérivent de cette passion élevée à sa plus haute puissance. Elle domine l'ensemble des éléments de leur caractère et les soumet entièrement à son empire tyrannique, absolu, irrésistible.

Les conséquences de leur caractère extraordinairement égoïste sont incalculables. Étrangers aux joies saintes de la famille, ils n'ont pour tout horizon que leur propre surface; les plaisirs élevés, désintéressés, leur sont interdits, et une légère teinte d'hypochondrie attriste leurs meilleurs moments et assombrit leurs plus chères pensées.

Ce serait peut-être le cas de parler des idées hypochondriaques qui tourmentent périodiquement ces malades, car ces idées dérivent du sentiment de la personnalité, ainsi que l'a dit avec juste raison M. Morel; mais nous préférons les étudier lorsque nous décrirons les accès d'affaissement propres à ces infortunés.

Cancaniers, ombrageux, haineux, ils veulent tout savoir, afin de prodiguer ensuite autour d'eux les apostrophes. les reproches, les soupçons les plus injurieux.

L'obstination poussée jusqu'à l'entêtement aveugle, le despotisme, l'impudence, la fourberie, l'intrigue, l'hypocrisie, sont des défauts qui leur sont familiers et qui se rencontrent presque toujours, pour ne pas dire toujours, dans ces organisations incomplètes. Menteurs et quand même, les maniaques raisonnants semblent avoir horreur de la vérité : le mensonge est une nécessité à laquelle ils ne sauraient se soustraire. Serait-ce à leur détriment, il faut qu'ils mentent, la nature les y contraint; et, lorsqu'une vérité tombe de leurs lèvres, ils ne peuvent pas se dispenser de l'exagérer et de l'altérer au point de la rendre méconnaissable.

Moqueurs, superstitieux, récalcitrants, contrariants, ingrats au delà de toute expression, malveillants, soupçonneux, irascibles, vagabonds, nos maniaques ont un fond d'avarice notable, en ce sens qu'ils sont loin d'être généreux. Grands quand ils demandent, mesquins quand ils donnent, ils apprécient bien la valeur de l'argent; mais étourdis, passionnés, mobiles, paresseux, dissipateurs, imprévoyants, sans conduite, ils sont incapables de s'abstreindre à l'économie sordide, nécessaire pour accumuler les pièces d'or, ce dieu de l'avare proprement dit. D'ailleurs l'avarice est surtout la passion de la fin de l'âge mûr et de la vieillesse, et nos raisonneurs, lorsqu'ils atteignent à cette période de leur existence, ne sont plus dans les conditions voulues pour faire de l'argent l'objet de leur adoration. Placés dans un asile ou vivant de la charité publique ou privée, ils ne peuvent pas développer le germe qui se ferait jour certainement dans leur moral, si la passion du gain pouvait être favorisée par un milieu convenable et par les facultés accessoires qui lui sont indispensables.

Nous pourrions en dire autant de leur misanthropie: ils détestent le genre humain, ils le méprisent souverainement; seulement cette aversion reste à l'état rudimentaire, leur esprit n'ayant pas les éléments secondaires propres à lui imprimer un élan efficace. La gaieté, l'insouciance, la versatilité, les dispensent d'approfondir les misères, de savourer les amertumes sociales, et les entraînent parfois vers des horizons gracieux et riants.

Naturellement jaloux, surtout des honneurs et des richesses d'autrui, ils voient d'un mauvais œil le bonheur et la prospérité de leur prochain ; ils voudraient être les dispensateurs de tous les biens, pour se réserver le mérite des largesses qu'ils ne pourraient pas refuser. Bavard, présomptueux, vantard, téméraire dans l'enivrement de l'exaltation, le maniaque raisonnant est essentiellement poltron : il passe, avec la rapidité de l'éclair, de l'excès d'audace à l'excès d'abattement et de lâcheté. La poltronnerie est une particularité qui lui manque rarement, ou plutôt qui ne lui manque jamais, et sur laquelle les médecins peuvent compter pour mettre un frein à ses exigences, à son indiscipline, à ses manœuvres révolutionnaires. Il importe, en effet, que les hommes de l'art le dominent, s'ils ne veulent pas lui laisser mettre le trouble, le désordre, dans les asiles, et s'ils désirent conserver leur propre tranquillité. Mauvais serviteur, il est pour ses domestiques d'une sévérité outrée ; d'autres fois il est avec eux d'une familiarité inexplicable. Sa méchanceté est ordinairement inépuisable ; il se plaît à tourmenter, à aiguillonner, à exaspérer les personnes, en faisant vibrer leur corde sensible, qu'il saisit fréquemment avec une étonnante sagacité, et qu'il exploite habilement en sa faveur.

Paresseux généralement, nos maniaques ne trouvent dans le travail aucun attrait, et notamment quand celui-ci est peu varié. Leur versatilité, leur insouciance, leur sensibilité inquiète, les éloignent des labeurs, des fatigues, dont les bienfaits ne doivent se recueillir que plus tard. Vivant au jour le jour, ils ne songent jamais au lendemain ; leur confiance voit luire sans cesse dans un avenir fortuné des secours inespérés. Ils sont doués cependant d'une certaine somme d'activité, qui, n'étant pas bien réglée, bien dirigée, les porte à des excès déplorables. Mise au service des passions qui ne sont ni nobles ni élevées, cette activité produit des résultats regrettables et devient un mal par suite de l'absence d'une direction et d'un régulateur convenables. Vifs, remuants, impétueux, impatients, ils voudraient mener rondement, cavalièrement, les hommes et les affaires. Il n'est pas possible de comprendre, quand on ne les connaît pas, tout le mouvement qu'ils se donnent pour arriver au but de leurs désirs. S'ils en veulent au médecin, ils mettent en œuvre une foule de moyens pour agir sur les malades et pour les exaspérer, en leur disant : « Vous êtes bien bons, le médecin vous retient » pour profiter de votre travail, pour laisser à votre » femme le temps de vous faire des infidélités, pour que » votre famille puisse s'emparer à son aise de votre bien ;

»il est payé par vos ennemis, il veut faire des expé-
»riences sur vous, et les remèdes qu'il vous prescrit
» vont vous empoisonner. Prenez garde, vous n'êtes pas
»fou, vous pouvez gagner votre vie et celle de votre
»famille; il y a donc quelque motif caché qui l'engage
»à vous garder. Méfiez-vous de lui, échappez-vous de
»l'asile si vous tenez à conserver vos jours. Réunissons-
»nous pour protester contre les oppresseurs qui nous
»font mourir à petit feu, etc., etc.» Et, comme ces
infatigables raisonneurs découvrent vite le côté le plus
irritable de tout le monde, ils approprient leur langage
aux circonstances, avec une ruse infernale, et arrivent
ainsi à exercer sur leur entourage l'influence la plus
inquiétante.

Le changement de quartier et les autres ressources
dont le praticien dispose restent sans succès quand il
s'agit de combattre les effets de leur malveillance;
leur funeste voisinage répand et propage le trouble,
partout où ils se trouvent, en dépit des précautions les
mieux combinées.

Ils écrivent lettre sur lettre aux autorités, pour se
plaindre des uns, pour dénoncer les autres, pour semer
partout les germes de la discorde. Si l'homme de l'art les
voit fréquenter de préférence, à un moment donné, certains aliénés, il doit chercher la cause de cette intimité,
convaincu qu'il y trouvera un projet de complot ou
d'évasion en pleine voie d'élaboration. Cependant cette
intimité peut être combinée en vue de lui donner le
change et de lui cacher les trames qu'ils ourdissent ailleurs. Ils sont des fléaux vivants, qui versent à profu-

sion la crainte et la frayeur, afin de s'emparer des
esprits timides et de les faire agir dans le sens de leurs
diaboliques conceptions. Ils constituent dans les asiles
l'*espèce venimeuse* des aliénés.

En résumé, les sentiments égoïstes ont ici une prépondérance bien marquée; ils se soutiennent réciproquement, convergent vers le même but, et donnent au
tempérament moral de ces aliénés un cachet spécial,
sui generis, parfaitement caractéristique et distinctif.
La loi de balancement fonctionnel est donc vraie aussi
bien pour le moral que pour le physique.

Fortement attaché à l'existence, le maniaque raisonnant veut vivre longtemps; et pourtant, quoique
très-enraciné dans son esprit, ce désir fléchit devant les
exigences du moment. Une fois entraîné par ses passions, il ne s'arrête plus: les orgies se succèdent sans
interruption, bien qu'il redoute leurs terribles conséquences. Dans aucune circonstance il ne sait faire le
moindre sacrifice qui puisse lui épargner les regrets de
l'avenir. Il n'ignore pas que sa conduite déréglée aura
tôt ou tard sa punition, et que cette punition se traduira, en définitive, par une atteinte portée à sa santé.
a sa longévité. Mais qu'importe? il ne suit pas moins
la mauvaise voie, préférant les jouissances actuelles aux
amertumes futures, et ne se préoccupant pas du sort
qui l'attend le lendemain.

Au bas de l'échelle des sentiments, nous rencontrons
les penchants, les besoins, les appétits qui, à cause des
puissantes racines qu'ils envoient dans la profondeur de

l'organisation physique, pourraient être appelés sentiments inférieurs. Ces sentiments inférieurs, le maniaque raisonnant les possède, mais sans exagération, sans développement extraordinaire ou anormal. Il n'offre pas sous ce rapport la prépondérance que nous avons constatée dans les facultés égoïstes.

Sous l'instigation d'une intelligence précoce, d'une sensibilité très-vive, les désirs génésiques le portent, parfois de bonne heure, à la masturbation. Celle-ci ne s'implante pourtant pas dans ses habitudes, par la raison que, tout jeune encore, on le voit le cigare ou la pipe à la bouche, hanter, avec de mauvais sujets comme lui, les maisons de prostitution, pour s'y livrer, par désœuvrement plutôt que par instinct, à des orgies quotidiennes. Incapable de sentir les délices de l'amour chaste et pur qui remplit les cœurs de la jeunesse d'élite, il ne lui reste que le plaisir matériel, brutal, organique. Il se vante avec complaisance des scènes de débauche dont il aura été le héros ou le témoin. S'adressant à une jeune fille, il n'hésitera pas à lui faire les plus belles promesses, et, si le malheur veut qu'elle succombe, notre malade, ne pouvant pas garder le plus petit secret, la compromettra sans pitié et sans songer au silence éternel qu'il vient de lui promettre sous la foi du serment.

Le mouvement, sous toutes ses formes, fait partie intégrante de son existence; il a besoin à chaque instant de se déplacer, et, lorsque des circonstances indépendantes de sa volonté s'opposent au déploiement de cette force irrésistible qui le pousse sans cesse vers les changements, il devient inquiet, chagrin et hargneux. Cepen-

dant, quoique tourmenté par l'instinct du déplacement,
il n'entreprend jamais de voyages lointains; il lui faudrait pour cela une constance que la nature lui a refusée,
et qui serait d'ailleurs incompatible avec son organisation intellectuelle et morale.

Quant aux besoins artificiels, il les a tous généralement; les boissons et le tabac, par exemple, ont pour
lui un attrait considérable, qui pourtant n'est jamais
irrésistible. Les deux prêtres atteints de manie raisonnante dont l'histoire médicale sera donnée à la fin de
ce travail n'avaient pas l'habitude du tabac, ce qui paraît être le résultat de l'éducation du séminaire. Cette
exception est une preuve en faveur de la non-prépon-
dérance des besoins de nos infortunés maniaques.

Les penchants au meurtre, au suicide, nous l'avons
déjà dit, ne se rencontrent par chez le maniaque raisonnant. Nous insistons encore sur ce point, à cause de
son importance, et surtout à cause du rôle qu'on a   .
voulu lui donner dans l'appareil symptomatologique de
la maladie que nous étudions. Ses actions, toujours
motivées, ne sont, dans aucune circonstance, sous la
dépendance directe d'un penchant instinctif, aveugle,
irrésistible : elles sont largement, sinon parfaitement
raisonnées. Les fausses sensations ne sont pour rien
dans les motifs de leurs déterminations; celles—ci, peu
mûries sans doute, sont fréquemment contradictoires,
mais nullement étrangères au contrôle intellectuel.

Très-dangereux sous le rapport moral, à cause des
mauvaises leçons qu'il donne aux autres malades et du
désordre qu'il met dans les asiles, le maniaque raisonnant

doit être entouré d'une surveillance active et continue, bien qu'il ne soit pas sujet à ces accès de fureur brutale qui répandent la crainte et la terreur autour de quelques aliénés. Le plus souvent il est presque inoffensif, au point de vue physique, et quand il se livre à un acte de violence, c'est uniquement pour réagir contre une atteinte ou pour débarrasser sa route d'un obstacle importun. Il n'offre pas non plus ces goûts dépravés, ces perversions instinctives caractéristiques de certaines espèces phrénopathiques; dans tout le cours de sa longue maladie, il conserve l'intégrité de ses appétits, de ses besoins, de ses penchants, et cette intégrité constitue un signe négatif de la plus haute importance.

Les écrits des maniaques raisonnants portent aussi une empreinte indélébile : verbeux, diffus, ils entrent dans des digressions sans fin, au milieu desquelles des idées accessoires viennent se placer à tout propos. Ces idées secondaires se multiplient, s'enchevêtrent et obscurcissent, par leur nombre, par leur variété, la pensée principale, qui reste ensevelie dans les phrases sonores et vides de leur style. Ils aiment à faire de longues tirades, où se trouvent mêlées, sans goût, des pensées fort hétérogènes. Ils reviennent volontiers sur le même sujet et le traitent de nouveau sous la même forme. On sent, en lisant leurs productions, que les pensées sont peu abondantes, qu'elles manquent de concision et parfois de netteté. Leurs lettres ont toutes des post-scriptum obligés, inévitables. On serait tenté de croire qu'ils les ferment à regret, et qu'ils se font un devoir de remplir tous les blancs du papier. Avoir entre les mains ou en pleine

élaboration un acte d'accusation ou un mémoire pour
se justifier, voilà pour eux le bonheur parfait. Il faut à
leur activité inquiète un sujet de plainte ou de critique
pour calmer l'ardeur dévorante de leur esprit, et ils ré-
digent coup sur coup des pages qui se succèdent avec
une déplorable rapidité. En fait d'orthographe, ils ne
sont pas bien difficiles. Pour se distinguer, pour se sin-
gulariser, et souvent aussi pour cacher leur ignorance,
ils se font un honneur, une gloire d'écrire à leur façon
les mots dont ils se servent. Il en est qui se créent un
alphabet, une numération à leur usage. Ces cas ne sont
pas fréquents.

B

INTELLIGENCE

La portée intellectuelle des maniaques raisonnants
n'est pas très-considérable. Bavards, étourdis, utopistes,
prolixes, bizarres, persiffleurs, ils ont des qualités plus
brillantes que solides. La perspicacité ne leur manque
pas ordinairement, surtout pour les petites choses, pour
les petites intrigues, pour les commérages de toute sorte.
Doués d'une imagination fort vive, d'une compréhen-
sion facile, ils s'approprient parfaitement les idées d'autrui, les développent, les transforment et leur donnent
un certain cachet individuel, original parfois, souvent
bizarre; mais la puissance créatrice de leur esprit ne
va pas plus loin. Il y a dans leur entendement plus

d'agitation, si je puis m'exprimer ainsi, que d'activité réglée, plus d'apparence que de puissance : c'est ce qui explique comment ces malades ne font jamais rien de bon. Quoique parfois on rencontre en eux certaines aptitudes pour la peinture, la musique, etc., ils n'arrivent, dans aucun milieu, à mériter la véritable réputation d'artistes, et les conceptions de génie ne surgissent jamais dans leurs cervelles évaporées. Parfaitement servis par une mémoire sûre, brillante, ils donnent pendant leur jeune âge les plus belles espérances : c'est leur beau moment ; plus tard leurs facultés deviennent moins énergiques, tandis que la réflexion, le bon sens restent, sinon à l'état rudimentaire, du moins dans un état de faiblesse relative, qui ne tarde pas à se montrer avec évidence.

L'expérience, ce revenu solide de l'intelligence, qui augmente progressivement avec les années, ne leur apporte pas des enseignements bien féconds ; et ces jeunes gens, qui naguère semblaient promettre quelque chose, s'arrêtent, s'étiolent, et, loin d'acquérir de l'instruction, finissent par tomber dans un état d'exaltation stérile, permanent, qui les conduit tôt ou tard dans les asiles d'aliénés.

Nous avons remarqué tous, parmi nos camarades de collége, quelques individus richement doués sous le rapport intellectuel, mais essentiellement paresseux. Après avoir passé leur première jeunesse à ne rien faire, ils se réveillent, pour ainsi dire, se mettent au travail avec ardeur, récupèrent en grande partie le temps perdu et arrivent enfin à une position assez élevée, qu'ils honorent par leur activité, et où ils montrent des qualités supérieures qu'on ne leur aurait jamais soupçonnées. Entre ces paresseux pleins d'avenir et les futurs candidats à la folie raisonnante, il n'y a de commun que la paresse. Possesseurs d'un fond riche pour les choses sérieuses, les premiers se dépouillent de leurs mauvaises habitudes pour entrer avec succès dans la voie du travail et de la vertu., Les derniers, au contraire, se rouillent dans l'inaction, et le temps engloutit, petit à petit, tous leurs moyens.

On essayerait en vain d'obliger le maniaque raisonnant à fixer pendant quelque temps son attention sur le même sujet : l'idée d'un travail soutenu, de longue haleine, ne se concevrait pas chez ces natures éminemment légères, mobiles et fantasques. Ils passent d'un sujet à l'autre sans transition aucune et presque sans s'en douter. Ne pourrait-on pas voir là un commencement d'incohérence ?

Malgré les affirmations de Fodéré et de plusieurs autres médecins qui prétendent donner à cette maladie les illusions et les hallucinations pour caractère essentiel, je crois, au contraire, que la perception conserve son intégrité normale. Depuis longtemps je cherche en vain les fausses sensations parmi les symptômes de la maladie qui nous occupe ; j'ai étudié les maniaques raisonnants dans toutes les circonstances de leur singulière existence, et jamais je ne les ai vus sous l'influence d'*aucune sensation imaginaire.* Tout au plus peuvent-ils éprouver ces hallucinations physiologiques propres aux tempéraments nerveux, et encore les ont-ils très-rarement, puisqu'en les interrogeant je n'ai pas obtenu une seule réponse affirmative à cet égard.

Il y a un phémomène qui n'a peut-être pas assez intéressé les pathologistes et qui mérite cependant, par son importance, des recherches spéciales : je veux parler de ces conceptions délirantes qui accompagnent toujours les hallucinations des folies graves et qui se distinguent des conceptions délirantes ordinaires par les traces qu'elles laissent de leur passage. Ces idées, particulières aux affections mentales de mauvaise nature, une fois produites, donnent à l'individu qui les conçoit la certitude de leur existence en dehors de sa personne.

Ainsi un aliéné a la pensée que sa femme peut se prostituer, que les voleurs peuvent s'emparer d'une somme d'argent placée dans son tiroir, et aussitôt ou le lendemain il est persuadé que sa femme s'est réellement prostituée, qu'il a été volé, etc., etc. Perdant le souvenir du mode d'évolution de cette persuasion et convaincu que les choses se sont passées à l'extérieur et non dans son imagination, il réfléchit et agit en conséquence. D'autres fois un simple désir, une crainte peut subir cette étrange transformation : celui-ci, qui désirait être riche, se croit aisément millionnaire ; celui-là, qui a peur des gendarmes, s'accuse d'avoir commis un crime et réclame, pour être arrêté, l'intervention de la gendarmerie, qu'il craint par-dessus tout.

Dans ces cas, l'idée n'apparaît pas avec l'élément matériel prédominant au point d'être convertie en idée sensation ; elle n'est pas encore une hallucination, et

néanmoins la pathogénie, le diagnostic et le pronostic
sont identiques dans les deux circonstances. Sous le
rapport psychologique, ces conceptions sont positivement des phénomènes intermédiaires entre les pensées
folles et les fausses perceptions. Pour l'esprit qui les
crée, elles sont des idées au présent, des sensations au
passé. J'ignore si ces nuances psychologiques, aussi
délicates que difficiles à décrire, auront un jour une
valeur pratique quelconque; toujours est-il que la production de ces *imaginations*, comme les malades les
appellent, exige une altération profonde de toutes les
facultés intellectuelles. La mémoire oublie leur origine,
la conscience les méconnaît, l'imagination les fortifie,
la perception extérieure les adopte comme lui appartenant, la comparaison les néglige, et le jugement,
incapable alors de toute appréciation, les accepte sans
contrôle préalable.

De pareils ravages intellectuels ne sont pas le fait
de la manie raisonnante; avec eux la lucidité intellectuelle est impossible, et si nous en avons parlé, c'est
uniquement pour pouvoir affirmer avec assurance que,
dans cette maladie, on n'observe jamais ni les illusions,
ni les hallucinations, ni ces conceptions délirantes
intermédiaires entre l'idée pure et l'idée sensation
signalées par MM. Lelut et Baillarger.

L'absence de toute fausse sensation dans cette espèce
morbide est donc incontestable; elle constitue un signe
négatif précieux pour le diagnostic. On doit avoir en
lui une confiance absolue, et les médecins qui, en présence d'un aliéné raisonneur, seraient embarrassés pour

déterminer nosologiquement la dénomination qui lui appartient n'ont qu'à se demander s'il y a eu, oui ou non, des hallucinations : s'il en a eu, ce n'est pas un maniaque raisonnant. Les aliénées hystériques, notamment, offrent par moments un appareil symptomatique qui pourrait très-bien induire en erreur même les hommes compétents, quand ils n'ont pas eu l'occasion d'observer l'évolution de la maladie. En pareille occurrence, ce signe négatif dissipera les doutes, attendu que l'hallucination est un phénomène constant dans la folie hystérique.

Ces lignes étaient écrites depuis quelque temps lorsque nous trouvâmes, dans le cahier des *Annales médico-psychologiques* du mois de septembre 1865, un rapport médico-légal de M. le Dr Henry Bonnet, sur le nommé Lejeune, atteint de manie raisonnante. Ce malade avait des hallucinations, mais il se livrait depuis longtemps à des excès de boisson; ses fausses sensations me paraissent devoir être exclusivement rattachées à l'alcoolisme et non pas à la manie raisonnante. Elles établissaient, dans ce cas, une complication étrangère à la constitution régulière de l'affection, complication qu'un traitement approprié ferait assurément disparaître.

L'observation de M. Bonnet n'est donc pas de nature à infirmer notre manière de voir sur le rôle négatif des fausses sensations dans la maladie qui nous occupe.

Le maniaque raisonnant va toujours terre à terre ; il ne généralise pas : son esprit, peu scientifique, ne s'élance guère du fait au principe, du cas particulier à la loi qui le domine. S'il étend son horizon, c'est pour englober l'humanité dans le même mépris, c'est pour lui attribuer ses passions. Il généralise peut-être ses sentiments et nullement ses idées. Assez subtile au premier abord, cette distinction est pourtant nécessaire; en la négligeant, on s'exposerait à voir des contradictions dans le mécanisme intellectuel de ces malades.

L'abstraction leur permet souvent de distraire de l'ensemble d'un tableau, du caractère d'une personne, d'une existence entière, un petit détail pour l'examiner sous toutes ses faces et pour en faire, au besoin, une arme agressive ou défensive. Ennemis des grandes pensées, ils bâtissent des théories (pour me servir d'une expression vulgaire) sur la pointe d'une aiguille. Les sentiments étroits ne conduisent qu'à des idées mesquines et à des actes sans noblesse et sans élévation: élargissez ceux-là et vous agrandirez ceux-ci.

La tête remplie de projets plus ou moins bien élaborés, le maniaque raisonnant serait capable de se lancer dans des entreprises hasardeuses et de se laisser entraîner par des apparences séduisantes, s'il pouvait s'engager dans quelque opération industrielle ou commerciale. Toutes ses opinions, toutes ses appréciations portent l'empreinte d'un jugement faux. Toujours à côté de la vérité, il ne va jamais au fond des choses; ses critiques ont un cachet d'exagération, d'âcreté, de mauvaise foi; dictées par la passion, elles manquent d'impartialité et se signalent par trop de tolérance ou par une sévérité outrée.

Chicaneur, frondeur, raisonneur infatigable, il se

plaît à éplucher les actes, les paroles d'autrui, bien décidé à censurer n'importe qui, n'importe comment. Un mot détaché à dessein d'une phrase, une idée accessoire insignifiante, un rien lui servira de prétexte pour exercer sa malveillance naturelle. Il raisonnera sur ce qu'il sait et surtout sur ce qu'il ne sait pas, sur ce qui est et sur ce qui n'est pas : le fond lui est indifférent, pourvu qu'il ait l'occasion de critiquer à tort et à travers. Ergoter à outrance, se disputer, faute de mieux, avec des moulins à vent, contredire tout le monde : tels sont les plaisirs vers lesquels l'attire sans cesse son impitoyable étoile.

Le maniaque raisonnant a-t-il la conscience de son état ? Pour répondre à cette question il faudrait savoir au juste ce qu'on doit entendre par ces mots : *avoir conscience de son état*. On s'accorde généralement à dire que l'homme sain d'esprit devient aliéné quand il perd cette lumière intérieure qui lui permettait de se connaître. D'après ces vues, il est certain que nos malades ne doivent pas avoir cette connaissance puisqu'ils sont aliénés. Toutefois leur lucidité intellectuelle rend fort suspecte cette opinion, attendu qu'il n'est guère possible de supposer des intelligences capables de voir exactement, de se rappeler, de combiner les idées, de les abstraire, de porter un jugement, etc., sans qu'elles puissent apprécier les manifestations de leur activité psychique. Non, il y a là une erreur ou du moins un malentendu ; cherchons à savoir ce qu'il en est.

Affirmons d'une part que, hors des cas de folie avec obscurcissement complet des facultés, les aliénés conservent plus ou moins le sentiment de leur fonctionnement mental et, par suite, de leur conscience. D'autre part nous affirmerons également que les personnes jouissant de leur intégrité mentale, placées sous l'influence d'une passion calme ou violente, intermittente ou continue, auront un voile général ou partiel sur le sentiment de leurs propres opérations spirituelles. Ce voile deviendra plus épais encore si elles éprouvent les atteintes d'une maladie grave. Ne sait-on pas, en effet, que le poitrinaire meurt en faisant des projets sur l'avenir et que la confiance renaît dans le cœur du malade à mesure que son mal fait des progrès?

Ainsi donc, il y a peu d'individus ayant la conscience complète de leur état, l'humanité, sauf quelques exceptions très-rares, étant sans cesse sous la domination d'une ou de plusieurs passions.

Ces réflexions prouvent combien nous sommes éloignés de la vérité lorsque nous donnons la perte de la conscience comme un signe pathognomonique des phréno-pathies. Les limites tranchées que les philosophes s'évertuent à établir entre la raison et la folie sont illusoires. On passe de l'une à l'autre par des nuances, par des transitions insensibles, qu'il serait impossible de séparer nettement. Entre l'homme qui, doué de facultés mentales parfaitement équilibrées ou harmoniquement développées, constitue le type de l'espèce, et l'infortuné qui, vivant d'une vie purement végétative, représente le maximum de la dégradation humaine, il existe divers degrés de conscience formant une chaîne non interrompue. En supposant maintenant que cette chaîne soit divisée en dix sections, que les cinq premières soient

destinées aux divers états de la raison et que les cinq
dernières appartiennent au délire, s'il fallait assigner
une place à nos maniaques, nous les classerions dans la
septième section, la sixième étant réservée aux individus
très-récemment atteints de lypémanie, et assez lucides
encore pour pouvoir suivre pas à pas le progrès envahis-
sant de leur tristesse.

Nous avons cherché à dessein à préciser ce point de
l'histoire psychologique de ces malades, à cause de l'importance qu'il peut prendre dans la question médico-
légale. Les considérations précédentes sur les divers
degrés de conscience sont également applicables au
jugement, au sens commun de nos malades.

« Le raisonnement a été donné à l'homme, dit Balmès, d'après saint Thomas, pour suppléer à la faiblesse
de son intelligence[1].» En effet raisonner, c'est comparer,
c'est saisir des rapports entre les objets ou les idées pour
en tirer des conséquences qui, sans la comparaison, ne
ressortiraient pas d'une manière évidente, bien qu'elles
soient contenues intrinsèquement dans les termes ou les
phénomènes comparés. Or tout ce travail serait épargné à l'intelligence si elle pouvait comprendre d'emblée la vérité des choses. Cependant il existe une espèce
de raisonnement solide, productif, qu'il ne faut pas confondre avec une autre espèce de raisonnement, tout
aussi logique que le précédent, mais vide, stérile, im-
productif : c'est celui de nos maniaques. Ils mettent

---

[1] Balmes, *Art d'arriver au vrai*, trad. par M. Manec. Paris. 1850
p. 137.

leur amour-propre à discourir sur tous les thèmes et à poser des conclusions conformes à leurs goûts ou à leurs désirs. Ne connaissant pas le terrain ou les prémisses qui servent de base à leur plaidoirie, et ne se donnant pas la peine de les étudier, ils arrivent au terme d'une longue discussion sans lui avoir imprimé la plus légère impulsion. Parlant beaucoup pour ne rien dire, ils sont, comme le dit M. Billod, « plutôt raisonneurs que raisonnants. » Au surplus leur esprit, peu juste, les place à côté de la vérité et les conduit souvent à frapper faux. Faut-il donc s'étonner si leurs interminables discussions sont banales et sans portée ? C'est à eux que s'appliquent surtout les paroles de Balmès ; elles n'ont jamais été mieux appropriées, car le raisonnement, ici, est évidemment très-faible, par suite de la faiblesse même des facultés intellectuelles.

Au reste, comme tous les individus orgueilleux, nos malades raisonnent beaucoup sans que pour cela la faculté préposée au raisonnement soit plus spécialement ou plus fortement atteinte que chez les autres aliénés, ainsi que semblerait l'indiquer le qualificatif *raisonnante* appliqué à leur maladie.

Nous aurons bien peu de choses à dire sur les aptitudes que présentent ces aliénés : elles sont généralement peu sensibles ; et, quand elles sont passablement marquées, ils ne se trouvent guère dans des conditions favorables pour les rendre utiles et fécondes. D'ailleurs, peu favorisées par les autres facultés de l'entendement, les dispositions naturelles des maniaques raisonnants n'acquièrent, dans aucun cas, un degré de puissance assez considérable pour leur donner du relief et pour en faire des hommes de mérite. « Certaines qualités intellectuelles remarquables ne rachètent pas chez eux l'impossibilité de diriger simultanément leurs facultés vers un but sage et utile. Leurs créations sont rares, et le plus ordinairement ils ne parviennent pas à féconder leurs inventions : ce sont des génies partiels, et, malgré certaines manifestations brillantes, ils sont frappés de stérilité intellectuelle et parfois même de stérilité physique [1]. »

Enfin, comme conséquence inévitable du travail morbide de leur intelligence et de l'exagération de leur personnalité, nous devons signaler leurs idées de grandeur. Ils croient être de grands hommes, des êtres supérieurs, des génies à qui la Providence a confié les missions civilisatrices les plus délicates. Ces idées sont constantes, mais ils les cachent avec un soin tout particulier, et pour les découvrir il faut employer une somme de patience et de temps incroyable. Sachant pertinemment qu'elles ne seront pas facilement acceptées par le public, et conservant assez de lucidité mentale pour comprendre que leur position est trop en contradiction avec leurs prétentions, ils gardent à cet égard un silence absolu. Il faut des circonstances très-exceptionnelles et un certain degré de surexcitation intellectuelle pour qu'ils dévoilent le fond de leur pensée

[1] Morel, *Traité des maladies mentales*, p. 259.

et de leur ambition. Chez la femme, ces idées varient d'objet; mais leurs prétentions, quoique moins élevées et circonscrites dans un cercle plus étroit, n'ont pas moins une nature identique et une signification pathologique semblable. Sans doute, la thèse que nous soutenons sera vivement contestée; mais nous n'hésitons pas à déclarer qu'au moyen d'une observation patiente, bien dirigée et suffisamment prolongée, on arrivera toujours à reconnaître chez les maniaques raisonnants orgueilleux des idées délirantes ambitieuses.

C'est aussi dans le sentiment exagéré de la personnalité que nous voyons la source, l'origine de ces idées hypochondriaques qui les tourmentent pendant leurs périodes d'affaissement. Du reste, ayant à reprendre cette question déjà soulevée une fois, nous la négligerons encore actuellement.

C

VOLONTÉ

Plus violents qu'énergiques, les maniaques raisonnants ne possèdent pas une grande force de caractère. Gall avait déjà recommandé de ne point confondre « la force de caractère avec la persévérance des penchants ou avec la manifestation non interrompue de certaines facultés qui peuvent avoir lieu avec le caractère le plus vacillant[1] ». Il est clair, en effet, que, sous l'instigation

---

[1] *Sur les fonctions du cerveau*, t. V, p 404

constante d'une passion ou d'un sentiment fortement
accentué, l'homme peut montrer une constance factice,
qui diffère entièrement de l'énergie, bien qu'elle puisse
en quelque sorte la remplacer. C'est justement ce qui a
lieu chez nos maniaques : s'ils montrent parfois beaucoup d'esprit de suite dans leurs projets, ce n'est pas à
la fermeté qu'on doit l'attribuer, mais bien à la continuité d'action des mêmes penchants, des mêmes passions, qui les poussent sans relâche vers un but déterminé.

La douche est un excellent moyen pour mesurer le
degré d'énergie des aliénés : lorsque le médecin juge
opportun d'employer ce remède, les fous lucides doués
d'une grande fermeté le supportent très-bien et ne tran-
sigent jamais avec leur conscience en avouant des torts
qu'ils ne se reconnaissent pas. Au contraire, sous la
même influence, les aliénés d'un naturel faible demandent pardon immédiatement et n'hésitent pas à s'a-
vouer coupables, alors qu'ils se croient innocents. Les
maniaques raisonnants sont dans ce cas. Sans doute, pour
s'épargner la douleur physique, ces êtres fins, astucieux,
rusés, sont capables de faire les aveux les plus explicites, et cela d'autant mieux, qu'ils savent parfaitement que tout autre expédient ne les conduirait à rien.
Mais le praticien habitué à ces sortes de malices, loin
de se laisser tromper par de simples apparences, plonge
son regard jusqu'au fond de leur pensée et parvient à
y découvrir le secret qu'on lui cachait. Au reste, pour
se convaincre de la faiblesse morale de ces aliénés, il
suffit de voir leur poltronnerie, leur découragement

quand ils sont pris en flagrant délit d'évasion, d'escroquerie ou d'un autre acte grave. En pareille occurrence, le degré de leur abattement donne la mesure
exacte de leur énergie. D'ailleurs c'est fort heureux
qu'ils soient un peu poltrons, car autrement il serait
impossible de les gouverner.

APPRÉCIATION SYMPTOMATOLOGIQUE

Pour terminer la description des phénomènes psychiques offerts par ces êtres disgraciés, il nous reste
deux points à examiner. Dans le premier, nous aurons
à nous demander en quoi consiste leur délire ; dans le
second, il s'agira de savoir jusqu'à quel point le tableau psychologique que nous venons de tracer est exact
et quel est le degré de confiance que nous pourrons lui
accorder.

Il suffit de se rappeler les considérations psychologiques placées plus haut pour comprendre la puissance
de la virtualité délirante de ces organisations mentales
incomplètes et défectueuses. Trop mal faites, si je puis
ainsi parler, pour vivre de la vie sociale, elles s'exaltent, déraisonnent et se conduisent de travers au simple
contact de la société, et par suite seulement du jeu régulier de leur système psychique.

Comme les individus perclus qui, n'ayant pas le libre
usage de leurs membres, sont dépourvus d'aptitude
pour presque toutes les professions mecaniques, les
maniaques raisonnants, véritables perclus de l'esprit,

sont naturellement impropres à la très-grande majorité
des relations sociales. Les livrer à leurs impulsions spon-
tanées, c'est les obliger à déraisonner et à s'exalter
jusqu'à la folie.

On comprend parfaitement que la compensation,
l'équilibre existant normalement entre les divers éléments de l'entendement, ne se rencontrant pas ici, doit
nécessairement amener une perturbation fonctionnelle,
d'autant plus sensible que la somme d'activité déployée
sera plus considérable. Semblables à une machine dont
les rouages mal construits, mal proportionnés, s'en-
grènent avec difficulté et se dérangent aussitôt qu'on
veut leur imprimer un mouvement rapide, les malades
dont nous parlons agissent ordinairement tant bien
que mal; mais, si un degré d'exaltation vient à imprimer à leurs facultés un surcroît d'action, ils se livrent
à des actes où la folie ne saurait être un instant douteuse. Voilà comment, étant plus défectueux au moral
que sous le rapport intellectuel, ils se montrent plus
fous dans leurs actes que dans leurs paroles. Cette différence a été jugée tellement importante par M. Brierre
de Boismont, qu'il a cru devoir établir sur elle la dénomination de leur maladie.

Mettons ces considérations en relief au moyen de
deux exemples :

Un maniaque raisonnant, parfaitement tranquille,
souffre silencieusement dans son orgueil de voir autour
de lui sa supériorité méconnue. Dans cette souffrance
peu raisonnable, fondée sur une supériorité moins raisonnable encore, puisqu'elle est tout à fait imaginaire,

9

il y a déjà du délire. Que, par une cause quelconque, ce malade naguère calme devienne exalté, et que, par suite, son orgueil acquière un nouveau degré d'énergie, nous remarquerons que sa souffrance augmentera proportionnellement à l'intensité de son exaltation. Dans ce cas, loin de rester silencieux, il prodiguera ses récriminations, ses menaces, ses voies de fait peut-être, et son délire deviendra évident aux yeux de tous. Qu'a-t-il fallu pour faire passer sa folie de l'état presque latent à l'état d'évidence générale ? Il n'a fallu qu'un surcroît d'action morale. Or, connaissant le degré d'irritabilité et de mobilité de la sensibilité morale de ces malades, nous ne devons pas être surpris si le passage du calme à l'agitation, et de l'agitation à la tranquillité, s'opère facilement et se reproduit très-fréquemment. Ajoutons que l'orgueil, le plus grand ressort de leur cœur, est toujours tendu, que les causes capables de l'influencer se succèdent sans interruption dans le cours de l'existence, et nous y trouverons l'explication de la continuité de leur délire.

Un autre exemple : Appelé à donner son avis sur la moralité d'un acte de vertu, unanimement reconnu pour tel, un maniaque raisonnant, avec son jugement éminemment faux, émet une opinion contraire à celle de tout le monde, et il trouve le moyen de la justifier soit en dépréciant cet acte, soit en le critiquant ou en interprétant défavorablement les mobiles qui l'ont produit. Sa critique, raisonnable en apparence, est d'ailleurs faite de bonne foi, et, de plus, nous la supposons dépouillée de toute passion, de tout intérêt personnel. Eh bien! dans ce cas, dégagé à dessein de tous les éléments qui pourraient le compliquer, notre malade ne porte pas moins un jugement singulier, et par là, quelle que soit la puissance de sa dialectique, il sort du sillon commun, il manque aux règles du bon sens, il délire.

Ces exemples, que nous pourrions multiplier à l'infini, prouvent que le délire intellectuel, aussi réel que le délire affectif, repose sur des nuances délicates, difficiles à saisir; mais son existence nous paraît être à l'abri de toute contestation. En observant minutieusement ces infortunés, on parvient aisément à reconnaître qu'ils déraisonnent en tout, partout et toujours, quoique d'une manière vague et peu sensible parfois.

Mais ce n'est pas en passant que l'homme désireux de se former une conviction sur leur compte doit les examiner: il faut, au contraire, qu'il les suive dans leurs périodes de bien-être, dans leurs moments d'affaissement, dans leurs accès d'exaltation; il faut, en un mot, qu'il les observe pendant longtemps et dans des conditions différentes, car c'est seulement ainsi qu'il pourra reconnaître la valeur des craintes hypochondriaques, des idées de persécution, de la loquacité agressive, du besoin incessant de faire des plaintes, de l'exagération exorbitante, de la personnalité, des idées de grandeur, etc., qui les obsèdent dans les diverses vicissitudes de leur triste et singulière existence.

En étudiant la marche de la maladie, nous reviendrons sur ce point pour le compléter, et nous parlerons de ces états opposés d'abattement et d'agitation que nous avons dû négliger jusqu'à présent pour nous occuper exclusivement de la situation fondamentale, habituelle et ordinaire, de l'entendement des maniaques raisonnants. Nous verrons alors qu'à ce délire vague, mais continu, dont il vient d'être question, se joindront alternativement des conceptions folles, ambitieuses ou dépressives, qui rendront, par périodes, les troubles de leur esprit accessibles à l'appréciation du vulgaire.

M. le docteur Jules Falret nous reproche de ne pas avoir posé une distinction assez tranchée entre l'état normal et l'état maladif. « Notre auteur, dit-il dans son rapport sur notre travail, a décrit la folie raisonnante comme une altération du caractère, sans insister sur les traits vraiment pathologiques qui peuvent permettre au médecin expérimenté de le distinguer du caractère normal. Il a parlé de l'égoïsme et de l'orgueil des maniaques raisonnants comme il aurait parlé de certains hommes qui ne sont nullement regardés comme des aliénés. Or la délimitation entre l'état normal et l'état maladif est la véritable difficulté pratique que présente la question de la manie raisonnante, par conséquent le point sur lequel devrait surtout insister tout auteur ayant pour but de faire progresser l'étude de ce sujet si difficile [1]. »

Notre estimable collègue voudrait voir partout et toujours des signes de folie saisissants, palpables, éclatants ; mais les maniaques raisonnants ne présentent ces signes que dans leurs accès d'agitation. A propos de la marche de la maladie, nous insisterons suffisamment

---

[1] *Annales médico-psychologiques*, cahier de mai 1867, p. 490.

sur les phénomènes morbides propres à ces accès d'agitation pour que le doute ne soit pas possible, même pour une personne peu habituée à l'observation des aliénés. Pendant ses périodes de calme, le maniaque raisonnant ne saurait cacher sa folie à l'homme de l'art expérimenté ; j'admets cependant que dans ces conditions il n'offre, comme appareil symptomatologique, qu'une exagération bien accusée et pathologique du caractère égoïste normal donnant lieu à un délire vague, indécis, mal dessiné, c'est-à-dire à des silhouettes de symptômes et non à des symptômes bien saillants. Il se trouve dans un état intermédiaire entre la raison et la folie plutôt que dans un état de folie fortement caractérisé. A la rigueur, il pourrait être pris alors pour une personne raisonnable, au même titre qu'on prend pour des individus bien portants ceux qui se trouvent dans la période de rémission d'une fièvre intermittente. Mais, dans ces deux cas, la rémission est-elle la santé ? Non, sans doute.

L'École de Montpellier a parfaitement raison de distinguer l'état morbide de l'acte morbide, l'affection de la maladie, les virtualités pathologiques des symptômes. Elle attache une importance majeure, quoique non exclusive, à l'état, à la virtualité, à l'affection, et accorde seulement le second rang à l'acte, aux symptômes, à la maladie. Suivant son exemple, nous croyons que, dans les circonstances dont nous parlons, l'appareil de manifestation n'a qu'une importance secondaire, tandis que les virtualités pathologiques sont tellement puissantes, qu'elles dominent de beaucoup la scène morbide, tout aussi bien durant le calme que pendant l'agitation des maniaques raisonnants. Voilà pourquoi nous avons eu grand soin, contrairement à ce qui a été fait jusqu'à ce jour en psychiatrie, d'insister sur les phénomènes fondamentaux invariables, et nous sommes persuadé d'avoir bien agi. D'ailleurs ce n'est pas un mal que, les symptômes ayant un caractère indécis, notre description reproduise fidèlement l'état des choses.

Faut-il s'arrêter maintenant pour montrer l'enchaînement existant entre les détails nombreux offerts par les maniaques raisonnants et pour faire voir que ces détails dérivent tous, soit directement, soit indirectement, du sentiment de la personnalité pathologiquement exagéré? Nous avons déjà tant parlé de cet enchaînement dans le courant de notre description symptomatologique que nous croyons inutile d'y insister plus longuement.

Si notre travail a une valeur quelconque, il la doit assurément aux bases sur lesquelles nous l'avons établi: loin d'être hypothétiques, elles sont le résultat de l'observation clinique et, par conséquent, elles offrent une certitude sérieusement garantie par leur propre origine. Toutefois leur importance est trop grande pour que nous ne cherchions pas à les contrôler et à les vérifier par tous les moyens qui seront à notre disposition. De ce contrôle surgira une nouvelle preuve en faveur de leur exactitude et en faveur de la confiance légitime et dûment justifiée qu'elles nous inspirent.

Un regard rétrospectif nous rappellera que les données servant de fondement à ce travail sont puisées dans la constitution psychique des maniaques raisonnants. Mais ces aliénés sont-ils tels que nous les avons décrits? Présentent-ils bien réellement des défectuosités intellectuelles et morales? Ont-ils bien les vices et manquent-ils des vertus que nous avons essayé de faire ressortir dans le courant de notre tableau symptomatologique ? L'organisation mentale incomplète et défectueuse est-elle, nécessairement, le substratum indispensable de leur délire ?

Voyons ce qu'il en est :

Tout le monde connaît les remarquables travaux de Cuvier. Dans la nouvelle classification des animaux que cet éminent génie publia avec son ami Geoffroy, se trouve l'ébauche de cette belle loi de subordination et de coexistence qui servit de principe et de point de départ à toutes ses découvertes. D'après cette loi de corrélation, chaque être organisé forme un système unique, dont toutes les parties se correspondent naturellement, et, puisque chaque animal offre un ensemble plein d'harmonie, aucun des organes ne saurait changer sans que les autres ne changent en même temps. Par conséquent, on peut se faire une idée d'un animal en examinant une de ses parties : ainsi, d'après les dents ou les pieds, on peut juger si un animal est herbivore ou carnivore et, par suite, déterminer très-approximativement ses mœurs ou ses habitudes.

Portant ces vues dans le domaine mental de l'homme, et après avoir prouvé que les facultés s'associent en vertu de leurs affinités réciproques, nous désirons constater que la loi de corrélation préside aux opérations psychiques, aussi bien qu'aux opérations plastiques. La démonstration de ce principe exigerait une longue digression, que nous ne pourrions nous permettre ici sans sortir des limites que nous devons nous imposer.

Nous avons déjà dit un mot à ce sujet, et nous avons exprimé le regret que nous avions de ne pas en dire davantage; c'est que, en effet, quand on jette un regard sur le moral, on ne peut s'empêcher d'être saisi d'admiration, et d'éprouver le désir de l'exprimer, en voyant la nature, le nombre, les proportions et les rapports fonctionnels qui lient les uns aux autres les nombreux ressorts du cœur humain. Tel homme est-il foncièrement méchant? Une réponse affirmative à cette question nous conduit inévitablement aux déductions suivantes: il est égoïste, haineux, envieux, jaloux, et, par contre, il n'a pas d'attachement, de moralité, de religion, de dévouement, de philanthropie; car, s'il avait une seule de ces qualités, il aurait également toutes les autres et ne serait pas méchant. La haine ou tout autre sentiment devient ainsi un fait qui, par suite de l'enchaînement existant dans notre organisation mentale, nous conduit à découvrir une foule d'autres faits, et comme Cuvier, décrivant un animal à l'aspect d'une dent, on pourrait arriver à compléter l'individualité morale d'une personne d'après la constatation d'un seul vice, d'une seule qualité.

Ces considérations physiologiques sont en tout applicables à la pathologie. Est-ce que le maniaque raisonnant, avec son immense orgueil, ses mensonges, sa jalousie, sa malice, sa gloriole, pourrait être affectueux, reconnaissant, modeste, dévoué, loyal, philanthrope, moral et religieux? Non, sans doute, il est tel que nous l'avons fait voir, et il ne saurait être différemment organisé sans se dépouiller du cachet distinctif qui lui appartient, sans perdre son individualité morbide.

Supposons, par exemple, que ses sentiments affectifs soient normalement développés, et aussitôt nous remarquerons que, pouvant s'attacher aux autres, il comprendra et sentira l'attachement ; il aura des amis, sera dévoué, reconnaissant, confiant, charitable ; son égoïsme s'effacera et des pensées nouvelles surgiront dans son imagination. En outre, aimant sa famille, il écoutera les conseils de ses parents, suivra leurs avis et deviendra soumis, laborieux, économe, prudent ; il dominera l'impétuosité de ses passions et son exaltation se calmera. Attaché à ses semblables, il respectera également et appréciera leurs institutions morales, civiles et religieuses. Les notions de hiérarchie, d'autorité, de justice, de moralité, de bienveillance, naîtront en lui, et, après avoir mis de l'ordre dans son casier psychique, il n'aura plus les allures du maniaque raisonnant, mais celles d'un homme raisonnable, doué d'un excellent naturel et très-bien organisé pour vivre au sein de la société, qu'il honorera en s'honorant lui-même.

Admettons maintenant que ses sentiments affectifs soient pathologiquement pervertis, quoique normalement développés, et nous serons effrayés des conséquenses qui découleront de ce simple chanquemeut. Ayant de l'aversion pour ses semblables, il les fuira, se tiendra dans l'isolement, ne parlera pas, se méfiera de la société, deviendra triste, misanthrope, soupçonneux, inquiet, peureux. Tourmenté par ses craintes imaginaires et fatigué de ses ennuis, il réagira par moments, et sa réaction se traduira par des actes de violence de nature grave ou par un suicide inévitable.

Pourrait-on reconnaître dans ces portraits nos maniaques raisonnants ? Non, mille fois non ! ces malades ne sont pas et ne peuvent pas être autrement organisés ; ils sont incapables d'aimer, car pour aimer il faut sentir l'amour, et pour cela il faut avoir un sentiment spécial, une faculté adéquate au stimulus moral qui la met en mouvement. Les mêmes réflexions appliquées à chacune de leurs facultés nous conduiraient à des conclusions semblables.

De cette discussion nous tirerons une conséquence à laquelle nous attachons une grande importance : c'est que tout est vrai ou tout est faux dans le tableau que nous avons tracé sur l'organisation mentale de ces aliénés. Il n'y a pas de milieu possible. Or comme, d'une part, nous n'avons fait que dessiner d'après nature, et que, d'autre part, l'ensemble et les détails de cette organisation conservent, dans notre description, les proportions, l'harmonie, les rapports que seule la nature sait produire, il s'ensuit que nous sommes dans le vrai, que le portrait est ressemblant, et que notre imagination, en se gardant d'y mêler des éléments étrangers, hétérogènes ou disparates, n'a rien mis du sien et n'a rien dénaturé.

Nous pouvons donc accorder à notre description symptomatologique une confiance absolue, autant que l'absolu est possible dans les manifestations contingentes de la vie.

En résumé, les maniaques raisonnants, être. réellement dégénérés, s'éloignent du type spécifique en ce qu'ils ne possèdent pas le nombre des facultés intellectuelles et morales départies par le Créateur à l'espèce humaine. Ils manquent évidemment de tous les sentiments supérieurs, affectifs et altruistes, et, de plus, ils n'offrent que des facultés réflectives à l'état rudimentaire. D'un autre côté, ils ont les passions égoïstes assez fortement accusées pour faire croire qu'elles ont détourné à leur profit l'energie qui devait revenir aux autres pouvoirs de l'entendement. Il y a donc des personnes moralement incomplètes ; grande, difficile et nouvelle question que nous soumettons au jugement éclairé et à l'expérience de nos confrères, espérant qu'ils voudront bien contrôler cette idée, digne de leur attention, et dont l'immense portée, à plusieurs points de vue, ne saurait être exposée dans le cadre que nous avons à remplir.

II. — PHÉNOMÈNES SOMATIQUES

Comme dans l'élément intellectuel ou l'élément moral, la dégénérescence des maniaques raisonnants se
traduit, dans l'élément matériel, par des signes très-
saillants; de sorte que, encore ici, nous pouvons apporter
pour la solution de la question des documents certains
et d'une valeur irrécusable, attendu qu'ils constituent
une règle sans exception. On a déjà compris qu'il s'agit
du volume et de la forme de la tête de nos malades.

Nous avons pris pour base les mesures de la tête et
les moyennes fournies par M. Parchappe dans son remarquable ouvrage sur l'encéphale. Pour les mesures
céphaliques des maniaques raisonnants, nous nous
sommes scrupuleusement conformé à ses indications.

Voici un tableau comparatif qui peut se passer de
tout commentaire :

| | DIMENSIONS DE LA TÊTE d'après M. le docteur Parchappe | | | | | | DIMENSIONS DE LA TÊTE chez les individus atteints de manie raisonnante | | DIFFÉRENCES existant entre les dimensions de la tête des maniaques raisonnants et celles de la tête des | | | | | |
| | à l'État normal | | chez les Aliénés | | chez les Imbéciles et les Idiots | | | | personnes saines d'esprit | | personnes atteintes de folie | | | |
	Moyennes sur 50 têtes (hommes)	Moyennes sur 30 têtes (femmes)	Moyennes sur 40 têtes (hommes)	Moyennes sur 40 têtes (femmes)	Moyennes sur 6 imbéciles	Moyennes sur 3 idiots	Moyennes sur 7 têtes (hommes)	Moyennes sur 3 têtes (femmes)	Hommes	Femmes	Hommes	Femmes	Imbéciles	Idiots
Diam. antéro-postér.	187.0	175.2	187.3	179.1	176	169	182.2	174.3	— 4 8	— .9	— 5.1	— 4.8	+ 6.2	+ 13.2
— latéral.......	142.4	135.3	142 6	133.9	131	122	132.6	123 8	— 9.8	—11.5	— 10.0	— 10.1	+ 1.6	+ 10.6
Courbe antéro-post.	348.2	339.1	348 7	337.3	323	315	311.9	306 5	— 36.3	— 32.6	— 36.8	— 30.8	— 11.1	— 3.1
— latérale.....	357 0	338.6	368.6	350.4	327	329	345.5	340.2	— 11.5	+ 1.6	— 23.1	— 10.2	+ 18.5	+ 16.5
— antérieure..	301.0	287.4	322.	303.8	280	263	303 7	286.0	+ 2.7	— 1.4	— 18 3	— 17.8	+ 23.7	+ 40.7
— postérieure.	279 6	253 2	280.6	263.1	247	242	205.3	219.5	— 74 3	—33.7	— 75 3	— 43.6	— 41.7	— 36.7
TOTAUX ...	1615 2	1528.8	1649.8	1567.6	1484	1440	1481.2	1450.3	—134 0	—78.5	—168.6	—117.3	— 2.8	+ 41.2

Ce tableau nous permet de conclure :

1° Que la tête des maniaques raisonnants est plus petite que celle des personnes saines d'esprit ;

2° Qu'elle est plus petite que celle des aliénés en général ;

3° Qu'elle est, sous le rapport du volume, égale, à peu de chose près, à celle des imbéciles ;

4° Qu'elle est plus grande que la tête des idiots ;

5° Enfin que la courbe antéro-postérieure et surtout que la courbe postérieure de nos maniaques sont plus petites que chez les personnes saines d'esprit, les aliénés en général, les imbéciles et même les idiots. On dirait que ces malades ont une atrophie congénitale des lobes postérieurs du cerveau et que leur crâne a été amoindri au détriment de la région occipitale.

Au reste, on sent que ce tableau, surtout en ce qui concerne le chiffre des idiots et des imbéciles, laisse trop à désirer pour justifier et rendre définitifs les résultats précédents. Toutefois un fait certain, c'est que les maniaques raisonnants ont tous la tête très-petite, et que les dimensions de la courbe antéro-postérieure et surtout celles de la courbe postérieure sont moindres que chez tous les autres aliénés. Nos observations sont tout à fait probantes et ne laissent, à ce point de vue, aucune prise à la critique.

Ainsi que l'étendue restreinte des courbes postérieure et antéro-postérieure ont pu le faire prévoir, la forme de la tête des aliénés dont il s'agit offre un aplatissement marqué sur la partie supérieure de la région occipitale. Seul, le sujet de la septième observation présente une exception à la règle; mais aussi ses bosses pariétales, étant peu saillantes, donnent une compensation qu'on ne saurait méconnaître. Douze fois sur treize, l'aplatissement se trouve sur l'écaille occipitale; il peut être inégalement prononcé à droite ou à gauche.

Pour nous rendre compte de la valeur de cette déformation, nous avons examiné cinquante individus des deux sexes pris indistinctement, et nous avons constaté ce qui suit:

	FORME DE LA TÊTE					
	de 50 individus atteints de folie simple			de 13 maniaques raisonnants		
	Hommes	Femmes	Deux sexes	Hommes	Femmes	Deux sexes
Têtes bien conformées	11	12	23	»	»	»
Têtes mal conformées.......	14	13	27	8	5	13
TOTAUX......	25	25	50	8	5	1;
Aplatissement supérieur seulement......... ...	1	1	2	»	»	»
Aplatissement postérieur léger............. ...	4	3	7	1	1	2
Aplatissement postérieur marqué..............	2	6	8	4	»	4
Aplatissement postérieur plus marqué à droite..	»	1	1	3	1	4
Aplatissement postérieur plus marqué à gauche	2	»	2	»	»	»
Aplatissement postérieur et supérieur..... ...	4	2	6	»	2	2
Aplatissement latéral ...	»	»	»	»	1	1
Aplatissement postérieur et latéral........ ..	1	»	1	»	»	»
TOTAUX........	14	13	27	8	5	13

(colonne de gauche: Têtes mal conformées)

Nos maniaques portent donc, dans la forme et le volume de la tête, l'empreinte de leur dégénérescence ; la constance de ce fait lui donne une importance majeure.

Les autres symptômes somatiques n'ont pas une aussi grande valeur que les précédents : c'est la raison qui nous engage à les énumérer rapidement.

Le système nerveux fournit à lui seul la plus grande partie des phénomènes morbides que nous allons signaler. Bien entendu ces phénomènes, peu saillants, sans gravité aucune, forment un écart simple, léger, purement fonctionnel ; ils peuvent se rencontrer chez toutes les organisations nerveuses, et se montrer ou disparaître facilement sans cause appréciable. D'abord nous citerons ces douleurs nerveuses, vagues, erratiques, sourdes, compagnes habituelles des périodes de dépression. La sensibilité physique est peu ou n'est point altérée ; contrairement à ce qui se passe dans l'hystérie, les hyperesthésies, les anesthésies de la peau et des muscles, sont nulles ou presque nulles dans la manie raisonnante. On n'y voit jamais de paralysie, de spasmes, de contractures, de convulsions, à moins qu'elles ne soient produites par des affections intercurrentes. La céphalalgie est même peu fréquente.

Le système digestif, toujours actif, ne donne lieu qu'à des inappétences et à des embarras gastriques légers au commencement des périodes d'abattement. Hors ces circonstances, les fonctions de la digestion s'effectuent avec une grande régularité. Toutefois la constipation n'est pas rare, surtout chez les femmes, à cause de leur tempérament généralement nerveux ; pas de goûts bizarres, pas d'appétit exagéré, pas de borborygmes; en un mot, pas de phénomènes hystériques.

La circulation, la respiration et les sécrétions, sont intactes.

Les fonctions génésiques s'accomplissent très-bien, et, s'il est quelques maniaques raisonnants qui abusent des plaisirs vénériens et des liqueurs alcooliques, c'est qu'ils ont déjà certaines allures qui les rapprochent des aliénés d'une classe voisine. Ces excès ne se remarquent pas chez nos aliénés lorsque leur maladie offre tous les caractères du type morbide. Le maniaque raisonnant est trop égoïste pour abuser des plaisirs de ce genre. D'ailleurs ses penchants ne sont pas assez développés pour cela.

Ces malades sont-ils stériles? M. Morel, qui a fixé l'attention des médecins sur la stérilité des êtres dégénérés, et qui a donné à cette question le relief qu'elle mérite par son importance, M. Morel, dis-je, assure que les aliénés de cette classe sont souvent stériles. Pour ma part, et en ce qui concerne nos maniaques seulement, je pense que leur dégénérescence n'est ni assez grande ni assez profonde pour que la nature perde en eux le second de ses priviléges, celui d'assurer la succession des êtres. Les personnes qui font l'objet de la première, de la septième et de la quatorzième observation ont actuellement des enfants bien portants. Avec des conjoints normalement organisés, nos maniaques, nous en sommes persuadé, sont dans les conditions voulues par les lois de la procréation.

V

VARIÉTÉS. — FORMES. — DIFFÉRENCES SEXUELLES

On n'a pas, en médecine, une idée exacte de la signification du mot *variété* : il est généralement considéré comme synonyme du mot *forme,* qui lui-même n'a pas une acception précise. Nous avons déjà dit que l'espèce pathologique n'existe pas au même titre que l'espèce en histoire naturelle, attendu que celle-ci a pour base l'individu, c'est-à-dire l'être indépendant, complet, tandis que la maladie, point de départ de l'espèce en pathologie, n'est pas un être, mais seulement une manière d'être de la personne malade. Fondamentalement, les analogies existant entre ces deux sortes d'espèces sont un peu éloignées. Les avantages résultant de cette assimilation, pour la commodité de l'étude et pour les progrès de la science, sont cependant si considérables, qu'on n'a pas hésité, depuis les temps les plus reculés, à l'accepter et à la mettre à profit. Suivant les mêmes errements, nous croyons utile d'étendre le même bénéfice aux variétés morbides.

« Dans la variété, dit M. Monneret, les individus ne » sont séparés que par des différences légères et qui ne » portent que sur des caractères secondaires, tels que » l'étendue, l'intensité, le siége d'un symptôme. Quel- » quefois certains symptômes sont modifiés ou manquent » entièrement, ou bien quelque circonstance particulière » se révèle dans la marche, la terminaison, la causalité. » Exemple : érythème du nez, des joues; érythème so- » laire; varicelle globuleuse; roséole par l'action du » copahu, érythème des moules [1]. »

Cette définition est peut-être bonne, mais, à coup sûr, elle ne satisfait pas l'esprit. La forme morbide y est confondue avec les variétés et avec les nuances de l'individualité pathologique.

Après avoir comparé les définitions du mot *variété* données par Linné, de Candolle, Buffon, Cuvier, Kant, Blumenbach, de Jussieu, Chevreuil, Gordon, de Quatrefages et I. G. Saint-Hilaire, il m'a semblé que la notion de *variété* devrait être, en pathologie, plus étendue qu'en histoire naturelle, par la raison que l'idée de race, établie sur la transmission héréditaire, n'est pas applicable aux maladies. En nosologie, la variété doit être constituée par un ensemble de particularités dérivant du fond de la maladie, assez prononcées pour lui imprimer un cachet un peu différent du type spécifique, et portant seulement sur des traits secondaires, mais

---

[1] *Traité de pathologie générale*, t. Ier, p. 112.

nullement accidentels. Les diversités spécifiques constantes, quoique secondaires, sont, à nos yeux, la base unique sur laquelle nous puissions établir la variété nosologique.

Partant de ces principes, nous étudiâmes, tout d'abord, nos malades au point de vue des différences qu'ils présentaient, et nous les distribuâmes, ensuite, en deux catégories. Dans la première prirent rang ceux dont la prédominance des passions proprement dites, et notamment de l'orgueil, était exclusive; ces aliénés n'avaient pas de penchants bien prononcés. Dans la seconde catégorie, se trouvèrent classés les maniaques raisonnants doués de penchants assez marqués ; chez eux, l'orgueil, quoique moins énergique, conservait cependant une certaine prépondérance. Ainsi furent constituées en premier lieu, dans ma pensée, la variété orgueilleuse et la variété caractérisée par une légère suractivité des penchants.

Le manuscrit de mon Mémoire, soumis à la bienveillante appréciation de la Société médico-psychologique, donnait la description de ces deux variétés de manie raisonnante. M. le docteur Jules Falret (rapporteur de la commission[1] chargée par cette savante Compagnie d'examiner mon travail) remplit sa tâche avec sa supériorité habituelle. Dans son rapport, qui est excessivement remarquable surtout quand on le juge

---

[1] Cette commission était composée de MM les docteurs Trélat, Brierre de Boismont, Moreau (de Tours), Le Grand du-Saulle et Jules Falret.

en se plaçant au point de vue des idées de mon savant collègue, il rejette non-seulement les variétés dont il s'agit, mais encore la maladie elle-même comme espèce pathologique.

Appréciant à notre tour, et d'après nos vues, la critique de M. Falret, nous devons dire qu'il fait une confusion regrettable des mots et des idées. Loin d'indiquer avec soin, ainsi que nous l'avons fait nous-même, la valeur de ces expressions génériques *fous, insensés, aliénés raisonnants, maniaques raisonnants,* il les fait, mal à propos, synonymes et les emploie presque indistinctement. Pour lui, « la manie raisonnante ne représente pas une forme vraiment naturelle de maladie mentale : elle n'est qu'un état symptomatique que l'on peut rencontrer dans des formes ou dans des périodes très-différentes [1]. » Voilà comment il peut faire synonymes les expressions ci-dessus mentionnées. Pour nous, au contraire, le mot *manie* désigne un genre de phrénopathies ayant l'exaltation mentale pour caractère commun ; la manie raisonnante n'est qu'une espèce du *genre manie.*

Toute la question est donc celle-ci : la manie raisonnante est-elle un état symptomatique, comme le déclare M. Falret, ou bien est-elle une espèce phrénopathique, comme je l'affirme avec conviction ?

Que mon honorable collègue me permette de donner la préférence à mon opinion et de continuer l'examen de ses idées.

---

[1] *Annales medico psychologiques.* Mai 1867. p. 487

« L'auteur, dit-il, admet que chez les aliénés raisonnants les facultés en défaut sont les sentiments
nobles et élevés, mais que leurs penchants, en général,
ne sont pas plus développés que chez l'homme à l'état
normal. Or cette distinction, toute psychologique, nous
paraît plus théorique que pratique. L'auteur a le soin
d'ajouter, il est vrai, que dans quelques-unes de ses
observations il a constaté le développement exagéré du
penchant pour les boissons et du penchant sexuel, et
il va même jusqu'à faire reposer sur ce développement
secondaire des penchants une variété de la manie raisonnante. Eh bien ! l'observation clinique montre, selon
nous, que ce qu'il regarde comme un fait secondaire,
accessoire et assez rare, est, au contraire, fréquent chez
les aliénés raisonnants de nos asiles, ainsi que chez
ceux qui sont laissés en liberté dans la société. Le
développement exagéré de certains penchants coïncide
souvent, chez ces aliénés raisonnants, avec la nullité
ou le faible développement des sentiments supérieurs;
ce fait doit donc figurer comme élément principal dans
la caractéristique de la folie raisonnante, au même titre
que le développement exagéré de l'amour-propre et de
l'égoïsme sur lesquels notre auteur fait surtout reposer
la définition de cette maladie [1]. »

On le voit, M. Falret me fait dire, à tort, des aliénés
raisonnants ce que je ne dis que des maniaques raisonnants. En généralisant ma proposition, il la dénature. Au reste, je n'ignore pas que le développement

---

[1] *Annales médico-psychologiques.* Mai 1867, p 487.

exagéré des penchants est un fait essentiel fréquent et nullement accessoire chez certains fous raisonnants ; mais, selon moi, ceux qui, parmi ces derniers, offrent ces conditions morales, appartiennent, à cause de cela, à d'autres espèces morbides, et notamment à la *manie malveillante,* espèce nouvelle, que je chercherai à établir tout à l'heure d'une manière sommaire. J'ai donc bien compris l'importance nosologique du développement des penchants.

Les autres objections adressées à mon travail, par mon savant collègue, ne me paraissent pas non plus bien exactes. En disant, par exemple, que mes distinctions sont plus théoriques que pratiques, il se trompe assurément. Bien plus, comment peut-il soutenir une pareille thèse, lui qui, dans le même paragraphe, déclare, d'après l'observation clinique, « que la prédominance des penchants, accessoire à mes yeux, est un fait qui doit figurer comme élément principal dans la caractérisation de la folie raisonnante ? » Si mes distinctions, fondées sur la prédominance dont il s'agit, sont théoriques, pourquoi veut-il faire figurer cette prédominance comme élément principal dans une maladie quelconque ? Je vois avec peine que, dominé par les idées émises par lui en ouvrant la discussion sur la folie raisonnante, il a vu mon travail à travers un prisme qui a obscurci momentanément son excellent jugement. Encore une fois, je n'ai pas voulu parler de la *folie raisonnante,* mais seulement de la *manie raisonnante:* j'ai abordé une espèce et non un groupe phrénopathique. Or, dans les limites que je me suis imposées, mes idées sont l'expression exacte de la vérité [1].

Quant aux variétés telles qu'elles étaient présentées dans le manuscrit destiné à la Société médico–psychologique, je dois avouer mon erreur. Depuis 1863, date de mes premières idées sur ce point, j'ai observé encore plusieurs maniaques raisonnants; j'ai longuement étudié la portée de chaque symptôme de leur maladie, et je me suis aperçu que les individus doués de penchants un peu énergiques ne pouvaient pas former une variété particulière, car l'importance de cette énergie, conformément à l'avis du docteur Falret, est majeure, essentielle, primordiale, et nullement accessoire ou secondaire. J'avais bien raison de la prendre pour base en créant la manie malveillante, mais je me trompais en me servant de la même donnée pour caractériser les variétés de la manie raisonnante. En effet, les maniaques qui m'avaient paru appartenir à la seconde variété, à cause de l'activité de leurs penchants, offraient en même temps les phénomènes de la manie raisonnante et ceux de la manie malveillante. Ils représentaient tout simplement quelques–uns de ces cas intermédiaires, mixtes, sans *cachet bien dessiné,* cas que la nature se plaît à répandre dans toutes ses œuvres, et qui forment ici la transition entre les deux maladies précitées. Les véritables variétés, je les trouvai plus tard; et, bien que leur nombre ne soit pas définitif encore, je puis dire que,

---

[1] Dans son rapport, M. Falret s'est montré, malgré la divergence de nos opinions, d'une modération et d'une courtoisie qu'il est de mon devoir de signaler, et dont je ne saurais trop le remercier.

cette fois, je suis sûr de moi-même en donnant les variétés égoïste et envieuse avec une confiance égale à
celle que m'inspire la variété orgueilleuse.

Les deux premières vont être décrites séparément;
nous chercherons ensuite à démontrer l'existence nosologique de ces trois variétés.

VARIETE ÉGOÏSTE

On a beaucoup parlé des individus égoïstes, et cependant nous ne croyons pas qu'on ait encore songé à
élever l'égoïsme jusqu'au rang des facultés. L'École de
Gall, qui a tant fait pour déterminer les puissances primordiales du moral, a laissé l'égoïsme dans l'ombre où
nous le voyons aujourd'hui. Il a pourtant des traits,
positifs et négatifs, assez fortement accusés pour nous
engager à le tirer d'un oubli injuste et fâcheux pour
les progrès de la psychologie physiologique et pathologique. Son existence, non douteuse dans les classes
supérieures du règne animal, sa fréquence, sa physionomie nettement caractérisée, son importance à l'état
normal et dans quelques vésanies, semblent justifier
largement le rang que nous lui accordons. L'égoïsme
proprement dit est donc pour nous une faculté; il
mérite ce titre, d'autant mieux qu'il a déjà donné son
nom au groupe des facultés préposées aux besoins de
la vie morale individuelle.

Dans son *Traité complet de physiognomonie*, M. Lepelletier de la Sarthe fait un portrait assez ressem-

blant des individus égoïstes. Nous lui empruntons les passages suivants : « Le caractère égoïste, dit-il, le plus antisocial de tous, le moins sympathique, le plus triste, le plus stérile qu'on puisse rencontrer au milieu des nations civilisées, offre pour éléments essentiels et fondamentaux les conditions morales suivantes : amour exclusif de soi-même; curiosité, prévoyance, discrétion, prudence, constamment dirigées vers cet objet; ingratitude, envie, lâcheté, jalousie, timidité, misanthropie, avarice, orgueil; indifférence absolue pour l'indigence, le malheur, les chagrins, les souffrances des autres, pour tout progrès social, pour toute amélioration générale, qui n'ont pas avant tout, comme résultat essentiel, une satisfaction positive de l'intérêt individuel, dans la sphère étroite et particulière du moi, etc. Ces éléments, variables dans leur nombre, dans leurs proportions respectives, dans leurs différentes combinaisons, forment les nuances principales d'une aussi fâcheuse constitution morale [1].»

Empressons-nous de constater que, parmi les éléments que ce savant médecin attribue au caractère égoïste, il n'y a pas un seul sentiment supérieur ni même aucun sentiment altruiste. Cette particularité confirme pleinement les deux lois de l'activité psychique mentionnées déjà : la loi d'association et la loi de balancement fonctionnel des facultés.

« Le trait significatif du caractère égoïste, ajoute-t-il plus bas, se trouve, du reste, positivement accusé

---

[1] Page 51.

par cette fâcheuse disposition de tout rapporter à soi-
même et de sacrifier constamment l'intérêt général à
l'intérêt particulier, même dans un grand nombre d'actions où l'on cherche à se donner une valeur menson-
gère en s'abritant sous le masque de la philanthropie.
L'homme de ce caractère est, dans l'ordre social, ce que
devient la plante parasite au milieu des végétaux :
exclusivement occupé de ses propres satisfactions, il
regarde, avec la plus complète indifférence, tout ce qui
ne rentre pas dans le cercle borné de ses besoins per-
sonnels. De cette fatale disposition aux sordides manifestations de l'avarice, il n'existe souvent qu'un intervalle étroit, presque toujours facile à franchir. Ainsi
recevoir de tous, ne donner à personne, ou tout au plus
rendre quelques petits services pour en obtenir de plus
nombreux, de plus importants ; vivre constamment pour
soi, jamais pour les autres ; réduire, par conséquence de
ces funestes principes, la sphère des relations sociales
à l'étroite circonscription du moi : tels sont les traits
distinctifs de cette fâcheuse constitution morale, qui
brise tous les liens du cœur, amoindrit les facultés de
l'esprit, vient si regrettablement étouffer les plus généreux, les plus beaux mouvements de l'âme, établir,
avec ses plus tristes, ses plus dangereuses conséquences,
l'isolement anormal des individus au milieu des nations
civilisées ; en un mot, flétrir et dessécher tous les
germes de la charité chrétienne, des affections de famille, des amitiés intimes, de ces belles et nobles affinités morales qui rapprochent et lient tous les êtres
dans le grand système de la création.

» Étranger aux égards, aux concessions que les hommes en société se doivent réciproquement, il veut accaparer toutes les prévenances, toutes les attentions; témoigne souvent de l'humeur, du mécontentement, lorsqu'il ne parvient pas à réaliser un aussi prétentieux, un aussi ridicule privilége. Toujours exclusivement occupé de sa personne, des avantages individuels qu'il peut obtenir, même en blessant les règles des convenances, de la justice distributive, on le voit, dans le monde, se placer commodément, en première ligne, réclamer avec un soin minutieux les meilleures choses à son usage, une attention particulière à ses discours et finir, s'il se trouve un entourage assez naïf, assez complaisant, par faire du plus grand nombre autant de sujets empressés à l'écouter, à le servir. Il est, du reste, bien facile, avec un peu d'observation, de reconnaître ce caractère d'autant plus important à bien apprécier, qu'avec lui toutes les relations sont regrettables et doivent être évitées [1]. »

Si M. Lepelletier de la Sarthe parle ainsi des individus égoïstes, que n'aurait-il pas dit s'il avait eu à décrire ces natures infirmes chez lesquelles ce caractère prend des proportions tellement exorbitantes, qu'il sort des limites extrêmes de la physiologie et constitue la variété égoïste de la manie raisonnante? C'est qu'en effet, quelle que soit la vigueur des traits de leur portrait, ces traits restent toujours pâles et ne représentent que mollement la dureté des lignes tracées par la nature en créant l'idéal du type égoïste.

[1] Lepelletier de la Sarthe, *id.*, p. 52 et suiv.

Acariâtres, hargneux, difficiles, exigeants, intolé-
rants et d'une susceptibilité dont rien n'approche, les
aliénés appartenant à cette variété se font détester partout. A première vue ils ne déplaisent pas, tant ils ont
de précautions pour se parer des qualités qui leur manquent; leurs paroles, aimables, prévenantes, flatteuses,
ne sont pas rares tout d'abord; malheureusement, ayant
une part bien restreinte dans leur vocabulaire, elles sont
vite épuisées, surtout si elles ne leur sont pas rendues
immédiatement et au centuple. Ils se font vite des amis,
qu'ils cajolent et cultivent tant que le besoin présent ou
futur l'exige, sauf à les abandonner aussitôt que cette
fausse amitié doit rester improductive. Bien différent
de l'aliéné orgueilleux, le maniaque raisonnant égoïste
ne pose guère ni pour la grandeur, ni pour les talents;
tout en conservant la conviction de sa supériorité, il a
une manière à lui de l'exprimer, de la témoigner. Sa
tenue n'est pas recherchée, ses manières ont quelque
chose d'inculte, de brutal, de matériel. Préférant en
tout le solide au bon goût, il aimera, en fait d'objets
de toilette, les choses durables; en fait de régime, les
aliments substantiels. Le brillant, sous quelque forme
qu'il soit, ne le séduit pas. Constamment disposé à
trouver parfait ce qui vient de lui, il est naturellement
porté à médire de tout ce qui vient d'autrui. « Exagérer
le prix des choses que l'on possède, dit M. de Latena,
et les dédaigner dès qu'on cesse de les posséder, c'est
encore s'aimer et dédaigner les autres jusque dans les
objets inanimés [1]. » Il n'est jamais en faute, et, s'il dé-

---

[1] *Étude de l'homme.* Paris, 1854, p. 76.

clare avoir été dans l'erreur, c'est pour mieux faire ressortir la vérité de son opinion actuelle ou pour se donner une plus grande importance. Son intolérance n'a pas de bornes; la même parole, la même idée, la même action, parfaite quand elle vient de lui, est défectueuse ou mauvaise lorsqu'elle vient d'un autre. Petit en tout, il verra parfois une injure dans un mot insignifiant, tandis qu'il n'accordera pas le droit de se plaindre à la personne qu'il aura accablée de ses propos grossiers.

Si ces malades travaillent, ils s'imaginent que leur ouvrage, mieux fait que celui des autres, mérite une récompense exceptionnelle, un déjeuner particulier, un régime choisi, une certaine quantité de vin, etc. La moindre chose suffit pour les exaspérer, pour les mettre en colère, et alors ils se disputent avec tout le monde. Les gardiens sont surtout l'objet de leurs plaintes; ces aliénés veulent qu'on ignore tous leurs caprices, qu'on ne fasse pas de rapports sur leur compte, qu'on ne leur adresse aucun reproche. Ils ne peuvent pas comprendre qu'on apporte à un malade atteint d'une fluxion de poitrine une tasse de tisane; en revanche, s'ils ont le rhume le plus léger, il leur faudra des infusions, des laits de poule, du vin chaud, des sirops, etc., etc. Voir en bien ce qui sort d'eux et en mal ce qui vient des autres, vouloir tout et ne donner rien, admirer leurs œuvres ou leurs paroles et dénigrer les actes d'autrui : voilà, en résumé, les grands mobiles qui président à tous les mouvements physiques et moraux de ces êtres insupportables.

L'intelligence de ces malades ne fonctionne que
dans le sens de leur passion; leurs idées, petites, étroites,
minutieuses, ne les empêchent pas de se croire des
hommes remarquables, éminents, bons à tout et capables, mieux qu'un autre, de mener à bonne fin un
travail, une misssion quelconque. Ont-ils des idées de
grandeur comme leurs frères les maniaques raisonnants
orgueilleux? Oui et non : oui, si, négligeant la forme, on
accepte les prétentions exorbitantes de leur personnalité
comme une idée exagérée de leur capacité ou de leur intelligence; ils ne croient pas être sortis d'un limon surna-
turel, mais ils sont profondément persuadés que ce limon
était d'une qualité très-supérieure ; — non, si, s'arrêtant
à la surface de l'idée, on veut trouver ces conceptions
délirantes que l'orgueil seul peut engendrer. Les maniaques raisonnants égoïstes n'ont rien de grand, pas
même dans leur délire. Ils se traînent terre à terre, sans
s'élever jamais par la pensée au delà de leur hauteur.

Les idées hypochondriaques se manifestent par accès,
c'est-à-dire pendant les périodes d'affaissement, et s'observent constamment dans la variété égoïste ; toutefois
elles semblent être moins vives que chez les maniaques
orgueilleux, par suite, sans doute, de l'importance que
ces derniers savent leur donner.

Les sujets des observations sixième, septième, huitième, neuvieme, dixième, onzième et douzième, appartiennent à la variété égoïste de la manie raisonnante.
Ils diffèrent notablement de ceux qui nous ont fourni
les cinq premières observations, et qui sont évidemment
des maniaques raisonnants orgueilleux.

VARIÉTÉ ENVIEUSE.

«Le mot *envie*, dit M. Descuret[1], en latin *invidia*, dérive selon les dictionnaires de deux mots : *in* et *videre*, qui signifient *voir dans, avoir les yeux sur*. Ces mots ne signifieraient-ils pas plutôt ne pas voir, détourner la vue, voir d'un mauvais œil? »

L'envie est cette passion, ou plutôt cette faculté, qui nous porte à voir avec déplaisir les avantages ou le bien d'autrui. L'envieux, d'après Vauvenargues, n'est jamais satisfait de ce qu'il a et n'aime pas ce qu'il voit aux autres.

De tout temps l'envie a été considérée comme une passion composée, à cause des relations intimes qu'elle a avec plusieurs autres passions analogues, telles que la jalousie, la haine, la médisance, la méchanceté, l'émulation, etc. « Les Latins ont confondu l'envie et la jalousie sous le nom d'*invidia*. Les moralistes français se sont efforcés de distinguer ces deux passions, qui se confondent[2]. » « L'envie et la haine s'unissent toujours et se fortifient l'une et l'autre dans le même sujet[3]. » Charron avait déjà exprimé la même idée en disant : « Envie est sœur germaine de la hayne, misérable passiò et beste farouche, qui passe en tourment toutes les gehennes ; c'est un regrest du bien que les autres possèdent, qui nous ronge fort le cœur ; elle tourne le bien d'autruy en nostre mal[4]. »

---

[1] Descuret, *Médecine des passions*. Paris, 1841, p. 592.

[2] Descuret, *ibid.*, *ibid.*

[3] La Bruyère, *Moralistes français*. Paris, Lefevre, 1834. p. 347.

[4] Charron, *de la Sagesse*. Paris, 1618, t. Ier, chap. xvii, p. 140.

Les moralistes, ou plutôt les physiologistes modernes, partageant en cela les opinions de Gall et de ses élèves, n'ont pas jugé à propos d'admettre l'envie parmi les pouvoirs primordiaux du moral. Je ne suis point de cet avis. Je crois, en effet, qu'elle est réellement une faculté primitive, car elle se montre de très-bonne heure chez les enfants, et la vieillesse n'échappe pas toujours à ses rigueurs. En outre, les animaux, quoi qu'en dise Plutarque[1], n'en sont pas exempts, ainsi que l'esprit profondément observateur du bon La Fontaine l'a reconnu plus tard dans plusieurs espèces du règne animal. Enfin la pathologie mentale nous offre, de loin en loin, quelques rares exemples où l'envie, devenue le point central de tout l'appareil symptomatologique d'une folie, acquiert une physionomie si fortement accentuée, qu'il est impossible de lui refuser le rôle de faculté. Je regrette vivement qu'il ne me soit pas permis ici d'apporter quelques faits en faveur de mon opinion.

Je crois, néanmoins, que les différences admises entre la jalousie et l'envie sont insuffisantes pour motiver une séparation complète. « On est jaloux de son bien et envieux du bien d'autrui[2], » je le sais; mais, cette distinction me paraissant peu importante, les mots *envie* et *jalousie* seront pour moi synonymes dans le courant de ce chapitre.

L'envie est plus fréquente chez la femme que chez

---

[1] Plutarque, *OEuvres morales*, traduites par Ricard. Paris, 1856, t II, p. 577.

[2] Descuret, *loc. cit.*

l'homme, ce qui doit nous faire pressentir que la variété envieuse de la manie raisonnante doit se rencontrer de préférence dans le sexe féminin. Cette prévision théorique est en quelque sorte justifiée par la clinique, puisque les cas que nous avons observés nous ont été présentés par des femmes.

La maniaque envieuse paraît exporter toute son activité mentale par la voie de sa passion favorite. Elle voit avec peine tous les avantages dont les autres jouissent, tandis qu'elle n'éprouve aucun sentiment de commisération pour leurs souffrances. Si une épileptique, par exemple, vient à tomber d'une attaque et qu'on lui donne une infusion de tilleul, notre envieuse, plus frappée des soins prodigués à la malade en convulsions que de son malheur, s'emparera de ce fait pour fonder sur lui des plaintes révoltantes. Lui donnerait-on en même temps une autre infusion de tilleul, que cette précaution, presque dérisoire, loin de la déconcerter et d'arrêter le flot de ses récriminations, ne l'empêcherait pas de trouver un nouveau grief et de le formuler avec son âcreté habituelle.

Elle n'estime personne, et son intolérance ne lui permet pas de laisser témoigner, en sa présence et sans rien dire, du respect et de l'estime à qui que ce soit. Une prévenance, une parole aimable, une bonne manière, ne la toucheront pas, si ce n'est pour lui faire soupçonner un désir caché de la tourner en ridicule ou de lui rendre un mauvais service. Un rien suffit pour que ses lèvres fines, pincées, répandent à profusion les expressions les plus dures, les plus désagréables ; cherchant les moin-

dres occasions de faire une critique acerbe, elle serait
très-redoutable par sa malveillance si le besoin d'accumuler accusation sur accusation, calomnie sur calomnie,
n'enlevait à ses traits acérés la malignité qui les carac-
térise.

« L'envie, passion vile, naît dans les âmes faibles et
méchantes et n'agit guère que par des voies nuisibles. »
Ces paroles de Descuret[1] sont surtout vraies et justes
en ce qui concerne le maniaque raisonnant envieux.
En effet, il est naturellement poltron d'une part, et
d'autre part, étant dépourvu des sentiments supérieurs,
il doit manquer d'élévation dans ses pensées, comme
dans ses actes. Les voies détournées lui sont familières :
rusé, ombrageux, sans franchise, sans loyauté, il lui
est impossible de se diriger directement vers son but ;
ses dénigrements sont seuls, parfois, d'une franchise
déplorable et même brutale. Vauvenargues a dit avec
raison : « L'envie ne saurait se cacher : elle accuse et
juge sans preuves ; elle grossit les défauts ; elle a des
qualifications énormes pour les moindres fautes ; son
langage est rempli de fiel, d'exagérations, d'injures ;
elle s'acharne avec opiniâtreté et avec fureur contre le
mérite éclatant ; elle est aveugle, emportée, insensée,
brutale[2]. »

Toujours l'œil au guet, le maniaque jaloux ne perd
pas un geste, un mot, un mouvement des personnes qui
l'environnent, afin d'y trouver un sujet de critique, de

[1] Descuret, *loc. cit.*, p. 594.
[2] *Moralistes français.* Paris, Lefèvre. 1834. Max. 49, p. 695.

plainte ou de moquerie; attaquer et quand même, en pré-
textant une défense obligée, telle est sa conduite dans
les circonstances les plus diverses de son existence.
Poussé par son caractère hargneux, il sent un besoin
incessant de contrarier quelqu'un, et, quand il parvient
à ses fins, son cœur est satisfait. Mais, tout en savourant cette satisfaction, il affirmera, chose incroyable,
que ses actes ou ses paroles n'étaient pas de nature à
produire la moindre contrariété; il ira même jusqu'à
mettre audacieusement sur le compte d'une susceptibilité outrée de la part de ses adversaires le tort qu'on
lui attribue, et au besoin il n'hésitera pas à se poser
en victime de leur malveillance.

La méchanceté, la haine, viennent favoriser les effets
de l'envie et rendent les maniaques de cette catégorie,
sinon redoutables, du moins excessivement désagréables.
Ils n'ont rien pour eux; aussi se font-ils détester de
leur entourage. « La plus véritable marque d'être né avec
de grandes qualités, c'est d'être né sans envie[1]. » Cette
maxime de La Rochefoucauld est d'une exactitude sai-
sissante. Dépourvus des qualités aimables que la société
recherche et richement dotés des défauts qu'elle flétrit,
les maniaques jaloux inspirent de l'éloignement à ceux
qui les connaissent et à ceux qui ne les connaissent pas,
tant leur physionomie, leurs allures, leurs manières,
portent l'empreinte du sentiment qui les domine. Le
plus grand signe d'indulgence qu'ils soient capables de

---

[1] *Moralistes français* La Rochefoucauld. Paris, Lefevre. 1834.
Max. 433, p. 189.

donner, c'est de se taire et de ne faire aucun geste, car
leurs gestes sont souvent plus terribles encore que leurs
paroles. Les mouvements de tête et de lèvres acquièrent
parfois chez eux une expression mordante indicible.
Leur dédain, plein d'impertinence et d'audace, est accompagné ordinairement de monosyllabes qui le rendent écrasant. Prononcer un mot indiscret, humiliant
ou blessant au dernier point, est pour eux un bonheur
ineffable, dont l'attrait irrésistible les séduit sans cesse.
La délicatesse, la politesse, sont à leurs yeux comme les
objets de valeur pour l'avare : on doit toujours les recevoir, mais les donner, jamais !...

Le maniaque envieux est expansif quand il faut
réagir ; autrement il reste tranquille dans un coin, afin
d'observer ce qui se passe autour de lui. Semblable au
renard qui attend sa proie, il se tient immobile, dans
une attitude accroupie, l'œil en mouvement, l'oreille
tendue, ne laissant rien échapper, et cachant avec soin
l'activité de son infatigable attention. On ne peut pas
lui reprocher d'être bavard, puisqu'il n'aime pas à prodiguer ses paroles, craignant sans doute de fournir une
arme à ses ennemis ; pourtant il sait habilement se montrer indiscret chaque fois que sa malveillance l'exige. Sa
puissante initiative, qui sert admirablement son besoin
de médire, de calomnier, d'injurier ou de se plaindre,
devient faible ou nulle quand il est question de faire le
bien. Ne rencontrant jamais dans la vie ces satisfactions que nous donnons et que nous demandons à nos
semblables, il ne recherche guère les faveurs de la
société, et, s'il ne la fuit pas, ce n'est pas faute de la

haïr et d'appeler sur elle les malheurs que son fiel peut
lui faire imaginer.

Tous les pouvoirs de l'intelligence du maniaque envieux sont harmoniquement appropriés aux besoins de
son caractère. Son attention, avons-nous dit, est infatigable, et, en effet, elle a ce mérite tant qu'elle sert les
intérêts de la passion prépondérante ; hors de ce cercle,
l'énergie lui fait défaut. La comparaison, la généralisation, l'association des idées, l'imagination, le jugement,
sont dans le même cas. Ces facultés, qui sont très-remar-
quables quand elles opèrent pour le compte de la jalousie ou de l'égoïsme, manquent de vigueur, de sûreté,
d'étendue dans toute autre circonstance. Il en est de
même du langage : on ne saurait croire combien le mot
propre le plus agressif, le plus mordant, le plus expres-
sif, arrive facilement aux lèvres des maniaques jaloux. Ils
sont, mieux peut-être que leurs frères les maniaques
orgueilleux, les véritables représentants de l'*espèce
venimeuse* des aliénés. Prenez une de leurs appréciations
malveillantes, la plus insignifiante, la moins étudiée
de toutes, pesez chacun des mots dont ils se sont servis,
soumettez ces mots à une étude détaillée, cherchez à les
remplacer par d'autres termes, et vous serez étonné de
voir qu'il n'y a pas moyen de mieux choisir dans le
vocabulaire, et que leur sentiment ou leur idée a été
rendu avec un bonheur d'expression sans égal. Ces
malades sont excessivement remarquables sous ce rapport : toute leur force est là, et pas ailleurs. En dehors
du cercle de leur grand ressort moral, ils sont réellement très-inférieurs en tout : leur perspicacité faiblit,

leur imagination s'éteint, et leurs idées, sans élévation, sans portée, se traînent, comme leurs sentiments, dans l'ornière d'une banalité vulgaire.

Relativement au langage, nous ajouterons que les variétés égoïste et orgueilleuse peuvent donner lieu à des considérations analogues à celles que nous venons d'émettre.

Les poëtes et les philosophes ont tous insisté longuement sur les effets désastreux produits par l'envie dans l'organisation physique. Plutarque, Descartes, Bacon, et bien d'autres moralistes ou philosophes anciens et modernes, énumèrent avec complaisance ces effets. Pour ma part, j'ai constaté que la santé physique de ces malades est, en vérité, un peu précaire ; mais je n'ai pas observé chez eux, malgré l'énergie insolite de leur jalousie, les signes physiques qu'on s'est plu à leur attribuer. Leur teint surtout n'est pas aussi blême qu'on a bien voulu le dire, et, en définitive, comme longévité ils ne sont pas trop mal partagés.

Les aliénés qui font le sujet de nos treizième, quatorzième et quinzième observations appartiennent, de droit, à la variété jalouse de la manie raisonnante.

Nous avons essayé de caractériser les maniaques raisonnants égoïstes et jaloux, et nous avons fait ressortir le cachet spécial, particulier, qui les distingue entre eux et qui les sépare nettement des maniaques orgueilleux. Les nuances propres à chacun de ces trois types sont assez fortement empreintes dans les allures des malades pour que le médecin aliéniste puisse les recon-

naître facilement et les classer en trois catégories différentes.

Mais, quoique bien marqués, les traits distinctifs de ces
maniaques ne les empêchent pas d'avoir une ressemblance évidente, un air de famille frappant, qui fait de
tous ces aliénés un faisceau unique, d'une homogénéité
non douteuse. Cet air de famille provient de l'identité
des éléments essentiels de leur constitution morale. En
effet, quelle que soit l'indépendance de leurs allures-
dérivant de l'orgueil, de l'envie ou de l'égoïsme proprement dit, ils offrent tous, comme fait dominant
essentiel, primordial, une absence complète des sentiments supérieurs et altruistes, un développement à peu
près normal des penchants et une énergie insolite,
extra-physiologique, des facultés égoïstes. Il nous est
impossible d'entrer à cet égard, au sujet des variétés
égoïste et envieuse, dans les détails nombreux qui
ont été exposés à l'occasion de la variété orgueilleuse :
on comprend aisément que nous devons nous interdire
une tâche de cette nature, qui nous obligerait à reproduire ces détails et à renouveler, sans avantage aucun,
la description symptomatologique déjà donnée.

Avant de terminer ce chapitre, nous avons une
question à nous adresser : Les variétés précitées sont-
elles bien légitimes ?

L'activité morale peut être distribuée d'une manière
inégale sur les diverses facultés, et notamment sur les
divers groupes de facultés mentionnées dans notre tableau. Cette inégalité de distribution est parfois si marquée, et partant si fâcheuse, que, rendant l'équilibre

mental instable, elle donne lieu à plusieurs espèces phrénopathiques. Si le mal est la conséquence pure et simple de ce défaut d'équilibre, s'il n'est accompagné d'aucun autre phénomène morbide quelconque, on aura trois espèces d'aliénation mentale : la manie bienveillante, la manie raisonnante ou la manie malveillante, selon que cette activité se portera de préférence sur les sentiments élevés, sur les sentiments égoïstes ou sur les penchants. Le surcroît d'énergie d'un groupe de facultés nous a paru avoir une grande importance, et nous l'avons mis à contribution pour créer les espèces phrénopathiques précitées. Nous ne croyons pas qu'il soit possible de les établir sur un terrain plus solide et à la fois plus pratique que celui-là.

En outre, quoique toutes les facultés d'un même groupe soient très-énergiques, il en est toujours une, parmi elles, qui acquiert une prédominance considérable [1]. Cette prédominance nous a fourni à son tour une base éminemment pratique, sur laquelle ont été fondées nos trois variétés. Celles-ci n'ont donc rien d'arbitraire; par conséquent leur avenir est assuré.

En d'autres termes, de l'exagération pure et simple de l'activité d'un groupe de facultés, et non d'une faculté isolée, dérivent les symptômes de premier ordre,

---

[1] Parfois, cependant, cette prédominance n'est pas trop marquée, et alors il n'est pas toujours facile de déterminer, tout d'abord, la variété à laquelle appartient le malade, quoique son espèce morbide soit bien caractérisée. Ici encore des cas intermédiaires peuvent rendre difficile ce détail du diagnostic, qui n'a pas, d'ailleurs, une bien grande importance.

c'est-à-dire les seuls qui soient réellement susceptibles de former, par leur ensemble, une espèce morbide. De la faculté prépondérante naissent les phénomènes de second ordre, qui justifient la création des variétés pathologiques dans la sphère que nous explorons.

Remarquons, enfin, que les phénomènes de premier et de second ordre sont constants; leur degré d'énergie seul est variable selon les circonstances: c'est à lui que nous devons les variétés de la manie raisonnante.

Ces questions de nosologie sont si nouvelles, si délicates et si difficiles à exposer clairement, que je crains de les laisser enveloppées d'une très-grande obscurité. Aussi dirai-je encore, au risque de répéter une fois de plus les mêmes idées, que, pour moi, l'exagération du caractère normal, exempte de tout autre phénomène pathologique et poussée au delà des limites extrêmes [de la physiologie, donne lieu au genre des folies raisonnantes simples. Ce genre comprend trois espèces phrénopatiques distinctes: la manie bienveillante, la manie raisonnante et la manie malveillante, selon que l'exagération du caractère se présente chez les personnes bienveillantes, chez les personnes égoïstes ou chez les personnes douées de penchants énergiques.

La manie raisonnante n'est donc pas autre chose, à mes yeux, que le caractère égoïste devenu pathologique, par suite de son exagération. Et, comme le caractère égoïste renferme autant de types que de facultés égoïstes, il s'ensuit que chacun de ces types, en sortant du domaine physiologique, donnera lieu à une variété distincte de manie raisonnante.

Voilà pourquoi nous ne croyons pas que les trois variétés décrites dans ce travail soient les seules qui appartiennent à cette maladie.

Le *Misanthrope,* l'*Avare,* le *Tartufe,* ne sont pas le fruit de la puissante imagination de Molière, mais le résultat d'une observation fine, patiente et profonde. Les modèles qui inspiraient son immortel génie étaient-ils de malheureux maniaques raisonnants avec leurs travers, leurs exigences, leurs passions et leur délire ? Formeront-ils un jour des variétés particulières ?...

Mais je m'arrête, car je sens combien la science actuelle est encore peu disposée à bien accueillir de semblables idées. D'ailleurs, n'étant pas sanctionnées par ma propre expérience, elles ne sauraient avoir ici que la valeur d'une hypothèse.

Au sujet des formes de la manie raisonnante, nous pouvons assurer que cette affection se montre toujours sous le même aspect : elle se présente invariablement sous la forme rémittente.

Les différences sexuelles sont peu importantes; nous croyons pouvoir les résumer en disant que l'activité féminine, se déployant dans un cercle plus restreint que celle de l'homme, donne aux allures de la femme atteinte de manie raisonnante un degré de calme qui manque au sexe masculin. Les mobiles de cette dernière sont loin d'avoir l'impétuosité vigoureuse que possèdent ceux de l'homme; dans sa sphère, elle est d'ailleurs aussi ennuyeuse que possible.

VI

PARTICULARITÉS INDIVIDUELLES

Sous ce titre, nous grouperons les considérations relatives à l'âge, au sexe, au tempérament, etc., des maniaques raisonnants.

1° *Age*. — La moyenne de l'âge de nos malades, au moment de leur admission dans l'établissement, est de trente-neuf ans. Si, avec ces chiffres, on voulait déterminer l'époque de l'existence à laquelle se déclare cette espèce d'aliénation mentale, on arriverait sûrement à une erreur. En effet, tous nos maniaques étaient aliénés depuis fort longtemps : ils avaient donné de très-bonne heure des signes de folie. On peut dire cependant que, en général, la manie raisonnante se manifeste *nettement* vers l'âge de vingt à vingt-cinq ans. Nous verrons dans un instant comment et dans quelles conditions cette manifestation se produit.

2° *Sexe*. — Sur quinze observations qui nous sont personnelles, nous comptons 9 hommes et 6 femmes. Ces faits sembleraient prouver que la manie raisonnante affecte de préférence le sexe masculin ; mais nous ne devons pas oublier que, Montdevergues ayant toujours renfermé plus d'hommes que de femmes, celles-ci ont pu être moins nombreuses parmi nos maniaques. Selon toutes les probabilités, les deux sexes sont également sujets à cette maladie.

. 3° *Fréquence*. — La population de l'asile, au 1er janvier 1868, était de 659 aliénés : 345 hommes et 314 femmes. On y voyait à cette époque 9 maniaques raisonnants, 5 hommes et 4 femmes ; la proportion de ces insensés serait donc de 1,36 pour 100, ou d'un maniaque raisonnant sur 73 malades.

Toutefois j'ai lieu de croire que cette proportion, prise comme terme général, est trop élevée ; voici les raisons qui motivent mon opinion : on sait que les malades arrivent dans les asiles par séries ; il y a des époques qui durent vingt, trente, soixante jours, et pendant lesquelles on ne reçoit presque que des paralytiques ; il y a aussi la série des épileptiques, celle des maniaques agités, celle des lypémanes, etc. Les maniaques raisonnants sont également soumis à cette espèce de loi sériale qui gouverne les admissions et qui s'étend même à un *grand nombre* d'autres faits propres aux maisons de santé. On reste souvent une année entière sans voir entrer un seul cas de cette phrénopathie, et puis on en reçoit deux, trois, quatre, coup sur coup, ou du moins dans un laps de temps peu considérable. Il y a quelques mois, nous eûmes, justement, une série d'admissions de maniaques raisonnants composée de trois malades, ce qui explique comment les nombres mentionnés ci-dessus peuvent ne pas être l'expression exacte de la fréquence moyenne de la manie raisonnante dans les asiles.

Quant au chiffre de ces maniaques soignés dans leurs familles, je n'ai aucun document qui m'autorise à le fixer, même approximativement; cependant je crois qu'ils est assez élevé, surtout pour les femmes.

4° *Poids*. — La moyenne du poids de ces infortunés est indiquée dans le tableau suivant; elle ne donne lieu à aucune considération importante.

	POIDS ET TAILLE			
	DE 50 ALIÉNÉS pris indistinctement (25 hommes et 25 femmes)		DE 13 MANIAQUES RAISONNANTS (8 hommes et 5 femmes)	
	Hommes	Femmes	Hommes	Femmes
Poids....	64 kil.	53 kil.	66 kil.	52 kil.
Taille....	1ᵐ 62ᶜ	1ᵐ 51ᶜ	1ᵐ 60ᶜ	1ᵐ 49ᶜ

5° *Taille*. — On peut affirmer, d'après le tableau précédent, que nos maniaques ont une taille un peu moins élevée que celle des insensés en général.

6° *Tempérament*. — Nous n'avons rencontré que deux sortes de tempéraments: le tempérament nerveux pur, et, par exception, le tempérament lymphatico-nerveux. Nos observations portent sur un trop petit nombre de personnes pour que nous puissions généraliser cette donnée. Nonobstant, nous ne serions pas éloigné de croire qu'il existe un certain rapport entre le caractère et le tempérament nerveux de ces malades. Une étude ultérieure pourra peut-être donner à ce fait une valeur incontestable.

7° *Constitution.* — Les maniaques raisonnants sont rarement indisposés; ils vivent longtemps, et leur santé n'est presque jamais altérée par des maladies inter-currentes. Tout cela prouve qu'ils ont une constitution capable d'opposer aux causes morbides une forte résis-tance. S'il fallait trouver une explication à ce détail, nous dirions que, par suite de l'exaltation permanente de leur intelligence et de leur activité organique, ils offrent une espèce d'exubérance vitale suffisante pour les défendre contre les atteintes d'une foule d'agents morbifiques qui, autrement, n'auraient pas manqué de produire leurs effets ordinaires.

8° *État civil.*—Sur 9 maniaques raisonnants du sexe masculin, nous trouvons 7 célibataires et 2 hommes mariés, tandis que, sur les 6 femmes, nous ne rencon-trons que deux personnes célibataires. On comprend parfaitement que, désireuses de changer de position, les infortunées dont il s'agit puissent cacher leur in-firmité mentale, et arriver assez facilement à contenir, pendant quelque temps, l'impétuosité naturelle de leur leur caractère. Malheur à celui qui, se fiant aux appa-rences, tombe dans un pareil guet-apens !

9° *Profession.* — Notre statistique sur les profes-sions est trop insignifiante pour que nous en tirions une conséquence quelconque.

PROFESSIONS DES MANIAQUES RAISONNANTS.			
DÉSIGNATION	HOMMES	FEMMES	DEUX SEXES
Peintres...............	1	»	1
Prêtres.	2	»	2
Ex-militaires......	3	»	3
Domestiques.......	1	1	2
Cultivateurs.....	1	»	1
Couturières..	»	1	1
Sans profession..	1	4	5
TOTAL.	9	6	15

10° *Position sociale.* — Comme les peuples, comme
les individus, les familles ont une période de grandeur
croissante, une époque d'état stationnaire et une période
de décadence. Les espèces elles-mêmes paraissent obéir
à cette loi d'évolution progressive, que les conditions
de milieu accélèrent ou ralentissent sans pouvoir éviter,
en aucune façon, son irrésistible influence. La durée de
chacun de ces stades est éminemment variable, par
suite de l'énergie plus ou moins favorable des stimulus intellectuels, physiques et moraux qui agissent sur
nous; mais, que le *cycle* soit lentement ou rapidement
parcouru, il n'est pas moins l'expression invariable
d'un principe primordial, institué par la nature dans
l'acte de la création et préposé à l'accomplissement des
destinées individuelles, sériales et générales du règne
organique.

Cette loi a positivement exercé son empire sur les
familles de nos maniaques, car ceux-ci sont incontestablement les représentants d'une période de décadence. .

12

En remontant, autant que la chose est possible, dans leur généalogie, on trouve des personnes actives, laborieuses, intelligentes, économes, pleines d'ordre et douées d'un degré d'égoïsme et d'orgueil qui leur permettait de diriger parfaitement leur conduite et leurs affaires, mais qui était insuffisant pour troubler leur équilibre mental. Ils sortent, en effet, de familles riches, honorables, et presque toujours cette richesse et surtout cette honorabilité provenaient des bisaïeux. Le grand-père, la grand'mère, et notamment le père et la mère de ces êtres disgraciés, n'ont jamais augmenté la prospérité physique ou morale de la maison, tout au plus l'ont-ils maintenue dans un état satisfaisant lorsqu'ils ne l'ont pas gravement compromise. C'est qu'il y avait chez les grands parents, et surtout chez les parents immédiats de nos malades, des éléments fâcheux qui, en altérant notablement leur constitution psychique, rendaient leur équilibre mental défectueux. Les facultés égoïstes, trop prépondérantes déjà, faussaient leur jugement, faisaient dévier leur conduite, augmentaient leur bizarrerie, diminuaient leur portée intellectuelle et préparaient, pour les générations suivantes, le germe puissant dont l'épanouissement complet constitue l'organisation mentale de nos maniaques raisonnants.

Signalons encore un fait digne d'attention. La fécondité dans les familles de nos malades se maintient généralement dans un état très-satisfaisant : à tous les degrés de la série héréditaire on voit un très-grand nombre d'enfants ; seulement — et c'est là le fait curieux que nous désirons mettre en relief — la mortalité de ces enfants est énorme et très-précoce dans les derniers anneaux de la chaîne généalogique. Or cette mortalité, signe d'une vitalité excessivement restreinte, n'est-elle pas dans la sphère de la vie, comme le délire du maniaque raisonnant dans la sphère psychique, l'expression, tristement éloquente, de l'œuvre mystérieuse qu'un génie destructeur poursuit et achève ?

Nos infortunés malades sont donc les derniers venus de familles anciennes, qui, après avoir grandi et prospéré, ont trouvé dans l'exagération probable des sources mêmes de leur grandeur les causes certaines d'une décadence progressive, se terminant par une chute inévitable. Nous examinerons plus en détail, en parlant de l'étiologie, les faits qui justifient cette manière de voir.

VII

MARCHE

Les enfants destinés par la nature à devenir maniaques raisonnants se font remarquer par une grande vivacité. Indociles, étourdis, mobiles, indisciplinés, ils doivent à leur heureuse mémoire le faible progrès qu'ils font, soit dans les écoles, soit dans les lycées. On les voit toujours les derniers de leur classe ; les efforts qu'ils cherchent parfois à faire, pour sortir des rangs inférieurs, sont souvent stériles.

Ils passent les premières années de leur existence à jouer, à s'amuser avec des camarades réfractaires comme eux à tout assujettissement. Fréquemment même ils se dispensent de se rendre à l'école. Plus soumises que les petits garçons, les petites filles douées des mêmes prédispositions apprennent très-bien les divers travaux d'aiguille, la lecture, l'écriture et quelques règles d'arithmétique sans cesser d'être étourdies ; elles sont paresseuses, inconstantes, et se plaisent à mettre le désordre parmi les élèves.

S'il y a un mauvais exemple à donner, s'il y a une mauvaise habitude à propager, les enfants qui nous occupent offrent toutes les conditions requises pour obtenir, dans ce genre, les succès les plus complets. Ils donnent peu de satisfactions à leurs parents, qui remarquent en eux un mauvais naturel. Également insensibles aux encouragements et aux plus fortes punitions, ne sentant pas ce que leur conduite a de pénible pour leurs familles, ils restent indisciplinés, insouciants et frondeurs.

Plus tard, pour échapper aux ennuis du collége, ils veulent apprendre un métier ; malheureusement ils manquent de persévérance pour surmonter les difficultés du début ; aussi arrive-t-il, presque toujours, qu'ils se fatiguent vite de leur profession, et le dégoût ne tarde pas à les lancer dans une autre voie. Comme leur caractère ne change pas, ils trouvent dans leur nouvelle profession le même découragement, les mêmes ennuis, les mêmes difficultés, les mêmes sujets de plainte. Les parents, toujours disposés en leur faveur, mettent le mécontentement de ces enfants sur le compte des mauvaises conditions, du manque d'aptitude, de l'absence de vocation, et finissent par voir la nécessité d'un nouveau changement, qui ne sera pas heureux non plus. Après avoir essayé de faire ainsi un grand nombre de métiers, les futurs candidats à la manie raisonnante arrivent à s'engager dans l'armée, comme volontaires,

lorsque le tirage au sort les exempte du service militaire. Il est bien entendu que tous ces changements
sont régulièrement précédés de longues hésitations, qui
occasionnent une perte de temps d'autant plus regrettable qu'elle est parfaitement faite pour favoriser le
développement de leurs mauvaises passions, en les laissant oisifs et en leur faisant perdre l'habitude du travail.

Ces jeunes gens sont doués d'une assez forte somme
d'activité, qu'ils sont obligés de dépenser n'importe
comment ; or, comme la tendance qui les porte à faire
le bien est à peu près nulle, ils emploient leurs forces
à faire des sottises. D'un autre côté, leur esprit étant
assez précoce, surtout pour le mal, ils commencent de
très-bonne heure à fréquenter des mauvais sujets et à
se rendre avec eux aux cafés, aux maisons de prostitution, où ils font par forfanterie des excès de débauche.
C'est ainsi que les candidats à la manie raisonnante
arrivent, en général, à faire des dettes, et quelquefois à
contracter avec des usuriers de s engagements qui compromettent gravement leur fortune bien avant qu'ils
puissent en disposer légalement.

La paresse, le jeu, l'onanisme ou la débauche, les sur-
excitations nerveuses de toute sorte, sont les grandes
étapes que parcourent ces êtres dégénérés pour arriver
à l'exaltation mentale particulière à la manie raisonnante et terme final de leur carrière.

Quand on est oisif, on a besoin de gourmandises, de
distractions, de plaisirs ; il faut passer le temps aussi
agréablement que possible ; les récréations sont coû-

teuses, les désirs de la jeunesse sont énergiques, l'argent est rare, et les parents sont pauvres ou avares : que faire en pareilles circonstances ? Le moyen le plus simple et le plus expéditif, c'est de le prendre là où il se trouve. Le vol est accompli avec succès dans la maison paternelle; mais il s'agit de dépenser, et de dépenser vite cet argent, car pour ces malheureux il est, comme une épine dans un doigt, un corps étranger, importun et dangereux. On va dans les maisons mal famées, où les passions se déchaînent, exaltent le moral, et perpétuent cette exaltation en affaiblissant la constitution. Les actes de folie se succèdent sans interruption, et les asiles d'aliénés sont le seul remède qu'on puisse opposer à tant de maux.

Sans doute le tableau que nous venons de tracer n'a pas toujours des couleurs aussi sombres. Le milieu dans lequel vivent ces jeunes gens peut avoir sur eux une influence immense. C'est ainsi, par exemple, qu'ils sont beaucoup plus retenus lorsqu'ils entrent dans un séminaire. Là, les habitudes régulières, la société de personnes sobres, morales, religieuses, soumises, aimant une vie calme et paisible, ne sont pas de nature à favoriser les tendances de leur caractère. Les passions n'ont pas d'aliment, le mouvement social n'y produit qu'un faible retentissement, et les fatigues, soit corporelles, soit intellectuelles, sont tout à fait nulles. Ils ne sont pas moins susceptibles, paresseux, mobiles, enthousiastes; mais cet enthousiasme, porté sur les idées religieuses, loin de déparer nos futurs maniaques, les montre, au contraire, sous un beau jour et leur fait pardonner beaucoup d'espiégleries qui, dans d'autres circonstances, seraient sévèrement réprimées. Cet enthousiasme fait croire aussi à une vocation religieuse puissante qui n'existe pas, puisqu'elle ne représente autre chose qu'un mode de manifestation de leur activité exubérante, sans direction et complétement étrangère au sentiment religieux.

Si ces individus, qui dans un séminaire sont à peu près tolérables, restaient maîtres de leur liberté et fréquentaient de mauvais sujets, la contagion se ferait avec une telle rapidité, que, dans l'espace de quelques jours, leur transformation serait complète.

On pourrait peut-être penser que la vie de famille leur épargnerait les nombreuses vicissitudes qui les attendent au seuil de la société, mais il n'en est rien : leurs parents sont faibles, indifférents, avares, égoïstes, orgueilleux, peu intelligents, et en définitive incapables d'exercer sur leurs enfants cette influence salutaire, mélange de crainte et de confiance, qui leur serait indispensable. A plus forte raison les parents sont-ils incapables de diriger convenablement leur éducation intellectuelle et morale.

Et voilà comment l'enchaînement des faits exige que les organisations mentales défectueuses, après avoir transmis leurs défectuosités, soient dans l'impossibilité de réprimer celles de leurs enfants à la faveur d'une éducation paternelle soignée.

Les petites filles, quoique très-étourdies et très-dissipées, sont plus favorisées que les garçons. Elles vivent dans un milieu qui, en s'adaptant à leur sexe, semble encore se façonner à leur mauvaise organisation. Aussi profitent-elles largement de ces années d'insouciance, tout en faisant quelques progrès, soit à la lecture et l'écriture, soit aux travaux d'aiguille. En général, les jeunes filles que la folie raisonnante doit atteindre plus tard sont peut-être moins passionnées que les garçons de leur catégorie; comme eux, elles font plusieurs métiers, mais leur conduite n'est ni trop mauvaise ni assez bien connue pour les empêcher de se marier : en revanche, elles sont une calamité, un vrai malheur, pour celui qui les épouse, car leur caractère changeant, acariâtre, difficile, exigeant, irritable, les rend réellement insupportables.

C'est surtout après le mariage que commence pour elles une période réellement critique : sous prétexte que le mari doit leur fournir tout ce qui leur est nécessaire, elles se soucient peu de l'économie; une idée relative au ménage, à la toilette, surgit-elle dans leur esprit, aussitôt elles songent à la réaliser, sans que la plus légère réflexion vienne les avertir des conséquences fâcheuses qui pourraient en résulter. Si le mari veut faire entendre raison à sa femme, que ce soit par la douceur ou autrement, il n'arrive à rien, ou du moins il ne parvient qu'à l'irriter et à lui faire croire qu'il ne l'aime pas, qu'il est un égoïste, un être original, bizarre, obstiné et peu digne d'elle.

L'orgueil, l'amour-propre, la vanité, les dévorent. Ici, c'est une femme mariée à un homme au-dessous de sa condition, qui lui occasionne, dit-elle, des humiliations à chaque instant; là, c'est une envieuse qui, se disputant sans cesse avec ses voisines, dit du mal de tout le monde et ne comprend pas que le public lui trouve la plus légère imperfection; plus loin, c'est une personne qui, se laissant aller par vanité ou par coquetterie jusqu'à se donner des adorateurs, oublie entièrement son mari, et se fâche lorsque celui-ci se permet de lui en faire la plus légère observation; plus loin, enfin, c'est une femme gourmande, se livrant à la boisson et sacrifiant à ses penchants le bien-être de son mari et le bonheur de ses enfants. Dans toutes ces situations, elles sont malheureuses; le chagrin les poursuit et les accable.

N'y a-t-il pas là de quoi fournir à une organisation naturellement défectueuse les moyens de travailler à son propre anéantissement? N'y a-t-il pas là un milieu admirablement préparé pour favoriser l'évolution d'un genre héréditaire qui, puisant dans chacune de ses manifestations une nouvelle énergie, parvient sans entraves à l'apogée de son développement? Oui, dans cette vie intérieure qui lui appartient exclusivement, la femme rencontre les éléments de sa ruine, comme l'homme trouve à l'extérieur les éléments de la sienne.

Ainsi constituées, les personnes très-prédisposées à la manie raisonnante deviennent définitivement aliénées, lentement ou par secousses très-légères, mais elles y arrivent infailliblement, irrésistiblement, par la seule force de l'évolution mentale. La folie n'est pas un accident de leur existence, c'est une nécessité, un terme fatal intimement lié au passé et renfermant les secrets de leur avenir. Le délire n'est plus alors le résultat des causes plus ou moins variées qui ont pu agir sur ces pauvres organisations : non, ces causes sont elles-mêmes des effets, et pas autre chose.

Je voudrais insister fortement sur ce point, tant son importance en psychiatrie me paraît grande et digne d'attirer l'attention des médecins. On se demande avec étonnement comment une aliénation mentale a pu naître en l'absence de toute action physique ou morale connue ; on se demande aussi comment les phrénopathies sont souvent incurables et comment elles peuvent parfois conduire si rapidement le malade au tombeau ; mais cet étonnement n'a plus de raison d'être quand on se rend compte de leur véritable nature. Dans ces circonstances, la folie n'est que la manifestation ultime, l'expression finale d'un germe morbide qui, dans le cours de sa croissance, a déjà donné lieu à une foule d'autres manifestations, à d'autres expressions dont le cachet morbide et la gravité ont été méconnus. Je ne crois pas m'éloigner de la vérité en disant que les trois quarts des maladies mentales et nerveuses sont dans ce cas. D'ailleurs cette pathogénie s'observe aussi dans plusieurs autres affections du cadre nosologique. Quoi qu'il en soit, n'oublions pas que les causes les plus nombreuses de la folie sont uniquement des conséquences, des symptômes qui, à leur tour, engendrent nécessairement d'autres symptômes, et ainsi de suite, jusqu'à produire l'appareil morbide qui forme l'épanouissement terminal du principe pathologique d'où elles provenaient.

Il est rare que la manie raisonnante s'établisse brusquement ou d'une manière subite ; il faut pour cela

quelque chose d'extraordinaire, comme pour le sujet de
la 7ᵉ observation, un délire aigu; mais alors même l'invasion brusque de la maladie n'est pas du tout comparable à celle de la manie franche quand elle éclate inopinément. En effet, dans ce dernier cas, rien ne laissait
prévoir une catastrophe de ce genre, tandis que tout le
monde prévoyait les conséquences probables du caractère particulier des individus étudiés dans ce travail. On
savait d'avance qu'ils étaient prédestinés à mal vivre
et à mal mourir.

Devenue certaine, évidente, l'exaltation fait pour
toujours partie intégrante de la constitution de ces infortunés. Virtuelle ou apparente, elle doit suffire désormais à dissiper entièrement les doutes existant auparavant sur la nature morbide de leurs actes et à les
déclarer définitivement aliénés.

En lisant les observations placées à la fin de ce travail, on remarquera sans doute que, dans le cours de
leur triste existence, nos maniaques offrent trois stades
distincts : une période de bien-être relatif, un accès
d'exaltation et une période d'affaissement. Dans la symptomatologie, nous avons cherché à faire connaître le
maniaque raisonnant alors qu'il se trouve dans un état
aussi satisfaisant que possible ; pour dessiner son portrait, quand il est en proie à un accès d'agitation,
nous n'aurons à présent qu'à faire ressortir un peu
quelques traits de notre tableau.

En effet, quoique sa lucidité soit toujours conservée,
et bien que son langage ne porte jamais les signes

d'une incohérence marquée, notre malade, entraîné par l'effervescence de son intelligence, parle vite, longtemps, et passe d'une idée à une autre sans se ménager la moindre transition et avec une si grande facilité, que nous ne pouvons pas nous empêcher de voir, dans cette facilité même, une faiblesse commençante dans l'enchaînement des pensées, un premier degré d'incohérence. On peut voir, en examinant attentivement ses écrits, que l'idée principale s'obscurcit au milieu de son verbiage et finit souvent par s'évanouir. Son raisonnement, dans ce cas, est nécessairement moins serré, moins logiquement établi, et son jugement, qui était déjà foncièrement faux, devient plus faux encore, par suite de la vivacité exagérée de sa sensibilité morale.

Son orgueil, sa méchanceté, sa jalousie, sa mobilité, ses penchants, son irritabilité, acquièrent, sous l'influence de l'exaltation, une grande énergie et le portent irrésistiblement à l'action. Un besoin incessant de se déplacer, de remuer, d'aller, de venir, de parler, de critiquer, le domine et le subjugue. D'autres fois il chante avec exaltation, se promène rapidement, la tête haute et les traits épanouis, en savourant les douceurs de son amour-propre satisfait.

La poltronnerie du maniaque raisonnant est remplacée par une témérité dont rien n'approche : il accomplit étourdiment les projets absurdes qu'il avait rejetés dans ses périodes de tranquillité et fait des tentatives d'évasion aussi audacieuses que savamment combinées. C'est alors que son irritabilité le porte à

des actes de violence, à des accusations malveillantes, à des complots abominables. Étalant fièrement
son immense personnalité, il passe tour à tour des menaces à la flatterie, gourmande les uns, encourage les
autres, attaque, répond, jure, gronde, et, du haut de
sa grandeur, il maudit le genre humain et l'accable de
son mépris.

Par moments son exaltation prend les proportions
de l'agitation. Dans ces circonstances, le maniaque raisonnant déchire ses vêtements, bouleverse ou détruit
sa literie, brise les meubles, crie de façon à inspirer
la pitié des gardiens ou des autres aliénés, attire, par
ses gémissements plaintifs ou rauques, l'attention de
son entourage, pousse de véritables hurlements, se
roule par terre, pleure, s'égratigne, et les injures se
pressent sur ses lèvres écumantes. Peut-on demander
une agitation plus vive, mieux accentuée ? M. Falret
oubliait probablement ces lignes, quand il nous adressait le reproche d'avoir parlé « du caractère de nos
maniaques sans insister sur les traits vraiment pathologiques qui peuvent permettre au médecin expérimenté
de le distinguer du caractère normal. » Est-ce que
le caractère ordinaire est jamais accompagné d'accès
d'agitation ?

Les maniaques raisonnants sont donc parfois très-
agités; seulement leur agitation, hâtons-nous de le
dire, a quelque chose de spécial. Elle est d'abord fort
intense et en partie volontaire. Ces deux qualifications
paraissent impliquer une contradiction : il n'en est
rien pourtant. Sans dominer leur agitation, ces ma-

lades peuvent, en effet, la modifier dans sa forme, au gré de leurs désirs. Ils lui donnent la tournure qu'ils veulent lui imprimer et l'approprient pour ainsi dire, et avec une certaine habileté, au but qu'ils se proposent. Le maniaque ordinaire s'agite pour s'agiter, pour dépenser le trop-plein de son activité, et sans chercher à tirer le moindre parti de la suractivité de son intelligence. Le maniaque raisonnant, au contraire, la dirige dans tel ou tel sens et la met à profit pour obtenir d'elle les avantages ou les objets désirés. Ainsi, selon les circonstances et à son choix, il criera, hurlera ou poussera des gémissements. A son choix encore, il déchirera ses vêtements, brisera les meubles ou bouleversera les objets qu'il trouvera sous sa main. Il décide si les pleurs sont préférables aux gémissements, et si ces derniers doivent être rauques ou plaintifs. Faut-il se rouler par terre, notre malade examinera préalablement le terrain qui convient le mieux à ses ébats. En un mot, l'intensité de son agitation échappe à son pouvoir, mais la manière de la témoigner lui revient presque en entier.

C'est surtout pendant l'agitation que leurs idées de grandeur sont faciles à découvrir.

Les périodes d'affaissement sont ici peu marquées, insensibles parfois, et proviennent d'une diminution de l'exaltation habituelle plutôt que d'un engourdissement mental réel, car une influence quelconque, même peu énergique, suffit pour la réveiller. Toutefois le calme ne tarde pas à reparaître, et ces infortunés éprouvent un sentiment de fatigue, une sorte de découragement accompagné de douleurs nerveuses vagues, qui les engagent à examiner soigneusement le mode de fonctionnement de leurs organes internes. Les appareils de la digestion, de la circulation et de la respiration les préoccupent fortement; ils comptent leurs pulsations, regardent l'état de leur langue, et s'inquiètent à la moindre souffrance. Chose étonnante! les manifestations psychiques du système nerveux n'ont jamais le privilége de fixer leur attention. Il est bien entendu que ces idées hypochondriaques, tout en les portant à demander de la tisane et une alimentation choisie, n'acquièrent, dans aucun cas, assez d'importance pour les préoccuper exclusivement. Au reste, ils les oublient aisément, aussitôt que leur esprit fantasque, changeant, peut s'abandonner à ses allures ordinaires.

Fortement disposés à tout voir sous des couleurs sombres, par suite de l'état d'abattement de leur sensibilité morale, ils aiment à se poser en victimes, crient contre les persécutions dont ils croient être l'objet, et se plaignent vivement de la malveillance sociale. Nonobstant, cette situation morale ne va jamais jusqu'à les faire tomber dans la tristesse, car ils sont vigoureusement soutenus par l'immensité de leur orgueil ou par l'énergie des autres passions.

Les idées de persécution et les idées hypochondriaques n'ont pas assez d'intensité, de persistance, d'enchaînement pour constituer un véritable délire de persécution ou un délire hypochondriaque. Cependant, quoique vagues, ces idées ne caractérisent pas moins les périodes de prostration des maniaques raisonnants.

Mais qu'il nous soit permis de répéter que ces deux sortes d'idées dérivent du sentiment de la personnalité, et que, par conséquent, l'altération de ce sentiment, tout en se présentant sous deux formes, sous deux aspects différents, constitue au fond une altération unique. La lésion change à la surface sans éprouver la moindre modification dans son essence. Voilà comment la nature parvient à obtenir, même sur le terrain de la pathologie, la variété dans l'unité.

Enfin on connaît trop bien les effets de l'engourdissement mental sur les actes, sur la rapidité, l'abondance, la vivacité des idées, et sur l'impressionnabilité de ces infortunés, pour qu'il soit opportun de nous y arrêter davantage.

Les stades de bien-être, d'agitation et d'abattement se succèdent régulièrement et dans un ordre invariable, bien que leur durée présente des variations assez grandes. Chez les femmes, l'agitation coïncide ou plutôt survient avec les époques menstruelles ; elle les précède de deux en trois jours, les accompagne pendant leur durée et persiste plus ou moins après la cessation de la fluxion cataméniale, qui n'est jamais, dans cette maladie, en dehors de toute circonstance exceptionnelle, ni altérée ni suspenduc ; ensuite apparaît la prostration, qui dure cinq ou six jours seulement.

Chez l'homme, ces périodes sont plus longues : l'agitation dure généralement de un à deux mois, tandis que l'affaissement est de moitié plus court. Le calme se soutient environ un mois et demi ou deux mois. Ces

données sont approximatives et rien de plus, attendu
qu'il n'est pas rare de voir les accès ordinaires se prolonger notablement ou bien se terminer au bout de
quelques jours.

Les crises, longues, extraordinaires, persistent parfois pendant trois et quatre mois; elles acquièrent une
intensité insolite sans qu'elles indiquent, ainsi que cela
a lieu dans certaines espèces d'aliénation mentale,
l'existence d'un travail organique de mauvaise nature
dans les profondeurs de l'organisation. Selon toutes
les probabilités, leur intensité et leur persistance proviennent uniquement des conditions du milieu ou de
quelques circonstances particulières; alors les paroxysmes s'enchevêtrent pour ainsi dire et se reproduisent
de telle façon, qu'un nouveau paroxysme survient avant
que l'accès précédent ait eu le temps de parcourir complétement sa dernière phase. En état de liberté, plusieurs de ces insensés sont toujours plus ou moins surexcités, ce qui ne saurait être si les causes de cette surexcitation n'étaient pas externes. Ces causes étant sans
doute peu fréquentes dans les établissements, il arrive
que nous ne constatons pas bien souvent les crises insolites dont il s'agit; mais je crois qu'une idée fixe (autant que la fixité est compatible avec les allures de
l'esprit des maniaques raisonnants) peut entretenir assez
longtemps une sorte d'effervescence mentale capable
de prolonger considérablement la période d'exaltation.

En outre il est, à mes yeux, bien avéré que ces
divers stades sont toujours proportionnels, tant sous le
rapport de la durée que sous celui de l'intensité. En

d'autres termes, à des accès d'excitation prolongés correspondent des accès d'abattement et des périodes de calme également persistants, et jamais les rapports de durée et d'intensité entre les stades ne sont altérés de manière à produire une grande prostration après une courte surexcitation. Ajoutons encore que plus la crise est longue et plus aussi elle est forte et grave.

Le retour des accès ne paraît pas dépendre des influences atmosphériques. Cependant on ne peut guère nier l'action des changements brusques de température, celle des températures excessives, et surtout celle des orages et des vents violents, sur le système nerveux du maniaque raisonnant. Cette action, il la ressent même plusieurs heures avant qu'elle soit appréciable pour les autres personnes.

Les diverses phases de la manie raisonnante naissent peu à peu, se développent et s'effacent lentement. Dans les folies réellement intermittentes, l'agitation se produit parfois brusquement à des heures fixes et toujours dans le courant de la nuit; elles succèdent dans quelques cas à une journée ou deux de tristesse, d'ennui, de découragement. Rien de pareil ne s'observe dans la maladie que nous étudions; la surexcitation survient progressivement, avec cette particularité cependant que sa croissance est beaucoup plus rapide que sa décroissance. Il en est de même des autres stades. C'est pour cela que les signes précurseurs de l'accès n'existent pas, à proprement parler, ces signes étant constitués par le commencement de l'accès lui-même.

Enfin le moment est venu d'insister sur un fait

remarquable, qui n'appartient pas exclusivement à la manie raisonnante, puisqu'il se montre aussi dans quelques folies lucides, fait qui, n'ayant pas encore fixé l'attention des médecins aliénistes, et à cause de son importance intrinsèque, me paraît mériter une mention spéciale.

Ce fait, nous pouvons le formuler en disant que la manie raisonnante n'affaiblit pas notablement les facultés mentales. La démence n'est pas une forme terminative de cette maladie, et la preuve, nous la trouvons dans la persistance de l'activité psychique chez les maniaques raisonnants qui sont aliénés depuis un grand nombre d'années. La particularité dont il est question n'est pas une chose accidentelle accessoire; non, elle est, au contraire, d'une constance absolue, et cette règle n'a pas d'exception. Parmi nos observations, nous avons trois malades fort âgés qui n'offrent pas la moindre trace de démence, malgré l'ancienneté de leur affection mentale.

Au surplus, le mot *démence* n'est pas pris ici comme synonyme du mot *incohérence* par défaut d'énergie intellectuelle: il indique un affaiblissement quelconque, grand ou petit, commençant ou nettement établi, des facultés. Or nos malades ne présentent même pas cette démence commençante qui se produit si facilement dans les autres espèces de folie. Il y a bien, si l'on veut, un affaiblissement psychique léger, chez eux; mais cet affaiblissement, plutôt physiologique que morbide, provient des effets de l'âge et non des conséquences de la maladie. Malgré la thèse soutenue, avec tant de talent et d'éloquence, par M. le professeur Lordat, dans son livre sur l'*Insénescence du sens intime,* je pense que l'esprit est soumis, comme le corps, à un mouvement propre de croissance et de déclin. Sous l'influence des années, l'activité psychique diminue progressivement; cette diminution normale, naturelle, nous l'admettons pour nos malades, comme pour l'homme en général, mais nous aimons à répéter que, si le maniaque raisonnant voit son activité mentale décroître, c'est en vertu des lois spécifiques et physiologiques de l'humanité, et nullement à cause des troubles qui ont régné ou qui règnent encore dans ses facultés.

Nous aurons plus loin l'occasion de chercher une explication à ce fait si curieux et si intéressant.

En résumé, le candidat à la manie raisonnante vient au monde avec des dispositions natives qui, en se développant, l'amènent irrésistiblement, fatalement, à faire des excès de tout genre. Ceux-ci entretiennent le système nerveux dans un état d'éréthisme permanent qui, à son tour, agit sur les passions et augmente leur vivacité. L'évolution psychique s'opère ainsi d'une manière vicieuse, l'exaltation surgit et le délire se manifeste. Celui-ci se reproduit ensuite sous la forme rémittente et se termine enfin lorsqu'un affaiblissement profond de l'appareil de l'innervation ou une maladie intercurrente coupe le fil de la malheureuse existence du maniaque raisonnant.

VIII

COMPLICATIONS. — MALADIES INTERCURRENTES. — ANTAGONISMES

Qu'est-ce qu'une complication dans le domaine de l'aliénation mentale?

Je ne pense pas qu'on ait encore abordé cette question. Et comment pourrait-on la poser et la résoudre avec succès, dans l'état actuel de la science, qui se trouve dans l'impuissance complète de déterminer la très-grande majorité des espèces phrénopathiques? Tant que la plupart de ces espèces ne seront pas définitivement établies, cette étude risquera de rester dans l'obscurité la plus profonde.

On a parlé des maladies intercurrentes à titre de complication des phrénopathies, et à la rigueur on a eu parfaitement raison, attendu qu'il est un assez grand nombre d'états morbides qui entravent la marche des maladies mentales et les aggravent d'une façon non douteuse. Au surplus, en se tenant strictement à la signification du mot *complication* en médecine, cette manière de voir est la seule qui soit exacte; mais il me semble que, puisque nous avons une expression (*maladies intercurrentes*) pour nommer les affections ordinaires qui peuvent se manifester dans le cours de l'aliénation mentale, il conviendrait, je pense, de réserver le vocable *complication* pour désigner seulement les névroses qui, à un titre quelconque, accompagnent accidentellement les diverses aliénations mentales essentielles. Il est inutile d'ajouter que, généralement, l'hystérie, l'épilepsie, l'hypochondrie, la chorée, la paralysie générale, etc., ne sont pas des complications de la folie : ce sont des entités morbides simples, idiopathiques, où la folie entre comme partie constitutive et comme une manifestation plus ou moins tardive de la maladie. Le délire peut, il est vrai, se montrer fort tard, ou même manquer entièrement, mais cela n'entraîne pas la nécessité d'une séparation nosologique. Limitée dans ce cercle, la question des complications des affections mentales me paraît plus facilement et plus utilement accessible aux recherches des médecins aliénistes.

Nos observations sont trop peu nombreuses pour que nous ayons la prétention de signaler les états nerveux susceptibles de compliquer la manie raisonnante. Toutefois le sujet de la septième observation fut atteint d'un délire aigu bien caractérisé, et rien ne s'oppose, ce me semble, à ce que le même délire soit encore constaté en pareilles circonstances. On pourra m'objecter que la manie raisonnante s'est manifestée après le délire aigu;

mais d'abord la chose est très-douteuse, et ensuite, pour celui qui connaît le mode d'évolution lente des troubles psychiques de nos malades, cette objection n'a aucune valeur. Je crois donc qu'il n'est pas possible de refuser au délire aigu le titre de complication de l'affection qui nous occupe.

Nous pourrons arriver à une conclusion identique en ce qui concerne le nommé Lejeune (observation de M. Bonnet). Il fit des excès de boissons tels, que le *delirium tremens,* ou un commencement d'alcoolisme chronique, en fut la conséquence. Ses illusions et ses hallucinations sont, à mes yeux, le résultat de l'action des liqueurs spiritueuses et nullement l'effet de la manie raisonnante. Au reste, on comprend parfaitement qu'un maniaque raisonnant ayant largement abusé des boissons éprouve, comme tout autre homme placé dans les mêmes conditions, les signes de l'alcoolisme aigu ou chronique.

Il est aussi une affreuse maladie, l'épilepsie, qui peut probablement se présenter dans le cours de la manie raisonnante, bien que, sur ce point, je n'aie que des analogies à invoquer en faveur de mon opinion. Tous les asiles renferment quelques êtres dégénérés, rabougris, qui forment, selon moi, une espèce pathologique à part, très-bien caractérisée et très-voisine de la manie raisonnante. J'ai actuellement dans mon service une jeune fille de ce genre, qui est sujette à des attaques épileptiques; c'est ce qui me fait supposer que la manie raisonnante, étant très-voisine de la maladie de ces individus manqués, pourrait être également accompagnée d'une véritable épilepsie; on verrait alors le cas singulier de l'existence simultanée de deux espèces de folie réunies chez le même individu. Cette singularité est frappante dans l'observation dont nous parlons.

Il ne faudrait pas confondre, cependant, la folie des épileptiques raisonneurs avec l'affection que nous étudions, lorsque celle-ci se complique d'épilepsie; car, si les analogies sur lesquelles nous nous fondons sont exactes, ces deux cas doivent être fort dissemblables.

Quoi qu'il en soit, n'ayant pas de faits de ce genre, nous devons nous abstenir de toute considération fondée sur une simple prévision. Pour le moment, contentons-nous donc de dire que l'association de l'épilepsie et de la manie raisonnante paraît possible, et que les recherches sur ce point sont absolument indispensables.

En résumé, on peut déjà considérer comme des complications le délire aigu, l'alcoolisme chronique et peut-être même l'épilepsie. Sans entrer trop avant dans le champ des probabilités, je crois pouvoir citer encore, comme complications possibles, la stupidité et la folie puerpérale. Plus riche à l'avenir, la psychiatrie complétera, j'en suis persuadé, le cadre de cet intéressant sujet et lui assignera son degré d'importance.

Quant aux maladies intercurrentes, j'ai lieu de les croire fort rares chez les maniaques raisonnants, surtout quand ils sont séquestrés dans les asiles. La vie régulière qu'ils y mènent les met à l'abri d'une foule de souffrances, tandis que la suractivité de tous leurs systèmes les rend réfractaires à l'action des agents morbifiques les plus ordinaires. Je ne saurais donner le titre de *maladie intercurrente* aux troubles gastriques qui accompagnent fréquemment le commencement des accès d'agitation ou d'affaissement de nos aliénés, ces troubles faisant partie intégrante de l'appareil symptomatologique de leur maladie. Je n'ai pas besoin d'ajouter que la question des affections accidentelles de nos maniaques exige encore des recherches sérieuses, bien que dès à présent je puisse presque affirmer que ces affections n'ont chez eux rien de spécial.

Les maniaques raisonnants sont-ils à l'abri de quelques maladies ? Évidemment : les antagonismes morbides peuvent se présenter aussi bien chez eux que chez les personnes jouissant de l'intégrité de leurs facultés. Le savant médecin en chef de l'asile public d'aliénés de Montpellier, le docteur Cavalier, dans ses remarquables leçons sur les phrénopathies, disait déjà, en 1852, que, entre autres, les affections calculeuses étaient excessivement rares parmi les aliénés. Depuis cette époque, j'ai pu vérifier l'exactitude de son observation. Est-ce que le maniaque raisonnant ne pourrait pas avoir, lui aussi, cette immunité ? D'ailleurs, quand on lit la remarquable thèse du professeur Fuster, de Montpellier, sur les antagonismes morbides, on reste convaincu que nos insensés doivent être fréquemment épargnés par une foule d'états pathologiques. C'est aux efforts futurs de la science, faits dans ce sens, qu'il appartiendra de déterminer la nature et l'étendue de ces immunités.

IX

ANATOMIE PATHOLOGIQUE   SIÉGE DE LA MALADIE

Pour donner à cette partie de notre travail l'importance qui lui conviendrait, il serait peut être avantageux de citer plusieurs passages tirés des ouvrages de
médecine mentale, dans le but de prouver que la folie
ne laisse pas toujours des traces sur le cadavre, et que,
s'il est des phrénopathies qui s'accompagnent fréquemment de lésions organiques des centres nerveux, il en
est aussi qui, à l'inspection cadavérique, ne se révèlent
jamais par quelque altération matérielle sensible.

Mais nous préférons à l'étalage facile d'une érudition
banale l'aveu loyal de la misère de la science en ce qui
concerne l'anatomie pathologique de cette affection.

Pour notre part, nous n'avons vu mourir qu'un seul
maniaque raisonnant (à la suite de marasme), et son
autopsie ne nous fit pas découvrir la plus légère lésion
cérébrale; il est vrai que l'examen microscopique n'eut
pas lieu. Par conséquent, ce cas ne saurait servir à sou-

tenir une opinion pour ou contre l'existence des lésions plastiques chez les individus atteints de cette espèce de folie.

Je n'ignore pas que, pour le plus grand nombre des médecins, l'anatomie pathologique reste muette en pareilles circonstances; mais cet avis, que je serais fort disposé à partager, n'est pas encore étayé de preuves suffisantes, attendu que, d'une part, le diagnostic de cette maladie a toujours été fort douteux, et que, d'autre part, on n'a pas eu recours, dans ce genre d'autopsie, aux décisions sans appel du microscope.

Avouons donc franchement et sans retard que l'anatomie pathologique de la manie raisonnante est entièrement à faire.

Toutefois, si nous rappelons que ces aliénés ont une assez grande longévité; que la démence ne s'établit pas . chez eux; que dans le cours de leur existence on ne constate aucun signe d'une lésion, ni grave, ni légère, des centres nerveux; que leur folie se produit lentement et par suite de l'évolution naturelle de leur organisation physique et mentale, on sera conduit à penser que cette affection n'est la conséquence d'aucune lésion matérielle grave du système cérébro-spinal.

Ce serait le moment d'énumérer les maladies qui conduisent au tombeau les maniaques raisonnants; mais, en présence de la disette de la science et n'ayant nous-même aucun élément qui nous permette de faire cette énumération, nous croyons devoir nous borner à signaler cette nouvelle lacune dans l'histoire de la manie raisonnante. La seule chose que nous puissions affirmer en connaissance de cause, c'est que cette maladie n'occasionne jamais directement la mort des infortunés qui en sont atteints. Il y a lieu de croire aussi qu'elle ne nuit guère à leur longévité.

L'anatomie pathologique ne nous apprend rien sur le siége de cette aliénation mentale. L'étiologie et la symptomatologie peuvent seules nous laisser croire que le mal réside principalement dans le moral, et notamment dans les facultés égoïstes.

X

ÉTIOLOGIE ET PATHOGÉNIE

En commençant l'étude de la symptomatologie, nous avons dû jeter un coup d'œil sur l'état de la science au point de vue des manifestations morbides, et nous avons fait pressentir combien elle laissait à désirer. A l'occasion de l'étiologie, nous aurions aussi à signaler les lacunes les plus regrettables, mais nous ne pouvons pas nous arrêter à déplorer la disette de nos connaissances sur les causes des maladies en général : c'est à peine si nous devons nous permettre quelques mots sur l'étiologie de la folie.

Rappelons-nous tout d'abord que les phrénopathies, étant étudiées, malgré leur diversité nosologique, comme une entité morbide unique, dérivant toujours de la même source, doivent nécessairement donner lieu à une étiologie généralisée outre mesure, et partant vague, incertaine, de nulle valeur.

En effet, chaque fois que nous voulons connaître les

causes d'un délire, nous ne voyons que des influences plus ou moins insignifiantes ou des éléments que nous ne pouvons pas apprécier. Ainsi nous nous contentons souvent de la simple constatation de quelques excès, d'un peu de jalousie, d'un amour contrarié, pour nous expliquer la production d'une folie grave ou d'une paralysie générale. Lorsque nous sommes plus sévères, nous nous déclarons satisfaits aussitôt que nous pouvons entrevoir les traces d'un germe transmis par la génération. Nous affirmons, dans ce cas, que le délire est héréditaire, et nous croyons avoir tout dit, comme si le mot *hérédité* nous apprenait quelque chose sur les agents qui, après avoir agi sur les ascendants, ont produit la maladie chez les descendants.

En outre, la plus grande divergence règne entre les auteurs au sujet de la fréquence de cette transmission : pour les uns, elle s'observe quinze fois sur cent ; pour les autres, elle se montre quarante-cinq, soixante, quatre-vingts et même quatre-vingt-quinze fois sur cent aliénés. La raison de ces différences, nous la trouvons surtout dans la manière de comprendre l'étendue du mot *hérédité* : ceux-ci veulent le garder pour désigner les cas qui présentent une identité presque complète avec la source d'où ils proviennent ; ceux-là, au contraire, voient dans les maladies les plus diverses des ascendants la cause de la folie des descendants.

Cet état de choses doit être modifié. Pour sortir du cercle stérile où nous nous sommes lancés, et pour obvier aux inconvénients que nous venons de signaler, il faut commencer par séparer nettement les unes des autres les nombreuses espèces morbides comprises sous le nom d'aliénation mentale, et déterminer, pour chacune d'elles, à mesure que nous les connaîtrons, les conditions spéciales de leur formation. Sans cette détermination préalable, il ne nous sera jamais possible d'arriver, en étiologie, à un résultat satisfaisant quelconque.

Il conviendrait, en second lieu, d'étudier l'appareil symptomatologique des phrénopathies, comme nous l'avons fait dans ce travail, de manière à rattacher, autant que possible, tous les phénomènes morbides à un ou à deux phénomènes essentiels et primordiaux, source unique de toutes les autres manifestations. Il s'agirait ensuite de suivre la filiation de ces phénomènes, soit dans l'individualité de l'aliéné, soit dans celle de ses ascendants, afin de trouver, en eux ou dans le milieu où ces derniers ont vécu, les éléments générateurs du mal. En opérant ainsi, la hiérarchie symptomatologique nous conduirait sûrement à la connaissance d'une hiérarchie dans les causes dont l'influence serait, dès lors, aisément déterminable.

En troisième lieu, il importe de se rappeler que l'intensité de l'effet est partout proportionnel à l'énergie de la cause. La médecine expérimentale a prouvé, et c'est là une de ses gloires, qu'un organisme vivant, soumis dans les mêmes conditions à une influence identique, répond constamment à cette incitation de la même façon. Je sais bien que les mots *spontanéité* et *contingence* vitales expriment des faits d'observation incontestables; mais ces faits sont purement relatifs et ne représentent que la somme des facteurs dont l'énergie cachée échappe à notre appréciation. En même temps que nos connaissances positives augmenteront, le champ de la spontanéité et de la contingence diminuera, et nous aurons la satisfaction de voir disparaître, progressivement, un grand nombre d'inconnues dans les problèmes obscurs que nous sommes obligés d'accepter aujourd'hui. En attendant, nous devons diriger cependant tous nos efforts d'après ce grand principe de proportionnalité entre les causes et les effets, le seul qui soit conforme, en biologie comme dans les sciences physiques, aux règles de la certitude et de la logique. Négliger cette importante précaution, c'est abandonner au hasard la partie de la pathologie qui réclame la plus sévère précision.

Quatrièmement, cherchant à imiter les procédés suivis par la nature, qui néglige constamment l'être proprement dit pour s'attacher exclusivement à la succession des êtres, nous devons jeter un coup d'œil d'ensemble sur les derniers fragments de la chaîne des filiations héréditaires, de façon à envisager l'homme dans ses rapports avec ses ascendants et avec ses descendants, s'il y a lieu. Ainsi étudié, l'individu devient la famille, qui, à son tour, constitue un individu d'une autre catégorie, formant un tout plus grand, et pouvant laisser apercevoir, à cause de sa grandeur, une foule de faits ou de détails qui resteraient invisibles chez l'individu isolé de ses parents. « La nature, dit M. Cavalier, dans sa remarquable thèse sur la *Spécificité,* n'a pas créé de type individuel; elle n'a pas formé

14

de type générique : elle n'a institué que le type de l'espèce[1]. « Or, si la nature n'accorde pas une grande importance à l'être isolé, si elle concentre toute sa sollicitude sur l'espèce, pourquoi n'élèverions-nous pas, nous aussi, nos regards pour aller prendre, comme elle, notre point de départ sur la famille, c'est-à-dire sur ce fragment de la succession des êtres, sur cet élément de l'espèce qui seul reste soumis aux investigations médicales? Pourquoi mettre au premier rang ce qu'elle abandonne si aisément, et pourquoi abandonner si inconsidérément l'objet de ses soins les plus constants, les plus maternels? » Écoutons un grand penseur, Buffon. Pour lui, les êtres de la nature ne sont pas les individus : les individus ne sont que les formes fugitives de quelque chose de permanent. Buffon dit : « Les espèces sont les seuls êtres de la nature », et il ajoute : « Êtres perpétuels aussi anciens, aussi permanents qu'elle, que pour mieux juger nous ne considérons plus comme une collection ou une suite d'individus semblables, mais comme un tout indépendant du nombre, indépendant du temps; un tout toujours vivant, toujours le même; un tout qui a été compté pour un dans les ouvrages de la création et qui, par conséquent, ne fait qu'une *unité* dans la nature[2]. » D'ailleurs, ces idées ne sont pas nouvelles : le réalisme scolastique tout entier, et surtout Guillaume de Champeaux, les ont développées et soutenues avec autant de talent que

---

[1] Thèse de concours pour l'agrégation. Montpellier, 1854, p. 91.
[2] Flourens, *Ontologie*. Paris 1861. p. 11.

d'énergie. Il est seulement regrettable qu'elles aient été si promptement négligées. Explorons donc hardiment la vie de l'espèce, où les richesses scientifiques sont inépuisables, et ne demandons pas à l'individu ce qu'il est incapable de nous donner. Je n'ignore pas que, bien souvent, les difficultés de toute sorte viendront frapper de stérilité tous nos efforts; mais ma confiance dans la certitude et dans l'utilité de cette manière de procéder à l'étude de l'étiologie n'en restera pas moins inébranlable : en prenant la nature pour boussole, le naufrage est impossible.

Cinquièmement, il ne faudrait pas oublier que le mot *hérédité* est, au fond, synonyme de *transmissibilité,* et qu'il représente un X, une inconnue, et voilà tout. L'hérédité n'est pas une cause, c'est un passage ou un moyen, c'est une date ou une époque[1]. Elle ne nous dispense pas de rechercher les agents créateurs de la maladie transmise. Au surplus, la génération transforme, combine les éléments paternels et maternels, mais elle ne produit rien, elle ne détruit rien. Incapable de fournir un contingent propre quelconque, la génération ne contribue à la formation du nouvel être autrement qu'en favorisant l'action réciproque des affinités mystérieuses déjà existantes dans l'organisation paternelle et maternelle. Comme la vie, qui se régénère

---

[1] L'hérédité, de soi, n'est, dit M. P. Lucas, ni le premier principe, ni l'origine de rien ; elle ne commence pas plus les prédispositions et les maladies qu'elle ne commence les formes, les couleurs, les organes, les instincts, les penchants, les facultés des êtres. (*Hérédité naturelle,* t. II, p. 553.)

en se propageant, les germes morbides acquièrent parfois, en passant du père au fils, leur complet développement; mais, en réalité, ils ne puisent jamais dans ce passage la raison d'être de leur existence.

Enfin il ne faudrait pas oublier non plus que, semblables aux animaux à métamorphoses, quelques maladies changent de forme sans éprouver le moindre changement dans leur nature. Ces changements parfaitement réguliers, et soumis sans doute à des lois invariables, sont en tout comparables aux divers âges de la vie des individus; ils peuvent se produire sur la même personne ou sur une série de personnes issues les unes des autres par voie de génération. Je m'explique : la syphilis, la scrofule, par exemple, attaquent par poussées successives les systèmes muqueux, dermique, osseux, et se terminent par des lésions viscérales graves. Ces diverses poussées se montrent à des intervalles plus ou moins éloignés; n'ayant pas un appareil symptomatique identique, elles ne permettent pas toujours à l'observateur de saisir le lien commun qui les unit et qui en fait une affection, une entité, une espèce morbide unique; mais leur unité morbide n'en est pas moins certaine.

Quoique plus obscur, le même phénomène s'observe dans plusieurs autres maladies.

Supposons maintenant que, au lieu de se faire sur le même individu, ces quatre poussées aient besoin, pour se manifester, du concours de quatre personnes intimement unies par les liens du sang, telles que le grand-père, le père, le fils et le petit-fils, et nous aurons alors quatre maladies dont les analogies symptomatiques seront très-faibles et dont l'unité morbide sera, par conséquent, très-difficile à découvrir.

Or ces espèces pathologiques existent bien certainement. Dans ces derniers temps, on a considéré le cancer comme étant l'expression ultime du principe arthritique. M. Bazin, surtout, a cherché à fixer l'attention des médecins sur l'unité pathologique de certaines maladies de la peau qui, jusqu'alors, avaient été prises pour des entités différentes. J'apprécie beaucoup cette manière de voir, et j'ai la conviction qu'elle aura aussi, en psychiatrie, une importance majeure. Dans le cours de ma carrière, j'ai eu à soigner le père et le fils, la mère et la fille, la mère, le fils et la fille, etc., et, dans ces cas, j'ai constamment remarqué que la folie de l'enfant, quoique étant, selon toutes les probabilités, de la même nature que la maladie de son parent, différait cependant de cette dernière par sa forme et surtout par une plus grande gravité. En pareilles circonstances, il n'est guère possible de ne pas admettre que le délire du fils est, tout simplement, la maladie du père parvenue à un degré d'évolution pathogénique plus avancé, nécessairement plus grave, et modifié seulement dans son mode de manifestation.

Supposons encore que, par suite d'un ensemble de circonstances que la science déterminera peut-être un jour, la chaîne héréditaire soit interrompue pendant une ou deux générations; supposons, en d'autres termes, qu'un germe, dans le cours de son développement, rencontre un ou deux sujets incapables de lui fournir un terrain propice à sa croissance, et nous constaterons

alors une interruption, un ralentissement de l'évolution
dont nous parlons ; mais ce ralentissement n'anéantira
pas le fait de la progression évolutive du mal : il l'obs-
curcira momentanément, le paralysera, le rendra stationnaire, augmentera les difficultés de l'observation,
et voilà tout. Les phénomènes d'*atavisme* ne sont autre
chose que l'expression de cette interruption plus ou
moins prolongée.

Les difficultés de reconnaître l'unité morbide des
maladies de ce genre, qui sont nettement caractérisées,
seront bien plus embarrassantes encore quand il s'agira
de découvrir cette unité au milieu des expressions
vagues, indécises, des germes pathologiques ou de ces
états extra-physiologiques qui se transmettent, en
s'aggravant, des parents aux enfants, et qui finissent
par se produire sous l'aspect d'une phrénopathie incurable plus ou moins accusée. Nos connaissances actuelles ne nous laissent pourtant aucun doute sur la
réalité de ces problèmes. Elles nous obligent à penser
que les germes morbides ont, eux aussi, des périodes,
des poussées, des âges, pour ainsi dire ; qu'ils sont forcés,
pour parvenir à la vieillesse, de passer successivement
par l'enfance, l'adolescence et la virilité, et que chacune
de ces périodes du même germe, réclamant pour se
montrer une génération, un individu différent, fait
croire, par suite de cette exigence, à son existence
isolée, à son indépendance, à son unité.

En résumé, il arrive en médecine ce qui est arrivé
en histoire naturelle avant que les métamorphoses fussent bien connues : on croyait avoir affaire à deux

espèces distinctes, lorsqu'il s'agissait tout simplement d'un seul et même individu examiné à deux époques différentes de son développement. Je ne serais pas non plus surpris si un médecin compétent me disait un jour qu'en pathologie il y a des phénomènes analogues aux phénomènes de généagenèse si bien décrits, il y a quelques années, par M. de Quatrefages. La lèpre, dit-on, attaque le père, épargne le fils, sévit ensuite sur le petit-fils, et affecte ainsi la forme alternante.

Pour ma part, je crois fermement qu'il est des phrénopathies, plus nombreuses, qu'on ne saurait le penser au premier abord, qui sont, uniquement, la transformation obligée, inévitable, nécessaire, d'autres maladies existant ou ayant existé chez les ascendants. Je crois, en outre, que des états plus ou moins extra-physiologiques des parents peuvent conduire l'enfant à une maladie énergiquement caractérisée, et j'ajoute, avec une conviction profonde, que la manie raisonnante est dans ce cas.

En conséquence, chaque fois qu'il s'agira de préciser l'étendue et la signification du mot *hérédité*, il faudra tenir compte de ces états ou de ces affections qui, pour subir une évolution complète, ont besoin, tout en conservant leur nature et leur individualité morbide, de se présenter successivement sous des formes différentes. soit chez la même personne, soit chez plusieurs personnes provenant de la même souche; en un mot, il faudra désormais s'attacher à découvrir l'unité pathologique au milieu des manifestations symptomatiques les plus variées. Il faudra enfin que, dépassant

les limites de la vie individuelle, nous allions chercher,
dans les filiations héréditaires, cette unité de l'espèce
pathologique, base unique de la certitude nosologique
et point de départ des progrès futurs de la psychiatrie.

En résumé, les progrès de l'étiologie des affections
mentales ne seront guère possibles tant qu'on ne s'ef-
forcera pas de se conformer au programme suivant :
séparer nettement les unes des autres les nombreuses
espèces phrénopathiques ; assigner une hiérarchie aux
divers phénomènes de l'appareil symptomatique ; chercher à retrouver dans l'énergie des causes la raison
d'être de l'intensité que nous voyons dans les effets ;
s'attacher à examiner le malade en lui-même et dans sa
série généalogique ; considérer l'hérédité comme une
simple transmission des éléments paternel et maternel
dont la source cachée doit être découverte ; faire des
efforts pour reconnaître l'unité morbide au milieu de
ses manifestations variées, intermittentes ou continues,
ayant lieu soit dans un seul individu, soit dans plusieurs individus unis par les liens du sang ; enfin se
servir de la même méthode pour étudier les germes pathologiques.

Telle est, à mes yeux, la philosophie qui doit diriger
toute étude étiologique ou pathogénique des phrénopathies ; tel sera aussi l'esprit qui présidera aux considérations qui vont suivre.

Commençons par affirmer que l'étiologie de la manie
raisonnante est absolument inconnue, qu'on n'en a jamais parlé d'une manière spéciale, et par conséquent

qu'elle présente à notre observation un champ libre, où nous aurons l'indépendance la plus complète.

Voici le relevé des influences qui ont paru favoriser la manifestation de la manie raisonnante :

EXCÈS alcooliques	EXCÈS vénériens	EXCÈS de travail intellectuel	CHAGRINS	IMPRESSIONS morales vives	NOURRITURE insuffisante
3ᵉ observ.	3ᵉ observ.	2ᵉ observ.	3ᵉ observ.	4ᵉ observ.	2ᵉ observ.
4ᵉ —	4ᵉ —		6ᵉ —	6ᵉ —	7° —
5ᵉ —	5ᵉ —		8ᵉ —	8ᵉ —	
9ᵉ —			10ᵉ —		
11ᵉ —					
5	3	1	4	3	2

D'après ce tableau, cinq fois les excès alcooliques semblent avoir contribué à l'explosion de la manie raisonnante. Bien que ce chiffre soit sans importance réelle, il nous engage cependant à déterminer le rôle que jouent ces excès dans l'étiologie de cette maladie. Leur influence est certainement bien restreinte, attendu que nous les avons rencontrés dans un tiers seulement de nos observations, et encore faut-il remarquer qu'ils ont été faits par des individus doués de penchants un peu énergiques et dont l'affection offrait, par cela même, quelques-uns des caractères de l'espèce phrénopathique voisine. Leur manie raisonnante n'est pas bien franche, ce qui nous fait supposer, à bon droit, que les abus des boissons fortes pouvaient être un simple effet et nullement une cause du mal. En outre, la différence existant entre l'alcoolisme chronique et la manie raisonnante prouve que les spiritueux n'ont ici aucune action spécifique ou spéciale : ils remplissent uniquement un rôle très-accessoire et, par conséquent, ils peuvent être facilement remplacés par d'autres agents.

Les mêmes conclusions sont en tout applicables aux excès vénériens. Quant aux chagrins, à l'insuffisance de la nourriture et aux autres influences ci-dessus signalées, nous croyons pouvoir les négliger.

D'ailleurs, puisque dans le domaine de la science on doit toujours se demander le *pourquoi* du *pourquoi*, il est nécessaire de connaître la raison d'être de ces excès. Or il est clair, à nos yeux, que les personnes portées à faire un abus des boissons ou des plaisirs de l'amour ont, dans leur constitution mentale, des penchants plus ou moins exigeants, sans lesquels ce goût excessif pour les liqueurs fermentées ou pour le coït ne se comprendrait pas. Nous avons là, avec l'explication des faits, la connaissance de leur origine. Mais, pour avoir un penchant de ce genre bien prononcé, il faut être doué d'une organisation nerveuse et psychique *sui generis*, anormale assurément, qui constitue véritablement un état mental extra-physiologique. Dès lors la valeur étiologique des excès alcooliques et sexuels devient nulle ou presque nulle, tandis que l'individualité morale acquiert une importance prépondérante.

Mais, en passant ainsi du produit à l'élément producteur, nous abandonnons le domaine des causes occasionnelles pour entrer dans le vaste champ des prédispositions congénitales. Les faits sont entrelacés, comme nous le disions à l'occasion de la marche de cette mala-

die, de façon à représenter des étapes : pour arriver aux
uns il faut avoir passé par les autres, tant il est vrai
qu'en médecine aussi il y a souvent succession de phénomènes plutôt que véritable causalité.

Avant d'aborder la question des prédispositions et de
l'hérédité, je voudrais consacrer quelques lignes à l'ex-
posé d'une idée nouvelle qui ne manque pas, je crois,
d'intérêt : je veux parler du développement naturel des
organisations défectueuses, élevé au rang des causes
déterminantes de la folie.

Comme dans la vie hygide, tous les phénomènes s'enchaînent puissamment dans la vie pathologique ; toutefois cet enchaînement ne met aucun obstacle aux progrès du mal. Tout en restant droites, deux lignes presque
parallèles au commencement paraissent, en se prolon-
geant, de plus en plus obliques ; d'abord peu sensible,
le défaut de parallélisme se prononce davantage et
augmente ensuite proportionnellement à leur étendue.
Pareillement, une défectuosité psychique, presque insensible dans l'enfance, se dessinera mieux dans la
jeunesse et finira par être très-accusée lorsque toutes
les facultés seront parvenues à l'apogée de leur croissance. C'est pour cela que nos maniaques, par la seule
force de l'évolution mentale, arrivent à l'âge de raison
sans que le jugement, la réflexion et plusieurs sentiments se déroulent complétement et, partant, sans que
l'équilibre fonctionnel puisse s'établir dans leur esprit.
On n'a qu'à jeter un regard sur les diverses phases
du développement des individus condamnés à devenir

maniaques raisonnants, pour comprendre comment la succession naturelle des particularités propres à leur organisation mentale les conduit forcément et directement à la folie. Celle-ci n'est que la dernière expression d'un ensemble de manifestations qui se succèdent, s'échelonnent et s'appuient invariablement les unes sur les autres, chacune d'elles ayant l'explication de son existence dans celle qui la précède et renfermant, en même temps, la raison d'être de celle qui la suit.

Issus généralement de parents faibles de caractère, ces individus ne trouvent pas, au sein de la famille, ce frein qui leur serait si nécessaire pour former leur jugement et pour arrêter l'élan de leurs passions. Roulant ainsi dans une sorte de cercle vicieux, ils ne tardent pas à se créer une vie irrégulière, pleine d'ennuis et d'amertumes, bien faite pour les éloigner de plus en plus de la voie normale. Ainsi l'indocilité, la paresse, la masturbation, les excès, les vices, etc., ne sont pas, selon moi, des causes générales de la manie raisonnante : ce sont des causes déterminantes ou plutôt des effets, des étapes, des manifestations morbides, que leur organisation est obligée de parcourir, bon gré mal gré, avant d'arriver à la folie, terme final de leur évolution. Plus ils vont et plus ils s'écartent du type spécifique, sans pouvoir retrouver l'équilibre qui est assigné, par les lois de la nature, à chacune et à l'ensemble de nos fonctions.

Et, comme l'absence de cet équilibre forme en définitive le fond de leur aliénation mentale, il est évident que la folie, chez eux, est le résultat de leur croissance psychique.

En conséquence, la véritable et même l'unique et constante cause déterminante de la manie raisonnante, et nous pourrions dire de plusieurs phrénopathies, est entièrement constituée par l'évolution ordinaire de l'entendement naturellement incomplet et défectueux des futurs maniaques.

Il serait facile de découvrir dans la carrière pleine de vicissitudes de nos maniaques plusieurs causes prédisposantes autres que les abus de boissons alcooliques et les plaisirs vénériens ; nous pensons, cependant, que ni celles-ci ni celles-là ne méritent ce titre, par les raisons que nous avons déjà fait valoir, il y a un instant, en appréciant le rôle que jouent ces abus dans la production de la manie raisonnante.

Pour nous, la prédisposition est, dans l'espèce, antérieure à la conception. Le milieu où les futurs maniaques raisonnants passent leur jeunesse peut faire agir, sans doute, plusieurs agents capables d'imprimer une certaine impulsion à cette prédisposition ; mais ces agents, simples influences adjuvantes ou auxiliaires, ne sont pas des causes prédisposantes. Par conséquent, c'est dans la vie des ascendants que nous aurons à chercher la source du mal des descendants.

« C'est aux berceaux qu'il faut demander les secrets des tombes. » (Bancel.)

Commençons par mettre sous les yeux du lecteur deux tableaux destinés à résumer, de deux manières différentes, les renseignements que nous avons pu obtenir sur les parents de nos maniaques.

ÉTIOLOGIE. — Tableau N° 1.

HÉRÉDITÉ. — PREMIÈRE GÉNÉRATION.

NUMÉROS des OBSERVATIONS	CÔTÉ PATERNEL.			CÔTÉ MATERNEL.		
	PÈRE.	ONCLES.	TANTES.	TANTES.	ONCLES.	MÈRE.
1re Obs.	Intelligence au-dessous de la moyenne; original, brusque, égoïste, joueur; faible de caractère, quoique violent.	"	"	"	Un oncle se châtra avec un rasoir. Aliénation mentale très-probable. Religion mal entendue. Orgueilleux, acariâtre, susceptible, intolérant	Bizarre, excentrique, fantasque; égoïste, dévote. Fanatique, superstitieuse. — Mobile, violente et peu énergique.
2e Obs.	Original, sans bon sens. Médisant, égoïste, orgueilleux, violent, emporté, mauvais caractère. Mauvaises affaires. Scrofuleux, tumeur blanche du genou; amputation.	Deux oncles loquaces, orgueilleux, mobiles, emportés. Un oncle taciturne, misanthrope, voisin de la misère.	"	Une tante par le peu, sournoise, égoïste, obstinée.	"	Peu d'intelligence, sans spontanéité; pensées lentes, peu de jugement. Égoïste, rusée, sournoise et sans franchise. Apathique; pas d'énergie.
3e Obs.	Peu intelligent, bizarre, sans jugement; orgueilleux, laborieux, violent, mais peu énergique	"	"	"	"	Apathique au physique et au moral. — Son indifférence la portait à négliger sa maison et ses enfants.
4e Obs.	Penchant prononcé pour les boissons et pour les plaisirs de l'amour. Vif, mobile, emporté et faible de caractère. Attaque d'apoplexie.	Force herculéenne; fier de sa personne.	Indifférente, vaniteuse, apathique, insouciante.	"	Un oncle orgueilleux, avare, n'ayant de l'amour et des égards que pour lui; violent. Mort de la goutte. Un autre oncle avare, indifférent.	Paisible, laborieuse, économe jusqu'à l'avarice.
5e Obs.	Porté aux excès alcooliques et vénériens. Indécis, vif, violent et faible de caractère. Mort d'une affection calculeuse.	"	Aliénée pendant six mois. Guérison.	Jalousie extrême. Mauvais ménage.	"	Laborieuse, aimant l'économie, acariâtre capricieuse. Querelles domestiques qui la portaient souvent à quitter sa maison. Morte aliénée.

HÉRÉDITÉ. — PREMIÈRE GÉNÉRATION.

NUMÉROS des OBSERVATIONS.	COTÉ PATERNEL.			COTÉ MATERNEL.		
	PÈRE.	ONCLES	TANTES.	TANTES.	ONCLES.	MÈRE.
6° Obs.	Actif, intelligent, original, jugement faux. Indifférent, égoïste et très-orgueilleux. Joueur, mobile et faible de caractère.	Trois oncles bizarres, fiers et très-égoïstes.	»	Deux tantes acariâtres, difficiles, orgueilleuses, intolérantes, méchantes, bizarres. L'une d'elles était peu intelligente.	Un oncle égoïste, bizarre.	Caractère très-orgueilleux et très-dominateur. Méchante, acariâtre, jalouse. Idées singulières et presque délirantes. Nerveuse, inquiète, maladive. Morte de phthisie pulmonaire.
7° Obs.	Plus avare qu'affectueux. Passible, sans volonté. Conduite régulière. Apoplexie foudroyante.	»	»	Indifférente, égoïste, gourmande. Hypochondriaque. Attaque d'apoplexie.	Trois oncles méchants, querelleurs, sans jugement. Fanatisme politique.	Sans bon sens, sans jugement, bizarre, capricieuse. Orgueilleuse, vaniteuse, jalouse et très-méchante; indifférente. Violente, irritable, fanatique pour la politique. En 1848, aliénation mentale pendant quelques mois, à la suite de chagrins politiques.
8° Obs.	Vif, violent, faible de caractère, loquace, enchanté de sa personne, dépensier. Jugement faux et par suite mauvaises affaires.	Oncle plein d'esprit, mais peu de bon sens. Avare, acariâtre, intolérant et méchant.	»	»	Oncle simple d'esprit, paresseux, incapable de se conduire dans les affaires les plus simples de la vie sociale.	Indifférente pour sa famille, laborieuse, égoïste. Caractère très-absolu et dominateur.
9° Obs.	Peu intelligent, indécis, sans initiative, jugement faux. Mauvaises affaires, misère. Indifférent, égoïste. Apathique, faible de caractère. Mort d'apoplexie.	Oncle actif, laborieux, entreprenant, peu affectueux, impérieux, dominateur, orgueilleux, avare, égoïste.	»	»	»	Apathique. Constitution délicate, lymphatique; tumeur blanche. Folle à la fin de ses jours.
10° Obs.	Fort, robuste, gros mangeur, excès vénériens, vif, emporté. Attaques de goutte.	»	»	»	»	Bizarre; préférence pour l'un de ses enfants. Peu affectueuse, méchante, acariâtre, emportée. Excès de boisson. Attaques de nerfs. Phthisie.

OLOGIE.—Tableau N° 1 (suite et fin).

HÉRÉDITÉ. — PREMIÈRE GÉNÉRATION.

des OBSERVATIONS.	COTÉ PATERNEL.			COTÉ MATERNEL.		
	PÈRE.	ONCLES.	TANTES.	TANTES	ONCLES.	MÈRE.
Obs.	Bizarre, excentrique, peu de bon sens. Il était vieux et affaibli quand il eut le fils qui fait l'objet de cette observation, le 25ᵉ de sa progéniture.	Un oncle petit, bossu, acariâtre, égoïste. Un autre oncle apathique, indécis, faible de caractère.	»	»	»	Peu intelligente, sans initiative, sans esprit d'ordre, sans énergie. Égoïste. Apathique insouciante Indifférente.
Obs.	Faible d'intelligence et de caractère, quoique violent; indifférent, orgueilleux; goût prononcé pour la boisson. Apathique habituellement.	»	»	»	»	Intelligente, énergique, esprit dominateur. Égoïste.
Obs.	Laborieux, original, jugement faux Avare, pertes d'argent fréquentes pendant la Révolution. Peu serviable, médisant.	»	»	»	»	Bizarre. Indifférente. Envieuse, jalouse, rusée, méchante, insouciante.
Obs.	Tête fêlée. pas d'esprit d'ordre. Orgueilleux, médisant et plein de ruse.	Tous les membres de cette famille sont bizarres, excentriques. Sans être fous, dit-on, ils ont tous la tête fêlée. Leur réputation, sous ce rapport, est très-ancienne dans leur pays : elle remonte à plusieurs générations. Ils sont tous secs et nerveux.		»	»	Peu affectueuse, égoïste, insouciante.
Obs.	Sensibilité morale très-impressionnable, mobile. Indécis, sans initiative, faible de caractère.	»	»	»	»	Bizarre, peu intelligente, mobile. Égoïste, vaniteuse, jalouse. Aliénation mentale incurable, généralement lucide; plaintes continuelles.

15

ÉTIOLOGIE.—Tableau N° 2.   HÉRÉDITÉ.— PREMIÈRE GÉNÉRATION.

CÔTÉ PATERNEL.

		Aliénation mentale.	DÉFECTUOSITÉS INTELLECTUELLES.			DÉFECTUOSITÉS MORALES.			DÉFECTUOSITÉS DE LA VOLONTÉ.		Défectuosités de la sensibilité morale.	Maladies du système nerveux.	Autres maladies graves.	TOTAL.
			Intelligences au-dessous de la moyenne.	Jugement faux, peu de sens commun.	Bizarrerie, originalité, excentricité.	Absence des sentiments supérieurs et altruistes.	Prédominance des sentiments égoïstes.	Prédominance des penchants.	Faiblesse de caractère.	Énergie exagérée de caractère.				
Père ..			1e obs. 3e obs 9e obs 12e obs.	2e obs. 3e obs 6e obs 8e obs 9e obs 11e obs 14e obs.	1e obs. 2e obs 3e obs 6e obs. 8e obs 11e obs 13e obs 14e obs	6e obs. 7e obs 9e obs 11e obs. 12e obs.	1e obs 2e obs. 3e obs. 4e obs 6e obs. 7e obs. 8e obs. 9e obs. 12e obs 13e obs 14e obs 15e obs	4e obs 5e obs. 10e obs 12e obs	1e obs 2e obs. 3e obs. 4e obs 5e obs. 6e obs. 7e obs. 8e obs. 9e obs. 12e obs 15e obs		1e obs 2e obs 3e obs 5e obs. 6e obs. 8e obs. 9e obs. 10e obs 12e obs 13e obs 14e obs 15e obs	4e obs. 7e obs 9e obs	2e obs. 5e obs 10e obs	70
Oncles ...				8e obs	6e obs. 6e obs	6e obs. 6e obs. 6e obs 9e obs	2e obs 2e obs 2e obs 4e obs 6e obs 6e obs 6e obs 8e obs 9e obs. 11e obs		2e obs 2e obs 11e obs.	9e obs	2e obs 2e obs 8e obs. 11e obs		11e obs	26
Tantes		5e obs		5e obs	5e obs.	4e obs	4e obs 5e obs				4e obs. 5e obs			7
		1	4	8	11	10	24	4	14	1	19	3	4	103

ÉTIOLOGIE.— Tableau N° 2 (Suite).   HÉRÉDITÉ.— PREMIÈRE GÉNÉRATION.

| | | Aliénation mentale | DÉFECTUOSITÉS INTELLECTUELLES. | | | DÉFECTUOSITÉS MORALES. | | | DÉFECTUOSITÉS DE LA VOLONTÉ. | | Défectuosités de la sensibilité morale. | Maladies du système nerveux. | Autres maladies graves. | TOTAL |
			Intelligence au-dessous de la moyenne.	Jugement faux, peu de sens commun.	Bizarrerie, originalité, excentricité.	Absence des sentiments supérieurs et altruistes.	Prédominance des sentiments égoïstes	Prédominance des penchants.	Faiblesse de caractère.	Énergie exagérée de caractère.				
COTÉ MATERNEL.	Mère	5e obs. 6e obs? 7e obs 9e obs 15e obs	2e obs 11e obs	2e obs 7e obs 11e obs	1e obs. 5e obs 6e obs 7e obs. 10e obs. 11e obs. 13e obs 15e obs	3e obs 7e obs 8e obs 10e obs. 11e obs 13e obs 14e obs. 15e obs	1e obs 2e obs. 4e obs 6e obs 7e obs 8e obs. 10e obs 12e obs 13e obs. 14e obs 15e obs	10e obs	1e obs 2e obs 3e obs 11e obs.	6e obs. 8e obs 9a obs. 12e obs	1e obs. 2e obs. 3e obs 5e obs. 6e obs 7e obs. 9e obs. 11e obs. 15e obs.	10e obs.	6e obs 9e obs 10e obs	58
	Oncles	1e obs 8e obs.		7e obs 7e obs. 7e obs	1e obs. 6e obs.	4e obs. 4e obs	1e obs 4e obs 4e obs 6e obs 7e obs 7e obs.				1e obs. 4e obs. 5e obs. 7e obs. 7e obs.		1e obs.	22
	Tantes		6e obs	7e obs. 7e obs.	2e obs. 6e obs. 6e obs	6e obs. 7e obs	2e obs 5e obs 6e obs 6e obs 7e obs 7e obs.	7e obs		2e obs	6e obs. 6e obs.	7e obs 7e obs.		20
(¹) Parmi ces 8 cas de folie, il en est un qui est douteux.		8(¹)	7	16	24	21	48	6	18	6	35	6	8	203

En examinant attentivement ces tableaux, la première chose qui nous frappe, c'est le petit nombre d'aliénés existant parmi les parents de nos malades. On n'y trouve la folie bien avérée que quatre fois chez les mères de nos maniaques et trois fois chez les oncles ou les tantes. Ce résultat, tout significatif qu'il est, ne répond guère aux prévisions que nous avaient fait concevoir les pages précédentes. Est-ce que la manie raisonnante ne proviendrait pas toujours de l'expansion d'un germe héréditaire ? Pourtant tout paraît prouver qu'elle n'a pas d'autre origine. Continuons, cependant, notre examen.

Les maladies du système nerveux sont mentionnées sur nos relevés moins fréquemment que la folie. L'apoplexie du père dans trois cas, celle de la tante maternelle dans un autre cas compliqué d'hypochondrie, et les attaques nerveuses de la mère dans un dernier cas : voilà tous les éléments que nous avons pu recueillir en cherchant, dans les familles de nos aliénés, les manifestations morbides de l'appareil cérébro-spinal. Les affections des autres appareils ne figurent que pour mémoire dans nos tableaux.

Toutes ces données ont une certaine importance par leur nombre et surtout par leur nature ; malgré cela, nous ne pouvons pas nous empêcher de les considérer, d'ores et déjà, comme ayant, isolément et en elles-mêmes, la raison d'être et l'explication de la folie de tous les aliénés étudiés dans cet ouvrage. Le délire et les affections du système nerveux ne se rencontrent pas chez les parents de tous nos malades, et cette absence

de généralité doit naturellement nous contraindre à
refuser à ces données, au moins pour le moment, la
valeur étiologique qu'on serait tenté de leur accorder
au premier abord. Nous essayerons, tout à l'heure,
quand nous aurons passé en revue les autres éléments
pathogéniques de la manie raisonnante, de porter un
jugement exact sur leur véritable signification.

Après les affections du système nerveux, nous avons
vu, dans la parenté de nos malades, une foule de particularités psychiques sur lesquelles il convient maintenant de s'expliquer clairement. Ces particularités
sont évidemment l'expression d'une défectuosité mentale
qui se traduit dans l'intelligence par une faiblesse notable des facultés, par un jugement faux, par des
bizarreries, des originalités, des excentricités, par une
absence plus ou moins marquée de sens commun, de bon
sens, d'initiative, de spontanéité, d'esprit d'ordre, etc.
Dans le moral, cette défectuosité se manifeste par une
prédominance des sentiments égoïstes ou des penchants
et par une faiblesse corrélative des sentiments supérieurs ; tandis qu'elle surgit, dans le domaine de la
volonté, tantôt sous les apparences d'une énergie insolite, tantôt sous la forme d'une indécision perpétuelle.

Les défectuosités intellectuelles sont très-communes
dans le monde : l'homme intelligent et habitué à juger
ses semblables les découvre, les saisit avec une telle
facilité, qu'il lui suffit de voir une personne, ou seulement de lire ses écrits, ou de connaître quelques-uns
de ses actes, pour se former immédiatement, sur elle,
une opinion exacte. En cela, la science a été bien de-

vancée par les connaissances populaires. Bien plus, celles-ci admettent, ce qui n'est pas encore établi dans celle-là, des degrés d'originalité, de bizarrerie, d'absence du jugement, etc. Les individus qui les présentent à un degré très-marqué sont désignés vulgairement sous le nom de *têtes fêlées, détraquées*. On les appelle encore *lunatiques*, et cette dénomination généralisée est souvent appliquée, avec raison, à toute leur famille. Ces bizarreries sont autrement grandes et autrement graves chez les parents de nos malades ; elles s'y présentent avec une constance et une intensité vraiment exceptionnelles. Si elles ne sont pas toujours constatées dans nos observations, c'est que nos renseignements sont incomplets ; à nos yeux, elles sont constantes, ainsi que nous chercherons à le démontrer un peu plus bas. Les singularités de l'intelligence se résument toutes en une absence plus ou moins grande de jugement, de bon sens, de sens commun. Et, comme celui-ci n'est que la résultante de l'activité des facultés intellectuelles, il s'ensuit que ces facultés ne fonctionnent pas d'une manière normale, soit parce que leur activité ne se déploie pas régulièrement, soit parce qu'elles sont défectueuses ou incomplètes. Dans tous les cas, les individus qui se trouvent dans ces conditions sont des êtres mal organisés sous le rapport intellectuel, et par là ils s'écartent du type spécifique de l'humanité.

Telle sera également la conclusion qui découlera naturellement de l'examen des défectuosités morales.

Contrairement aux précédentes, ces dernières sont

souvent méconnues dans la société, et la science ne les
aborde guère, même aujourd'hui. Celles qui ont été
relevées dans nos tableaux peuvent être comprises soûs
trois chefs : l'absence des sentiments supérieurs, la
prédominance des sentiments égoïstes et la prépondérance des penchants. La *loi de balancement fonctionnel* dit qu'une faculté ne peut acquérir un degré
marqué d'énergie sans que les facultés qui lui sont
congénères jouissent du même bénéfice et sans que les
facultés antagonistes éprouvent, dans leur puissance,
une diminution correspondante. En vertu de cette loi
de l'activité psychique, l'absence des sentiments supérieurs, observée chez les parents de nos malades,
n'est que la conséquence de la prédominance de leurs
penchants ou de leurs sentiments égoïstes. Mais cette
prédominance, en détruisant l'équilibre dans la constitution morale de l'individu (ainsi que nous l'avons
démontré dans la partie symptomatologique), apporte
des modifications, des irrégularités très-sérieuses dans
le mode de fonctionnement de ces facultés, qui deviennent, par le fait, défectueuses, incomplètes, et sont
l'expression, à l'instar des facultés intellectuelles, d'une
mauvaise organisation morale.

Les divers degrés d'énergie de la volonté n'ont jamais été l'objet, je crois, au point de vue étiologique,
des réflexions des médecins spécialistes. Il me semble
pourtant que le rôle de cette grande fonction de l'entendement la rend digne de notre attention. La faiblesse de caractère des parents de nos malades a été
reconnue dix-huit fois, et de préférence, c'est sin-

gulier, chez le père. Ce chiffre, très-élevé, donne une
idée de l'importance que nous devons attacher à cette
particularité psychique. Le surcroît d'énergie de la volonté ne figure que six fois, et encore faut-il ajouter
qu'il ne dérive peut-être pas d'une véritable exagération de cette puissance. Il est dans ces cas, selon
toute probabilité, l'effet d'une forte personnalité, d'un
égoïsme profond, d'un grand entêtement ou de toute
autre cause étrangère à la nature intrinsèque de la volonté. En d'autres termes, la prépondérance des sentiments égoïstes est la source d'où émanent un très-
grand nombre de mobiles qui, par la fréquence de leur
reproduction, entraînent souvent la liberté du *moi* et
peuvent faire attribuer à cette dernière fonction une
énergie qu'elle n'a pas. La faiblesse de caractère est
donc la seule particularité qui doive entrer en ligne de
compte dans ces considérations ; son importance pathogénique est énorme, car après tout elle signifie que les
personnes ainsi organisées sont incomplètes, puisqu'elles manquent d'un degré plus ou moins grand de
liberté morale.

Si, au lieu d'examiner séparément les défectuosités
de l'intelligence, du moral, de la volonté, nous les
étudions dans leurs rapports réciproques, dans leur ensemble, les mêmes conclusions se reproduiront sous les
mêmes formes, mais avec une nouvelle énergie et une
valeur plus grande. En effet, plus les sentiments égoïstes
sont puissants, et plus aussi ils voilent la conscience,
faussent le jugement, enchaînent la volonté et altèrent
l'équilibre fonctionnel de l'entendement. Il y a dans

tous ces faits une corrélation constante, proportionnelle, infaillible, indiscutable[1]. Au surplus, ce résultat était facile à prévoir : la loi de balancement fonctionnel des pouvoirs de la pensée et l'unité de l'esprit étaient là pour nous l'annoncer, pour le justifier d'avance et actuellement pour le légitimer d'une manière satisfaisante.

A présent, il est facile de comprendre comment une mauvaise organisation mentale constitue une prédisposition à la folie. N'est-elle pas un véritable germe phrénopathique, qui n'attend pour se montrer, avec un appareil symptomatique complet, qu'une influence capable de lui imprimer une nouvelle impulsion et de favoriser son entier épanouissement.

Si nous comparons, maintenant, ces bizarreries intellectuelles, ces faiblesses de caractère, ces prédominances morales, avec la folie proprement dite, nous serons conduits à penser que celle-ci et celles-là, sauf la gravité ou l'intensité, ont une signification pathogénique identique.

On nous objectera, sans doute, qu'entre une folie et une excentricité intellectuelle il y a un abîme, et qu'il n'est pas permis de confondre ces deux choses jusqu'à

[1] Oubliant, momentanément sans doute, cette puissante corrélation, le laborieux et savant médecin de Bicêtre, M. le docteur Delasiauve, nie à tort, ce nous semble, les rapports réciproques des facultés morales et attribue aux sentiments une indépendance qu'ils n'ont pas et qu'ils ne peuvent pas avoir, car rien n'est indépendant dans la constitution humaine. (Voy. *Annales médico-psychologiques*, novembre 1866.)

leur attribuer la même portée. Sérieuse quand on considère les faits dont il s'agit sous le rapport de l'intensité ou de la gravité, cette objection est complétement nulle quand on les envisage sous le rapport de leur nature intrinsèque. Assurément, tous les êtres bizarres ne perdent pas l'usage de leurs facultés ; mais tous les aliénés, avant d'arriver au délire, ont offert, avec une intensité variable, ces bizarreries, ces excentricités, ces défectuosités de l'entendement. Le gland n'est pas le chêne, et cependant, lorsqu'on le place dans de bonnes conditions, le gland devient chêne à son tour. Il en est de même des particularités précitées ; elles ne constituent pas la folie : elles sont seulement des germes ayant la folie en puissance (*in potentiâ*). Abandonnés à leur propre croissance, ces germes développent leurs virtualités et passent (*in actu*) à l'aliénation mentale. En un mot, les défectuosités mentales sont des nuances intermédiaires placées entre la raison et la folie. Le degré de leur intensité marque la distance qui les sépare du bon sens parfait, et celle qu'elles ont encore à parcourir pour caractériser les aberrations de l'entendement.

En s'arrêtant à la surface des choses, surtout en matière scientifique, on n'arrive à rien. Comme la terre, la science a besoin d'être profondément labourée pour que les récoltes soient abondantes. Voilà pourquoi il est indispensable, en étudiant les détails biologiques, de les creuser sans crainte, afin de ne pas se laisser tromper par leur aspect extérieur; ceux que nous examinons actuellement sont précisément dans ce cas.

Négligeons la surface, pour comparer l'essence des particularités mentales qui nous occupent avec le fond de la folie, et nous verrons qu'il existe entre ces deux ordres de manifestations morbides une identité fondamentale complète.

Les travaux de MM. Guislain, Moreau (de Tours), Lélut, Morel, Marcé, J. Falret, et de plusieurs autres médecins célèbres de la France, de l'Angleterre, de l'Allemagne, des États-Unis, etc., sur cette question, sont beaucoup trop nombreux pour que nous devions nous y arrêter plus longtemps. Au reste, ce sujet est épuisé aujourd'hui, du moment qu'il est accepté par tous les hommes versés dans les études psychiatriques.

Pour résumer cette discussion, nous dirons que les défectuosités mentales, que nous venons de passer en revue, constituent des états extra-physiologiques, des malformations psychiques, des dégénérescences commençantes. Que ces défectuosités soient plus ou moins avancées, qu'elles se manifestent sous la forme de bizarreries et de prédominances psychiques, ou qu'elles se traduisent par un délire caractérisé, leur nature est constamment la même, ainsi que leur signification pathogénique, leurs différences provenant, tout simplement, de la période de développement où se trouve le germe morbide qu'elles servent à dévoiler.

On me reprochera probablement d'avoir exagéré la gravité et la portée pathogénique de ces défectuosités, et certainement on ne manquera pas de me faire cette réflexion: Si votre opinion était vraie, il ne devrait pas exister au monde une seule famille qui ne comptât dans son sein un ou plusieurs aliénés, puisqu'il n'y a pas une seule personne qui ne soit pas un peu bizarre, qui n'ait pas, au moins sur certains points, un jugement faux, et qui soit à l'abri des entraînements de son caractère, de son mode d'impressionnabilité et de ses prédominances morales. J'avoue que cette objection est naturelle. Bien plus, j'ajoute que les variétés individuelles purement physiologiques sont justement fondées sur les formes innombrables que peuvent revêtir les particularités mentales, en se combinant de mille et mille manières dans des proportions différentes. La nature, ainsi que l'a dit M. Cavalier, n'ayant créé que le type spécifique, l'individu doit échapper aux exigences de l'uniformité : la variabilité est son cachet, comme la fixité est le cachet de l'espèce.

Toutefois, cette variabilité est limitée; elle s'arrête là où le modèle idéal spécifique reprend ses droits. Chaque fois que ce dernier est lésé en plus ou en moins, on est en face d'un écart à la règle, d'autant plus fâcheux qu'il est plus considérable[1]. Tout se résume donc en

---

[1] Pour rendre clairement notre idée, nous tracerons par la pensée plusieurs circonférences concentriques, qui représenteront l'espèce naturelle : les points qui composent le cercle central comprendront l'ensemble des variétés individuelles, dont la résultante constitue le type spécifique, l'image normale, le modèle d'après lequel l'espèce paraît avoir été créée. Les autres circonférences représenteront également des variétés individuelles, mais elles ne seront plus des variétés normales : elles formeront une série de types anormaux d'autant plus extra-physiologiques qu'ils se trouveront plus loin de l'intérieur de la figure. Les plus éloignés même ne seront que des cas pathologiques ou des dégénérescences nettement accusées.

Ainsi, en partant en ligne droite du centre de notre figure géométrique, nous rencontrerons : d'abord les individus qui, malgré

une question de degré. Mais à quel signe pourrons-nous reconnaître que les particularités psychiques individuelles sont physiologiques ou pathologiques? Tracer une ligne de démarcation de ce genre est une chose aussi délicate que difficile. Si, dans quelques circonstances, la chose est aisée, dans un grand nombre d'autres elle est presque impossible. Cependant les indications tirées de l'intensité, de l'étendue, de la constance et de la nature de ces particularités nous permettront, le plus souvent, d'arriver à une solution satisfaisante, surtout lorsque nous les verrons réunies chez tous les membres d'une famille.

La bizarrerie, l'originalité, la dépravation du goût d'une femme chlorotique ou dans un état de grossesse, n'étant que passagères, n'auront, malgré leur intensité, aucune gravité. Il en serait tout autrement si ces phénomènes dérivaient d'un état permanent de l'organisa-

leurs différences, servent de règle à tous les autres ; puis nous verrons ceux qui, sans être comme ces derniers, des modèles parfaits, offrent des particularités d'organisation peu marquées, que la nature tolère et qui ne les empêchent pas de jouir d'une bonne santé. Nous apercevrons ensuite les individus chez lesquels ces particularités sont assez fortes pour les rendre maladifs, sans les priver toutefois de la faculté de reproduction. Enfin nous trouverons les êtres disgraciés, atteints de dégénérescences plus ou moins graves, que la nature rejette comme des malformations, comme des sujets de rebut, en les rendant incapables de se reproduire.

Par conséquent, toute personne offrant un écart, quel qu'il soit, au type spécifique, sera nécessairement placée dans des conditions anormales et partant fâcheuses qui, proportionnellement au degré de cet écart, la priveront en tout, partout et toujours, d'un fonctionnement régulier et durable, ainsi que de tous les autres bénéfices assignes à l'espèce humaine par la force créatrice.

tion. L'excentricité partielle et l'excentricité générale diffèrent du tout au tout. Un jugement toujours faux est bien plus inquiétant que celui qui conserve sa rectitude sur une foule de points, quoique sur plusieurs autres points il puisse arriver jusqu'à l'absurdité. La prédominance des penchants est plus grave que celle des sentiments égoïstes, et l'importance des défectuosités morales est supérieure à celle des défectuosités intellectuelles.

Avec le secours de ces considérations, servant de terme de comparaison, on doit se faire au moins une idée approximative de la valeur des faits que nous examinons et décider s'ils appartiennent aux variétés hygides ou morbides. Tant qu'ils resteront dans le domaine de la physiologie, l'avenir de la raison de la personne même ou de ses descendants doit nous inspirer peu de craintes.

La portée de l'objection précédente se trouve ainsi considérablement amoindrie. Elle s'amoindrira encore lorsque nous aurons rappelé qu'en supposant que les malformations susdites soient de véritables germes morbides, ceux-ci ne peuvent pas aspirer tous à une éclosion infaillible. Comme tous les autres germes de la nature, ils sont pour la plupart détruits avant de parvenir à leur parfait développement.

Ces réductions étant acceptées, et nous ne pensons pas qu'on puisse les rejeter, l'objection que nous avons prévue n'en est plus une, et notre manière de voir sur le rôle des malformations mentales est, nous le croyons, conforme à la vérité.

Pour ne pas scinder ce sujet, et quoique nous soyons obligé d'anticiper sur les faits, nous allons vérifier cette solution générale en examinant les particularités mentales signalées dans nos observations. Les tableaux étiologiques placés un peu plus bas seront mis à contribution d'ores et déjà.

1° Sous le rapport de la constance, nous le verrons bientôt, les défectuosités psychiques des parents médiats et éloignés, directs et collatéraux de nos maniaques, ne peuvent laisser aucun doute dans notre esprit; elles sont déplorablement permanentes, puisqu'elles faisaient partie intégrante de leur caractère.

2° La nature de ces défectuosités est identique dans tous les cas, malgré les diversités accessoires qui les distinguent. Le moral est surtout le principal théâtre de leurs manifestations; ce sont toujours les facultés égoïstes qui, par l'exagération de leur activité, attirent les regards de l'observateur. L'exagération des penchants ne vient qu'en seconde ligne, et encore est-elle alors complémentaire et nullement exclusive de la prédominance égoïste, qui conserve son relief. Les sentiments supérieurs ne nous frappent que par leur absence ou tout au moins par leur état très-rudimentaire. La bizarrerie, la faiblesse intellectuelle, sont également très-fréquentes.

Mais ce qui surprend en jetant un regard sur ces tableaux, c'est, d'une part, la corrélation de tous leurs éléments; et, d'autre part, leur monotone uniformité, qui dit, mieux que nous ne saurions le faire, combien ces éléments sont semblables et homogènes.

3° Nous n'avons pas de documents suffisamment précis pour pouvoir affirmer que les défectuosités mentales dont il s'agit intéressent tout l'entendement ; cependant leur grande étendue est presque certaine ou très-probable, par suite des rapports réciproques existant entre les grandes fonctions de l'esprit, principe unitaire par-dessus tout.

4° L'intensité ou le degré de gravité des défectuosités psychiques des parents de nos maniaques diminue à mesure qu'on s'élève dans la série généalogique. Nous n'avons à cet égard qu'une seule preuve, mais elle est claire, patente, et d'une importance décisive : c'est que la folie, nulle dans la troisième et la deuxième génération, surgit tout à coup, dans la première, avec une grande fréquence (sept fois). Et, si nous comparons avec ces trois générations celle qui serait composée de nos malades, de leurs frères et sœurs, de leurs cousins et cousines, nous serons étonnés de voir combien cette dernière est encore plus maltraitée par la nature. Dans cette génération naissante[1], nous comptons 6 cas certains et 7 cas douteux d'aliénation mentale, outre les 15 cas que nous avons soignés à Montdevergues, ce qui fait 21 cas de folie bien avérée, 6 cas de maladies chroniques graves du système nerveux et un grand nombre de cas de mort très-précoce.

Ainsi donc :

Troisième génération..   Point de folie.
Deuxième génération..   Point de folie.
Première génération ..   7 cas de folie.

---

[1] Voir les deux tableaux ci-après

Génération nouvelle. . . $\left\{\begin{array}{l}\end{array}\right.$ 21 cas de folie non douteuse.

6 cas de maladies chro-
niques du système ner-
veux.

Un grand nombre de cas
de mort très-précoce.

Trop tristement significatifs, de pareils chiffres n'ont pas besoin de commentaires : ils démontrent péremptoirement, dans la succession généalogique des familles de nos malades, une aggravation croissante non interrompue.

Tableaux n°ˢ 3 et 4.

GÉNÉRATION DONT NOS MALADES FONT PARTIE.

N°ˢ des observations	FRÈRES.	SŒURS.	COUSINS ET COUSINES.
1e Obs.	Un frère mort le jour de sa naissance. Un autre frère lunatique, presque aliéné Volonté de fer Orgueil démesuré. Un autre frère médisant, plein de fatuité Par moments il était réellement aliéné.	Une sœur morte aliénée. Une autre sœur morte le jour de sa naissance	Un cousin (maternel) s'est pendu Bizarre, excentrique, imagination exaltée. Intelligence très-ordinaire, sans conduite, orgueilleux. Aliénation mentale très-probable
2e Obs.	»	»	Cousin paternel épileptique, aliéné. Paresseux, égoïste, méchant.
3e Obs	Un frère divaguait souvent Mort d'une affection cérébrale	»	»
4e Obs.	Frère doux, affable, sobre, laborieux, mais fortement égoïste.	»	»
5e Obs.	Deux frères aimant l'économie, laborieux, très-égoïste	»	»
6e Obs	Un frère gourmand, paresseux, étourdi, vantard, menteur, dissipé, vicieux Neuf frères ou sœurs morts pendant leur première enfance	Une sœur mourut de chagrin ; elle pleurait sans cesse Etait elle atteinte de lypémanie ? Une autre sœur fière, égoïste, orgueilleuse, difficile, dévote, religion mal entendue Peu charitable Répulsion pour le mariage	Cette malade a perdu vingt huit cousins ou cousines très-jeunes : c'étaient les enfants de deux tantes maternelles Tous les cousins ou cousines qui vivent encore sont de mauvais sujets Un frère imbécile. Un cousin mort dans les convulsions.
7e Obs.	Un frère insouciant, apathique, indifférent ; son existence n'a pas de but Un frère apathique, violent, joueur, sournois, d'une intelligence très-ordinaire. Jugement faux. Préoccupations spirites On le dit un peu fou — Un autre frère lymphatique, moralité douteuse, fin, rusé, peu intelligent pour certaines choses Penchants vénériens Satyriasis.	Deux sœurs mortes très-jeunes. Une sœur frêle, délicate, lymphatique, apathique au physique et au moral, obstinée, négligente, égoïste	»

		GÉNÉRATION DONT NOS MALADES FONT PARTIE.	
	FRÈRES.	SŒURS.	COUSINS ET COUSINES.
Obs	»	Une sœur égoïste et très-attachée à l'argent	»
Obs.	Un frère égoïste Un autre frère mort à l'âge de douze ans. Un troisième frère égoïste.	»	»
Obs	Frère atteint de somnambulisme. Pendant la nuit, il se levait de son lit, criait, frappait et paraissait en picie à une vive frayeur Aliénation très-probable Indifférent, mechant Mort à trente-sept ans de phthisie.	Une sœur faible, délicate, cachectique. Vaniteuse, jalouse, indifférente, aimant à contrarier sa sœur. Convulsions pendant l'enfance Aversion pour le mariage	»
Obs.	»	Une sœur douée d'un caractère vif, emporté volontaire, méchant Elle était très avare	Deux cousins germains morts à la suite des excès alcooliques.
Obs	Un frère simple d'esprit. Un second frère très doux Un troisième frère a les mêmes allures psychiques que présentait à son âge notre malade. Il inspire à sa mère les plus vives inquiétudes sous le rapport de la raison	Une sœur très-bizarre L'avenir de sa raison inspire à sa mère des craintes très sérieuses.	»
Obs	Plusieurs frères morts très jeunes.	Plusieurs sœurs mortes très-jeunes	«
Obs	»	»	»
Obs	?	Une sœur née non viable	»

GÉNÉRATION DONT NOS MALADES FONT PARTIE.

	Aliénation mentale.	DÉFECTUOSITÉS INTELLECTUELLES.			DÉFECTUOSITÉS MORALES.			DÉFECTUOSITÉS DE LA VOLONTÉ.		Défectuosités de la sensibilité morale.	Maladies du système nerveux.	Autres maladies graves.	Morts précoces.	TOTAL.
		Intelligence au-dessous de la moyenne.	Jugement faux, peu de sens commun	Bizarrerie, originalité, excentricité.	Absence des sentiments supérieurs et altruistes.	Prédominance des sentiments égoïstes.	Prédominance des penchants.	Faiblesse de caractère.	Énergie exagérée de caractère.					
Frères	1e obs 1e obs? 3e obs? 7e obs? 10e obs. 11e obs 11e obs?	7e obs	7e obs. 12e obs.	6e obs 7e obs 12e obs	7e obs 7e obs. 10e obs	1e obs 1e obs 1e obs 4e obs 5e obs 5e obs 6e obs 7e obs 7e obs 9e obs 9e obs. 10e obs. 12e obs	6e obs. 7e obs		1e obs	1e obs. 1e obs 7e obs 7e obs 12e obs.	3e obs. 7e obs 10e obs	10e obs.	1e obs.	42
Sœurs	1e obs 6e obs? 12e obs?	7e obs	7e obs	6e obs 7e obs 10e obs 12e obs.	10e obs.	6e obs 7e obs 8e obs 10e obs 11e obs			7e obs	6e obs 7e obs 11e obs	10e obs		1e obs 4e obs. 6e obs (9 cas.) 7e obs. 7e obs.	33
Cousins germains et cousines germaines	4e obs 2e obs. 6e obs?	1e obs	1e obs	1e obs		1e obs 2e obs	11e obs 11e obs			2e obs. 6e obs.	11e obs. 41e obs	6e obs. (28 cas.)		42
Parmi ces 13 cas de folie, il en est 7 qui sont douteux.	13 [1]	3	4	8	4	20	4	»	2	8	6	3	42	117

Ces faits ont une importance immense; ils donneront lieu tout à l'heure à des déductions nombreuses. Pour le moment, ils nous autorisent à dire que les défectuosités mentales des familles de nos malades ne sont pas de simples variétés physiologiques. Elles méritent le nom de malformations, et les paragraphes précédents prouvent, sans réplique, qu'elles sont l'expression d'un germe pathologique qui se développe progressivement en traversant les générations :

Vires acquirit eundo.

Il n'y a donc rien d'exagéré dans notre manière d'interpréter la valeur pathogénique des défectuosités psychiques des membres de la famille de nos maniaques raisonnants.

Revenons à nos observations et jetons un coup d'œil, à la lumière des faits que nous venons d'établir, sur l'état mental des parents de nos maniaques raisonnants.

Il est fâcheux que les renseignements recueillis par nous sur les familles de nos maniaques n'aient pas été complets; ils sont cependant assez nombreux et assez explicites pour que nous puissions les généraliser, la ressemblance des maladies laissant à supposer une grande analogie dans les conditions de leur formation. Bien plus, grâce à la loi de balancement fonctionnel des pouvoirs de la pensée, il est possible et même facile de suppléer à l'absence des détails que nous regrettons par les documents étiologiques que nous possédons, et de remplir ainsi les cases restées vides de notre tableau, en ce qui concerne les points essentiels.

Si nous complétons ce tableau au moyen de la méthode inductive, il sera excessivement remarquable par l'homogénéité des matériaux qu'il renferme, et donnera lieu alors aux propositions suivantes :

1° Tous les parents directs ou collatéraux de maniaques raisonnants se sont fait remarquer par des singularités mentales constantes, analogues ou équivalentes sous le rapport pathogénique. Je dis équivalentes, car, entre une prédominance des sentiments égoïstes et une prépondérance des penchants, je ne vois qu'une différence due à la diversité des facultés où l'exagération se produit. Du reste, cette équivalence est manifeste, puisque la suractivité de ces deux ordres de ressorts moraux aboutit définitivement à la même absence d'équilibre mental, absence qui seule doit nous préoccuper actuellement. Pour éviter toute équivoque, nous ajouterons qu'en mettant sur la même ligne l'exagération de ces deux ordres de sentiments, nous n'exprimons pas exactement notre pensée et nous ne reproduisons pas la vérité des choses. Les personnes que nous avons pu connaître et qui avaient cette double prépondérance étaient dépourvues de sentiments supérieurs. La force psychique qui revenait à ces sentiments, au lieu de retomber exclusivement sur les facultés égoïstes, comme chez les parents des sujets types de manie raisonnante, était disséminée ou répartie, quoique d'une manière inégale et à l'avantage de l'égoïsme, entre ces facultés et les penchants ; de sorte que ces

personnes, tout en conservant une prépondérance
égoïste, avaient en outre des penchants assez accentués.
Ces nuances sont très-difficiles à décrire clairement,
mais l'homme de l'art habitué à ce genre d'observations les saisit parfaitement et rapidement, tant elles
sont apparentes.

2° Les singularités psychiques des parents de nos
maniaques ne se contredisent point ; leur nature étant
identique ou analogue, elles ne peuvent pas se faire
mutuellement opposition ou contre-poids, et par conséquent elles ne sauraient se nuire, et, à plus forte raison,
se détruire réciproquement.

3° Dans la ligne collatérale, comme dans la ligne
directe, tous les parents de nos malades sont aliénés
ou sur le chemin qui conduit à l'aliénation, puisqu'ils
présentent tous des particularités mentales qui ne sont
que l'expression d'une prédisposition, d'un germe plus
ou moins avancé dans la série des manifestations dont
la folie est le terme final. Nous croyons avoir résolu les
difficultés qu'on pourrait soulever à cet égard.

4° La prédisposition, le germe de la folie (termes
synonymes pour nous), ou la folie caractérisée, est aussi
évidente du côté paternel que du côté maternel. Nos
relevés signalent cependant quatre cas de folie chez la
mère et point chez le père, ce qui semblerait infirmer
cette conclusion. Mais, si nous répétons que ce désaccord
est insignifiant, attendu qu'il ne provient que d'une
différence dans la période évolutive du germe phrénopathique, on acceptera notre quatrième proposition,
d'autant mieux que nous voyons du côté paternel trois

parents collatéraux (une tante et deux cousins germains) atteints d'aliénation mentale. Il est clair que la ligne paternelle n'est pas indemne, et que, si les pères de nos maniaques n'ont pas été atteints de folie, ils n'avaient pas moins les virtualités délirantes les plus prononcées.

5° Les mêmes conditions généalogiques ont présidé à la naissance de la manie raisonnante dans les deux sexes.

6° La prédominance des sentiments égoïstes a été reconnue douze fois chez le père et onze fois chez la mère. Dans les cas où elle n'a pas été constatée par l'enquête (cas qu'on pourrait laisser de côté sans aucun inconvénient), il est possible de la prévoir et même de la démontrer par induction. Je dois insister sur cette prédominance et sur ce qu'elle a de spécial dans la production de la manie raisonnante. Les singularités intellectuelles et très-probablement celles de la volonté, malgré l'attention que nous leur avons accordée, n'ont aucune spécialité d'action dans la genèse de cette maladie; elles se rencontrent très-communément à divers titres dans plusieurs espèces phrénopathiques, tandis que l'exagération des sentiments égoïstes a une importance visible, car on ne saurait ni la remplacer, ni la supprimer, sans détruire du même coup la base, le substratum nécessaire à la constitution de la manie raisonnante. Cette prédominance en est l'élément primordial, unique, indispensable, tandis que les autres éléments ne font qu'apporter un tribut étiologique auxiliaire ou adjuvant.

Sans doute, l'exagération des sentiments égoïstes

s'observe dans plusieurs autres morosités ; mais nous
sommes intimement persuadé qu'on ne la voit jamais
ailleurs indépendante, simple, isolée de toute autre
influence pathogénique et formant le centre d'attraction vers lequel gravitent tous les phénomènes de
l'appareil symptomatique. En outre, cette exagération
est en quelque sorte physiologique, tant elle est dégagée,
dans sa nature intrinsèque, de toute altération morbide ;
c'est une suractivité mentale, pure, simple, sans la
moindre trace de perversion ou d'altération qualitative
de la sensibilité morale, et qui donne à la manie raisonnante une physionomie caractéristique et bien différente de la physionomie des autres vésanies. Enfin je
crois qu'aucun médecin n'a encore fixé son attention
sur la prépondérance des passions égoïstes comme cause
ou comme élément nosologique des morosités, et sous
ce rapport, tout aussi bien que sous le rapport de son
importance, elle nous semble avoir un intérêt réel.

Nous venons de dire que la prépondérance dont il
s'agit est unique, et cependant nous avons signalé à
plusieurs reprises, dans nos observations, une exagération des penchants, ce qui semblerait établir une certaine
contradiction. Toutefois il faut répéter d'abord que la
suractivité des penchants, soit chez nos maniaques, soit
chez leurs parents, est très-peu sensible, et qu'elle
n'éclipse pas l'exagération de leur égoïsme, qui conserve
toujours le premier rang. Ensuite on ne doit pas oublier que, parmi nos observations, il y a des cas dont le
cachet spécifique, moins tranché, moins nettement
accusé, paraît échanger quelques traits avec une autre

phrénopathie voisine, encore indéterminée, que nous appellerons *manie malveillante,* et que nous essayerons d'esquisser dans un instant. Notre quinzième observation présente également un appareil symptomatique peu franc, mixte en quelque sorte, qui commence à se masquer sous la forme d'une autre espèce phrénopathique, que nous chercherons aussi à caractériser et que nous désignerons sous le nom de *folie des aliénés rabougris.* Nous n'avons aucune observation de manie raisonnante offrant quelques-uns des traits de la *manie bienveillante,* ce qui dépend probablement de la rareté excessive de cette dernière affection.

Ces cas mixtes, placés entre deux maladies limitrophes et servant de transition d'une affection à une autre affection voisine, sont aussi embarrassants pour la nosologie que pour les nosologistes : ils ont obscurci parfois l'idée d'espèce pathologique, malgré son évidence, sa certitude, son utilité. Pour nous, quoique ayant dans l'espèce nosologique la plus grande confiance, nous ne méconnaissons pas ces individualités morbides indécises qui, en médecine comme en zoologie et en botanique, marquent le passage d'un groupe à l'autre dans une classification naturelle.

A une physionomie morbide indécise, incertaine, doit inévitablement correspondre une étiologie douteuse ou mixte ; c'est bien ce qui a lieu dans les cas à transition dont nous parlons : ils reflètent le défaut de précision, d'uniformité, de cachet de leur scauses. Voilà comment nous retrouvons dans l'alliance, ou plutôt dans la combinaison formée par la présence simultanée de l'égoïsme

et des penchants, ce léger défaut d'uniformité que nous
avons constaté dans nos observations et que nous avons
fait ressortir à plusieurs reprises. Voilà aussi comment
les nuances de l'étiologie et celles de la symptomatologie, en s'appuyant, en se corroborant, en s'affirmant réciproquement, lient entre elles ces deux parties
de notre travail et donnent à tous leurs détails un nouveau degré de certitude.

En résumé, quoique nous ne trouvions pas dans les
familles de nos maniaques un nombre bien considérable
de vésanies, nous ne pouvons pas nous empêcher de
déclarer que la manie raisonnante est essentiellement
héréditaire et qu'elle provient généralement d'un germe
morbide spécial non encore parvenu à l'apogée de son
évolution.

Mais où sont donc les causes génératrices de ce
germe ?

Que les facultés mentales fonctionnent d'une manière régulière ou irrégulière, qu'elles soient parfaites
ou imparfaites, elles sont toujours innées. En conséquence, ne trouvant pas chez les personnes appartenant
à la première génération des familles de nos maniaques
la raison d'être de leur folie ou de leur prédisposition
morbide, nous devons forcément monter un nouveau
degré de l'échelle des transmissions héréditaires, pour
interroger les aïeux sur la source de la vésanie de leurs
petits-enfants. Nous remonterons donc jusqu'à la seconde génération ; nous irons même plus loin s'il le faut

et nous y chercherons la cause de l'affection qui afflige nos infortunés malades.

Malheureusement les renseignements nous manquent sur leurs aïeux. Les médecins des asiles savent pertinemment combien il est difficile d'obtenir quelques données précises sur les manières d'être du père et de la mère des aliénés en général. A plus forte raison ces difficultés sont-elles sérieuses et parfois insurmontables quand il s'agit de leurs grands parents. Aussi ne devrons-nous pas nous étonner si nous perdons à chaque instant la chaîne des filiations héréditaires.

ÉTIOLOGIE. – Tableau n° 5.

ÉTIOLOGIE. — Tableau N° 5.

HÉRÉDITÉ. — SECONDE GÉNÉRATION.

NUMÉROS DES OBSERVATIONS.	COTÉ PATERNEL.				COTÉ MATERNEL.			
	GRAND-PÈRE.	GRAND'MÈRE.	GRAND-ONCLE.	GRAND'-TANTE.	GRAND'-TANTE.	GRAND-ONCLE.	GRAND-PÈRE.	GRAND'MÈRE.
1s Obs.	Riche et avare.	Peu intelligente, vaniteuse, sans énergie.	'	'	'	'	Ne supportait pas les contradictions; difficile, orgueilleux, dominateur. Il aimait les plaisirs de la table.	Très-apathique, égoïste, indifférente.
2e Obs.	'	'	'	'	'	'	—	'
3e Obs.	'	'	'	'	'	'	—	'
4e Obs.	Impérieux, orgueilleux, violent et enclin à la boisson.	Minutieuse et très-dévote, religion mal entendue. Acariâtre, méchante et médisante.	Courageux, ambitieux; il aimait à parler de lui. Violent, intoléront. Excès de boisson.—Apoplexie.	'	'	'	Intelligent, gai, jovial, farceur. Vie vagabonde, excès vénériens et alcooliques. Dans son intérieur, acariâtre, difficile, égoïste et très- exigeant.	Femme d'ordre, laborieuse, mais avare.
5e Obs.	'	'	'	'	'	'	Très-laborieux et très attaché à l'argent. Faible de caractère, peu intelligent, sans ordre, sans initiative en dehors des questions d'argent.	Indifférente, égoïste, jalouse et très-mobile.
6e Obs.	Orgueilleux, original, jugement faux; très-actif, aimant l'économie. Indifférent, mobile, faible	'	'	'	Bizarre, fière, égoïste.		Industrieux, avare, excentrique. — Mort d'un cancer.	Bizarre, peu affectueuse, égoïste et méchante.

HÉRÉDITÉ. — SECONDE GÉNÉRATION.

NUMÉROS DES OBSERVATIONS.	COTÉ PATERNEL.				COTÉ MATERNEL.			
	GRAND-PÈRE.	GRAND'MÈRE	GRAND-ONCLE.	GRAND'-TANTE.	GRAND'-TANTE.	GRAND-ONCLE.	GRAND-PÈRE.	GRAND'MÈRE.
8e Obs.	Homme d'ordre, laborieux. Egoiste, sournois, peu sociable	»	»	»	»	»	»	»
9e Obs.	»	»	»	»	»	»	»	»
10e Obs.	»	»	»	»	»	»	»	»
11e Obs.	»	»	»	»	»	»	»	»
12e Obs	Excès de boissons, excès vénériens Hydropisie	Nerveuse, très-vive, méchante, acariâtre Caractère obstiné, dominateur et querelleur.	»	»	»	»	Peu intelligent, sans énergie, sans spontanéité Indécis, bizarre au point d'exciter l'hilarité du public. Gros mangeur Apoplexie	Caractère dominateur, obstiné, méchant ; elle ne respectait personne.
13e Obs.	»	»	»	»	»	»	»	»
14e Obs.	Tous les membres de cette famille sont égoistes, bizarres, excentriques Sans être fous, dit on, ils ont tous la tête fêlée. Leur réputation sous ce rapport est très-ancienne dans leur pays : elle remonte à plusieurs générations Ils sont tous secs et nerveux				»	»	»	»
15e Obs	Compromit sa fortune par ses bizarreries, son mauvais jugement et son peu de bon sens. Apoplexie	»	»	»	»	»	»	»

	Aliénation mentale.	DÉFECTUOSITÉS INTELLECTUELLES.			DÉFECTUOSITÉS MORALES.			DÉFECTUOSITÉS DE LA VOLONTÉ.		Défectuosités de la sensibilité morale.	Maladies du système nerveux.	Autres maladies graves.	TOTAL.
		Intelligence au-dessous de la moyenne.	Jugement faux, peu de sens commun.	Bizarrerie, originalité, excentricité.	Absence des sentiments supérieurs et altruistes.	Prédominance des sentiments égoïstes.	Prédominance des penchants.	Faiblesse de caractère.	Énergie exagérée de caractère.				
Grand père paternel			6e obs 15e obs.	6e obs 15e obs.	6e obs	1e obs. 4e obs. 7e obs. 8e obs.	4e obs 7e obs 12e obs	6e obs.		4e obs. 6e obs.	7e obs. 15e obs	12 obs	18
Grand mère paternelle.		1e obs			4e obs.	1e obs. 1e obs. 1e obs		1e obs		1e obs. 4e obs. 12e obs.			9
Grand-père maternel.		5e obs	5e obs 12e obs	4e obs 6e obs 12e obs		1e obs 4e obs 5e obs 6e obs 7e obs.	1e obs. 12e obs	5e obs 12e obs		1e obs. 4e obs. 7e obs.	12e obs.	6. obs.	21
Grand'mère maternelle.		7e obs		6e obs.	1e obs 5e obs 6e obs.	1e obs 4e obs 5e obs. 6e obs. 7e obs 12e obs		7e obs		1e obs. 5e obs. 12e obs.			15
Grand oncle paternel. . .						4e obs.	4e obs			4e obs.	4e obs.		4
Grand'tante maternelle ...				6e obs.	6e obs.	6e obs.							3
	»	3	4	8	5	20	7	5		12	4	2	70

Nous voyons, dans ces deux derniers tableaux, un assez grand nombre de singularités psychiques anormales annonçant chez les aïeux de nos malades l'existence de ces germes tenaces qui aboutissent finalement à la manie raisonnante. Nous les aurions signalées plus fréquemment sans doute, si nous avions eu des détails plus nombreux sur les grands parents de ces êtres dégénérés.

Nonobstant, nous avons la satisfaction de constater que ces singularités, malgré leur insuffisance numérique, sont absolument identiques entre elles; leur ressemblance est complète et, de plus, elles ressemblent tout à fait à celles qui ont été signalées en parlant des membres appartenant à la première génération des maniaques raisonnants.

A la seconde, comme à la première génération, nous constatons donc, partout où nous avons quelques documents, que les défectuosités psychiques des aïeux sont identiques et constantes, puisque nous pouvons les compléter à la faveur de la méthode inductive précitée; qu'elles ne se contredisent pas; que les mêmes prédispositions existent à la fois dans les lignes paternelle et maternelle; que des deux côtés les facultés égoïstes ou les penchants ont une prédominance notable, et enfin que la prépondérance des penchants ne se rencontre que chez les aïeux des aliénés à type morbide mixte. Ici encore nous devons répéter que, les particularités anormales de l'entendement des grands parents des maniaques raisonnants étant l'expression congénitale d'un germe morbide transmis par la génération, nous

avons à examiner un anneau plus élevé de la chaîne
des filiations héréditaires, afin de chercher dans l'organisation mentale des bisaïeux la cause de la vésanie que
nous observons chez leurs arrière-petits-enfants.

Mais, pour continuer notre route, nous sommes obligés de remonter jusqu'à la troisième génération. C'est
peut-être la première fois que la science va fouiller un
passé si éloigné !...

Malheureusement nous avons sur ce nouveau terrain
bien peu de données qui puissent nous conduire à une
déduction logique quelconque ; cependant on est surpris en apercevant encore dans les quatre bisaïeux
mentionnés dans nos quatrième, cinquième, sixième et
quatorzième observations, les mêmes allures psychiques
et le même genre de caractère que chez les parents et
chez les aïeux de nos malades. Aussi croyons-nous qu'il
n'est pas possible de refuser aux défectuosités mentales
des bisaïeux la signification pathogénique reconnue
plus haut à ces mêmes défectuosités chez leurs descendants immédiats.

Par conséquent, il est probable que le mal des maniaques raisonnants remonte au moins à la quatrième
génération.

Parvenus à cette hauteur, nous ne pouvons plus
avancer dans la même voie. Les faits sont nuls, l'observation s'arrête, et cependant la véritable cause de la manie
raisonnante nous échappe toujours ! Espérons encore,
et cherchons à tirer, de quelques considérations d'étio-

logie générale et des documents fournis par les faits déjà exposés dans le cours de ce traité, une indication qui puisse nous circonscrire, assez nettement et avec assez de certitude, un petit cercle où les causes de la maladie doivent nécessairement se rencontrer. C'est un moyen moitié direct, moitié indirect, qui nous permettra de nous rapprocher beaucoup de notre but, s'il ne nous le fait pas atteindre.

Les maladies dont l'étiologie nous est connue ne dérivent que de deux sources : elles viennent de nous-mêmes ou d'une infraction prolongée aux lois de l'hygiène. Il n'est pas possible qu'elles aient d'autre origine. Partant de ce point, il est clair que ces infractions ont dû porter inévitablement sur les agents désignés par les anciens sous le nom de choses non naturelles, que Hallé divisait en six classes : *circumfusa, applicata, ingesta, excreta, gesta* et *percepta*. Or, parmi ces genres de stimulus, nous ne voyons que les *ingesta* qui soient susceptibles de sévir sur les ascendants de tous nos malades. Alors il faudrait supposer que leurs aïeux, bisaïeux, trisaïeux, ont fait des excès de table. Cette supposition paraît d'autant plus plausible, que les familles de nos maniaques, jouissant d'une position qui leur permettait de vivre dans l'aisance, ne pouvaient guère observer, dans des conditions semblables, les préceptes de sobriété recommandés par l'École de Salerne. Au reste l'apoplexie, mentionnée à plusieurs reprises [1] dans nos observations, semble justi-

---

[1] L'apoplexie est notée trois fois chez le pere, une fois chez la tante maternelle, trois fois chez le grand-père et une fois chez le

fier cette hypothèse. Néanmoins, en acceptant les excès de table des ancètres comme influence initiale et générale, nous ne pouvons lui attribuer qu'un rôle accessoire ou exceptionnel, ne voyant pas en elle une énergie visiblement proportionnelle à l'effet produit. D'ailleurs, comment ces excès, perpétués dans la famille, auraient-ils modifié défavorablement l'organisation psychique de tous les membres et aggravé le mal en traversant les générations ?

Il faut assurément qu'un autre agent caché là-dessous vienne nous dévoiler le mystère que nous essayons de pénétrer. Cet agent, puisque les infractions aux lois de l'hygiène restent muettes, ne peut être que dans le labyrinthe de l'organisation, et celle-ci ne nous a rien dit jusqu'à présent.

Si, au lieu d'examiner cette organisation dans l'individu isolément, nous jetons un coup d'œil sur l'arbre généalogique formé par l'ensemble des personnes qui se sont succédé pour aboutir aux maniaques raisonnants, nous découvrirons, au milieu des branches secondaires qu'il faudra élaguer, un tronc principal, caractérisé essentiellement et constamment par une prédominance des sentiments égoïstes, devenue, en se propageant, de plus en plus maladive. Mais, sous ce nouvel aspect, nous ne voyons encore là que l'hérédité; or l'hérédité, nous le savons, ne produit rien. Continuons cependant notre route.

---

grand-oncle paternel. Nous comptons aussi, parmi les parents de nos maniaques, plusieurs personnes qui aimaient beaucoup les plaisirs de la table.

La symptomatologie de la manie raisonnante ne nous a fait voir nulle part la moindre trace de perversion, d'ataxie pathologique ; nous n'y avons vu non plus aucune illusion ou hallucination, aucun phénomène qui par sa nature soit évidemment anormal, tandis que partout surgissent les signes d'une exagération pure et simple du caractère égoïste, qui doit nécessairement provenir des mêmes sources que le caractère normal, et qui, comme celui-ci, doit forcément se transmettre avec la vie, de génération en génération.

Nous voilà encore en face de ces transmissions héréditaires normales qui nous masquent toujours la cause primordiale de la manie raisonnante.

La marche de la maladie, ou plutôt la marche du développement mental des maniaques raisonnants, démontre qu'ils sont conduits graduellement et directement vers la folie, en passant par des péripéties nombreuses qui, malgré leur diversité apparente, aboutissent au même résultat. Cette évolution nous a paru avoir un tel degré d'importance, de certitude, de constance, que nous n'avons pas hésité à lui donner le titre de *cause déterminante*. Une fois le développement mental terminé, la manie raisonnante est définitivement établie; elle ne s'aggrave plus, et la démence ne vient jamais remplacer par une forme terminale sa physionomie primitive. La croissance morbide, aussi bien que la croissance psychique, s'arrête vers l'âge adulte pour ne plus reprendre sa course chez le même individu: elle reprendra peut-être son élan à la génération suivante, si les circonstances ne lui sont pas trop défavorables, et se traduira de plusieurs manières : stérilité, avortement, mort à la naissance ou un peu plus tard, imperfection mentale, imbécillité, idiotie, folie, etc., selon les conditions organiques et les prédispositions momentanées ou permanentes que présentera le conjoint du maniaque raisonnant[1]. Cette progression, augmentant petit à petit la gravité du mal dans la série généalogique, nous fait concevoir dans le germe, considéré isolément, une marche récurrente, une évolution antérieure, composée de plusieurs phases ou âges moins avancés et uniquement caractérisés par des défectuosités intellectuelles et morales successivement décroissantes, parmi lesquelles l'exagération des facultés égoïstes réclame le premier rang[2].

En suivant toujours la trace de ces particularités mentales dans leur marche rétrograde, l'esprit finit par s'arrêter à un moment où il les aperçoit tout à fait à leur début, et où elles ne constituent encore qu'une simple nuance individuelle, soumise à la loi de ces transmissions héréditaires qui barrent notre passage pour la quatrième fois.

L'observation et le raisonnement nous placent donc, directement ou indirectement, en face de l'hérédité, et

---

[1] Ces résultats de la croissance ultérieure du germe de cette maladie ne sont autre chose, on le comprend bien, que de simples prévisions justifiables, mais non encore justifiées par l'expérience.

[2] Ces réflexions ont trouvé d'avance leur légitimation dans les considérations que nous avons émises à propos de l'intensité croissante des défectuosités mentales dans la série généalogique, tant il est vrai qu'un fait certain s'affirme sans cesse, quel que soit l'aspect sous lequel on l'envisage.

nous conduisent irrésistiblement jusqu'à une nuance individuelle, premier degré de l'échelle des déviations du type spécifique, *punctum saliens,* de toutes les variétés organiques ou fonctionnelles, physiologiques ou pathologiques. Mais l'hérédité, nous l'avons dit et répété, n'invente rien, ne crée rien, et cependant elle s'impose sans cesse à nous avec tout le poids de son immense autorité.

Que fait-elle alors pour nous entraîner fatalement, sans relâche et sans nous laisser sortir un seul instant du cercle de son influence? Elle combine les éléments paternels avec les éléments maternels; elle associe les nuances de l'un et de l'autre, et rien de plus. L'espoir de saisir la clé de l'énigme en dehors de ces associations d'éléments, de ces combinaisons de nuances, étant complétement illusoire, il ne nous reste plus qu'à nous adresser directement à elles, pour les interroger et les forcer à nous répondre catégoriquement.

Quelle est donc, finalement, la véritable cause de la manie raisonnante?

LA SÉLECTION NATURELLE

nous répondront-elles immédiatement et avec une sorte d'assurance imposante qui rendra la réplique impossible. Le caractère égoïste, paternel et maternel, comme nuance psychique initiale, fixée et agrandie par la génération, à la faveur de la sélection naturelle; telle est la formule qui renferme la solution du problème étiologique si péniblement découvert.

La *sélection naturelle!* tel est donc le mot de l'énigme: il représente la grande et unique cause du mal qui af-

flige les maniaques raisonnants et donne l'explication
la plus satisfaisante de tous les faits d'observation
exposés dans les pages précédentes.

Dès à présent, il est facile de s'apercevoir qu'un nouveau jour éclaire ces faits. Ne les voyons-nous pas, à
travers le prisme de la sélection naturelle, se dégager
subitement de l'obscurité qui les voilait à nos regards
et prendre aussitôt nettement la physionomie la plus
expressive? Ces transmissions héréditaires qui sortaient
de toute part sous les plus légers prétextes ; ces singularités intellectuelles et surtout ces prédominances
des sentiments égoïstes venant à chaque instant nous
imposer leur intervention ; enfin ces nuances psychiques
initiales si mystérieuses, si cachées, ne témoignent-elles
pas, avec une évidence éclatante, de la présence d'une
cause primordiale, exerçant son énergique influence au
moyen de l'hérédité sur une suite de générations?

Oui, la sélection naturelle est une cause, une force
sur laquelle la pathologie, comme la biologie, devra
compter désormais.

N'étant jamais entré dans le domaine médical, le
principe de la sélection naturelle mérite un examen consciencieux. Bien que les considérations émises plus haut
soient suffisantes, ce nous semble, pour justifier largement son influence presque exclusive dans la production de la manie raisonnante, nous lui consacrerons
cependant quelques pages de plus, ne serait-ce que
pour prévenir les doutes que sa nouveauté pourrait
soulever.

La sélection, ainsi que son nom l'indique, représente

le choix fait par la nature ou par l'art en associant, dans l'acte de la génération, deux individus de la même espèce ayant tous les deux un cachet particulier, identique, et d'où provient un produit doué de ce même cachet, élevé à une puissance supérieure [1].

La sélection est naturelle ou artificielle selon que le choix des parents est opéré par la nature ou par l'art. Les forces organiques, agissant aveuglément dans le premier cas, sont dirigées, dans le second, par une intelligence instruite par l'expérience. La sélection artificielle, par suite de cette direction réfléchie, préméditée, paraît entraîner avec elle l'idée d'une amélioration, et c'est ainsi qu'on la comprend ordinairement; mais cette amélioration, purement relative, se rapporte seulement au but zootechnique qu'on désire atteindre. En fait, elle peut être une mauvaise chose, en ce sens qu'elle éloigne parfois, petit à petit, du type spécifique, une série d'êtres issus les uns des autres, et qu'elle amène, alors, une détérioration organique ou fonction-

---

[1] Bien que les mots *choix* et *force, cause* ou *principe,* soient très-différents, nous leur donnerons cependant, dans ce chapitre, une signification identique, attendu que la sélection, de quelque façon qu'on l'envisage, n'est et ne peut être qu'une force analogue à celles qui président à la génération, à la nutrition, à l'évolution individuelle. Elle dérive, en effet, comme celles-ci, de la force primordiale, désignée dans notre introduction, en ce qui se rapporte à l'homme, sous le nom de *nature humaine.* Toutefois, si pour rendre plus claire notre définition de la sélection nous avons pensé qu'il importait d'indiquer non-seulement les effets, mais encore les conditions où cette cause se manifeste, il ne s'ensuit pas que nous méconnaissions toute la distance qui sépare la force productive des conditions de sa manifestation

nelle de plus en plus grave , bien que son effet en lui-
même puisse toujours être satisfaisant, au point de vue
de l'industrie et du commerce.

Que la sélection soit naturelle ou artificielle, elle est
constamment l'expression d'un principe , d'une loi biologique infaillible ; elle inspire une telle confiance aux
éleveurs, qu'ils n'hésitent pas , quoique très-positifs, à
engager leurs capitaux dans les opérations les plus har-
dies de croisement et de mélange des races animales[1].
Consultez encore les savants qui , par la nature de leurs
études , peuvent vérifier la certitude de cette belle loi,
et vous les entendrez déclarer, avec une conviction
unanime, qu'elle a pris rang parmi les connaissances
les mieux avérées de la physiologie comparée.

Après une pareille déclaration , entourée de tant de
garanties, nous pouvons classer sans crainte le principe
de la sélection naturelle au nombre des agents étiologiques les plus remarquables, et le faire servir à l'explication des phénomènes de la pathologie humaine.
Comme toutes les notions exactes concernant les maladies, ne prend–il pas dans la physiologie son point
d'appui ? Est-ce que la consanguinité , si redoutée de
tout temps et remise en question de nos jours, ne tire

---

[1] La confiance des Anglais dans l'hérédité de la vitesse du cheval en est arrivée à ce degré de foi, que, dans les paris énormes
dont les courses sont l'objet, ils ne demandent jamais à voir les
chevaux : ils parient sur la seule réputation des races dont sortent
les poulains ou dont ils sortiront, car ils engagent souvent des
sommes très-élevées sur des poulains à naître et même longtemps
avant que leurs futures mères n'aient été fécondées. (*De l'Hérédité
naturelle*, par le Dr P. Lucas. Paris, 1847, t. Ier, p. 596.)

pas de ce principe la raison d'être de ses avantages, de ses inconvénients et de sa grande puissance ?

La consanguinité est avantageuse si les conjoints, unis déjà par les liens du sang, sont parfaitement sains, bien organisés et bien équilibrés dans leur constitution intellectuelle, physique et morale. Dans ces conditions, la sélection, qui reproduit et maintient héréditairement cet état de santé, est une excellente chose, à la faveur de laquelle la race juive, par exemple, a pu se conserver intacte, pure et vigoureuse. Par contre, les inconvénients de la consanguinité sont redoutables lorsque le couple appartient à une famille maladive ou douée d'une organisation mauvaise, c'est-à-dire mal équilibrée dans ses éléments constitutifs, attendu que, dans ces circonstances, les dispositions morbides ou les maladies du père sont identiques à celles de la mère, et qu'alors la génération ne peut qu'aggraver le mal en réunissant, en accumulant, en additionnant, chez l'enfant, les éléments fâcheux de chacun de ses parents.

Voilà comment cette manière de comprendre la consanguinité est la seule qui soit conforme à la vérité et qui puisse donner une explication exacte des faits si divergents, si contradictoires, qui se sont produits dans ces derniers temps.

Le principe de la sélection est plein d'avenir, sinon dans le domaine de la thérapeutique, du moins dans le cercle de l'hygiène et notamment de l'hygiène vétérinaire[1]. Sa puissante influence étant connue, on pourra

---

[1] On peut avoir une grande confiance dans la loi de la sélection

s'en servir pour prévenir une foule de maux qui, *à peine
éclos*, sont déjà au-dessus des ressources de la science.
Grande est aussi sa portée étiologique. Toutes les maladies appelées physiologiques ou fonctionnelles par
MM. Trousseau et Pidoux me paraissent lui appartenir
en entier. En outre, la scrofule lui doit presque complétement son existence, quand elle surgit tout à coup
chez les enfants issus de parents à tempérament lymphatique exagéré. Enfin la sélection, seule ou associée
à d'autres agents, préside à la naissance d'un grand
nombre de maladies dont les causes nous étaient inconnues. Mais c'est surtout en psychiatrie que son avenir
est assuré, soit qu'elle agisse isolément, comme dans la
manie raisonnante, la manie bienveillante et la manie
malveillante; soit qu'elle contracte une alliance plus ou
moins intime avec le rachitisme, comme cela paraît
avoir lieu dans la folie des aliénés rabougris; soit qu'elle
se trouve réunie à d'autres éléments, comme dans plusieurs autres états morbides, que les progrès ultérieurs
de nos connaissances se chargeront de déterminer.

Après avoir donné une définition de la sélection naturelle et présenté une esquisse de sa puissance et de
son importance, il ne nous reste qu'à montrer son mode
d'action dans la production de la manie raisonnante.

Voici comment je le comprends : de deux conjoints
à caractère très-faiblement égoïste, lorsque l'hérédité

sans partager les idées de Darwin. Le darwinisme est une théorie
qu'on peut admettre ou rejeter, tandis que le principe de la sélection n'a rien d'hypothétique et s'impose par lui-même à l'esprit des
observateurs.

en retour ne se manifeste pas, proviennent des enfants doués d'une somme d'égoïsme plus grande que celle de leurs parents considérés séparément. Augmentez ensuite par la pensée, d'emblée ou à travers plusieurs générations, d'une façon intermittente ou continue, l'énergie des facteurs, et la résultante augmentera dans les mêmes proportions. Procédant de la sorte, la sélection finira, tôt ou tard, par donner lieu à des êtres ayant pleinement le caractère et les conditions psycho-somatiques propres aux maniaques raisonnants.

Telle est la formule pathogénique de la manie raisonnante. Elle soulève plusieurs problèmes très-délicats, très-controversés ou peu connus, que nous allons chercher à résoudre en discutant les questions suivantes. Une fois ces questions élucidées, notre résumé deviendra clair, et le pouvoir de la sélection recevra sa dernière démonstration.

1re Question. — Quelle est la signification du mot *caractère ?*

On trouverait difficilement dans notre langue un mot plus généralement connu : il n'y a pas dans la société une personne, n'importe son rang, qui ne croie être en état, en s'appuyant sur sa propre expérience, de parler longuement, savamment, et sur le mot et sur la chose. Et pourtant, quand on fait quelques recherches dans le but de se former sur ce sujet une idée nette, on ne tarde pas à relever beaucoup de banalités, beaucoup d'erreurs et de contradictions, qui prouvent combien il est encore peu connu. Pour les uns, le caractère

est la résultante de l'être psychique tout entier ; pour les
autres, il exprime le degré d'énergie de la volonté ; pour
ceux-ci, il est en quelque sorte le résumé de notre intelligence, tandis que pour ceux-là, le caractère n'est que le
mode habituel de notre sensibilité morale. Ces divergences sont très-regrettables ; leur discussion serait déplacée ici et nous entraînerait trop loin. En attendant que
nous puissions développer, dans un autre travail, le fruit
de nos recherches sur ce point, qu'il nous suffise d'affirmer que le caractère n'est et ne peut être autre chose
que la résultante de l'ensemble de nos facultés morales.
Ces facultés peuvent seules lui servir de base, parce
qu'elles nous portent à l'action, et que le caractère ne
dérive, en dernière analyse, que de notre manière
d'être habituelle, de la tendance ordinaire de nos
actions, et nullement de nos facultés syllogistiques ou
spéculatives.

D'un autre côté, l'usage a reconnu depuis longtemps des caractères orgueilleux, égoïstes, religieux,
méchants, jaloux, affectueux, misanthropes, lubriques,
et des caractères mobiles, fantasques, exaltés, inquiets,
apathiques, sombres, etc.....; les premiers sont fondés
sur nos sentiments, sur nos passions, sur nos penchants,
éléments fixes, constants, de notre organisation mentale,
contrairement aux seconds, qui ont pour base unique
les modes de notre sensibilité, modes toujours incon-
stants, variables et fugitifs. Il est impossible de confondre sous le même nom deux choses si disparates,
sans mépriser les règles les plus élémentaires de la
logique et du bon sens. Entre les facultés morales et

les modes de notre impressionnabilité il y a un abîme qui nous oblige à choisir entre ces deux genres de caractère. Il faut absolument admettre l'un et rejeter l'autre, sous peine d'embrouiller encore un sujet déjà fort obscur en lui-même. Il faut accepter les errements sanctionnés par le langage ordinaire et abandonner la perspective d'un progrès scientifique à réaliser, ou faire les éliminations exigées par l'état actuel de nos connaissances. Dans cette inévitable et pressante alternative, hésiter, c'est douter, et le doute ici ne serait pas excusable. Déclarons donc hardiment que le mot *caractère* doit être exclusivement réservé pour désigner l'empreinte typique, distinctive, que donne à l'individu la prédominance de ses penchants, de ses passions, de ses affections ou de ses sentiments supérieurs. Le caractère est, en trois mots, *le cachet de l'individualité morale*.

En conséquence, on peut soutenir qu'il y a autant de caractères qu'il y a de personnes, chacun de nous ayant au moral, comme au physique, sa physionomie particulière. Réfractaires jusqu'à ce jour à toute tentative de classification, à cause de leur variété et peut-être aussi à cause de leurs allures indécises, confondues dans un inextricable mélange, les caractères peuvent néanmoins être ramenés à un petit nombre de types susceptibles de former des groupes rationnels. Toute la difficulté consiste à trouver une base assez solide et assez large pour nous permettre de classer ces types d'après leurs analogies. Mais où prendrons-nous ce point de départ?

L'indétermination des facultés morales nous a conduit à rechercher leurs affinités respectives, leurs rapports fonctionnels, et cette recherche, à son tour, nous a servi de guide pour les distribuer en quatre groupes très-naturels : les sentiments supérieurs, les affections, les sentiments égoïstes et les penchants. Contrairement aux facultés qui, par leur nature, sont peut-être indéterminables, ces groupes sont franchement accusés, nettement déterminés ; à l'abri de toute confusion, de tout mélange, ils sont fixes, immuables, partout et toujours. C'est sur eux, ou mieux sur les lois d'association et de balancement fonctionnel des facultés d'où ils dérivent, que nous avons fondé une classification des diverses espèces de caractère.

Toutefois, les grandes analogies existant dans les actes des individus doués d'une prédominance des sentiments élevés ou d'une prépondérance des affections nous engagent à les réunir dans la même catégorie. D'un autre côté, nous réservons une place à part pour les caractères mixtes, dans lesquels les sentiments supérieurs, altruistes, égoïstes et inférieurs se font suffisamment équilibre pour qu'il n'y ait pas de prédominance saillante ni dans un sens, ni dans un autre.

Nous avons donc :

1er Groupe : Caractères supérieurs et altruistes.

2e Groupe : Caractères égoïstes.

3e Groupe : Caractères inférieurs.

4e Groupe : Caractères mixtes.

Ces catégories admettent aisément tous les caractères, dont le cachet est multiforme et partant difficile à saisir. Ne voit-on pas tous les jours des personnes à la fois

orgueilleuses, avares, jalouses et ambitieuses; misanthropes, hypocrites et envieuses; voluptueuses et gour-
mandes; affectueuses, morales, reconnaissantes, dé-
vouées et religieuses?

Où faudra-t-il les classer? Dira-t-on que leur caractère est mixte, parce qu'il provient du mélange de
plusieurs types primitifs? Non, assurément, car on n'y
voit pas l'équilibre des facultés, sans lequel il n'y a pas
de caractère mixte possible. Ces personnes ont des
traits moraux saillants, bien dessinés, dont l'ensemble
correspond aux traits généraux, aux grandes lignes,
appartenant à l'un des groupes de caractères énumérés
ci-dessus. Leur place dans notre cadre ne saurait donc
rester un seul instant douteuse.

Les cas de prépondérance exclusive d'une seule faculté sont rares, exceptionnels. D'ailleurs, les caractères rangés par nous dans le même groupe se ressemblent beaucoup; ils ne diffèrent les uns des autres que
par quelques détails accessoires, tandis que par les
points essentiels ils sont absolument identiques. En
cherchant à les classer, nous avons dû nous préoccuper
par-dessus tout de les comprendre tous et d'arriver à
des résultats clairs, pratiques et certains. Nous aurions
assurément manqué ce but si, nous réglant sur ces cas
exceptionnels et nous livrant aux inspirations de l'imagination, nous eussions abandonné la méthode de l'observation et de l'expérience. Imitant la nature, nous
négligeons parfois les traits particuliers, individuels,
pour nous attacher uniquement aux traits spécifiques.
L'individualité, n'importe l'aspect sous lequel on l'en-

visage, fournit rarement des données précises, immuables ; il faut remonter à l'espèce quand on ne veut
pas rester dans le domaine de la mutabilité et de la
contingence. Au surplus, rien ne nous empêche, après
avoir étudié les grandes lignes, les traits génériques
d'un naturel, d'accorder nos soins à l'observation de
son empreinte idiosyncrasique ou particulière, quand
elle est bien en relief[1].

2e *Question.* — Le caractère est-il transmissible des
parents aux enfants ? En d'autres termes, les facultés
morales des parents sont-elles transmissibles aux enfants ?

Cette question n'en est plus une depuis la publication du magnifique ouvrage du Dr P. Lucas sur l'hérédité, où sont si savamment exposées et appréciées les
opinions de ses prédécesseurs sur ce sujet. Aujourd'hui,
en effet, il n'est plus possible de douter un seul instant

---

[1] Je regrette vivement que ces considérations, malgré leur
étendue, soient cependant si incomplètes, mais les circonstances ne
me permettent pas de faire autrement. Le travail que je publie aujourd'hui n'est qu'un grand chapitre d'un ouvrage qui doit avoir ce
titre : « *du Caractère au point de vue médico psychologique* ». Dans la
partie physiologique, presque achevée, de cet ouvrage, j'ai eu l'occasion d'exposer et de résoudre plusieurs problèmes qui, par suite
de l'enchaînement de toutes mes idées sur ce vaste sujet, reparaissent à propos de l'étude de la manie raisonnante. Obligé de les
aborder incidemment et ne pouvant pas leur donner ici les développements nécessaires, je dois me contenter d'en dire quelques mots,
qui seront malheureusement très-insuffisants comme démonstration et peut-être même nuisibles à l'exposition rapide des faits

de la réalité de cette transmission. C'est à ce consciencieux travail que nous renvoyons ceux de nos lecteurs qui désireraient avoir de plus amples renseignements à cet égard.

Toutefois, je ne puis guère passer sous silence un fait devenu vulgaire à force d'être fréquent, et qui consiste dans la dissemblance de caractère des enfants légitimes issus d'un même couple. Sur six enfants, on voit, dit-on, six caractères différents, ce qui paraît être en opposition avec l'hérédité du tempérament moral. Avant d'accepter ce fait tel qu'on nous le donne, il convient de l'examiner avec soin.

Les caractères fondés sur la diversité des modes de notre sensibilité morale, et que nous pourrions appeler *pseudo-caractères,* ont été rejetés par nous pour des raisons que nous croyons péremptoires ; et, comme ils n'ont pas été distingués, jusqu'à ce jour, du vrai naturel, tel que nous le comprenons, il y a lieu de craindre que la dissemblance de ces enfants appartenant au même couple ne repose justement sur les manières d'être de leur sensibilité morale. Cette crainte, qui nous paraît très-juste, atténue considérablement la portée de l'objection. Nous voyons fréquemment des personnes réputées différentes par le caractère, parce que les unes, par exemple, sont vives et que les autres sont moroses, comme si elles ne pouvaient pas avoir au fond un tempérament moral identique. Pourquoi n'aurait-on pas commis de pareilles méprises dans le cas que nous discutons?

En outre, alors même qu'un enfant serait orgueilleux et que son frère serait avare, il ne faudrait pas se hâter d'affirmer qu'ils ont deux caractères entièrement différents. Non, leur tempérament moral, sous le rapport des traits spécifiques, est essentiellement le même dans les deux cas; les traits individuels sont seuls différents. Or nous savons pertinemment que ces derniers, négligés souvent par la nature, sont toujours difficilement transmissibles, tandis que les premiers, plus fixes, immuables, se transmettent constamment, fatalement. C'est donc le cachet moral spécifique qu'il importe d'examiner, et cette remarque vient diminuer encore la valeur de l'objection dont il s'agit.

Il ne faut pas oublier non plus que, si les deux conjoints ont un tempérament moral dissemblable, leurs enfants pourront avoir, soit le caractère du père, soit celui de la mère, soit un caractère plus ou moins mélangé. Dans ce dernier cas, et selon les proportions de l'élément paternel et de l'élément maternel mises en œuvre dans l'acte de la procréation, on verra surgir plusieurs formes de caractère très-différentes les unes des autres.

Enfin l'influence que Maupertuis et surtout Girou de Bouzareingues attribuent à l'atavisme dans la variation des traits individuels, ou dans les dissemblances qui distinguent les pères des enfants, a aussi une large part sur tout ce qui concerne la transmission des particularités du tempérament moral.

Ces réflexions réduisent considérablement l'importance du fait qu'on opposait à la transmissibilité du caractère et nous permettent de certifier que l'hérédité du dynamisme moral est irrécusable. Est-ce que les tableaux généalogiques des parents de nos malades ne fournissent pas la preuve la plus éclatante qu'il soit possible d'avoir en faveur de la transmission du caractère? A-t-on jamais vu une série plus complète de personnes égoïstes, perpétuant presque fatalement dans la famille le cachet typique de leur tempérament moral?

3e Question. — Le caractère conserve-t-il son énergie, sa force, sa quantité, comme il conserve sa nature, sa qualité, en passant par la génération ?

Pour répondre clairement à cette question, il convient de se demander d'abord si nous possédons tous, dans nos facultés morales, le même degré d'énergie. Poser un pareil problème relativement à l'intelligence, ce serait perdre sa peine, attendu que tout le monde connaît la distance qui sépare l'idiot de l'homme de génie; il en est tout autrement quand il s'agit du moral. On ne s'est jamais préoccupé de savoir si telle personne déployait, dans un laps de temps donné, une somme d'activité morale plus ou moins forte que telle autre. Il faut pourtant se décider à introduire, autant que faire se peut, dans l'étude de la force ou des forces psychiques, la rigueur des méthodes physiques ordinaires, si l'on veut arriver à quelque résultat satisfaisant. J'ai lu avec attention et avec beaucoup d'intérêt l'article *Force* du *Dictionnaire de médecine* en 60 volumes, article où le savant Pariset déclare qu'on ne doit pas songer à trouver le moyen de mesurer les forces mentales, et j'avoue que son opinion n'est que trop vraisemblable. Cependant ce n'est pas une raison pour ne pas les étudier avec quelque précision. Entre un homme naturellement bienveillant et un saint Vincent de Paul, il y a, sous le rapport de l'énergie bienfaisante, une différence énorme. Nous ne pourrions attribuer cette différence à l'intelligence sans oublier que parmi les personnes affectueuses le degré d'affection n'est pas le même. Est-ce que les idiots, égaux par la nullité de leurs facultés intellectuelles, sont également aimants, caressants, égoïstes, jaloux, méchants, voleurs, gourmands, etc. ?

Il y a des hommes de génie et des idiots par le cœur, comme il y a des hommes de génie et des idiots par l'intelligence. Les esprits éminents, mais à cœur bas et dénaturé, et *vice versâ;* les esprits lourds, mais doués d'une grande élévation dans les sentiments, ne sont pas très-rares. Au reste, le rôle de l'intelligence se borne à faire ressortir les qualités et à masquer les défauts du moral, sans modifier en aucune façon leur nature. Le moral a donc une énergie propre et différente chez les individus, mais nous ne pouvons pas la mesurer exactement faute d'un terme de comparaison invariable.

Le beau livre du docteur P. Lucas, qui a soulevé, discuté et résolu tant de problèmes, se tait d'une manière bien regrettable sur tout ce qui touche à la propagation du degré de l'activité morale. On comprend parfaitement que ce savant médecin ait laissé de côté les points qui n'étaient pas susceptibles de recevoir une démonstration directe et patente. Les forces mentales,

échappant à toute mesure, par suite de l'absence d'un
terme de comparaison fixe, et par suite aussi des difficultés qui seraient inhérentes à cette comparaison, ne
pouvaient l'amener qu'à des déductions probables, dont
l'obscurité aurait nui à la clarté de son œuvre. Néanmoins ses travaux nous seront du plus grand secours.

Quand les éleveurs observent dans un animal une
nuance, aussi légère qu'on puisse la supposer, et qu'ils
veulent donner à cette nuance le degré d'intensité nécessaire à leurs spéculations industrielles, ils accouplent
cet animal avec un autre de la même espèce ayant
aussi la même nuance, certains qu'ils sont de la retrouver augmentée dans le produit. Celui-ci, uni à son
tour avec un autre animal possédant le même cachet,
engendre un être plus parfait, à leur point de vue,
être qui, accouplé lui-même dans des conditions identiques, donne naissance à un nouvel individu plus
parfait encore que ses parents. Ils arrivent, à la faveur
de cette méthode, à augmenter progressivement la force
de la nuance primitive et à lui faire acquérir le degré
d'énergie qu'ils désiraient.

« Le docteur Dannecy a fait, dix années, procréer
une centaine de couples de lapins, en ayant l'attention
de disposer toujours les accouplements d'après des circonstances individuelles fixes et toujours les mêmes
dans certaines lignées, et il est parvenu à obtenir ainsi
une foule de conformations différentes, des monstruosités, en quelque sorte, de tout le corps ou de
chacune de ses parties. Le résultat a été le même sur

des pigeons, le même sur des souris, le même sur des végétaux [1]. »

Si, en se soumettant aux conditions voulues, on fait à volonté grandir ou diminuer une partie de l'animal, pourrait-on refuser à la nature le pouvoir d'effectuer ce que l'art accomplit si facilement? Toutefois, ces exemples, dira-t-on, se rapportent à l'élément physique, et rien ne prouve que la sélection agisse pareillement sur le moral. Cette objection est plus spécieuse que solide, et pour s'en convaincre il suffit de se rappeler que l'homme est, avant tout, un être *un,* puisqu'il existe, et que toute existence est essentiellement unitaire. L'homme, nous le répétons, n'est pas un mélange de matière, de vie et d'esprit; ces trois éléments de sa constitution, quoique irréductibles, ne sauraient être observés isolément: ils forment un tout indivisible, qui n'est autre chose que la nature humaine. Découverts par l'analyse, ils n'ont pas ici-bas une existence réelle, indépendante; séparément ce sont, pour nous médecins, des spéculations de notre intelligence et rien de plus. Par conséquent il est impossible d'admettre que le corps et l'entendement obéissent à des principes différents; l'un et l'autre sont, au contraire, solidairement gouvernés par la même activité, d'après des règles identiques, invariables. « Le dynamisme, ou type des divers caractères de la nature morale, est soumis aux mêmes lois de transport séminal que le mécanisme, ou type des divers caractères de la nature physique, et

---

[1] *Traité de l'heredite naturelle,* par le docteur Lucas, t. Ier, p. 203.

de la part du père comme de celle de la mère [1]. »

Qu'elle opère sur la partie dynamique ou sur la partie matérielle de notre être, la sélection naturelle est tout aussi puissante et tout aussi certaine. Consultons plutôt les faits. Les métis issus de mulâtre et de négresse sont beaucoup plus dociles que les métis provenant de négresse et de blanc. Dans les colonies, on distingue très-aisément les gens de couleur et l'on va même jusqu'à reconnaître les individus qui ont $\frac{1}{32}$ de sang indien, d'après les particularités de leur caractère.

Au surplus, il n'y a pas de médecin qui n'ait eu l'occasion de remarquer, élevés à une plus haute puissance chez les enfants, les qualités ou les défauts de leurs parents. Bien plus, il n'y a pas d'homme intelligent, savant ou illettré, qui n'ait fait la même remarque.

En ce qui nous concerne, séduit par l'éloquence des faits, nous rapportons toujours nos regards sur les observations relatives à nos maniaques raisonnants. Sans doute, faute de renseignements précis, il ne nous est pas toujours possible de voir les facultés égoïstes augmenter d'énergie dans la série généalogique, à mesure qu'on se rapproche de nos malades; mais il est incontestable que cette augmentation est réelle et que ces malheureux ont un degré d'orgueil, de jalousie ou d'égoïsme, bien supérieur à celui de leurs parents. C'est, au reste, ce que prouvent et l'examen comparatif des

---

[1] *Traité de l'hérédité naturelle*, par le docteur P. Lucas, t. II, p. 95.

particularités psychiques des parents médiats et immédiats de nos malades et les notes prises par nous
chaque fois que les circonstances nous ont permis d'étudier, directement, le caractère du père ou de la mère
d'un de nos maniaques. La proportion croissante des
cas d'aliénation mentale dans leur famille a aussi une
signification qu'il importe de ne pas négliger.

4ᵉ Question. — La force morale se propage-t-elle
toujours dans sa quantité et dans sa qualité des parents aux enfants ?

Rien ne se perd dans la nature, dit un axiome qui
est aussi vrai dans le domaine des forces psychiques que
partout ailleurs. Si parfois l'élément paternel ou maternel ne se retrouve pas dans le produit, ce n'est pas
une raison pour croire qu'il n'existe pas.

« Aucun être ne s'engendre, dit encore M. P. Lucas,
qu'à la condition de l'action des deux facteurs, et si
faible que soit, ou que l'on imagine, la part de l'un ou
de l'autre à l'animation, elle contribue toujours à
l'éclair de la vie et l'organisation en porte toujours
la trace; il est vrai seulement qu'elle peut être plus ou
moins latente dans le produit. C'est cet *état latent* qui
en impose ici pour l'absence complète de représentation
du père ou de la mère, et qui donne ainsi lieu de croire
à l'élection absolue d'un facteur[1]. »

M. de Quatrefages exprime la même idée en disant :
« La force héréditaire, constamment et nécessairement

---

[1] *Traité de l'hérédité naturelle,* par le Dᵗ Lucas, t. II, p. 206.

troublée dans son action, ne peut manifester toute sa
puissance dans les individus; c'est dans l'espèce elle-
même, considérée dans son ensemble, qu'elle réalise en
détail et successivement ce qu'elle ne peut faire en bloc
pour ainsi dire et en une seule fois [1]. »

On le voit, tout est certitude du côté de l'espèce, tout
est variable, contingent, du côté de l'individu. Avions-
nous raison de nous attacher de préférence aux révélations du type spécifique ? Assurément, celui-ci est la
seule source féconde d'où découlent les vérités les mieux
établies, le plus fortement enchaînées, qu'il soit possible d'avoir dans le vaste champ des sciences biologiques.

Mais revenons à notre sujet. Cause de certaines variétés physiologiques, l'état latent inspire aux éleveurs
une telle crainte, que M. A. Sanson va jusqu'à dire
que, s'il fallait opter entre deux reproducteurs dont
l'un offrirait, avec des qualités moins parfaites, une
longue suite d'aïeux célèbres par leurs mérites spéciaux, tandis que l'autre ne présenterait que sa per-
fection individuelle, nul doute qu'il n'y eut lieu de
préférer le premier dans la plupart des cas [2].

« C'est en vain que dans les troupeaux à laine noire
de l'Andalousie on tue impitoyablement, depuis plusieurs siècles, tout agneau qui porte la moindre trace
de laine blanche, afin de conserver à la race le caractère qui en fait rechercher la toison. Les vers à soie

---

[1] *Unité de l'espèce humaine*, par M. de Quatrefages, p. 181.
[2] *Zootechnie*, t. II, p. 118.

de race blanche, épurée avec le plus grand soin depuis plus d'un siècle, comme l'était celle de Valle-
raugue, produisent toujours un certain nombre de
cocons jaunes. Les mêmes faits se retrouvent chez
l'homme[1].»

Quant à l'hérédité alternante des dispositions mentales, écrit M. Dally, chacun en peut trouver, dans le
monde où se conservent des traditions de famille, de
nombreux exemples. La célèbre lady Esther Stanhope
a fait elle-même remarquer avec complaisance qu'elle
offrait, au physique et au moral, les plus grandes analogies avec son grand-père. Enfin la plupart des médecins ont eu sous les yeux quelques exemples de diathèses qui sautaient une ou plusieurs générations. Le
professeur G. Sée a observé sept cas de diathèse scrofuleuse qui provenait des grands parents et avait laissé
les parents indemnes. Cerise a noté les mêmes faits
pour les névroses, et un grand nombre de praticiens
pour la goutte et la tuberculose pulmonaire[2].

Comme la chaleur dans les corps bruts, pour me
servir d'une comparaison grossière, une partie des forces
psychiques peut donc demeurer à l'état virtuel, à l'état
latent. Mais qu'une circonstance favorable vienne la
mettre en jeu, et aussitôt elle se manifestera avec toute
son énergie. Les phénomènes d'atavisme rappelés ci-
dessus ne sont-ils pas, ainsi que nous l'avons déjà dit,
l'expression d'une force qui, restée cachée au sein de

---

[1] De Quatrefages, *Unité de l'espèce humaine*, p. 184

[2] Dally, *Dictionnaire encyclopédique des sciences médicales*, art. *Ata
visme*, t. VII, 1re partie, p. 48.

l'organisation pendant une ou plusieurs générations, se dévoile tout à coup par les manifestations les plus inattendues ? Est-ce que l'atavisme n'est pas une forme de l'hérédité, et celle-ci peut-elle transmettre ce qui n'a jamais existé ?

Cette hérédité médiate, cet atavisme, admis unanimement dans les sciences de la vie, prouve sans réplique que les qualités ou les défauts des parents se transmettent scrupuleusement aux enfants, sinon toujours d'une manière apparente, du moins d'une manière virtuelle ou cachée, car, tôt ou tard, ces qualités ou ces défauts se démasquent et reparaissent sous leur aspect ordinaire.

Ce que nous disons de la qualité d'action est également vrai de la quantité d'action. Absolument inséparables l'une de l'autre, elles sont toutes deux transmissibles dans leur intégrité. Le moment de l'échéance peut varier, sans diminuer en rien le degré de leur énergie.

5e *Question.* — La force morale peut-elle se propager d'une manière alternante ou intermittente ?

En principe, cette question est résolue d'avance par ce que nous venons de dire. Il est clair, en effet, que le transport séminal des facultés morales a lieu d'une façon continue, et si parfois elle paraît affecter la forme alternante ou intermittente, c'est que ces facultés restent alors, dans une, deux ou trois générations, à l'état latent ; le fait existe, l'expression seule fait défaut.

Cette transmission a été continue dans les familles de nos maniaques, car nous avons toujours rencontré, chez tous les membres, un caractère égoïste bien prononcé. Toutefois, la continuité du même genre de tempérament moral dans la série généalogique n'est pas d'une nécessité absolue pour la production de la manie raisonnante, ainsi que nous le verrons dans un instant.

6e *Question.* — La sélection peut-elle augmenter indéfiniment le degré d'intensité de l'égoïsme ?

Non, le caractère égoïste, dans sa progression croissante, ne saurait dépasser une certaine limite sans altérer profondément l'équilibre mental et, par conséquent, sans devenir un état extra-physiologique, puis une dégénérescence légère et enfin une dégénérescence très-prononcée, qui aurait la stérilité pour conséquence inévitable. Pour maintenir l'intégrité des espèces, la nature emploie une foule de moyens très–simples, dont l'action consiste à détruire les particularités exceptionnelles ou à les ramener vers le type spécifique. Et, quand ses efforts, devenus impuissants, ont laissé prendre un cachet morbide grave aux écarts individuels, elle les anéantit définitivement en rendant stériles les êtres qui les présentent.

Nos maniaques raisonnants se trouvent au delà des bornes imposées aux variétés naturelles ; s'ils ne rencontrent pas dans l'autre conjoint un élément régénérateur, leur progéniture inféconde s'éteindra positivement. C'est à cette absence de régénération qu'ils doivent eux-mêmes la maladie qui les afflige, comme le prouvent les observations placées à la fin de ce travail.

7ᵉ Question. — Combien de générations faut-il à la sélection naturelle pour produire le substratum nécessaire à la manifestation de la manie raisonnante ?

Nous n'en savons rien ; tout ce que nous pouvons présumer, c'est que la rapidité du résultat dépendra essentiellement de la permanence et de l'énergie des influences productrices de la maladie, c'est-à-dire de la continuité et du degré de force du caractère égoïste dans la série généalogique. Cette continuité, nécessaire à la rapidité de l'effet, n'est pas cependant absolument indispensable à la réalisation du but final. Supposons, par exemple, qu'elle soit interrompue par la présence de quelques personnes douées d'une prédominance des sentiments supérieurs, et demandons-nous quelles seront les perturbations probables qu'elles amèneront sur le résultat définitif. *A priori,* nous pouvons affirmer que ce résultat sera seulement entravé ou retardé si ces personnes, par leur nombre ou par l'excessive exagération de leur caractère bienveillant, n'anéantissent pas l'excès d'égoisme des autres facteurs, car, pour être intermittente, l'action de la sélection n'en est pas moins assurée.

Voici, selon toutes les probabilités, comment les choses se passeront. En admettant que dans dix générations successives, exigeant le concours de vingt individus, il y ait huit caractères altruistes et douze caractères égoïstes, on doit s'attendre à trouver à la onzième génération beaucoup plus d'égoïsme qu'à la première géné-

ration. Si nous augmentons ensuite mentalement le
nombre de générations, en conservant aux caractères
égoïstes la même prépondérance, ou si nous diminuons
les proportions des individus altruistes, nous parviendrons théoriquement à concevoir, à un moment donné,
un type d'égoïsme tellement exagéré, qu'il deviendra
exceptionnel, extra-physiologique, et offrira les conditions réclamées par l'étiologie de la manie raisonnante.

Par conséquent, ici comme ailleurs, tout est proportionnel à l'énergie et à la continuité des causes. Néanmoins, en nous rappelant que le célèbre John Sebright,
le plus habile éleveur de pigeons, demandait trois ans
pour obtenir n'importe quel plumage et six ans pour
façonner une tête ou un bec de pigeon, nous avons lieu
de penser que la sélection naturelle exige un certain
temps et un nombre assez considérable de générations
pour parvenir à produire l'affection mentale de nos
maniaques. Nos observations, où la suite des types
égoïstes est très-marquée, justifient cette opinion et
nous font croire que, dans les conditions les plus favorables, la sélection a besoin au moins de quatre ou cinq
générations pour créer l'espèce pathologique étudiée
dans le traité.

Nous avons accordé jusqu'à présent au principe de la
sélection, agissant sur le caractère égoïste de la série
généalogique de nos malades, le rôle de cause unique de
la manie raisonnante ; et, en effet, sans ce principe, il est
impossible de comprendre la production de cette aliéna-

tion mentale. Toutefois, de ce que la sélection peut, à elle seule, engendrer le mal de nos maniaques, il ne s'ensuit pas qu'il n'y ait pas d'autres influences secondaires, auxiliaires ou adjuvantes, capables de favoriser son action.

Une personne ne perd jamais le libre usage de ses facultés à la suite d'une seule influence; placée au milieu des stimulus divers, intellectuels, physiques et moraux, qui constituent le milieu où nous vivons, elle reçoit, sans interruption aucune, de ce milieu un grand nombre d'impressions morbides, parmi lesquelles il en est toujours qui viennent nécessairement ajouter leur action à celle de l'influence pathogénique principale. La manie raisonnante n'échappe pas à cette nécessité; aussi croyons-nous que son étiologie laisse subsister encore une lacune, que nous devons combler maintenant.

Il est indubitable que les facultés mentales, étant innées, ne sauraient être créées, de toute pièce, par les conditions de milieu. Un homme naturellement bienveillant conserve sa bienveillance jusqu'à son dernier soupir; la prédominance de son cachet moral peut varier dans sa quantité et nullement dans sa qualité. Par conséquent, il est absolument impossible qu'un individu doué d'un caractère supérieur devienne maniaque raisonnant, quelles que soient d'ailleurs les conditions où le sort se plaise à le placer. La manie raisonnante *d'emblée* est donc une chimère inconcevable.

Nous ne croyons pas non plus que le milieu puisse donner à un caractère légèrement égoïste la prédomi-

nance indispensable à la constitution de cette maladie,
car notre croyance, à cet égard, est fondée sur l'expérience et sur les considérations tirées de la marche même
du mal.

Ces réflexions prouvent que la sélection est bien réellement le grand ressort producteur de la manie raisonnante, et, par suite, que les causes auxiliaires ont tout
simplement une portée secondaire. Ainsi comprises,
elles méritent encore que nous leur consacrions quelques
instants.

Tout le monde sait que les passions, les chagrins, les
déceptions, la misère, les diathèses, les maladies, les
poisons, l'âge, les choses non naturelles des anciens, et
en général tous les agents physiques ou moraux de nature déprimante ou affaiblissante, peuvent augmenter
l'énergie de nos facultés égoïstes. Nous n'osons pas
insister sur l'exactitude de ce fait d'observation, tant il
est connu et presque vulgaire.

Nous trouvons dans les familles de nos malades une
série de causes aussi diverses par leur nature que variables par leur intensité, leur durée et la continuité
de leur action. Les influences, telles que les excès
vénériens, les abus alcooliques, l'insuffisance de nourriture, les mauvaises conditions hygiéniques, l'activité
exagérée, les veilles prolongées, les pertes d'argent, les
chagrins domestiques, les soucis de toute nature, les
maladies de tous les systèmes organiques, etc., sont
maintes fois mentionnées dans nos observations, et
nous les aurions signalées bien plus souvent encore si
nous avions eu le soin de les noter toutes.

Comparées les unes aux autres, ces causes offrent
dans leur mode d'action les dissemblances les plus frappantes : pendant que les unes s'adressent à l'entendement, les autres opèrent sur le corps ou sur les forces
de la vie. Bien plus, ces causes, qui exercent sur l'économie une action spéciale plus ou moins bien connue,
perdent, en quelque sorte, cette spécialité quand elles
ajoutent leur contingent à celui, plus important, de la
sélection naturelle, pour donner lieu à la manie raisonnante.

Néanmoins, au milieu de cette diversité il est facile
de découvrir une action qui leur est commune : physiques ou morales, les causes auxiliaires de la sélection
arrivent toutes finalement, mais indirectement, à dé-
primer l'énergie psychique et à la concentrer dans un
cercle étroit. Toutes les personnes placées dans de mauvaises conditions hygiéniques, toutes celles qui souffrent ou qui sont atteintes de maladies graves ; en un
mot, toutes les personnes que le malheur sous mille
formes poursuit et accable, voient diminuer, de jour en
jour, l'expansion naturelle de leurs sentiments supérieurs et altruistes. Ces sentiments sont les premiers à
s'effacer au déclin de la vie, comme ils sont les premiers
à s'épanouir sous le souffle puissant de la virilité. En
même temps que ceux-ci s'affaiblissent, les facultés
égoïstes acquièrent progressivement une énergie relative
croissante, qui n'est pas cependant illimitée.

Toute cause a des bornes qu'elle ne saurait franchir ;
celles qui nous occupent sont dans ce cas, et cela d'autant mieux que leur action, étant indirecte, est plus

19

facilement épuisée. Les modifications qu'elles introduisent dans l'agrégat vivant, et surtout dans les facultés morales, sont circonscrites dans une sphère fort restreinte. On dirait même qu'à un moment donné ces modifications ne peuvent plus s'accroître, et que, pour être entièrement acceptées, assimilées par l'organisation, elles ont besoin de passer par la génération. Cette dernière, en les transportant, pour ainsi dire, en les incorporant dans un autre substratum mieux approprié à leur nature, leur donne seule tout leur essor et leur permet de faire de nouveaux progrès.

De ces considérations, il résulte que les causes adjuvantes de la sélection, bornées dans leur action, peuvent être fort diverses par leur nombre et par leur nature. Leur *modus faciendi* dans la formation de la manie raisonnante est toujours indirect, car elles se dépouillent de leur cachet spécial et déterminé pour devenir des causes communes.

Voilà comment on les rencontre dans toutes les familles de nos malades avec une telle diversité, qu'il est impossible de découvrir en elles la moindre connexion, en dehors de celle qui vient d'être indiquée. C'est d'elles que dépendent, selon toute probabilité, les dimensions et la conformation de la tête de nos maniaques. Assez importantes par leur constance, ces particularités céphaliques, nous l'avons vu, ne sont pas exclusives à ces infortunés. Dès lors il n'est pas illogique de supposer qu'un phénomène commun dérive d'une cause commune.

Enfin, si nous rappelons que les parents de nos

malades parviennent généralement à un âge fort avancé, nous serons disposés à leur attribuer une bonne constitution. Cette réflexion est d'autant plus juste, que nous n'avons découvert que très-exceptionnellement chez eux des maladies ou des germes pathologiques graves. Les dartres, les rhumatismes, le cancer, la phthisie, les lésions organiques et toutes les affections chroniques nous ont paru avoir une rareté fort remarquable. Nos relevés ne mentionnent que des cas isolés de ces affections, bien que nos investigations aient été consciencieusement poursuivies sous ce rapport. En résumé, les influences auxiliaires de la sélection ont une très-faible portée dans la genèse de la manie raisonnante.

Les conditions hygiéniques des familles de nos malades ont été également, de notre part, l'objet d'une attention sérieuse, et nous devons avouer qu'elles ne nous ont conduit à aucune déduction digne d'être mentionnée.

Terminons donc en disant que les causes adjuvantes de la sélection naturelle, plus ou moins limitées dans leur action, peuvent être fort nombreuses; mais leur importance est bien minime: elles n'ont aucune spécialité d'action directe et ne favorisent le développement des sentiments égoïstes que par des moyens détournés.

Les considérations que nous avons eu le soin d'exposer, soit pour interpréter, soit pour apprécier la

·nature et l'importance des faits recueillis sur les familles·
de nos malades, ne permettent plus de nier l'influence
immense et presque exclusive de la sélection dans la
production de la manie raisonnante. Ne rend-elle pas
compte d'une manière satisfaisante de la totalité des
détails relevés dans ces familles? Et ces détails pourraient-ils trouver ailleurs une explication plus complète,
plus plausible ? Nous ne le pensons pas. La sélection
naturelle opérant sur une nuance égoïste individuelle,
point de départ, fait initial et générateur, explique,
résume, lie et concentre aisément, sans tiraillement
aucun, toutes les données étiologiques fournies par nos
observations et en fait un tout indécomposable. Bien
plus, après avoir coordonné toutes ces données, la sélection les rattache à celles qui résultent de l'étude de
la symptomatologie et de la marche, comme elle les
rattachera aux idées qui surgiront successivement à
propos du diagnostic, du pronostic, de la nature et du
traitement de la manie raisonnante. C'est à elle que
notre travail devra son enchaînement, son unité; et
l'enchaînement des faits, dans les sciences biologiques,
est et sera toujours, pour nous, la plus forte garantie
possible en faveur de l'exactitude de l'observation.

XI

DIAGNOSTIC

La confusion qui règne dans la psychiatrie actuelle et les divergences signalées dans notre aperçu historique nous obligent à donner à cette partie de notre travail une étendue assez considérable.

Les classifications en aliénation mentale, ayant pour base la forme et parfois l'essence phrénopathique, exigent que notre diagnostic soit envisagé à ce double point de vue. Mais, d'abord, le diagnostic étant une étude comparative—et la comparaison ne pouvant pas se dispenser d'avoir (surtout quand on parcourt un terrain inconnu) un modèle, un terme fixe, une mesure à laquelle on puisse toujours se fier — nous devons commencer par établir cette mesure en démontrant que toutes nos observations, en dehors de quelques différences superficielles, sont parfaitement identiques.

Notre première observation a pour sujet un individu qui a été séquestré dans vingt-cinq ou trente asiles, et presque partout il a été regardé comme un maniaque raisonnant. Voilà assurément des garanties précieuses, qui ne laisseront pas planer le moindre doute sur la légitimité du diagnostic de sa maladie. L'esprit le plus obstinément sceptique ne saurait rester indécis devant une certitude semblable, attestée isolément par un grand nombre d'hommes spéciaux, qui offrent toutes les conditions désirables de compétence, de capacité et d'expérience. Un pareil ensemble de circonstances propres à donner à un fait une valeur inappréciable est dans la science, sinon unique, du moins tellement rare, que de longtemps le hasard ne le reproduira peut-être plus.

Le sujet de notre deuxième observation ressemble au précédent d'une manière complète, et autant qu'un aliéné peut ressembler à un autre aliéné. Ces deux hommes sont évidemment des types de manie raisonnante orgueilleuse; nous aurons besoin de nous en souvenir pour surmonter les difficultés du parallèle que nous allons établir.

Nos sixième, septième et huitième observations sont aussi des types de manie raisonnante appartenant à la variété égoïste. Ils ont la même physionomie morbide, et la personne la plus difficile n'y verrait que des dissemblances individuelles insignifiantes.

Un troisième et dernier type nous est offert par les deux aliénés dont les histoires médicales sont désignées par les chiffres 13 et 14. Ces deux malades paraissent unis par les liens du sang, tant les analogies de leur délire sont évidentes.

. Voilà donc sept observations représentant les trois modèles qui nous ont permis de créer les variétés orgueilleuse, égoïste et envieuse de la manie raisonnante. En faisant la description de ces trois variétés, nous avons mis en relief les particularités distinctives qui leur sont propres. Nous ne pensons pas que leur cachet spécial soit méconnu par les médecins aliénistes. D'un autre côté, on voit, au travers de la diversité de ces variétés, un fond commun qui les rend essentiellement homogènes. Est-ce que tous nos maniaques ne sont pas également égoïstes, également dépourvus des sentiments supérieurs et altruistes, également privés des facultés intellectuelles réflectives? Est-ce que l'énergie de leurs penchants n'est pas toujours normale ou presque normale? Enfin est-ce que leur maladie n'a pas la même étiologie, la même marche, le même pronostic et les mêmes symptômes physiques? Oui, sans doute; si ces trois types ont des dissemblances certaines, elles sont secondaires, tandis que leurs ressemblances ont une importance de premier ordre et justifient la réunion de tous ces cas en une seule espèce phrénopathique.

Si, comme nous l'espérons, cette assimilation est admise, on n'aura pas de peine à retrouver la même physionomie dans les traits de tous les autres maniaques qui nous restent à examiner.

Le sujet de la quatrième et celui de la cinquième observation offrent les plus grandes similitudes et ne diffèrent des autres orgueilleux que par un degré d'éner-

gie de l'orgueil en moins et un degré d'activité des penchants en plus; diminuons par la pensée l'énergie de
ceux-ci et augmentons d'autant l'énergie de celui-là, et
la ressemblance avec les types orgueilleux ne laissera
rien à désirer. Reconnaissons pourtant que ces observations ne sont pas des exemples francs de manie raisonnante: ce sont des cas mixtes en quelque sorte, ou plutôt des cas intermédiaires, qui forment la transition
entre la manie raisonnante et la manie malveillante.
Néanmoins, comme cette énergie des penchants n'est
pas assez considérable pour dominer les sentiments
égoïstes, qui conservent toujours une prépondérance
manifeste, nous avons classé ces malades parmi les
maniaques raisonnants et non parmi les maniaques
malveillants.

Dans la neuvième, la dixième et la onzième observation, qui sont identiques, on voit aussi les penchants
prendre, au détriment de l'égoïsme proprement dit, une
légère prédominance. En les éloignant un peu des modèles égoïstes, cette faible prédominance les rapproche
d'autant des maniaques malveillants, avec lesquels,
cependant, on ne saurait jamais les confondre.

Notre troisième malade a sa place marquée entre le
premier et le second maniaque, d'une part, et le quatrième et le cinquième, d'autre part. Le sujet de la
douzième observation diffère des précédents par le degré
d'énergie de l'intelligence: il est faible d'esprit, et cette
particularité pourrait donner lieu à quelques objections,
si nous n'avions pas la précaution de rappeler : 1° que
le moral est le siége principal et le théâtre des plus

importantes manifestations de la manie raisonnante ;
2° que l'énergie, la tension ou l'intensité intellectuelle
n'a, dans cette maladie, qu'un rôle accessoire, et 3° que
deux personnes peuvent, conséquemment, différer par
la portée de leur esprit sans cesser d'appartenir à la
même catégorie nosologique. Quoique se rapprochant
des imbéciles, cet individu est, par son caractère ou
par ses facultés morales, un véritable maniaque raisonnant. Agrandissons par la pensée son cercle intellectuel, en lui conservant son tempérament moral, et
nous trouverons en lui les traits de la famille pathologique que nous étudions.

Enfin notre quinzième maniaque est une femme dévorée par la jalousie, violente, d'une mobilité sans
pareille et obsédée très-fréquemment par quelques
rares hallucinations, par des illusions internes et par
des conceptions délirantes variées. Voyant en elle la
plupart des signes qui caractérisent les aliénés rabougris, dont nous allons nous occuper tout à l'heure, nous
avons hésité longtemps à la placer dans la catégorie
des maniaques raisonnants. Toutefois, après un examen très-attentif, nous avons pris ce dernier parti, tout
en la considérant comme un cas intermédiaire peu
franc, formant la transition entre la manie raisonnante
envieuse et la folie des aliénés rabougris.

La revue que nous venons de faire prouve péremptoirement que nos maniaques ne laissent rien à désirer sous
le rapport de la ressemblance : ils forment un noyau
homogène parfait, qui nous servira de terme de comparaison invariable pour résoudre toutes les difficultés du

diagnostic de la manie raisonnante. Abordons maintenant la question du diagnostic différentiel.

Et d'abord la maladie qui nous occupe est-elle bien
une manie ?

La chose est tellement claire, qu'il ne nous est
pas permis de nous y arrêter : les aliénés appelés par
M. Billot lypémanes raisonneurs, et par M. Dagonet,
lypémanes raisonnants, sont trop différents de nos maniaques pour que nous puissions consentir à les placer
dans le même groupe.

1° *Lypémanie.* — Les manifestations de la mélancolie ne sont pas celles de nos maniaques ; si par moments ils ont quelques idées tristes, elles n'exercent
aucune influence sur leur esprit, tant elles sont vagues,
éphémères et sans consistance. Au reste, entre le lypé-
mane, qui concentre tout en soi, et le maniaque raisonnant, qui jouit d'une tendance opposée, il y a un abîme
infranchissable.

2° *Monomanie.* — Le véritable monomane est dominé par un délire circonscrit et plus ou moins systématisé autour d'une ou de deux idées principales. En
dehors de ces idées il raisonne et agit comme tout le
monde. Le mal affecte de préférence les facultés intellectuelles. Tel n'est pas le signalement morbide des maniaques raisonnants, qui déraisonnent en tout et partout, sans avoir aucune conception délirante fixe. Les
idées de grandeur et les pensées hypochondriaques qui
les tourmentent de temps en temps sont loin d'avoir

le moindre cachet de fixité, de systématisation, et proviennent certainement de leurs sentiments égoïstes, siége principal de leur folie. La confusion entre ces deux phrénopathies n'est pas possible.

3° *Pseudo-monomanie.* — Sous ce nom, M. Delasiauve a désigné la maladie de certains aliénés dont le délire, peu ou point systématisé, offre pourtant quelques analogies avec celui des véritables monomanes. Il n'est pas facile de savoir la place qu'ils peuvent occuper dans une classification des affections mentales. Forment-ils un groupe ou une espèce phrénopathique ? M. Delasiauve ne s'est pas expliqué clairement à cet égard, et la description qu'il en fait ne nous permet pas de résoudre cette question. Tout ce que nous pouvons affirmer, c'est que nous ne voyons pas la possibilité de faire entrer nos maniaques raisonnants dans sa pseudo-monomanie, soit qu'on la considère comme groupe, soit qu'on l'accepte comme espèce morbide.

Voici les caractères qu'il assigne à ses malades ; nous copions textuellement :

« Les pseudo-monomanes vrais n'ont point, comme les monomanes, d'idées fixes et enracinées. Soumis à un mouvement nerveux ou sanguin, le plus souvent fluctuant, ils sont assaillis d'une manière plus ou moins transitoire par des idées bizarres, des appréhensions sans objet, des entraînements violents, sortes de rêves éveillés dont ils subissent la fascination, et qui fréquemment les poussent à d'aveugles et dangereuses déterminations. A la différence des monomaniaques, entê-

tés dans leurs croyances, ces infortunés malades sentent
leur état, en comprennent le danger, tremblent de
tourner à la folie ou de faire un malheur [1]. »

« Souvent il suffit que l'attention soit éveillée pour
que le malade rentre immédiatement dans le monde
réel. Pour beaucoup le tourment, variable d'ailleurs
(l'illusion peut même être dorée), n'arrive que dans la
solitude, et la lutte que quelques-uns soutiennent est efficace, au point que des pseudo-monomanes ont pu, pendant douze, quinze et vingt ans, remplissant ponctuelle-
ment leurs obligations, dissimuler aux yeux du public
et de leurs proches leurs émotions et leurs craintes [2]. »

« Quelques patients éprouvent un malaise fébrile.
Presque tous se plaignent de phénomènes vers la tête,
qui est lourde, embarrassée, douloureuse et brûlante en
divers points. La main y sent, notamment au sommet
et en arrière, une chaleur réelle. Une sorte de calotte
de plomb pèse sur le cerveau en ébullition. Le front,
les tempes sont serrés, etc., etc., « dès que je suis seul »,
disait le malade de Guislain... De fortes distractions ne
préviennent ou ne suspendent pas toujours la tourmente
morbide. Mais, quand elle s'annonce, l'isolement, l'inaction, une occupation monotone, favorisent son développement. Tantôt c'est un mélange bizarre d'impulsions, de sensations, d'idées qui, comme un flot, monte,
étonne et déconcerte. En d'autres moments ou chez

---

[1] M. Delasiauve. — *Annales médico-psychologiques*, mai 1866,
p. 429.
[2] M. Delasiauve. — *Ibid. ibid*, p. 429.

certaines personnes, les éclosions se succèdent avec des
teintes inégalement variées ou uniformes. Échappe-
t-on, par un effort de volonté ou une diversion, à leur
importunité, elles se renouvellent à l'improviste, et
rien ne taquine autant le malheureux qu'elles obsèdent que les exhortations intempestives, par lesquelles
on croit remédier à sa mollesse. Parfois les sensations
sont si embrouillées et si divergentes, que les malades
ne savent les exprimer en bloc que par la pénible
anxiété qu'elles occasionnent. Plus accentuées, ils en
dévoilent les traits prédominants. L'un, par exemple,
se figurera être en butte à l'aversion de sa famille;
qu'elle le dédaigne, qu'elle souhaite sa mort, qu'elle se
propose de l'abandonner. Sa raison condamne l'extravagance de telles pensées; il en conçoit le ridicule, il en
reconnaît la source : elles n'en laissent pas moins sur
le moral une fâcheuse empreinte. Chez un autre, ce
sont les sentiments opposés qui surgissent. En horreur
à lui-même, il se sent de glace pour les êtres chéris dont
il avoue la tendresse et la sollicitude. Les scrupules
insensés sont très-communs. Tel plonge dans le passé
de son existence pour y découvrir, dans des incidents
lointains et puérils, des motifs d'incrimination ; il a pé-
ché par action et par omission; il doute si sa faute, si
son crime lui seront pardonnés. Une dame, rêvant dé-
solation et catastrophe, entrevoyait la ruine de sa
maison, la perte des siens, leur déshonneur, leur sup-
plice. De sombres tendances, si elles ne se prononcent
spontanément, sont suscitées par des impressions inté-
rieures. La vue d'un individu suggère le besoin de le

tuer ; près d'une rivière, à la fenêtre d'un étage élevé,
on a l'envie de se précipiter. En face d'un pont à franchir, un artiste était comme immobilisé par une puissance intérieure. Une dame n'allait jamais aux lieux
d'aisance sans être tentée de se fourrer par la lunette.
Au dehors, le vide du ciel causait à un monsieur une
si vive panique, qu'il finissait, après une énergique résistance, par rentrer précipitamment chez lui. Combien
tremblent à l'aspect d'un couteau, d'une arme, par la
seule appréhension d'être conduits à s'en servir ! Des
instigations directes, des combinaisons de raisonnements
fantastiques, peuvent entraîner à la destruction, au
meurtre ; le suicide, surtout, germe sur ce sol, ainsi
que le grain en un terrain propice [1]. »

Le pseudo-monomane conserve la conscience de son
état ; son délire est partiel et diffus.

D'après ce portrait, les individus atteints de ce genre
de délire diffèrent beaucoup de nos maniaques raisonnants. Aussi croyons-nous que les uns et les autres ne
peuvent pas figurer dans la même espèce morbide.
Nous ne pensons pas non plus qu'ils fassent partie du
même genre morbide. La pseudo-monomanie de M. Delasiauve est insaisissable au point de vue nosologique,
et M. J. Falret partage ma manière de voir à cet
égard [2]. Elle comprend, ce nous semble, les espèces les
plus diverses par leur nature et même par leur appareil symptomatique.

[1] M. Delasiauve   *Annales médico-psychologiques*, novembre
1867, p. 407.
[2] M. J. Falret, *ibid.*, janvier 1867, p. 71 et suiv.

Quoi qu'il en soit, les citations tirées des discours prononcés devant la Société médico-psychologique par le savant médecin en chef de Bicêtre ne nous permettent pas de supposer qu'on puisse prendre une manie raisonnante pour une pseudo-monomanie, ou *vice versâ.*

4° Quant à l'*hypochondrie morale,* décrite par M. J. Falret, et considérée en dernier lieu par M. Delasiauve comme le type par excellence de la folie raisonnante, nous croyons qu'elle ne mérite pas cet honneur. La manie raisonnante, telle que nous la concevons, est la seule maladie qui soit réellement digne de représenter le groupe des folies raisonnantes. Au reste ce groupe, on peut aisément le prévoir, sera de plus en plus restreint à mesure que, des éléments hétérogènes dont il est composé actuellement, on enlèvera successivement quelques fractions pour en faire des espèces phrénopathiques distinctes. D'ailleurs, en lisant la description donnée par M. J. Falret de l'hypochondrie morale [1], on reste convaincu de l'impossibilité qu'il y aurait à confondre cette maladie avec notre manie raisonnante.

5° Les affections mentales *à double forme* présentent dans les stades de prostration et d'agitation une intensité symptomatique qui suffirait déjà pour séparer ces maladies de la manie raisonnante. C'est seulement dans les moments de transition de l'affaissement à l'agitation, ou *vice versâ,* que la confusion pourrait avoir lieu, et encore la chose me paraît fort douteuse. Dans

[1] M. J. Falret, *Annales médico-psychologiques,* mai 1866, p. 410.

tous les cas, ces périodes de transition sont trop courtes
pour que la véritable nature des folies circulaires ou à
double forme reste longtemps cachée.

6° Les symptômes de la *folie hystérique* sont les suivants : caractère dit hystérique, mobile, enthousiaste,
bizarre, romanesque, absolu, sans ténacité. Les femmes
atteintes de cette maladie sont presque en même temps
touchantes par leur dévouement, et dures, impitoyables,
sans cœur devant le malheur; admirables ou mépri-
sables selon les personnes, les moments ou les circonstances, elles sont d'une versatilité rare dans les idées
et très-persévérantes en tout ce qui concerne leurs petites passions. En outre, leur caractère est éminemment
égoïste, et ces deux mots expriment suffisamment toute
notre pensée.

Les idées délirantes de cette folie sont aussi nombreuses que variées; mais parfois elles sont si vagues,
qu'il ne serait pas difficile alors de confondre l'exaltation maniaque hystérique avec le délire de la manie
raisonnante. Dans ce dernier cas, la marche du mal
suffira cependant pour éviter toute confusion.

Phénomènes somatiques : par moments pleurs et
rires nerveux brusques, instantanés, parfois alternants
et même se montrant simultanément; la malade éprouve
un mouvement intérieur vague, indécis et cependant
pressant, qu'elle témoigne bruyamment, quand son
choix, toujours embarrassé, peut se porter franchement
vers l'hilarité ou vers les larmes. L'état pénible d'aga-
cement, de malaise et d'inquiétude, qui tourmente

parfois les hystériques, leur occasionne les plus vives souffrances. Les bâillements, les pandiculations, les suffocations, la sensation d'une boule qui monte de l'hypogastre ou de l'épigastre au larynx, les hypéresthésies, les analgésies, les borborygmes, les palpitations, les douleurs vagues erratiques dans diverses parties du corps, etc., etc., forment un appareil morbide imposant, et le mal laisse presque intacts les autres systèmes de l'économie. Ces phénomènes sont éphémères et peu marqués généralement.

Le délire hystérique prend la forme rémittente ou circulaire. Dans les périodes de bien — être relatif, les malades n'offrent guère que le caractère hystérique pour tout symptôme de folie. Les accès d'agitation et les périodes d'affaissement ont une durée considérable: un an, deux ans, trois ans parfois. L'affaissement ne va pas jusqu'à la stupeur et consiste tout simplement en une sorte d'inertie intellectuelle et physique, d'où la patiente sort facilement sous l'influence d'une émotion insolite, même peu énergique. L'agitation est souvent très-vive, seulement elle n'a pas la continuité de l'agitation de la manie franche; elle est intense surtout pendant la première moitié de la nuit. Dans le courant de la journée, l'aliénée hystérique, quoique se trouvant à l'apogée de son accès d'agitation, éprouve de temps en temps quelques minutes, une heure, deux heures de calme. Les illusions et les hallucinations ont un cachet particulier : la sensibilité morale est atteinte d'une perversion transitoire. Les aliénées hystériques mangent des saletés, boivent de l'urine à une époque avancée de la maladie, tandis qu'au début, et même longtemps après, les tendances au suicide exercent par accès une forte pression sur leurs déterminations. Les impulsions et les idées érotiques sont loin d'avoir la constance qu'on a bien voulu leur attribuer. En revanche, les illusions et les hallucinations, regardées à tort comme peu importantes, ne font jamais défaut dans cette affection. Les crises nerveuses convulsives manquent aussi parfois; il arrive fréquemment dans ces circonstances que l'appareil de manifestation de l'attaque prend un masque sous lequel il n'est pas toujours facile de le reconnaître. Ce sont des attaques larvées, fort dignes de l'attention que plusieurs médecins leur accordent depuis quelques années.

Enfin les périodes d'exaltation surtout présentent, entre autres particularités curieuses, une forme composée. Au lieu d'être continue, chacune d'elles est constituée par une série d'accès d'agitation séparés par de petites périodes de dépression mentale, le tout formant une longue crise, ayant un temps de croissance, un temps de *statu quo* et un temps de déclin bien prononcés.

La folie hystérique est celle qui, à certains moments de son évolution, prend, mieux que toutes les autres phrénopathies, les allures de la manie raisonnante. Voilà le motif qui nous a décidé à nous étendre si longuement sur les caractères distinctifs qui lui sont propres. Nous aimons à croire cependant que, grâce aux détails précédents, on pourra toujours parvenir à poser nettement le diagnostic différentiel de ces deux maladies.

En terminant ce parallèle, nous ferons remarquer

que nos maniaques raisonnantes n'ont jamais offert aucun des symptômes somatiques nerveux et caractéristiques appartenant à la folie hystérique.

Quant aux autres espèces phrénopathiques qui peuvent offrir exceptionnellement quelques analogies symptomatiques avec la manie raisonnante, nous croyons pouvoir les négliger, ces analogies étant en général peu saillantes et surtout très-éphémères.

A la rigueur, je pourrais clore ici les considérations relatives au diagnostic de la manie raisonnante, mais ma tâche ne serait pas achevée. Abandonnant, autant que possible, les classifications établies sur les formes phrénopathiques et travaillant avec le désir de préparer quelques matériaux utiles à ceux qui voudront faire une classification naturelle des maladies mentales, je me crois obligé de jeter un coup d'œil sur les espèces morbides voisines de la manie raisonnante. Au reste, en examinant l'entourage nosologique de cette affection, j'aurai l'occasion de faire voir que les principes mis en lumière jusqu'ici peuvent conduire à la découverte de plusieurs autres états pathologiques indépendants, dont l'ensemble doit constituer dorénavant le noyau du groupe des folies raisonnantes proprement dites. De cette façon, je pourrai dissiper en partie, si je ne m'abuse, l'obscurité qui règne dans ce vaste et difficile sujet. Sans doute, je ne puis avoir la prétention de remplir le cadre que je viens d'indiquer; j'aime à croire cependant que mes efforts ne seront pas inutiles, et qu'à leur aide on trouvera peut-être le moyen de compléter le groupe précité.

7° *Manie*. — M. Morel ne croit pas que la manie soit une espèce pathologique; pour lui, ce mot est un terme générique qui comprend un grand nombre de délires accompagnés d'un degré d'exaltation plus ou moins marqué. Le savant médecin en chef de Saint-Yon a eu parfaitement raison de s'élever contre l'opinion généralement reçue alors dans la science, opinion d'après laquelle les cas les plus différents étaient englobés et méconnus sous le nom de *manie*. Cette regrettable assimilation, étant très-préjudiciable aux progrès futurs de la psychiatrie, devait être évidemment rejetée; mais n'existe-t-il pas, au milieu de cet amas informe de faits, un type particulier, distinct et digne d'être conservé ? Oui, sans doute, il existe une espèce morbide que nous appellerons *manie franche,* et qui, par son évolution et par sa physionomie nettement déterminées, mérite de servir de modèle à la série des délires maniaques.

On pourra la reconnaître aux signes suivants : changement rapide et progressif du caractère et des allures physiologiques du futur maniaque ; il éprouve des symptômes physiques et psychiques nombreux, quoique vagues et mal dessinés, survenus à la suite de secousses morales fortes, répétées et variées. Ces symptômes, de nature triste, dépressive, constituent une période d'incubation qui ne fait jamais défaut.— Invasion brusque.

Délire intense et général dérivant d'un surcroît pur et simple de l'activité des facultés intellectuelles. Tous

les phénomènes psychiques dépendent de cette suractivité extrême de l'intelligence du maniaque. Les idées
se produisent et se succèdent dans son esprit avec une
rapidité excessive. Son attention, a-t-on dit, ne peut se
fixer sur rien ; c'est une erreur, puisqu'il peut rendre
compte, après sa guérison, de tout ce qui s'est passé
autour de lui ; seulement ses pensées sont si nombreuses,
qu'il n'a pas le temps de les exprimer toutes. Avec un
peu de patience, le médecin peut saisir parfois leur
enchaînement, et alors il lui est possible de deviner les
pensées intermédiaires qui n'ont pas été exprimées par
le malade et dont l'absence fait croire à l'incohérence ;
il peut reconnaître aussi dans cet enchaînement que
l'attention du véritable maniaque n'en a pas laissé
échapper une seule. En outre, le malade n'oublie pas
ses idées, et, s'il n'est pas en état de les abstraire, de
les comparer, de les associer et de les apprécier, c'est
qu'elles se succèdent dans son esprit avec une trop
grande rapidité.

A-t-il la conscience de son état ? Oui, je le crois ;
bien plus, sa lucidité me paraît complète, en ce sens
que ses idées, quoi qu'on en ait dit, ne sont pas le moins
du monde embrouillées dans son esprit : elles sont même
plus claires qu'à l'état normal.

Les sentiments de l'individu atteint de manie franche
sont intacts ; le changement de caractère porte seulement sur les modes d'être de la sensibilité morale et
nullement sur les facultés morales elles-mêmes. Son
indifférence n'est que le résultat de la vitesse acquise
par les forces de son intelligence.

Interrogeons un de ces maniaques après sa guérison, et, s'il est instruit, habitué à réfléchir et capable d'analyser ses propres impressions, nous verrons que les détails précédents sont, en effet, l'expression exacte de la vérité et que son entendement n'était troublé qu'à la surface. Le rhythme, la rapidité de ses opérations mentales, troublés ou plutôt augmentés par suite d'une modification de la sensibilité morale : tel est le fait essentiel et caractéristique de la manie franche. Les facultés intellectuelles et morales du malade ne sont pas altérées, et la preuve, c'est que, dans cette espèce pathologique, il n'y a pas d'illusions, d'hallucinations, de conceptions délirantes proprement dites, d'obscurcissement mental, de perversions instinctives ou affectives, etc. En conséquence, nous pourrons affirmer, chaque fois que nous constaterons chez un maniaque des hallucinations, des aversions pour sa famille, des dépravations du goût, des conceptions délirantes absurdes ou tout autre phénomène analogue; nous pourrons affirmer, dis-je, que le malade n'est pas atteint d'une manie franche, et que, s'il guérit, ce ne sera que temporairement.

Enfin les maniaques sommeillent un moment sans pouvoir dormir. Ils présentent aussi plusieurs symptômes physiques, surtout du côté des systèmes digestif et sanguin; toutes leurs fonctions organiques sont accélérées.

La marche de la manie franche offre une continuité et une régularité parfaites. — Guérison certaine. — Rechutes nulles ou très-rares. — Durée de neuf mois à un an généralement.

Bien différents sont nos maniaques raisonnants, et néanmoins, dans une classification naturelle, ceux-ci doivent être placés à côté de ceux-là. Les analogies existant entre eux sont effectivement nombreuses, sinon dans les faits accessoires, du moins dans les phénomènes essentiels. Ces deux espèces de manie laissent intacte la nature de toutes les facultés intellectuelles et morales, avec cette restriction, toutefois, que le développement ou plutôt l'énergie de ces facultés est mieux équilibré dans la manie franche que dans la manie raisonnante. Voilà pourquoi les hallucinations, les conceptions délirantes, les perversions instinctives ou affectives, ne se rencontrent jamais ni dans l'une ni dans l'autre de ces maladies : dans toutes les deux, l'altération de la sensibilité morale joue un rôle important, car sans elle il n'y aurait pas d'aliénation mentale. Je veux bien admettre que l'organisation psychique propre aux maniaques raisonnants les met dans des conditions anormales ; mais, dans l'état actuel de nos connaissances, elle ne suffirait pas, à elle seule, pour constituer une véritable folie.

Les analogies dont nous parlons, étant fondamentales, ont une importance majeure. Elles font que la manie franche et la manie raisonnante sont deux espèces phrénopathiques voisines. Au reste, ces rapports de voisinage ne sont pas tellement intimes, qu'ils ne laissent une place intermédiaire à d'autres affections mentales. Tout nous fait croire, au contraire, que plusieurs maladies, mal étudiées aujourd'hui (et certaines manies intermittentes sont peut-être dans ce cas), viendront plus

tard former les anneaux absents de la chaîne qui unit
la manie raisonnante à la manie franche.

En résumé, de ces considérations il résulte : 1° que
le mot *manie* sert à désigner un grand nombre de délires généraux de nature diverse, qui forment un groupe
et non une espèce phrénopathique ; 2° que, parmi ces
délires, il en est un qui mérite de servir de type à tous
les autres, sous le nom de manie franche ; 3° que celle-ci
constitue une espèce distincte ; 4° que, dans une classification naturelle, la manie raisonnante doit être voisine de la manie franche ; 5° que ce voisinage n'est pas
immédiat ; 6° enfin, que l'intervalle qui les sépare sera
comblé par des espèces intermédiaires encore mal défi-
nies.

Parallèlement à la manie franche, nous voyons la
lypémanie franche ; la surexcitation de celle-là est
remplacée dans celle-ci par une dépression ou affaissement de la sensibilité morale. Sous tous les autres
aspects, ces deux maladies présentent les analogies les
plus intimes.

8° *Manie malveillante.* — En étudiant les aliénés
lucides, nous avons remarqué plusieurs individus qui,
examinés à leur tour avec une attention soutenue, nous
ont paru offrir toutes les conditions voulues pour constituer une espèce pathologique à part. Nous l'appellerons
manie malveillante, sans avoir la prétention de croire
ce nom irréprochable et sans vouloir lui faire donner
une idée claire des caractères principaux de la maladie.
Ce nom est une étiquette presque insignifiante, et c'est

pour cela que nous lui accordons la préférence. Entendons-nous sur les choses et ne perdons pas notre temps à discuter sur les mots.

Les malades dont nous voulons parler sont complétement dépourvus des sentiments supérieurs, des sentiments altruistes, et leurs sentiments égoïstes ne sont pas trop développés. Toute l'activité morale s'est portée chez eux sur les penchants. De là découlent une foule de particularités, hiérarchiquement échelonnées, qui, par leur ensemble, impriment à l'être ainsi organisé une empreinte caractéristique et digne d'intérêt au point de vue nosologique.

En disant qu'ils manquent des sentiments supérieurs et altruistes, nous sommes en état de savoir pertinemment, d'ores et déjà, ce que ces mots signifient. Aussi ne m'arrêterai-je pas pour rappeler que ces malades n'accomplissent pas les devoirs multiples et variés qui leur sont imposés par la religion, la morale, la justice et la société. Ils ne vivent pas pour les autres et, partant, ils sont incapables de tout mouvement bienveillant, de reconnaissance, de dévouement, de philanthropie, d'affection, de respect, de loyauté, de générosité, etc.

Bien plus, ces aliénés n'ont que des sentiments égoïstes incomplétement développés et en quelque sorte à l'état rudimentaire. Nous verrons bientôt comment leurs actes le plus apparemment égoïstes sont uniquement et réellement le résultat de l'activité de leurs penchants.

Les maniaques malveillants sont portés à l'onanisme et aux plaisirs de l'amour. De très-bonne heure les

jeunes filles, aussi bien que les jeunes garçons, cherchent
à se procurer naturellement ou artificiellement les satisfactions génésiques. Ni la surveillance des parents,
ni les corrections, ni les souffrances de toute nature, ne
peuvent les soustraire aux instigations énergiques et
fréquentes de ce penchant. J'ai actuellement dans mon
service deux jeunes filles robustes, bien constituées,
qui ont tout fait pour devenir enceintes, et qui pourtant
n'ont jamais offert le moindre signe de grossesse, comme
si la nature, en les rendant stériles, avait voulu s'opposer à la transmission des conditions organiques propres
à perpétuer de pareils excès. On sait d'ailleurs que les
femmes les plus ardentes ne sont pas toujours les plus
fécondes. Cependant les aliénées de cette espèce ne me
semblent pas absolument stériles: c'est tout au plus si
elles ont une fécondité restreinte.

Les maniaques malveillants ne sont pas gourmands;
ils sont plutôt gloutons, voraces: ils n'ont pas encore
achevé leur portion qu'ils en demandent déjà une seconde. Le vin et les liqueurs fortes ont pour ces infortunés un attrait indicible, et, lorsque l'occasion leur
fournit les moyens d'en abuser, ils ne manquent pas
de la mettre largement à profit. Généralement, leur
impressionnabilité est assez forte pour les mettre bientôt
dans une ivresse profonde, qui les oblige à cesser leurs
libations. Le goût pour le tabac a aussi chez eux un
attrait insolite; les deux jeunes filles précitées prisent
avec passion, et les hommes de cette catégorie ont pour
la pipe ou pour la chique un penchant non moins prononcé.

Les maniaques malveillants sont tous paresseux;
l'antipathie par accès que certains d'entre eux éprouvent pour le travail est prodigieuse. Négligents, sales,
dégoûtants parfois, ils ne prennent aucun soin de leur
personne ou de leur toilette. Toujours débraillés, mal
peignés, mal habillés, ils ont si peu d'amour-propre, que
leur incurie va souvent, la nuit, jusqu'à l'exonération
volontaire de leur urine dans le lit. Les aliénés qui
enlèvent leur matelas pour uriner dans leur paillasse
ne sont pas des maniaques malveillants. Ceux-ci sa-
lissent pour s'épargner la peine de se lever du lit et non
par suite d'une idée délirante. Pendant le jour ils se
soignent davantage sous ce rapport. Cependant les domestiques sont obligés de leur venir en aide, soit pour
les engager à se laver, à se coiffer, soit pour terminer
leur toilette. Dans les asiles, on les emploie avec avantage dans les quartiers des agités ou des malpropres,
attendu que les gâteux, les infirmes, les paralytiques et
les épileptiques ne leur inspirent aucune répugnance.
On les met également à contribution pour le service
des vidanges, pour le transport des morts, et ils s'ac-
quittent d'autant mieux de ces fonctions que, n'ayant
pas le moindre signe de perversion instinctive, ces
insensés ne risquent pas de se nourrir des matières en
voie de décomposition qu'ils manient et transportent.

Ils sont dominés aussi par le besoin de dire des
choses désagréables, pénibles, blessantes, ou de faire
du mal à leurs compagnons d'infortune. Insolents par-
dessus tout, vantards, inquiets, querelleurs, indociles,
ils cherchent dispute à tout le monde, se battent vo-

lontiers, et leurs adversaires ne sortent guère de leurs mains sans porter les traces sanglantes de leur brutalité. Réfractaires aux influences de l'éducation et peu disposés à tenir compte des exigences de la politesse sociale, ils sont matériels en tout, au physique et au moral. Industrieux, sagaces, prévoyants, positifs quand il s'agit de procurer quelque satisfaction à leurs penchants, les aliénés de cette catégorie sont ineptes, imprévoyants, aventureux et sans initiative dans toutes les autres circonstances de la vie. Toute leur existence semble pivoter sur les sentiments inférieurs. Ils n'aiment ni ne détestent personne ; l'habitude de vivre avec les mêmes individus leur donne parfois un semblant d'attachement qui n'en est pas un. L'ambition, la jalousie, l'avarice, la vanité, la haine, la misanthropie, n'ont pas un grand rôle dans leur constitution mentale; s'ils se montrent égoïstes, rusés, hypocrites, menteurs, méchants, circonspects, voleurs, c'est pour répondre, par des moyens détournés, aux sollicitations permanentes de leurs penchants.

Mal partagés en fait d'intelligence, ils sont sous ce rapport un peu au-dessous de la moyenne ordinaire. Sans initiative en dehors du cercle de leurs instincts, sans esprit d'ordre, distraits, mobiles, fantasques, bizarres, excentriques, ils ne savent pas se conduire seuls au milieu des difficultés de la vie sociale. Ne pouvant pas fixer leur attention sur les choses sérieuses, ils n'ont que des préoccupations futiles, sans portée. Leur instruction est nulle ; c'est beaucoup lorsqu'ils savent lire, écrire et qu'ils connaissent les premières règles de l'arithmétique ; il en est pourtant qui jouissent d'une certaine aptitude musicale. Chez les maniaques malveillants, les facultés transformantes ont peu d'énergie, le jugement laisse beaucoup à désirer, la mémoire n'a pas d'étendue et l'imagination est insignifiante. Les idées du maniaque malveillant sont rares, vagues, mal enchaînées ; il ne les poursuit pas dans leur développement au delà des conséquences immédiates les plus simples.

Cette maladie prend la forme rémittente. Dans les périodes de calme, les maniaques malveillants sont tels que nous venons de les dépeindre. Leurs accès d'exaltation mettent quatre ou six jours pour arriver à leur apogée ; au bout de dix à douze jours de *statu quo*, la surexcitation des facultés intellectuelles commence à diminuer et l'accès parcourt toutes ses phases dans l'espace d'un mois ou quarante jours. Chez la femme, la menstruation se produit généralement trois ou quatre jours après le début de l'accès, et celui-ci acquiert une intensité insolite lorsque celle-là fait défaut. Pendant tout le cours de la période d'exaltation et surtout au plus fort de la recrudescence, ces aliénés se montrent très-irritables, hargneux, susceptibles, inquiets, mobiles et méchants. Alors leurs penchants deviennent impérieux, irrésistibles ; la moindre chose suffit pour rendre ces infortunés agités, criards, turbulents et dangereux ; les punitions ne peuvent ni les retenir ni les corriger. « Je suis une malheureuse, me dit souvent une malade de ce genre quand elle a fait quelque sottise ; je suis une malheureuse. Je ne pourrai donc jamais écouter les bons conseils qu'on me donne! » Et, tout en exprimant ses regrets, elle est déjà en train de combiner les moyens de faire une nouvelle sottise. En pareilles circonstances, on est obligé habituellement de lui faire passer au moins une semaine dans la division des agitées.

Les illusions, les hallucinations, les perversions instinctives ou affectives, les conceptions délirantes proprement dites, n'existent pas dans cette maladie, qui se dessine peu à peu vers l'âge de la puberté avec sa physionomie particulière, sans que le caractère ordinaire du malade éprouve le plus petit changement. Ensuite, né aussi sous l'influence de la sélection naturelle, agissant dans certaines conditions, le mal suit sa marche accoutumée, ne se termine jamais par la démence et n'altère en rien la lucidité de l'intelligence. La démence n'est donc pas une forme terminale de la manie malveillante.

Les symptômes physiques qui l'accompagnent, et notamment la forme et la dimension du crâne, sont ceux qui ont été mentionnés à l'occasion de la manie raisonnante.

Après ces détails, il ne sera pas difficile, je pense, de distinguer la manie malveillante de toute autre affection mentale lucide ou non lucide.

9° *Manie bienveillante.* — Les maniaques bienveillants seraient des modèles à suivre si un bon jugement pouvait éclairer et diriger leur conduite. Inspirés par les meilleurs sentiments, ils n'ont en vue que le bien à réaliser. Les vertus que nous aimons sont leur partage; d'une moralité sévère, ils règlent sur elle toutes leurs déterminations, tous leurs actes. Cherchant à donner le bon exemple, aussi bien dans la vie privée que dans la vie publique, et se montrant pardessus tout serviables et conciliants, ils veulent la paix pour eux et surtout pour les autres. Toujours prêts à se dévouer, ils se sacrifient pour venir en aide à l'infortune. Argent, secrets, honneur, on peut tout leur confier, sans crainte de les voir faire un abus du dépôt qu'ils ont à garder.

La religion, chez ces riches natures, est ardente, profonde, tolérante, sans mélange; ils ne se plaignent que de leurs défauts, de leurs imperfections, et, conséquents avec cette conviction, ils désirent se corriger d'une foule de vices qu'ils s'attribuent et qu'ils n'ont pas. Pleins de foi et rapportant tout à la Divinité, ils ne songent pas à faire des prosélytes obéissants et faciles à exploiter : s'ils tiennent à propager leurs croyances, c'est en vue de rendre un service. Malgré l'énergie de leur sentiment religieux, ils ne se posent jamais en réformateurs et ne prétendent pas avoir reçu la haute mission de régénérer le genre humain. Ils ne sont vraiment réformateurs que dans la sphère sociale, et encore faut-il se hâter d'ajouter qu'ils parlent ou agissent toujours dans l'intérêt d'autrui, se réservant seulement pour eux la satisfaction d'avoir fait le bien.

Leur affection est pure, franche, intense et désintéressée : ils aiment les personnes pour elles et nullement pour eux-mêmes. Leur attachement, lent à se produire, est sincère, durable; on peut compter sur une affection inépuisable et inaltérable. Reconnaissants, dévoués, charitables, respectueux, modestes, généreux et d'une loyauté à toute épreuve, ils ne connaissent ni la fraude, ni le mensonge, ni la ruse, ni l'hypocrisie, ni tout ce misérable bagage que traînent toujours avec elles les âmes basses et tortueuses. L'orgueil du maniaque bienveillant, si orgueil il y a, consiste à faire en silence des bonnes œuvres ; le démon de la jalousie, de la haine, de la vengeance, n'atteint pas son cœur charitable et compatissant. Inaccessible à toutes les voluptés banales, il n'éprouve du plaisir que dans l'accomplissement du devoir. Les boissons, la bonne table, le libertinage, lui inspirent une répugnance extrême : il mange pour vivre, contrairement à certains maniaques malveillants, qui vivent pour manger et pour se livrer à des orgies effrénées.

Comment donc un individu si pur, si parfait, peut-il être mal organisé au point de devenir aliéné ? S'il a tout ce qui manque aux maniaques raisonnants et malveillants, comment est-il sujet à la même infortune ? Il arrive comme ces derniers, quoique par un chemin diamétralement opposé, à des conséquences analogues Les maniaques bienveillants sont psychiquement défectueux, à cause de la prépondérance exorbitante de leurs sentiments supérieurs et altruistes, acquise probablement[1] au détriment de leurs passions proprement dites

---

[1] Je dis probablement, car il pourrait se faire aussi que le développement moral des passions proprement dites fût tellement effacé par une exagération si considérable des sentiments supérieurs, que l'équilibre mental devînt incompatible avec cette exagération.

et de leurs penchants. Chez eux, ces passions et surtout
ces penchants restent dans un état de développement
rudimentaire, qui ne leur permet pas d'avoir le degré
d'énergie et d'importance nécessaires à l'accomplissement des fonctions qui leur sont confiées.

Il résulte de ces faits que l'équilibre moral, dans
des conditions pareilles, n'est pas possible et, partant,
que l'exercice régulier des divers éléments psychiques
doit laisser beaucoup à désirer. La vigueur des sentiments supérieurs donne lieu à des impulsions vives,
fortes et d'autant plus entraînantes, qu'elles ne peuvent
trouver un moyen suffisamment compensateur dans les
pâles instigations issues de la faiblesse des facultés
égoïstes et des penchants. Ces impulsions très-éner_
giques doivent exercer sur tous les autres pouvoirs de
l'entendement une influence prépondérante et par suite
fâcheuse. Elles occupent l'attention, séduisent l'imagination, paralysent la comparaison, endorment le raisonnement, obscurcissent la conscience et altèrent le
jugement. Tout cela est inévitable du moment que ces
facultés opèrent sur les matériaux fournis presque exclusivement par les sentiments élevés.

Il faut en toute chose examiner le bien et le mal, le
bon et le mauvais côté; autrement l'attention, ne fixant
que la moitié de l'objet, parvient finalement à fausser
le jugement. Les individus atteints de daltonisme sont
incapables d'apprécier convenablement les couleurs du
prisme solaire, parce qu'ils n'y voient que les deux ou
trois couleurs accessibles à leur sensibilité optique; de
même, voyant le bien partout et toujours, et n'ayant

par conséquent qu'un terme de comparaison, alors qu'il leur en faudrait deux au moins, les maniaques bienveillants sont incapables de porter un jugement exact sur les faits soumis au contrôle de leur intelligence. Celle-ci reçoit donc de confiance, et sans vérification possible, les éléments que le moral lui soumet. Or ces éléments, fournis uniquement, nous le répétons, par les sentiments supérieurs de ces malades, après avoir été acceptés par l'intelligence, pèsent sur la volonté, la dominent et la forcent, en quelque sorte, à réaliser les actions qu'ils ont commandées. Une fois la volonté enchaînée, la liberté, le libre arbitre disparaît ou n'existe plus, et la raison cède sa place à la folie. Pour justifier et pour rendre clairement les vues *à priori* dont il vient d'être question, nous n'aurons qu'à étudier la conduite des maniaques bienveillants.

Le désir de se rendre utiles dans la société les pousse sans cesse à faire une foule d'inventions destinées à diminuer le travail tout en le rendant plus productif. Tantôt c'est l'instruction du peuple qui les préoccupe, et alors ils s'évertuent à rédiger des instructions, à produire des traités élémentaires de toute sorte, à faire des tableaux pour l'enseignement primaire, à imaginer des alphabets particuliers, à créer des méthodes infaillibles pour apprendre à lire, à écrire, à calculer avec la plus grande facilité, etc. Tantôt ils s'intéressent à l'agriculture, et, dans ce cas, ils mettent à la portée de tout le monde les notions les plus simples d'agriculture, de géologie, de zoologie et de météorologie. Ils y discutent les avantages des diverses cultures, les époques favorables aux plantations, aux coupes de bois, les remèdes à donner aux animaux malades, les pronostics relatifs au temps, et par la même occasion ils parlent d'histoire, de religion, des foires et même de musique. D'autres fois l'industrie leur donne la manie des inventions : instruments pour distinguer les altérations ou les qualités de tel ou tel produit, instruments pour reconnaître les mauvaises graines des vers à soie, instruments pour travailler le bois ou la pierre, machines hydrauliques, machines à vapeur, machines à tisser, outils pour les usages domestiques ; en un mot, toutes les idées de ce genre sont bonnes pour entretenir l'effervescence perpétuelle de l'intelligence de ces insensés. Si les brevets d'invention improductifs et les mémoires sur la quadrature du cercle pouvaient nous parler de l'état psychologique de leurs auteurs, nous entendrions des révélations bien singulières et nous y trouverions peut-être des documents précieux pour compléter le tableau que nous essayons d'esquisser en ce moment.

Et que dirons-nous de ces philanthropes délirants qui, rêvant nuit et jour la réalisation du désir d'Henri IV, se donnent un mouvement incroyable pour former des associations, des corporations ouvrières, des sociétés de secours et autres entreprises semblables, condamnées à rester à l'état de projet ou à mourir peu de temps après leur naissance ?

Mais nous n'en finirions pas si nous voulions parcourir la gamme des travers d'esprit de ces malheureux. Contentons-nous de dire qu'ils déploient une activité infatigable, dont le résultat, invariable et définitif, se traduit par une dépense de temps et d'argent aussi ruineuse pour leur santé que pour leur fortune. Dans cet incessant travail intellectuel et physique, opéré par la tension permanente du puissant ressort qu'ils portent dans leur âme, ces insensés laissent leur gaieté, leur jeunesse, et j'allais dire leur raison, oubliant que celle-ci n'entre plus en ligne de compte lorsqu'ils se livrent aux excès dévorants de leur imagination déréglée. Toutes leurs idées sont des utopies auxquelles ils consacrent leurs ressources pécuniaires et souvent même celles de leurs parents et de leurs enfants. En voulant faire du bien à la société, ils négligent leurs propres affaires et parviennent, par une bonté exagérée outre mesure, à faire le mal, à se rendre insupportables et à devenir pour leurs familles un véritable embarras.

Leur jugement, éminemment faux, et l'absence d'un contrôle intellectuel ne peuvent pas leur permettre de comprendre tout ce qu'il y a de hasardeux dans leurs projets; bien plus, le point essentiel de ces projets leur échappe ordinairement. Par exemple, ils calculeront très-bien les dépenses d'une institution de leur création, mais ils ne songeront pas le moins du monde aux recettes qui doivent lui assurer son existence; dans d'autres occasions, ils se rendront parfaitement compte des recettes, mais il ne régleront pas exactement les dépenses, qui dépasseront de beaucoup leurs prévisions. La solution d'un problème essentiel empêche toujours leurs machines de donner les résultats qu'ils en attendaient; leurs moteurs transforment à grands frais une force considérable en une force insignifiante. En un mot, littérateurs, inventeurs ou industriels, ils sont constamment à côté de la vérité sans pouvoir jamais l'atteindre.

Les maniaques bienveillants jouissent de la conscience de leur état jusqu'à une certaine limite, en dehors de laquelle leur lumière intérieure pâlit d'abord et finit ensuite par s'éteindre complétement. Ainsi ils apprécient assez bien ce qui se rapporte aux opérations de l'intelligence, tandis qu'ils sentent peu ou ne sentent pas du tout les tendances qui les entraînent. Quand on leur fait connaître ces tendances, ils donnent mille et mille raisons pour se justifier, et même ils tournent à leur avantage le reproche qui leur est adressé. Aimant à raisonner et à discuter, sous prétexte que du choc jaillit la lumière, ces infortunés exposent avec complaisance leurs idées, leurs projets, et montrent volontiers le pour et le contre de leurs inventions. Au surplus, ils ne sont pas fâchés de rencontrer une vive opposition; en approuvant leurs rêveries, on risque de passer pour un homme dépourvu des aptitudes nécessaires pour les comprendre; en les critiquant, on leur laisse croire que les productions dignes d'une telle critique ont une valeur considérable.

Leur orgueil est là et rien que là; ils sont fiers de leur supériorité, et cela parce qu'ils peuvent la consacrer au bien-être de leurs semblables. Entre cet orgueil consécutif et au fond désintéressé, et celui des maniaques raisonnants, tout à fait égoïste et primordial, il n'y a de commun que le nom. Cet amour-propre conduit les maniaques bienveillants à consulter

les personnes haut placées : ne nous y trompons pas
cependant, l'amour-propre d'auteur ou d'inventeur est
seul la cause de cette fausse déférence ; s'ils demandent un conseil, c'est pour ne pas le suivre lorsque ce
conseil est contraire à leur manière de voir. Quoique
de bonne foi et ne soupçonnant même pas en pareil cas
ce travers de leur esprit, ils recherchent, avec la satisfaction de vous entretenir de leurs chimères, le désir
d'avoir votre approbation. Quand leur conviction est
formée, il n'y a plus moyen de la modifier. Ces faits
semblent dénoter chez ces aliénés une certaine dose
d'égoïsme, et pourtant il n'en est rien. A la faveur d'un
peu de réflexion et d'une observation minutieuse, on
parvient aisément à reconnaître qu'il y a un faux orgueil, une fausse avarice, un faux égoïsme, comme il
y a une religion équivoque, une moralité trompeuse et
un attachement sans sincérité. Découvrir la vérité sous
des apparences fallacieuses, telle est la tâche du véritable psychologue physiologiste.

Avec des sentiments et des idées bien arrêtées, les
maniaques bienveillants doivent avoir et ont en effet,
indirectement, une grande force de caractère. Les
obstacles, les difficultés, les privations, les souffrances
même, loin de les décourager, sont pour ces généreuses
natures un stimulus de plus, qui les engage à persister
dans le chemin obscur du dévouement et de la bienveillance. Le froid, la faim, la soif, ne les effrayent pas ;
considérant le corps comme un compagnon importun,
désagréable, nuisible à la beauté de l'esprit, ces malades ne songent pas à se donner les soins assidus que

se prodigue sans cesse le maniaque raisonnant. Ils vivent trop dans les régions élevées pour s'humilier au point de descendre jusqu'aux détails de la vie matérielle. Aussi sont-ils petits, maigres, secs, nerveux, peu portés aux plaisirs de l'amour, ce qui ne veut pas dire qu'ils soient stériles.

Les futurs maniaques bienveillants se font aimer dès leur plus tendre enfance; ils montrent déjà, étant jeunes, beaucoup de bonnes dispositions. Leur bonté les rend victimes des autres enfants plus espiègles et d'un caractère égoïste et dominateur. La timidité, l'esprit de conciliation, la bonté, la franchise, sont des qualités que leur entourage n'apprécie pas toujours favorablement. Les jeunes gens conservent longtemps leur innocence, leur candeur. Évitant le mensonge, la rouerie, la duplicité, et prenant de bonne heure des goûts sérieux, ils passent facilement pour des niais aux yeux de ceux qui ne les examinent pas attentivement. L'impression qu'ils produisent au premier abord sur les personnes ne leur est pas toujours favorable : ils gagnent à être connus. Plus tard toutes ces qualités, qui le croirait? nuisent à leur avancement. On les voit toujours aspirer à une position plus élevée que celle de leurs parents, et, poussés par ce désir, ils veulent vaincre par le travail et par une conduite irréprochable les difficultés de leur condition sociale. Leurs efforts, constamment dirigés vers ce but, ne sont pas infructueux; mais ce succès même les déclasse et leur crée une source d'ennuis qui seront par la suite de plus en plus pénibles.

Les joies du jeune âge leur sont presque inconnues ; plus tard le besoin de s'instruire leur fait souvent oublier les exigences du corps. L'insuffisance de nourriture et de sommeil affaiblit leur système nerveux, et à son tour cet affaiblissement diminue leur appétit et produit l'insomnie. Entraînés dans ce cercle vicieux, ils finissent par s'exalter et le délire se manifeste. Celui-ci affecte d'abord une forme lypémaniaque indécise, où l'exaltation ne tarde pas à prédominer. Alors leur maladie prend définitivement les allures des délires généraux maniaques, tout en conservant cette teinte mélancolique particulière aux hommes doués de goûts sérieux.

La manie bienveillante se présente sous le type rémittent. Pendant le calme, ces aliénés lisent, font des résumés, des tableaux, des almanachs, de petits manuels, ou préparent des œuvres plus considérables. La poésie n'est pas étrangère à ces natures, qui se livrent, à titre de distraction, à quelques essais de versification. Leurs poches sont pleines de manuscrits, de notes, de compilations de toute sorte. Ils n'aiment pas le travail manuel : il faut que leur intelligence soit toujours en activité. On ne peut jamais leur dire sans les contrarier que leurs œuvres n'ont qu'une médiocre importance, car ils vous répondent d'un ton mesuré : « Tout ce qui intéresse l'enfance, l'agriculture, l'industrie, la morale ou la société, a de l'importance.»

Généralement ils sont tranquilles et leur conduite laisse peu à désirer ; ils sont pourtant à craindre sous le rapport de l'évasion. Pourraient-ils accepter avec résignation leur séquestration, eux qui, brûlant d'un amour perpétuel pour leurs semblables, croient avoir entre les mains les moyens d'améliorer physiquement ou moralement le sort des classes laborieuses? Cet amour les force à tout braver pour recouvrer la liberté, et, même après s'être engagés sur l'honneur à ne faire aucune tentative d'évasion, ils n'hésitent pas à franchir les murs d'un asile. Tant il est vrai que, pour apprécier exactement les mobiles d'un malade, le médecin aliéniste doit tenir compte non-seulement de la nature des facultés prépondérantes, mais encore du degré relatif de cette prépondérance, problème délicat et difficile, qu'il ne parvient pas toujours à résoudre d'une manière satisfaisante !

Le délire des maniaques bienveillants est si peu marqué dans leurs périodes de calme, que les gardiens ne les considèrent pas comme des aliénés, à cause de leur bonne conduite et de la confiance que leur accordent les chefs de l'établissement. Malheureusement ces malades, qui paraissent jouir de la raison la plus saine, se mettent à déraisonner pleinement, quoique d'une manière un peu vague, aussitôt qu'on leur procure l'occasion de parler de leurs projets, de leurs inventions, de leurs découvertes et des bénéfices qu'ils ont en perspective. Alors la scène change, et au milieu d'un raisonnement suivi, touchant et saisissant, ils laissent entrevoir à tous les instants les lacunes de leur jugement et les défaillances de leur sens commun. Les magistrats qui les visitent en passant se laissent habituellement séduire par leur babil franc et persuasif; ils sentent bien qu'il y a quelque chose d'extraordinaire dans ces singulières intelligences, mais ils ne s'y arrêtent pas et quittent l'établissement emportant la conviction que la séquestration de ces infortunés est arbitraire ou tout au moins inutile.

Dans leurs périodes d'exaltation, qui se manifestent lentement et qui durent un mois au moins, ces malades sont inquiets, mobiles, agacés. Ils se plaignent amèrement de leur solitude et réclament leur sortie pour aller, disent-ils, soigner leur famille, qui manque des choses les plus indispensables. C'est dans ces conditions qu'ils essayent de s'évader, et, si leur tentative réussit, loin de songer, comme ils l'affirmaient pendant leur réclusion, à venir en aide à leurs enfants, ils laissent de côté l'affection et commencent à réaliser les conceptions délirantes qui les dominent. Au reste, les maniaques bienveillants ne sont pas les seuls aliénés qui mettent en avant l'amour paternel et les affections de famille pour justifier leurs réclamations de sortie, mais ce sont ceux qui savent tirer le meilleur parti d'un tel argument, à cause de l'expression pleine de bonté de leur physionomie, de la douceur de leurs paroles, du ton respectueux de leurs sollicitations et de la façon dont leurs idées sont exprimées et présentées.

Il est rare que dans un asile leur exaltation prenne les proportions de l'agitation ; lorsque ce fait se produit, le maniaque bienveillant se pose en martyr, et son délire ne manque pas de revêtir la forme moitié nerveuse, moitié mystique, de la folie extatique de Guislain. Les prières en latin ou en français succèdent aux prières, les actions de grâces remplacent les invoca-

tions à la sainte Vierge, et le malade, insensible, par-
tiellement ou généralement, aux influences extérieures
et aux besoins organiques, semble transporté dans les
régions éthérées. D'autres fois, au lieu de prières, ce
sont des cris plaintifs, des gémissements, des soupirs
entrecoupés par le récit animé d'un fragment de l'histoire ou de la persécution d'un des hommes de génie
qui ont illustré les lettres ou les sciences.

Ces paroxysmes ne sont pas de longue durée et ne se
reproduisent que dans des conditions exceptionnelles. Au
bout de quelques jours, le maniaque bienveillant commence à se calmer et à maigrir; la surexcitation de ses
facultés intellectuelles diminue progressivement quelques jours après; la fatigue commence à se manifester,
et le malade finit par tomber dans une période d'affaissement peu intense, qui ne se prolonge pas au delà d'une
semaine.

Comme l'amaigrissement des individus atteints d'une
maladie aiguë qui se déclare seulement à la période de
déclin du mal, celui des maniaques bienveillants ne se
manifeste que vers la fin de l'accès d'agitation.

Enfin, sous le rapport de la marche, des symptômes
physiques, de l'anatomie pathologique, du pronostic
et de la nature, la manie bienveillante offre les plus
grandes analogies avec la manie raisonnante.

La sélection est la cause principale de la manie bienveillante.

10° *Aliénés rabougris*. — Sous ce nom, qui ne
figure pas dans les dictionnaires de médecine et qui n'a

pas encore pris rang dans la science des maladies mentales, je désire faire connaître certains aliénés qui se
distinguent des autres insensés par un délire spécial et
par des proportions physiques au-dessous de la moyenne
ordinaire. Le rabougrissement est le fait le plus saillant, le plus remarquable et le plus important de ces
individualités, ainsi que le tableau ci-après le démontre
clairement.

	DE 13 MANIAQUES raisonnants (8 hom. et 5 fem.)	DE 13 ALIÉNÉS rabougris (2 hom et 11 fem)	DIFFÉRENCE EN MOINS des aliénés rabougris
Age moyen	39 ans.	39 ans.	»
Poids moyen....	59 kilog.	43 kilog.	16 kilog.
Taille moyenne..	154 cent.	142 cent.	12 cent.

Nous voyons souvent dans la société des individus
petits qui ne sont pas atteints de rabougrissement; vifs,
intelligents, bien proportionnés, bien constitués au
physique et au moral, ils jouissent d'une bonne santé,
bien qu'ils aient souffert pendant les premiers moments
de leur existence et qu'ils portent, jusqu'au dernier
soupir, dans le volume de leur corps, les traces de cette
souffrance. Entre ces individus et les aliénés rabougris,
il y a, en dehors de la taille, des différences considérables, qu'on ne doit pas méconnaître et qui nous
obligent à préciser, autant que possible, le point où le
rabougrissement commence. Pour cela, quelques considérations préalables sont absolument indispensables.

Un professeur très-distingué, que j'ai entendu il y a

deux ans au Jardin des plantes de Paris, M. Ville, désirant prouver l'influence de la constitution du sol sur la
vigueur de la végétation, nous montrait trois gerbes de
blé, de hauteur différente, qui provenaient d'un blé magnifique semé dans le même terrain et dans des conditions
analogues. Ce terrain manquait de la quantité d'azote
nécessaire à l'évolution normale de cette plante. La plus
grande des trois gerbes (1re génération) n'avait pas la
taille ordinaire ; ses épis, assez bien garnis, étaient for-
més de grains un peu petits. Ceux-ci, confiés au même
sol, ne donnèrent, l'année suivante, que des tiges petites, terminées par des épis à grains moins lourds,
moins volumineux et moins nombreux que les précédents : c'était la deuxième gerbe ; elle représentait la
deuxième génération. Enfin la troisième gerbe (3me
génération), née du fruit de la gerbe moyenne, était
très-courte, et les épis rudimentaires renfermaient à
peine un peu de blé léger et très-petit. Il y a lieu de
croire que ce blé, semé dans les mêmes conditions, serait resté stérile.

Quoi qu'il en soit, ces exemples démontrent que, si
l'on peut refuser le titre de rabougrie à la première
gerbe, on ne peut plus s'empêcher de l'accorder à la
deuxième et surtout à la troisième ; en passant par
la génération, le mal a fait des progrès ; il s'est en-
raciné dans l'organisation et a fini par acquérir un
degré de gravité incompatible avec la reproduction. La
vie individuelle persiste encore dans le dernier échan-
tillon, mais la vie de l'espèce est éteinte en lui, et par
ce moyen la nature se débarrasse radicalement d'une

des causes nuisibles au maintien de l'intégrité des
espèces végétales.

Tant que les proportions de la plante au-dessous de
la moyenne ordinaire n'ont pas été consacrées et acceptées, pour ainsi dire, par l'hérédité, elles ne me paraissent pas constituer un signe de rabougrissement. La génération est donc un des points qui doivent marquer la
transition entre l'état normal et l'état extra-physiologique, entre un fait d'organisation purement accidentel,
sans portée intrinsèque, et un fait grave, ancré dans la
constitution par la transmission héréditaire et signe
d'une vitalité restreinte.

En outre, quand il s'agit de décider si un être est
ou n'est pas rabougri, il faut tenir compte des proportions ordinaires de tous les êtres de la même espèce ré-
pandus dans le même pays, ces proportions pouvant
varier selon les localités. Enfin il faut que l'individu
présente aussi quelques autres signes d'une dégénérescence plus ou moins développée.

A la faveur de ces trois données réunies, il sera toujours facile de reconnaître le véritable rabougrissement.

Ce que nous venons de dire du blé est également
vrai des autres céréales et de tout le règne végétal.
Les animaux, sous l'influence de causes semblables ou
équivalentes, se comportent d'une manière analogue.
Les éleveurs savent pertinemment qu'un animal soumis
à une nourriture insuffisante ou peu variée ne donne
jamais de beaux produits, et que la progéniture de ces
derniers, surtout s'ils sont mal nourris, laisse encore
beaucoup plus à désirer.

L'espèce humaine n'échappe pas aux inconvénients
d'une mauvaise alimentation. Les recherches de
M. Villermé [1] sur les conscrits des divers départements de la France prouvent que les exemptions du
service militaire, pour cause de petite taille, sont d'autant plus nombreuses que le pays est plus pauvre et les
habitants plus mal nourris.

En ce qui concerne nos aliénés rabougris, il n'est
pas facile de savoir si leurs parents ont pu s'alimenter
convenablement ou s'ils ont été atteints de troubles plus
ou moins persistants des organes préposés aux fonctions
digestives et assimilatrices ; cependant je puis affirmer
que, chaque fois que j'ai vu les parents immédiats d'un
aliéné rabougri ou que j'ai obtenu sur eux quelques
renseignements précis, je n'ai pas manqué de constater
que le père ou la mère, et parfois tous les deux en
même temps, n'offraient pas en hauteur les proportions
normales. Au surplus, leurs frères et sœurs, cousins et
cousines, présentaient, en général, les mêmes particularités physiques, qui devenaient ainsi un des traits de
la famille. Il est inutile d'ajouter que je n'ai pas ou-
blié de noter la fréquence de ces particularités dans la
population du pays et qu'elles m'ont paru très-exceptionnelles.

Enfin ce qui nous reste à dire sur l'organisation de
nos aliénés rabougris prouvera largement que le rabougrissement est un signe non douteux de leur dégénérescence.

[1] *De la Taille de l'homme en France* (*Annales d'hygiène*, 1829, t. Ier,
pag. 351 et suiv.).

Par conséquent, nous regarderons comme appartenant à la catégorie des rabougris tous ceux dont les
dimensions de la taille au-dessous de la moyenne ordinaire des habitants du même pays, et transmises par la
génération, coexistent avec les symptômes physiques,
intellectuels et moraux, propres aux dégénérescences.

Parmi les phénomènes physiques de nos aliénés rabougris, nous avons remarqué, en outre, des traces plus
ou moins évidentes de rachitisme, ce qui nous porte à
dire un mot des relations qui peuvent exister entre le
rachitisme et le rabougrissement. S'il était bien avéré
que ce dernier est le résultat d'une nourriture insuffisante et que le rachitisme provient toujours de la même
cause, ainsi que semblent l'attester les acquisitions
nouvelles de la science, nous serions en droit de conclure que ces deux états, dérivant d'une influence unique, constituent, sous deux formes différentes, une seule
espèce pathologique.

Malheureusement une conclusion de ce genre, dans
l'état actuel de nos connaissances, est un peu préma-
turée. D'ailleurs on comprend très-bien que, toute recherche à cet égard nous étant interdite par les limites
de notre sujet, nous n'abordions qu'en passant cette
question, aussi délicate que difficile.

Toutefois nous croyons pouvoir déclarer que les différences physiques existant entre un bossu rachitique
et un rabougri sont tout à fait superficielles ou consécutives, et qu'au fond il y a entre eux des ressemblances très-importantes et très-nombreuses. Tout en
croyant cette opinion très-fondée, nous ne la donnerons

cependant que sous les plus grandes réserves, nos études n'étant pas assez complètes pour qu'il nous soit permis de nous prononcer catégoriquement.

Le rabougrissement, la gibbosité et la claudication sont les manifestations les plus fréquentes du rachitisme ; elles nous occuperont exclusivement. Sous ce titre : *Folie des aliénés rabougris,* je comprendrai donc en même temps l'aliénation mentale des bossus et celle des boiteux. Le titre de folie rachitique serait peut-être préférable, mais je crois devoir le rejeter, car le délire des bossus et des boiteux m'est moins bien connu que celui des rabougris, et par conséquent la description de ce dernier sera toujours exacte, alors même que des études ultérieures viendraient signaler, entre ces délires, des différences profondes, que je n'aperçois pas aujourd'hui.

Il n'est pas inutile d'ajouter que notre cadre n'admettra pas tous les bossus et tous les boiteux : la gibbosité et la claudication dérivent de tant d'affections distinctes, qu'une description commune ne saurait leur convenir. Il ne s'agira ici que des bossus et des boiteux dont l'infirmité est due au vice rachitique.

Maigres, petits, malingres, ils ne sont pas toujours mal conformés, bien que les proportions des diverses parties de leur corps ne soient dans aucun cas irréprochables. Ordinairement les membres inférieurs sont un peu plus courts que de coutume. Leur tête est petite et généralement mal conformée ; tantôt on y constate des aplatissements plus ou moins prononcés au niveau

de l'écaille occipitale ou de la partie postérieure d'un
pariétal ; d'autres fois la tête entière a subi dans son
axe antéro-postérieur une déviation, une sorte de tor-
sion, soit au détriment de son côté gauche, soit au détriment de son côté droit. Il en résulte qu'une moitié
de l'écaille de l'occipital est notablement plus bombée
que l'autre moitié.

Le caractère égoïste est un des principaux traits
communs à tous les *rikets*[1]. Empressons-nous pourtant
d'ajouter que le caractère égoïste n'a pas ici l'importance que nous avons dû lui reconnaître dans la manie
raisonnante. Dans cette phrénopathie, il est essentiel,
primitif ; tandis que dans le rachitisme il est souvent
secondaire et consécutif. Nous avons dit, à plusieurs reprises, que les sentiments supérieurs et altruistes sont
les premiers à s'éteindre sous l'influence d'une foule de
causes morbides, et notamment sous l'influence des maladies graves ; ce résultat semble d'autant plus assuré
que le mal se manifeste chez l'individu à une époque
moins avancée de son existence. A plus forte raison
ce résultat sera certain si le mal est transmis avec la
vie dans l'acte de la procréation. Dans ce cas, l'enfant,
en naissant, sera déjà un être maladif et nécessairement incomplet, puisqu'il manquera de tous les sentiments élevés et altruistes détruits par la maladie.

Les rikets sont justement dans ces conditions : ils
peuvent naître égoïstes, alors même que leurs parents

[1] Sous ce titre je comprends les individus rabougris et ceux qui
offrent les signes évidents du rachitisme.

médiats ou immédiats ont un caractère à prédominance des sentiments supérieurs. Loin d'être en contradiction avec nos idées sur les transmissions héréditaires, ce fait les justifie, attendu que les sentiments anéantis par le vice diathésique ne sauraient plus exister chez l'enfant, bien qu'ils lui aient été transmis par ses parents.

Les rikets sont donc tous égoïstes; seulement leur égoïsme est peut être moins profond que celui des maniaques raisonnants. Nous avons insisté assez longuement sur les diverses particularités qui caractérisent le type égoïste, pour qu'il soit opportun de les décrire encore à l'occasion des aliénés rabougris. Répétons, cependant, que les rikets sont dépourvus de tous les sentiments supérieurs et altruistes; que leurs sentiments égoïstes n'ont pas une énergie trop exagérée et que leurs penchants ne sont pas toujours anormalement développés.

Ils sont aussi fort incomplets, généralement, au point de vue intellectuel, quoiqu'il y ait à cet égard des différences notables. En effet, à côté de certains malades très-intelligents, il en est d'autres, beaucoup plus nombreux, qui laissent énormément à désirer sous le rapport de la portée intellectuelle.

Les aliénés rabougris présentent tous quelques rares hallucinations, des illusions externes et surtout des illusions internes nombreuses, variées et constantes. Les illusions internes ne sont pas faciles à distinguer des douleurs nerveuses, souvent violentes, éprouvées par ces malades, dans diverses parties de leur corps; cependant, avec un peu d'attention, on parviendra à établir cette distinction.

Les uns se plaignent des contusions, des coups de marteau, des élancements électriques, des tentatives d'empoisonnement, des attouchements impurs, que des ennemis infatigables se plaisent à leur prodiguer. Les autres affirment qu'on leur enlève les pensées, les goûts, les sentiments, et qu'on leur donne, en remplacement, les goûts, les idées, les vices d'une personne peu estimée de leur connaissance. Quelques-uns déclarent encore qu'on change leur personnalité et qu'ils ne sont plus ce qu'ils étaient auparavant. « J'étais une fille sage, nous disait hier une aliénée rabougrie, et maintenant je suis un homme. Quel malheur ! » Ils voient dans la physionomie des gens ou dans la tête des animaux des gestes, des grimaces qu'ils interprètent à leur manière et qu'ils convertissent en signes révélateurs de tel ou tel fait, de tel ou tel événement. Par exemple, une femme rachitique éprouvera, dans la nuit, des illusions érotiques de nature à lui faire croire qu'on est venu la déshonorer, et le lendemain, cherchant le coupable, elle finira peut-être par le trouver sous la forme d'une autre femme ou sous la forme d'un animal.

En pareilles circonstances, il y a une sensation douloureuse ou une illusion, puis une appréciation bizarre, folle, de cette sensation ou de cette illusion. La fausse appréciation acquiert alors une portée exceptionnelle et annonce un trouble profond dans les facultés intellectuelles, car elle domine l'illusion et persiste longtemps après celle-ci.

Les illusions érotiques sont très-fréquentes chez les aliénées rabougries, qui les redoutent beaucoup, contrairement à ce qui se passe dans l'érotisme proprement dit.

Les conceptions délirantes des rikets roulent habituellement sur les mêmes sujets que les illusions : les unes et les autres s'associent et se fortifient réciproquement. Ces malades ont, en outre, des idées délirantes qui proviennent d'une source différente; telles sont les idées de grandeur, de jalousie, de vanité, qui dérivent directement du sentiment exagéré de la personnalité ou des autres sentiments égoïstes. Un de mes rachitiques croit être sénateur, un second se dit directeur de tous les chemins de fer. Ces prétentions exorbitantes sortant d'un corps infirme ou rabougri forment un contraste navrant, qui fait naître dans l'âme de l'observateur un sentiment pénible et dans l'esprit du médecin l'idée d'une incurabilité absolue.

Le délire perceptif et le délire affectif s'unissent ici de façon à coexister, avec des proportions variables selon les circonstances; le premier domine pendant les périodes d'exaltation, tandis que le rôle prépondérant revient au second pendant les périodes de calme et lorsque l'individualité du malade se montre aussi indépendante que possible des autres éléments pathologiques.

Nous avons cherché en vain les signes d'une altération ou d'une perversion quelconque des sentiments affectifs de nos rikets; les perversions instinctives ou affectives, les modifications du caractère tel que nous l'entendons, sont nulles, et cela sans doute à cause des raisons que nous avons fait valoir au sujet de la manie raisonnante. Cependant les aliénés rabougris ont par moments des sympathies ou des antipathies très-prononcées, très-variables, éminemment éphémères, qui me paraissent indépendantes de tout mouvement affectif et qui semblent dépendre uniquement d'une perturbation singulière dans leur manière de sentir. Est-ce un commencement de perversion, ou plutôt cette perturbation n'est-elle pas une perversion réelle de leur sensibilité morale et complétement étrangère aux sentiments affectifs? La chose est fort probable.

Les accès de colère et presque de fureur sont loin d'être rares dans cette phrénopathie; bien plus, l'absence de ces accès dans le cours de la maladie serait une véritable curiosité pathologique. La plus petite contrariété suffit parfois à ces infortunés pour les exalter; leur violence est extrême, et dans leurs mauvais moments ils crient, cassent, déchirent, profèrent des insultes et s'attaquent aux personnes qui leur déplaisent, sans avoir égard à la force physique, au rang, au dévouement de ces dernières. Prompts à s'emporter et faciles à se calmer, ces êtres disgraciés sont très-mobiles, surtout quand ils se trouvent à l'apogée de leurs périodes d'exaltation.

Nous avons à noter, à cette occasion, que leurs accès d'agitation et leurs périodes d'affaissement sont plus longs que ceux de la manie raisonnante. Les rabougris se rapprochent ainsi des individus atteints de folie circulaire. Aux époques menstruelles, qui ne sont presque jamais suspendues, les femmes rachitiques sortent un peu, pendant quelques jours, de leur prostration, sans cesser d'être abattues. Si elles sont alors dans un stade d'exaltation, celle-ci augmente sensiblement. Relativement aux maniaques raisonnants, les rikets sont plus fortement engourdis et moins agités en général. Enfin nous ne devons pas oublier que leur intelligence subit un affaiblissement lent, mais progressif, qui finit par amener un certain degré de démence et d'incohérence.

Bien que nous ayons observé une aliénée rabougrie âgée de soixante-dix ans, nous avons tout lieu de croire ce fait exceptionnel, les malades de ce genre ayant ordinairement une longévité peu considérable.

Nous ne sommes pas encore en état de décider si la folie des aliénés rabougris forme une espèce morbide unique ou si elle constitue un groupe composé de plusieurs espèces phrénopathiques. Tout ce que nous pouvons affirmer actuellement, c'est que les rikets offrent dans leurs symptômes psychiques les plus grandes dissemblances, et que quelques-uns d'entre eux seulement ressemblent aux maniaques raisonnants. Cette ressemblance nous a obligé à considérer ceux-ci et ceux-là comme appartenant à des types pathologiques voisins. Peut-être faudra-t-il revenir plus tard sur cette manière de voir, mais, jusqu'à plus ample informé, nous devons tenir compte des analogies, plus ou moins éloignées, observées entre ces deux sortes d'aliénés.

Pour le moment, n'ayant à nous occuper que des dissemblances existant entre les maniaques raisonnants et les aliénés rabougris, nous dirons d'abord que la sélection ne contribue en rien à la production de la folie rachitique, comme l'insuffisance de la nourriture est étrangère à la création de la manie raisonnante.

Ensuite les manifestations psychiques, prédominantes dans un cas, abandonnent cette prédominance, dans l'autre cas, aux manifestations somatiques. Tout converge, dans la manie raisonnante, autour du caractère égoïste pathologiquement exagéré, qui réduit à peu de chose la valeur des phénomènes physiques de la maladie. Au contraire, les signes du rachitisme ou du rabougrissement les plus importants dérivent de l'appareil somatique et diminuent considérablement l'importance des symptômes psychiques. Ces différences ont une signification que le nosologiste ne saurait négliger.

Les illusions, les interprétations et les conceptions délirantes, la lucidité intellectuelle fortement compromise et les perversions de la sensibilité morale des aliénés rabougris, ne s'observent jamais dans la manie raisonnante. Enfin les idées ambitieuses de cette dernière phrénopathie n'ont qu'une analogie éloignée avec le délire ambitieux des rachitiques.

Toutes ces différences sont assez tranchées pour que, après avoir lu les développements qui les ont précédées, on puisse trouver des difficultés sérieuses à distinguer un aliéné rabougri d'un maniaque raisonnant.

XII

Les considérations émises jusqu'ici ne nous permettent pas de nous faire la moindre illusion sur la gravité de la manie raisonnante : elle est essentiellement incurable. Pour la guérir, il faudrait que la science eût le moyen de redresser les défectuosités psychiques qui servent de base au délire de nos maniaques et qu'elle pût compléter leur organisation mentale. D'ailleurs, cette maladie n'étant pas spécifique, dans le sens ordinaire de ce mot, nous ne pouvons guère espérer que le hasard vienne un jour mettre dans la main du médecin un remède spécifique pour la combattre avec succès.

Sa guérison est donc absolument impossible.

Nous ne pensons pas non plus que la psychiâtrie arrive jamais à la prévenir, les causes de cette terrible affection étant de celles que les hommes sont impuissants à éviter.

Quoique essentiellement incurable, elle ne compromet pas sérieusement l'existence du malade. Celui-ci peut très-bien parvenir jusqu'à la vieillesse, surtout si la séquestration le place de bonne heure dans un milieu favorable à la conservation de ses forces. Les deux maniaques raisonnants morts dans l'établissement à la suite de marasme avaient, au moment du décès, l'un cinquante-un et l'autre soixante-dix ans.

XIII

Chaque fois qu'un organe ou un système d'organes prédomine d'une manière notable chez une personne, les autres organes ou les autres systèmes souffrent de cette prédominance, et l'équilibre fonctionnel devient peu stable.

Nous voyons en effet, tous les jours, des individus doués d'un tempérament exclusif ou d'un système organique si fortement prononcé, qu'ils sont, par le seul fait de cette prépondérance, dans une situation plus ou moins anormale, plus ou moins extra-physiologique.

« Plus un organe est fort et prédominant, dit M. Thomas, plus il est sensible à ses excitants naturels, plus il est disposé à s'exercer. Et, comme il est difficile qu'un organe très-disposé à l'exercice ne fasse pas des excès dans le sens même de ses dispositions, il devient très-souvent malade[1]. »

---

[1] *Physiologie des tempéraments.* p. 213

La constitution pléthorique, la moins mauvaise des exagérations organiques, s'accompagne de maux de tête, de vertiges, de somnolence, de bouffées de chaleur vers la tête, de dyspepsies, de flatulences, d'embarras gastriques, d'hémorrhoïdes, de congestions, d'inflammations de toute sorte et d'un grand nombre d'autres phénomènes analogues, qui sont les signes précurseurs d'une hémorrhagie ou d'un ramollissement cérébral.

La santé éminemment précaire des personnes très-lymphatiques est bien connue : actuellement, c'est un catarrhe qui les tourmente ; demain, elles auront un abcès ou une suppuration quelconque ; plus tard, une affection vermineuse, un état morbide des muqueuses ou une éruption de la peau les rendront maladives ; ensuite cette éruption subira les transformations les plus étranges. Et pourtant tous ces phénomènes, toutes ces transformations, malgré la multiplicité des formes, ont la même raison d'être, un fond commun unique, et dérivent tout bonnement de l'exagération fonctionnelle de l'appareil lymphatique.

A leur tour, les personnes nerveuses par excellence n'ont jamais, pour ainsi dire, un seul instant de bien-être complet : sous l'influence de stimulus insignifiants et souvent même à propos de l'exercice régulier de leur système nerveux, elles éprouvent des douleurs qui prennent les aspects les plus variés, dans les diverses parties du corps. Leur sensibilité morale, très-vive, n'est généralement accessible qu'aux impressions tristes et les porte de préférence à voir le mauvais côté des choses. Tout agit sur leur esprit d'une manière pénible,

et le malheur fait qu'elles en soient profondément affec-
tées. La souffrance sous mille formes est le triste lot de
ces existences, qui ne sont pas précisément malades dans
le sens ordinaire de ce mot, et qui pourtant sont bien
loin de jouir de la somme de bien-être attachée à la
santé. Dans ces conditions, une cause légère suffit pour
développer un état névropathique permanent, susceptible néanmoins de laisser au patient quelques moments
de répit. Cet état névropathique affecte une forme rémittente, vague d'abord, plus accusée ensuite, et se
masque sous les apparences les plus variées.

A la rigueur ces tempéraments sont physiologiques,
bien qu'ils se trouvent sur les limites extrêmes de l'état
hygide et qu'ils avoisinent de très-près le champ de la
pathologie ; mais qu'une cause quelconque (et cette
cause ne manque jamais) vienne rompre l'équilibre à la
faveur duquel ils conservaient leur santé, et aussitôt ils
donneront lieu à des maladies confirmées incurables,
et mériteront le nom de *tempéraments pathologiques* ou
de *diathèses physiologiques*. L'association de ces mots
est peut-être peu heureuse, j'en conviens, et cependant
ils expriment bien ma pensée, car ici le tempérament
et la maladie qu'il produit sont une seule et même
chose, à deux degrés différents de son évolution.

L'entendement est soumis à des vicissitudes semblables, et les considérations précédentes lui sont en
tout applicables.

Comme le tempérament, le caractère, véritable tempérament moral, peut acquérir exceptionnellement une
prédominance très-marquée dans tel ou tel sens. Les

facultés morales, au lieu de présenter un développement harmonique, ont alors une énergie différente, et les plus fortes, associées déjà par une similitude de but, forment des types de caractère entièrement comparables aux types de tempérament.

Lorsque, par suite de la suractivité d'un certain nombre de puissances morales, le caractère ou le naturel acquiert une prédominance beaucoup trop forte, nous le voyons donner naissance à des particularités psychiques plus ou moins fâcheuses selon les circonstances, mais ayant toujours une haute portée au point de vue de la psychiâtrie. Les organisations mentales où nous observons ces particularités, et notamment celles qui produisent les manies raisonnante, bienveillante et malveillante, sans entrer d'abord pleinement dans le domaine de la psychiâtrie, subissent très-fréquemment les entraînements irrésistibles de leurs sentiments, de leurs passions, de leurs penchants ou de leurs instincts. Ces organisations, n'étant plus dirigées par un jugement droit et par une volonté indépendante, ont une manière de se conduire dans les affaires de la vie qui n'est pas toujours raisonnable; si, par un motif quelconque, ces entraînements deviennent un peu plus puissants que de coutume, l'exaltation mentale se manifeste chez elles et leur folie apparaît avec tout son cortége et s'y établit d'une manière définitive. Le mal ne fait ensuite que s'enraciner davantage dans la constitution et diminuer de plus en plus les rares moments de bien-être du malade.

Les tempéraments et les caractères exclusifs aboutissent donc directement, et sous l'influence de leurs impulsions naturelles, à la création d'un genre morbide adéquat, terme final et fatal de leur évolution.

Pour rendre plus sensibles les analogies philosophiques existant entre le caractère et le tempérament, quand l'un et l'autre sont fortement exagérés, choisissons deux exemples.

Pendant son premier âge, l'enfant doué d'un tempérament trop lymphatique est remarquable par l'exubérance de son tissu cellulaire. Ceux qui le voient dans cet état de prospérité s'écrient unanimement : « Quel bel enfant! il est superbe, magnifique! » Et ses parents se réjouissent de son riche embonpoint, qui semble promettre pour longtemps la santé la plus robuste. Malheureusement cette beauté n'est pas durable : elle trouve dans sa source même la cause de sa propre destruction. La tendance qui, par suite de la prépondérance du système lymphatique, porte l'organisme à convertir facilement le chyle en tissu adipeux, d'où résultent les apparences extraordinaires de l'enfant, est un signe, comme le lymphatisme lui-même, d'une faiblesse vitale qui se traduit bientôt par une dentition pénible, accompagnée, surtout dans les pays chauds, par le terrible *choléra infantilis*. S'il résiste à cette période critique, l'enfant conserve longtemps des croûtes laiteuses, des gerçures derrière les oreilles et présente successivement plusieurs poussées éruptives vers la peau et les muqueuses, des affections vermineuses, des catarrhes, des fluxions de poitrine, etc. S'il résiste encore à ces maladies, les symptômes de la scrofule grave ne tardent pas à se manifester, et les abcès, les suppurations, les engorgements glandulaires, prennent chez lui droit de domicile. Enfin la diathèse scrofuleuse, faisant des progrès incessants, en dépit des préparations iodées le plus rationnellement administrées, altère les surfaces articulaires, produit dans le système osseux ou dans les viscères des lésions qui terminent une carrière pleine d'accidents pathologiques.

Le maniaque raisonnant, étant jeune, est aussi un bel enfant au point de vue mental : sa précocité donne les plus belles espérances pour l'avenir, mais son organisation psychique, mal équilibrée, témoigne bientôt, d'une foule de manières, sa faiblesse pour tout ce qui concerne la vie sociale. Les vicissitudes de son existence mentale, l'impossibilité de suivre une carrière, d'exercer une profession, ses excès, sa conduite incertaine ou déréglée, son incapacité pour la vie pratique, etc., sont autant d'essais, autant de poussées psychiques que sa diathèse morale, si je puis me servir de ces deux dernières comparaisons, produit avant de se déployer pleinement et d'arriver à la complète manifestation de la manie raisonnante.

De ce parallèle et des considérations qui l'ont précédé il résulte clairement que les tempéraments, comme les caractères, peuvent être exagérés et que cette exagération produit, par sa propre puissance, des affections adéquates, qui sont tout simplement l'expression ultime ou le dernier terme de l'évolution ordinaire de ces tempéraments ou de ces caractères. Physiques ou morales, ces affections sont dues à l'action de la sélection natu-

relle. Quand on suit pas à pas le mode de succession
de leurs symptômes et qu'on envisage ceux-ci à un point
de vue philosophique (car il y a aussi une pathologie
comparée et philosophique), on découvre en eux une
ressemblance complète et des analogies frappantes.

Ici encore nous avons à regretter que la question
traitée dans ce livre ne nous permette pas d'entrer
dans les développements que comporterait ce sujet si
intéressant et si nouveau. Ce qui précède suffit cependant
pour prouver que la manie raisonnante est une
des maladies du caractère et qu'elle est constituée par
l'exagération pure et simple du caractère égoïste, poussée
au-delà des limites extrêmes de la physiologie.
L'absence d'illusions, d'hallucinations, de modifications
accidentelles des sentiments, de perversions instinctives
ou affectives, ou de tout autre phénomène anormal,
franchement pathologique, d'une part, et la suractivité
psychique augmentée dans sa quantité, sans la
moindre altération dans sa qualité, et se manifestant
spécialement dans les sentiments égoïstes, d'autre part,
sont les deux faits essentiels, l'un négatif et l'autre positif,
qui parlent en faveur de notre manière de voir.

A son tour, l'étiologie de cette phrénopathie dépose
dans le même sens, en déclarant que, comme les variétés
dans le règne organique, elle provient d'une nuance
individuelle agrandie par la sélection naturelle à travers
les générations, et parvenue au point d'avoir des
proportions énormes, incompatibles avec l'exercice régulier
des fonctions mentales. Enfin la marche, l'anatomie
pathologique, le pronostic, de cette maladie, con-

23

firment les données fournies par son étiologie et sa symptomatologie.

Le doute n'est pas possible : la manie raisonnante est une maladie fonctionnelle, qui n'a et qui ne peut avoir pour nature que la nature même de l'individu où elle se produit, et cette nature, nous la connaissons du moment que nous savons pertinemment comment, pourquoi et combien cet individu s'écarte du type spécifique de l'humanité. Chercher hors de l'individualité l'essence des états morbides de ce genre, c'est poursuivre, sans le moindre espoir de succès pratique, un rêve long et fatigant.

La manie raisonnante est une maladie du caractère et appartient à la classe des maladies fonctionnelles. Mais celles-ci entraînent généralement avec elles l'idée d'une guérison facile, ce qui semblerait nous mettre en contradiction avec nous-même, puisque nous avons dit que la phrénopathie dont il s'agit est incurable. Il n'y a là qu'un malentendu ; nous allons chercher à le faire disparaître.

La grande majorité des maladies fonctionnelles guérit par le repos seul du système affecté ; mais les rechutes sont d'autant plus faciles et d'autant plus graves, par conséquent, que ce système est plus fortement développé. Si son développement est excessivement exagéré, comme dans les cas que nous avons en vue, les virtualités morbides deviennent permanentes, et alors leurs manifestations donnent au pronostic sa gravité ; que ces manifestations soient plus ou moins intermittentes, qu'elles naissent ou disparaissent aisément, les virtualités restent constamment les mêmes, retentissent sur l'économie entière et méritent, par là, le nom de *diathèses fonctionnelles,* que nous avons cru devoir leur accorder.

Tout se réduit donc à une question de degré; les maladies fonctionnelles qui dérivent d'une virtualité légère ont, chez le même individu, peu d'unité et ne sont pas graves, tandis que celles dont la virtualité ou l'affection morbide[1] est très-puissante, offrent des manifestations qui, malgré leur variété, sont intimement liées les unes aux autres, forment un tout, une unité indécomposable, et sont l'expression d'un état général fortement ancré dans l'organisation, c'est-à-dire d'un état diathésique en quelque sorte, et très-sérieux sous le rapport du pronostic. Et comment pourrait-il en être autrement? Ne savons-nous pas, surtout au sujet des maniaques raisonnants, qu'ils s'éloignent du type spécifique, en ce qu'ils manquent des sentiments supérieurs et altruistes, en même temps que leurs sentiments égoïstes sont excessivement energiques? Cet arrêt de développement d'un côté, et de l'autre ce surcroît d'énergie, étant le résultat de transmissions héréditaires dirigées dans le même sens, ne sont-ils pas, avec la forme et les dimensions céphaliques et l'exaltation mentale, les signes d'une diathèse qui, à cause de son origine, mérite à tous les titres une place dans la grande classe des dégénérescences? Oui, la manie raisonnante est une *dégénérescence,* le moins grave peut-être des états morbides de cette catégorie si bien étudiée par le Dr Morel, mais

[1] Le mot *affection* est employé ici dans le sens que lui donne l'École de Montpellier

elle n'est pas moins une dégénérescence dans toute la force du mot.

Bien plus, doués d'une organisation mentale incomplète et défectueuse, les maniaques raisonnants sont appelés à faire partie d'une classe de monstruosités psychiques appartenant de droit à la *tératologie morale*. Quoique légères et fort simples, ces monstruosités ne sont pas moins parfaitement caractérisées. Les idées attachées à la qualification *monstruosité* peuvent nous la faire paraître étrange, singulière, et pourtant, mieux que toute autre dénomination, celle que nous employons est appropriée à la nature des faits qu'elle sert à désigner.

Laissant de côté la répugnance que fait naître la nouvelle application de cette qualification, nous ne pouvons pas nous dispenser de voir dans les maniaques raisonnants des individus exceptionnels, qui n'ont pas ce qui est nécessaire pour vivre de la vie sociale. S'il en est ainsi, et les chapitres précédents en font foi, les maniaques raisonnants, comme leurs frères en aliénation les maniaques bienveillants et les maniaques malveillants, doivent former un groupe spécial, qui un jour, peu éloigné peut-être, aura les proportions d'une science portant le titre de *tératologie mentale*. Nous croyons fournir dans ce travail les premiers éléments d'un groupe en quelque sorte parallèle à celui des hémitéries de M. I.-G. Saint-Hilaire.

D'ailleurs, tout nous porte à croire que la tératologie mentale sera une science d'une fécondité et d'une certitude égales à la certitude et à la fécondité de la tératologie découverte dans ces derniers temps : fondée sur des faits d'observation nombreux et bien avérés, cette nouvelle science nous paraît pleine de vie et d'avenir.

En résumé, la manie raisonnante, envisagée sous divers points de vue, reçoit des qualifications différentes : l'examine-t-on dans ses principales manifestations, c'est une maladie du caractère égoïste ; fait-on attention à la nature de ces manifestations, c'est une maladie fonctionnelle ; la regarde-t-on dans ses virtualités, c'est une sorte de diathèse ; cherche-t-on à découvrir sa source, son origine, c'est une dégénérescence ; la voit-on enfin dans ses résultats, c'est une monstruosité morale. Et, chose remarquable, toutes ces épithètes lui conviennent également, car elles représentent toutes, chacune dans leur sphère, une idée vraie. Leur unique défaut consiste à ne comprendre isolément qu'une seule face de la question ; mais réunissons les idées qui dérivent de l'étude ainsi segmentée, morcelée, de la manie raisonnante, et nous parviendrons à dégager de leur ensemble une idée générale, l'idée de sa nature exprimée par ces mots : La manie raisonnante est un écart pathologique simple du type spécifique de l'individualité morale.

A propos de la nature de cette maladie, nous devons nous demander si elle peut devenir épidémique. Quand on lit le consciencieux travail du docteur Calmeil sur la folie[1] et la relation, aussi intéressante que remar_

[1] *De la Folie*. Paris, 1845

quable, de M. l'inspecteur général Constans, sur l'hystéro-démonopathie de 1861 [1], on demeure convaincu
que la manie raisonnante, telle que nous la connaissons,
ne pourra jamais être épidémique. Les maniaques raisonnants subiront tout au plus, comme tout le monde,
les influences pathogéniques de certaines épidémies morales; mais, dans ces cas, il est probable que leur maladie, quoique constituant une prédisposition, restera,
d'ailleurs, complétement étrangère à l'épidémie.

Quelle est l'importance de la manie raisonnante au
point de vue de la pathologie générale ?

Celle-ci ne reconnaît que des symptômes, des éléments
morbides, des espèces pathologiques et des groupes com-
posés d'un nombre variable d'entités distinctes. Les
considérations émises déjà sont plus que suffisantes
pour démontrer que la manie raisonnante, loin d'être
un symptôme, un élément ou un groupe d'affections morbides, est, au contraire, une espèce pathologique parfaitement caractérisée.

Voici l'idée que M. Parchappe se fait de l'espèce en
pathologie, idée qu'il a exposée avec la supériorité qu'on
lui connaît. Elle a été, d'ailleurs, acceptée avec unani-
mité dans le monde médical : « L'espèce, en nosologie,
dit-il, s'appuie nécessairement, comme dans les autres
sciences, sur les idées fondamentales de ressemblance
et de dissemblance entre des individualités.

---

[1] *Relation sur une épidémie d'hystéro-démonopathie.* Paris, 1863

» Pour qu'un état morbide puisse être considéré comme une espèce, il faut qu'il réalise, par l'ensemble de ses caractères essentiels, une sorte d'individualité susceptible d'être rapportée, à raison de sa ressemblance avec d'autres individualités, à un type commun qui représente l'espèce, et d'être, à raison de la dissemblance, séparée de toutes les autres individualités.

» Les caractères comparables, qui fondent l'individualité et l'espèce, diffèrent considérablement d'une science à l'autre et doivent être empruntés à la nature spéciale des objets de la spéculation scientifique.

» Ainsi, en pathologie, ils doivent être cherchés dans la nature même de la maladie, c'est-à-dire dans ce qui constitue essentiellement, d'après les connaissances acquises, toute maladie.

» Or la conception la plus exacte que nous puissions nous faire d'une maladie, c'est celle du développement, dans un organisme vivant, de phénomènes anormaux liés entre eux, de manière à former un tout ayant un commencement et une fin, se produisant par une cause et tendant à un but.

» Tout développement de ce genre offre à l'analyse les éléments essentiels suivants :

» 1° La cause ou les causes qui ont donné naissance au développement morbide ;

» 2° Les symptômes ou les manifestations du trouble fonctionnel qui expriment le développement morbide ;

» 3° Le siége de la maladie, déterminé soit physiologiquement d'après l'organe ou l'appareil qui doit être considéré comme le point de départ du trouble fonc-

tionnel, soit anatomiquement, d'après les altérations organiques constamment révélées par l'autopsie cadavérique;

» 4° La nature anatomo-pathologique des altérations
organiques constantes;

» 5° La marche suivie par le développement morbide, en tant qu'elle se révèle par la succession et la
connexion des symptômes et des altérations organiques
et par la terminaison de la maladie [1]. »

La manie raisonnante remplit-elle les conditions de
ce programme? Assurément. Les histoires médicales
placées à la fin de ce volume sont d'une homogénéité
inattaquable; elles portent la même empreinte caractéristique et distinctive : leur physionomie a un air de
famille frappant, qui fait naître spontanément dans
l'esprit de l'observateur la pensée d'une individualité
morbide énergiquement accusée. L'étiologie de cette
maladie, sa symptomatologie, sa marche, examinées
séparément, conduisent au même résultat.

En effet, agissant sur une nuance psychologique normale et déterminée, la sélection naturelle se charge
même du soin de faire naître les causes déterminantes
nécessaires à la manifestation, si longuement préparée,
de la manie raisonnante. Existe-t-il en psychiatrie une
folie due à des causes plus spéciales et plus propres à
faire ressortir son unité, son indépendance nosologique?

La symptomatologie a aussi des traits spéciaux fran-

---

[1] *Annales médico-psychologiques*. 1858, page 464

chement exprimés ; ce sont : au physique, la forme et
les dimensions céphaliques dont nous avons déjà parlé ;
au moral, la prédòminance fortement exagérée des passions proprement dites, au détriment de l'énergie des
sentiments supérieurs et altruistes, et l'absence de
toute perversion instinctive ou affective. Sous le rapport intellectuel, nous avons signalé les idées de grandeur, les idées hypochondriaques, l'état rudimentaire
des facultés réflectives et l'absence des illusions et des
hallucinations. Tous ces termes étant déjà bien connus,
n'ont pas besoin maintenant d'aucune autre explication.

Sous le rapport du siège, la manie raisonnante intéresse, comme toutes les dégénérescences, l'être tout
entier; néanmoins la partie du moral affectée aux sentiments égoïstes est le théâtre des principales manifestations du mal.

Le silence de l'anatomie pathologique dans cette
maladie n'est pas non plus dénué d'une certaine valeur nosologique. Enfin la marche de la manie raisonnante, surtout pendant qu'elle reste à l'état de germe,
à un cachet particulier très-significatif.

Après ces considérations, nous croyons avoir le droit
d'affirmer que la maladie étudiée dans ce travail est
une espèce pathologique dans toute la rigueur de cette
expression.

En examinant attentivement les affections mentales
admises par la psychiatrie moderne comme des espèces
morbides, on arrive à se convaincre que la mieux caractérisée de toutes n'a pas de traits plus fortement

dessinés, plus constants, plus régulierement coordonnés
que ne le sont ceux de la manie raisonnante. La paralysie générale des aliénés est peut-être la maladie qui,
au point de vue nosologique, a le plus longtemps préoccupé les hommes spéciaux. Or la paralysie générale
laisse, dans toutes les parties de son histoire, les lacunes
les plus regrettables. Son étiologie est encombrée de
données banales, et les agents essentiels qui lui donnent
naissance sont inconnus. La symptomatologie n'a rien
d'homogène : le délire triste et le délire ambitieux ;
l'agitation et l'affaissement ; les fausses perceptions et
la raison apparente ; les tendances au suicide, les impulsions instinctives et les élans bienveillants, viennent
tour à tour, selon les individus et selon les circonstances,
donner à la démence paralytique la physionomie la
plus variable, la plus incertaine. Sa marche, très-rapide
dans un cas, contraste fortement avec la lenteur d'évolution d'un autre cas. Tantôt rémittente, tantôt continue,
elle ne montre partout que des divergences. Aussi, en
présence de ces manifestations si disparates, et pour
ne pas compromettre l'unité nosologique de la paralysie
progressive, s'est-on décidé à lui reconnaître plusieurs
formes. Par ce simple moyen on est parvenu à éluder
la difficulté sans la résoudre.

Les folies hystérique, alcoolique, circulaire, ne sont
pas mieux partagées à cet égard. Partout la contingence, la variabilité, la multiplicité des éléments de
l'appareil symptomatique, masquent ou altèrent l'unité
pathologique du mal, et partout cependant cette unité
est parfaitement acceptée sans la moindre contestation.

Et cette tolérance scientifique, qui dépasse parfois les bornes de la logique, se convertirait en une intolérance exorbitante quand il s'agirait d'accorder à la manie raisonnante le titre d'espèce pathologique? Non, ce n'est pas possible : on pourra changer tant qu'on voudra et comme on voudra le nom, l'étiquette mise en tête des faits que j'apporte et que tout le monde peut vérifier et recueillir comme moi; mais on ne pourra pas nier, après un examen sérieux, l'unité nosologique que ces faits affirment, unité qui à son tour leur donne une sorte d'individualité et de vie. Si, contrairement à mes prévisions, quelques doutes pouvaient subsister encore, on n'aurait qu'à comparer les diverses espèces phrénopathiques reconnues par la psychiâtrie actuelle avec la manie raisonnante, pour ne plus hésiter à partager mes convictions.

C'est qu'en effet la notion d'espèce surgit de toute part, dans les pages précédentes, et cela avec une telle persistance, une telle clarté, une si grande puissance. qu'elle s'impose à tout esprit non prévenu et jouissant d'une indépendance scientifique complète.

Les limites qui ont été assignées à la manie raisonnante sont-elles bien exactes? Il est évident que son cercle ne saurait être rétréci davantage, les variétés égoïste et jalouse ne pouvant pas être prises pour des espèces distinctes de la manie raisonnante orgueilleuse. Mais ne devrions-nous pas étendre ce cercle, ainsi que nous le conseille M. J. Falret? Mal-

gré tout le désir que nous aurions de partager sa manière de voir, nous ne pouvons pas renoncer à ce que
nous croyons être la vérité. Au reste, mettrions-nous
dans la même espèce les manies bienveillante, raisonnante et malveillante, que cela ne répondrait pas complétement à son programme : il voudrait y voir aussi
les aliénés rabougris et bien d'autres encore, de sorte
que nous retomberions dans les erreurs du passé sans
le moindre avantage. Il n'y a pas de milieu ; il faut
trancher nettement la question : ou l'idée nosologique exposée dans ce livre est bonne, et alors il
faut la poursuivre dans toutes ses conséquences ; ou
elle est mauvaise, et, dans ce cas, une modification
quelconque lui ferait perdre ses avantages sans diminuer en rien ses inconvénients. En outre, l'importance
du rabougrissement et du rachitisme des aliénés rabougris s'imposera d'elle-même à tout nosologiste et
l'obligera, bon gré mal gré, à établir une forte ligne de
démarcation entre ces aliénés et les maniaques raisonnants.

Quant aux maniaques malveillants, on pourrait, à la
rigueur, les placer avec les maniaques raisonnants ;
mais cette assimilation, qui ne serait pas très-heureuse déjà, entraînerait forcément et logiquement à sa
suite une autre assimilation, celle de la manie bienveillante. Eh bien ! quel est l'esprit logique et géné-
ralisateur qui consentirait à faire un pareil amalgame ?

L'identité du principe qui préside à la naissance et
à l'évolution de ces trois maladies se traduit par un
certain nombre d'analogies ; mais les matériaux dont il

se sert sont trop dissemblables pour que cette dissemblance n'imprime pas à l'œuvre un cachet différent et *sui generis*. L'ingénieur qui fait ici une locomotive et là une roue hydraulique est toujours le même homme, et cependant de son identité il serait illogique de déduire celle de ses ouvrages. Il en est de même des trois maladies précitées : leurs analogies, quoique très-importantes, ne doivent pas nous faire oublier leurs différences symptomatiques. Sous le rapport étiologique, où les ressemblances sont assez marquées, tout essai de réduction est néanmoins chimérique. En effet, la fécondité continue étant l'élément fondamental de l'espèce naturelle, nous serions mal inspirés si, trouvant cet élément sur notre passage, nous ne le mettions pas à contribution pour déterminer l'espèce pathologique. Or cet élément, qui manque si souvent à la nosologie, a ici une valeur exceptionnelle. N'avons-nous pas vu, à propos de l'étiologie, les transmissions héréditaires perpétuer dans les familles le type égoïste, tout en laissant à l'individualité la facilité de se dessiner au moyen de la prédominance de telle ou de telle autre faculté égoïste ? Est-ce que les personnes bienveillantes engendrent normalement des enfants malveillants ou d'un égoïsme profond [1] ?

Tout aussi incapable que le figuier de produire une pomme, le type égoïste ne saurait créer les substratum psychiques d'où surgissent les maniaques bienveillants et malveillants. Réciproquement, et par les mêmes

[1] Les exceptions à cette loi sont seulement apparentes ; nous avons essayé de les expliquer aux pages 242 et 243

raisons, ceux-ci sont dans l'impossibilité de produire ceux-là.

La manie raisonnante ne se formant jamais d'emblée et l'hérédité ne transmettant que ce qui existe, il est de toute nécessité que le maniaque raisonnant tire de l'égoïsme de ses parents le germe de sa maladie. Par conséquent le nosologiste, qui n'a pas le droit de confondre ce que la nature a le soin de séparer, sera toujours obligé de faire des manies bienveillante, raisonnante et malveillante, trois especes phrénopathiques distinctes.

Il est inutile d'ajouter que l'impossibilité de cette association, qui serait pourtant la plus rationnelle de toutes, rendrait absurdes les autres tentatives faites dans le même sens.

La manie raisonnante, telle que nous l'avons comprise, est donc bien circonscrite, et ses limites sont tout à fait naturelles et parfaitement légitimes.

Quelle est la place probable qui sera reservée à la manie raisonnante dans une classification naturelle des phrénopathies? En supposant qu'une pareille classification, indépendante de la nosologie ordinaire, puisse exister, ce qui paraît difficile quand on pense que presque toutes les classes des maladies ordinaires fournissent un contingent plus ou moins considérable à la psychiâtrie, il est indubitable que, si la folie lucide (folie morale, folie raisonnante) y est conservee comme groupe morbide, ainsi que tout le fait espérer, ce groupe

n'aura pas les proportions qu'on lui accorde aujour-
d'hui. Au fur et à mesure que les progrès de la science
le permettront, on éliminera de la folie lucide plusieurs espèces morbides qui, en suivant leur cours naturel, ne tardent pas à obscurcir sérieusement l'intelligence, et qui figurent néanmoins, dans l'état actuel
de nos connaissances, parmi les aliénations mentales
lucides. Partout où l'hallucination joue un rôle important, l'obscurcissement intellectuel est inévitable;
aussi avons-nous lieu de croire que les délires de persécution, dus aux fausses sensations, seront peut-être
les premiers à subir cette élimination. En compensation, à la manie raisonnante se joindront bientôt
quelques variétés nouvelles, et notamment la variété
vaniteuse de cette maladie. La manie malveillante
s'enrichira de quelques cas classés aujourd'hui parmi
les monomanies (pyromanie, monomanie homicide ou
suicide, monomanie ébrieuse[1], etc.); mais ces acquisi-

[1] Parmi les individus qui se livrent a des excès de boisson, il
en est qui sont tellement impressionnables à l'action des liqueurs
alcooliques, que deux verres de vin suffisent pour les plonger dans
l'ivresse. Intelligents, tres-adroits pour les travaux manuels, mais
sans jugement, sans esprit d'ordre, sans conduite, ils sont dépourvus des sentiments supérieurs et altruistes. Si leur égoïsme
n'est pas trop marqué, leurs penchants, et notamment le penchant
pour la boisson, sont très énergiques : ces personnes s'enivrent
presque en parlant, et la surexcitation nerveuse qui en résulte se
prolonge parfois de manière à leur créer un accès de folie plus ou
moins durable. Cette folie n'est pas de nature alcoolique, bien que
les boissons soient nécessaires pour la développer. Il y a là, proba
blement, une variété de la manie malveillante; peut-être y trouvera-
t-on un noyau susceptible d'acquérir de l'importance par l'adjonction
successive de plusieurs autres sortes de surexcitation maniaque
pouvant former, plus tard, une espèce phrenopathique à part.

tions ne parviendront qu'à grossir le groupe des vésanies lucides sans pouvoir jamais l'étendre. Il gagnera
en variétés morbides et perdra en espèces phrénopathiques.

Quoi qu'il en soit, la manie raisonnante, la manie
bienveillante et la manie malveillante, resteront, j'en
suis convaincu, comme type de la grande classe des
folies morales et formeront, avec la manie et la lypémanie franches, le genre des vésanies fonctionnelles[1].

Avant de terminer ce chapitre, nous avons à dire
un mot de deux opinions émises sur la nosologie de la
manie raisonnante : l'une, déjà ancienne, a été repro-
duite par MM. Billod et Dagonet ; l'autre appartient
au regrettable M. Marcé.

MM. Billod et Dagonet, nous l'avons vu dans notre
partie historique, admettent une lypémanie raisonnante. Les observations sur lesquelles ces deux savants
médecins ont fondé leur opinion, et celles que j'ai pu
recueillir moi-même, me paraissent avoir les traits des
folies circulaires ou des lypémanies graves à une période peu avancée de leur développement. Pour ma part,
je ne crois pas que la manie raisonnante puisse affecter
la forme mélancolique dépressive ou sans réaction.

Que les caractères égoïstes soient sujets aux formes
dépressives de la folie, surtout quand leur égoïsme n'est
pas très-prononcé et qu'ils ont subi l'action prédominante de causes spéciales encore inconnues, personne
ne le conteste ; mais que ces caractères, lorsqu'ils sont

---

[1] Ce genre appartient à l'ancienne division des maladies en
fonctionnelles, spéciales et spécifiques

très-exagérés et qu'ils agissent seuls, produisent une autre maladie que la manie raisonnante, ce n'est pas probable. L'expansion, la réaction sont le cachet de ce tempérament moral, et ce cachet, le caractère égoïste ne saurait le perdre sans cesser d'être lui-même, sans être anéanti ou dominé par une cause supérieure plus énergique ou plus importante qui n'existe pas ici.

Quant à M. Marcé, pour qui les faits de folie raisonnante sont des états congénitaux dont on retrouve les traces dès la première enfance, et qui peuvent légitimement être rattachés à de l'imbécillité, je crois qu'il est dans le vrai sous certains rapports. Il est incontestable que l'organisation mentale incomplète et défectueuse des maniaques raisonnants les place dans la catégorie des imbéciles, et cela d'autant mieux que l'activité de plusieurs facultés intellectuelles ne peut pas suppléer à l'absence, ou du moins aux inconvénients de l'état rudimentaire des facultés réflectives. J'irai encore plus loin que lui, et je dirai que leur maladie est une véritable *idiotie partielle.* Ils méritent même doublement le titre d'*idiots partiels,* puisqu'ils sont incomplets dans leur constitution intellectuelle et dans leur constitution morale.

Toutefois, de ce qu'ils sont ainsi organisés on ne peut pas conclure qu'ils ne forment pas une espèce pathologique distincte, le degré ou plutôt l'étendue du développement mental n'ayant pas en soi une valeur prépondérante dans une classification naturelle des phrénopathies [1].

[1] Voir les pages 279 et 300.

XIV

TRAITEMENT

Les données mises en lumière dans le cours de ce travail prouvent que le traitement curatif des maniaques raisonnants est une chimère et que toutes les prétentions qu'on pourra élever à cet égard manqueront toujours de fondement. Il n'est pas permis, en effet, de songer un seul instant à donner à ces infortunés les éléments psychiques normaux qu'ils ne possèdent pas. Il y aurait aussi de la témérité, pour ne pas dire davantage, à vouloir refaire leur organisation mentale ou à la modifier de façon à régulariser son fonctionnement et à lui enlever ce qu'elle a de défectueux. Par conséquent, ne pensons plus à les guérir et, tout en reconnaissant combien cette déclaration est décourageante, sachons accepter la vérité, quelque désespérante qu'elle soit.

Toutefois, de ce qu'il n'est pas permis de se faire illusion sur leur cure radicale, s'ensuit-il que la science ne puisse rien faire pour eux? Non, sans doute: le mé-

decin a au contraire une rude tàçhe à s'imposer auprès
de ces insensés, tâche d'autant plus ingrate, mais aussi
d'autant plus méritoire, qu'elle est longue, difficile et
pénible à remplir convenablement.

Le premier service qu'il puisse leur rendre, ainsi qu'à
leurs familles, c'est de prescrire l'isolement. Une fois le
diagnostic bien établi, il ne doit pas hésiter à conseiller la séquestration et à exercer sur les parents une
certaine pression pour décider ces derniers, dans leur
intérêt et dans l'intérêt du malade, à se séparer d'un
membre que la folie fait tracassier, turbulent, dépensier, exalté et dangereux. « Ces aliénés, plus difficiles
à reconnaître que d'autres, ne tuent pas, il est vrai, dit
un de nos éminents aliénistes, M. Trélat, mais ils font
mourir en détail ceux avec qui ils vivent. »

Comme les gens du monde, les hommes de l'art peu
versés dans l'étude des troubles de l'entendement ont
vu, jusqu'ici, dans ces maniaques des êtres méchants,
pervers, indociles, vicieux et dignes du mépris public
plutôt que des secours de la science. C'est une tête fêlée,
répètent-ils volontiers, tout en parlant de la sagacité
du sujet, de la lucidité de son esprit, de la puissance
de son raisonnement, parfois même de son bon cœur ;
ils passent ensuite en revue tous ses actes, et en définitive ils arrivent à cette singulière conclusion, qu'il
est prodigue, bizarre, ennuyeux, insupportable, exalté,
dangereux ; qu'il déshonore sa famille, qu'il ne sait pas
se conduire et qu'il faut, en conséquence, lui donner
un tuteur, lui nommer un conseil judiciaire ou adresser
au tribunal voisin une demande en interdiction. Quant

à la maladie et aux moyens à lui opposer, il n'en est pas question, son existence étant généralement méconnue.

Déplorons cet état de choses et, en attendant la vulgarisation des connaissances spéciales, voyons si les indications et les contre-indications de l'isolement peuvent être saisies d'une manière certaine. Les indications sont ici évidentes, palpables : le maniaque raisonnant trouble l'ordre public par son exaltation, par son activité exagérée et déplacée, par ses actes de folie; il est à charge aux personnes qui l'entourent, il gêne la société au lieu de l'aider et se livre parfois à des voies de fait, sans compter qu'il se nuit à lui-même, en obéissant aux impulsions énergiques de ses passions.

D'ailleurs, une loi thérapeutique veut qu'on laisse dans le repos le plus complet possible les appareils qui, par leur développement exagéré, sont naturellement portés à se fatiguer et à être malades. L'application de cette loi à la manie raisonnante est plus urgente peutêtre que dans toute autre phrénopathie. L'immense personnalité du malade l'oblige à chercher sans cesse les occasions de se produire, et il trouve dans la satisfaction de ce besoin de sa nature un grand nombre de causes qui, agissant sur une sensibilité morale très-vive et le poussant plus avant dans la même voie, exaltent ses facultés mentales et amènent souvent l'agitation. En le mettant dans un milieu favorable où l'action de ces causes excitantes est peu énergique, la séquestration prévient fréquemment son exaltation, diminue en quelque sorte l'intensité de ses passions, et constitue un moyen de traitement utile et rationnel.

Les indications de la séquestration sont donc formelles et nettement déterminées. Nous ne parlerons pas des contre-indications : elles n'existent pas.

Quel est le moment le plus opportun pour opérer l'isolement ? A cette question nous répondrons sans hésiter : il faut l'opérer aussitôt que le malade commence, physiquement ou moralement, à se montrer nuisible pour autrui ou pour lui-même. Au reste, la séquestration employée de bonne heure ne présentera jamais aucun inconvénient sérieux ; bien plus, elle aura l'avantage de rendre l'aliéné plus disciplinable et de l'habituer à se conformer au régime de vie qui lui convient le mieux.

Aussitôt que le maniaque raisonnant est placé dans un asile d'aliénés, l'œuvre du médecin commence.

Pendant les paroxysmes d'exaltation, les narcotiques à faible dose ne sont pas inutiles pour calmer la surexcitation nerveuse de ces insensés et pour leur procurer un bon sommeil. Bien que les insomnies tenaces soient très-rares dans cette affection, il convient de les prévenir. Le choix du narcotique et de sa dose doit être décidé d'après l'impressionnabilité organique du malade, toujours variable selon la personne et selon les circonstances. On procède par tâtonnement, jusqu'à ce qu'on soit parvenu à trouver, pour chaque individu, le narcotique le plus sûr.

Les bains simples doivent avoir une durée proportionnelle à l'intensité de l'agitation. Dès qu'ils sont un peu prolongés, il faut faire une faible irrigation continue sur la tête du maniaque. Trop insister sur les

bains prolongés serait une faute, car leur action, dans
cette affection, est restreinte. Enfin il importe de ne
pas oublier qu'ils peuvent produire un effet opposé à
celui qu'on en attendait, soit qu'ils contrarient outre
mesure le malade, soit qu'en affaiblissant le système
nerveux ils augmentent l'exaltation mentale. On ne doit
pas essayer non plus de comprimer entièrement son
expansion physique ou mentale; en refusant une certaine satisfaction aux aspirations du moment de sa nature, on s'exposerait à le voir réagir par une agitation
excessive. Pour ces organisations, il faut chercher à
modérer et non à éteindre.

Pourrait-on, par des agents perturbateurs adminis-
trés tout à fait au début d'un paroxysme d'agitation,
arrêter complétement son explosion? Dans la folie intermittente ou rémittente, on les a employés avec un
avantage réel, dit-on, pour faire avorter l'accès; pour
ma part, je n'ai jamais obtenu ni vu obtenir un succès
de ce genre. Je pense même, en admettant l'efficacité
de la méthode perturbatrice, qu'elle ne serait pas en
pareil cas exempte de tout inconvénient. Il m'est difficile de croire que l'économie puisse supporter impunément le trouble occasionné par une médication qui
arrête brusquement l'évolution d'un travail préparé de
longue main. N'est-il pas certain que la suppression
d'un paroxysme, ainsi obtenue, sera remplacée par une
manifestation morbide plus grave, et cela conformément
au principe de physiologie pathologique en vertu duquel les actes supplémentaires d'une fonction entravée
sont plus intenses et plus sérieux que ceux de la fonction

supprimée? Chaque fois qu'un aliéné n'a pas une attaque nerveuse ou un accès d'agitation à l'époque probable où ces phénomènes doivent apparaître, tous les aliénistes le savent parfaitement, c'est qu'il est sous l'influence d'une maladie intercurrente, d'un affaiblissement profond, ou d'une autre cause inquiétante quelconque. Analogiquement on peut supposer que, pour arrêter un accès d'agitation chez le maniaque raisonnant, il est nécessaire de le placer artificiellement dans des conditions équivalentes à celles qui amènent naturellement la suspension dont nous parlons. Or, ces conditions étant peu désirables, il n'est pas prudent de les provoquer ici, attendu que les avantages prévus résultant d'un trouble des actes de la vie pathologique ne sont pas proportionnels aux risques qu'on pourrait courir.

Au début des périodes d'affaissement, les maniaques raisonnants offrent habituellement quelques phénomènes du côté du système digestif : ce sont des embarras intestinaux ou gastriques, avec leur cortége symptomatique ordinaire. Ces phénomènes dérivent de la même influence générale qui produit la dépression mentale et la diminution d'action de toutes les fonctions, et font partie intégrante d'un appareil symptomatique complet. En pareil cas les évacuants, ne s'adressant qu'à une fraction de cet ensemble indécomposable, ont nécessairement un succès douteux. Une demi-diète, des aliments légers, la limonade citrique employée largement jusqu'à ce que l'aliéné commence à sentir, en la buvant, une sorte de répugnance; des laxatifs, tels que le petit-lait tamariné; un centigramme de tartre stibié dans un litre de tisane de chiendent, à prendre en quatre fois dans l'intervalle des repas; 40 ou 50 grammes de manne en larmes dans un litre de tisane d'orge; une potion avec 4 grammes de bicarbonate de soude : voilà les remèdes que je prescris ordinairement. Cette méthode presque expectante mérite la préférence dans la plupart des circonstances; les évacuants produisent des secousses qui ne sont pas toujours utiles à des êtres doués d'une sensibilité organique variable, irritable et capricieuse. Au bout de dix, douze ou quinze jours, ces phénomènes s'effacent, l'appétit revient et tout rentre dans l'ordre. Il n'en est plus ainsi quand on réitère les vomitifs et les purgatifs : la langue se charge davantage, le tube intestinal s'affaiblit, l'appétit met longtemps à recouvrer son intégrité et l'indisposition prend les proportions d'une maladie intercurrente.

On profite de la période de bien-être pour chercher à diminuer l'intensité de l'accès d'agitation qui doit lui succéder. Pour cela l'hydrothérapie, en activant les fonctions de la peau, en modérant la sensibilité organique, en améliorant les forces de ces infortunés, est un remède efficace. Nous ne pouvons pas insister sur ce point, l'hydrothérapie, comme beaucoup d'autres agents de la matière médicale, n'ayant pas un mode d'application spécial et approprié à ce genre d'aliénés. L'état du malade, plutôt que la maladie, doit inspirer au médecin sa règle de conduite.

Enfin la médication bromo-iodurée, préconisée avec raison par M. l'inspecteur général Lunier, donnera des résultats importants, pourvu toutefois qu'elle soit employée de bonne heure et alors que l'affaiblissement nerveux n'est pas encore bien profond.

Chacun de nous possède une certaine somme d'activité à dépenser; quoique variable, dans les diverses circonstances de la vie, sous le rapport de la quantité, elle ne saurait changer de destination; si cette activité est régularisée et mise au service d'un bon sentiment, elle produira le plus grand et le meilleur résultat possible; dans le cas contraire, il en sera tout autrement.

Les maniaques raisonnants ne font pas exception à cette loi biologique: ils ont une grande activité, qu'ils emploient à faire le mal; voilà pourquoi il est indispensable de la régler, autant que la chose est possible, en les soumettant à un travail manuel. Malheureusement ils sont loin d'être inoffensifs, surtout au début de leurs périodes d'exaltation. Ensuite ces aliénés cherchent constamment à s'évader, et dans les asiles les chantiers n'ont pas toujours des murs de clôture infranchissables. Enfin leur mobilité et leur paresse font qu'ils se dégoûtent facilement du travail, sous toutes ses formes, comme ils se fatiguent facilement de tout ce qui est sérieux. Il y a là positivement une source intarissable d'obstacles qui empêche souvent les médecins de prescrire ce puissant moyen de traitement; mais, avec ces êtres disgraciés, on fait ce que l'on peut et jamais ce que l'on veut.

Quant au traitement moral, nous aurions beaucoup de recommandations générales à faire, si nous ne craignions pas d'entrer dans le domaine de la thérapeutique

commune à toutes les aliénations mentales ; nous chercherons cependant à éviter cet écueil.

L'organisation des maniaques raisonnants les rend
réfractaires à toutes les influences qui s'adressent aux
sentiments supérieurs et affectifs : leur mémoire, qui
conserve parfaitement le souvenir d'une légère égrati-
gnure faite à leur amour-propre, oublie aisément le souvenir des plus grands bienfaits. Aussi ces influences,
quelle que soit leur énergie, passeront sur eux sans les
atteindre. Par conséquent le médecin ne peut pas compter sur les effets de sa bonté, de ses prévenances, de ses
soins dévoués. Et cependant il est obligé d'agir comme,
si ces effets devaient avoir lieu nécessairement ; il doit
entourer son malade d'une sorte de déférence polie,
mais un peu réservée. Autrement l'orgueil de l'aliéné
serait froissé et ses plaintes auraient une légère raison
d'être, ce qu'il faut éviter avec le plus grand soin.

De là découle un premier précepte : la bonté, mais
une bonté juste, mesurée, et même un peu exagérée,
est de rigueur dans le traitement moral des maniaques
raisonnants, bien que cette bonté et cette justice soient
par eux constamment méconnues.

Bavards, câlins, flatteurs, ils savent se donner une
grande importance. A la faveur d'une foule de petits
moyens ils parviennent à se faire écouter du médecin,
et celui-ci, se laissant entraîner peu à peu, finit par
entrer dans leurs idées, soit pour les combattre, soit
pour les rectifier : c'est là une faute qu'il évitera, s'il
ne veut pas établir une sorte de familiarité, toujours
nuisible à son autorité.

Maintenir l'autorité médicale en repoussant poliment, fermement, tout ce qui pourrait la compromettre, tel est le second précepte que nous recommandons vivement à la sagesse de nos confrères.

Par leurs réclamations, par leur insistance, par leur conduite, par leur effronterie et par mille autres moyens, ils cherchent à irriter l'homme de l'art et à le mettre en colère; s'il donne dans ce piége, s'il ne conserve pas son sang-froid, sa personnalité sera vite mise en jeu par ces êtres insupportables et son influence en souffrira.

Une impassibilité absolue, tel est le troisième conseil que notre expérience nous engage à recommander.

Serait-il rationnel de chercher à mater l'orgueil démesuré de ces aliénés? Oui, si la chose était possible; mais, convaincu de son impossibilité absolue, nous n'avons qu'à l'accepter avec toutes ses conséquences. Nous croyons même qu'il est utile de donner à cet orgueil quelques satisfactions, pourvu toutefois qu'elles soient distribuées rarement et à petite dose, si nous pouvons nous exprimer ainsi. Bien plus, il y aurait peut-être de la maladresse à froisser ce sentiment, qui, une fois en cause, révolte ces aliénés, les fait crier à l'injustice ou les porte à des actes contraires à la discipline et au règlement de la maison. Comment pourraient-ils supporter, sans réagir énergiquement, une atteinte de ce genre, eux qui ne vivent que par leur amour-propre ?

Ces lignes justifient le quatrième précepte, ainsi conçu : on ne cherchera jamais à combattre d'une manière quelconque l'orgueil excessif des maniaques raisonnants, quand on ne voudra pas les obliger à réagir par des actes fâcheux. On donnera, au contraire, quelques satisfactions à leur amour-propre, en procédant cependant avec les plus grands ménagements.

Je plains sincèrement celui qui, placé à la tête d'un service où se trouvent quelques aliénés de ce genre, ne sera pas doué de la force de caractère nécessaire pour les maintenir et pour se conformer exactement aux principes que nous essayons de formuler. Il faut avoir pour eux une main de fer; il faut qu'ils sentent bien sa pression et qu'ils la sentent à chaque instant, sans interruption aucune et sans la moindre secousse. Il importe également de cacher cette influence médicale sous une forme toujours douce, calme, polie, agréable même, afin d'enlever à ces malheureux tout sujet de récriminations; sans une fermeté pleine de bienveillance, on tombe d'écueil en écueil, ce que le malade ne manque pas de remarquer et de faire remarquer aux autres.

Le cinquième précepte du traitement moral des maniaques raisonnants exige, par conséquent, une fermeté invariable unie à une grande douceur.

L'oubli de ce précepte conduit inévitablement à l'emploi du système de contrainte, dont les inconvénients sont peut-être plus graves ici que partout ailleurs. Quand on est entré dans cette voie, on n'en sort plus: les punitions se succèdent coup sur coup, l'autorité médicale croule rapidement au lieu de se raffermir, le malade s'agite, son caractère indiscipliné s'exaspère et le but qu'on voulait atteindre est totalement manqué.

Je n'ignore pas combien il est difficile de résister

aux attraits que paraît présenter ce système, lorsque, fatigué de l'emploi infructueux de la bienveillance, le médecin se trouve sans ressources devant l'indocilité naturelle de ces malades ; mais qu'il ne se décourage pas, la bonté et la douceur, la bonté et la douceur encore, toujours, invariablement, éternellement, voilà quelle doit être sa ligne de conduite. S'il ne retire aucun avantage de cette méthode, il n'aura pas à regretter les inconvénients de la méthode opposée, qui n'est jamais heureuse. Ennemi de toute exagération, je reconnais cependant qu'il est par moments convenable de montrer un peu de sévérité ; en outre, je crois que cette sévérité, toute paternelle d'ailleurs, doit s'appuyer sur la privation de certains priviléges, plutôt que sur les punitions proprement dites. Le passage d'une division dans une autre ne réussit pas souvent. Dans les grandes circonstances seulement, et très-exceptionnellement (j'appuie très-fortement sur ce dernier mot), on pourrait aller jusqu'à leur administrer la douche ; mais alors il n'y a pas à hésiter : puisqu'il faut frapper, il faut le faire vigoureusement, en appropriant néanmoins la durée et la force de la douche à l'impressionnabilité individuelle.

Je ne voudrais pas que ces dernières lignes fussent mal interprétées et qu'on m'attribuât des idées qui sont bien loin d'être les miennes. Je ne préconise pas la douche ; je dis seulement que, si ce traitement est indiqué dans un cas quelconque, c'est bien chez les maniaques raisonnants, parce qu'ils sont naturellement poltrons, qu'ils craignent énormément la douleur physique et que cette douleur est un de ces rares freins qu'on puisse opposer à leur extrême indocilité.

La camisole, la cellule, la diète et tant d'autres moyens qui tombent heureusement en désuétude, sont parfois exhumés pour être appliqués à ces malades : c'est là une erreur thérapeutique regrettable.

Le résumé de ces idées constitue notre sixième et dernier précepte.

La contrainte, sous toutes ses formes, sera complétement exclue du traitement de la manie raisonnante. S'il y a une exception à cette règle, elle doit se présenter très-rarement.

Les maniaques raisonnants réclament très-fréquemment leur sortie quand ils sont internés dans une maison de santé ; ils adressent des réclamations à tous leurs parents et à toutes les autorités, et cela avec une si grande insistance, que le médecin est souvent consulté sur la possibilité de leur mise en liberté. Obligé de se prononcer carrément sur cette question, il réfléchit, il hésite, et nous avouerons volontiers que ses hésitations sont bien légitimes. D'un côté, il sait pertinemment que ces aliénés ne sont pas en état de jouir longtemps de leur liberté, à cause de leur exaltation, de leur goût pour le vagabondage et de leurs mauvaises tendances ; d'un autre côté, il sent que les personnes appelées auprès d'eux par affection, par intérêt ou par devoir, sont disposées à les croire raisonnables et à se joindre à ces infortunés pour se plaindre d'une séquestration réputée arbitraire. Dans cette singulière alternative, il subit une pression qui, ajoutée au désir qu'il a lui-même de se débarrasser d'un être tracassier, importun et mauvais sujet, finit par le décider à faire un certificat favorable à la sortie. Nous ne le blâmons pas de prendre cette mesure, qui parfois est un peu forcée, mais nous l'engagerons à résister autant que possible à toutes ces influences, et dans tous les cas nous lui conseillerons de chercher à mettre sa responsabilité à couvert. En principe ces malades, selon nous, doivent être enfermés dans un asile, et cependant, comme en définitive ils sont plus dangereux pour l'ordre public que pour la sûreté des personnes et que, par suite, les inconvénients de leur présence dans la société ne sont pas trop graves, nous croyons que l'homme de l'art, après avoir éclairé les familles et les autorités, peut essayer *exceptionnellement* de les rendre à la liberté.

On le voit, notre opinion sur cette question est claire et nette au point de vue de la science, tandis que sous le rapport de l'application elle se ressent des idées regrettables répandues depuis quelque temps contre les asiles d'aliénés. Tout préjugé social, du moment qu'il est généralement accepté, a, en quelque sorte, force de vérité, surtout quand il roule sur des points de première importance. Celui qui a trait aux séquestrations arbitraires, malgré son absurdité, est dans ce cas. Aussi pensons-nous que, sans partager cette erreur, l'homme de l'art doit en tenir compte dans les limites de sa conscience et de ses convictions.

XV

MÉDECINE LÉGALE

SIMULATION — DISSIMULATION

Le maniaque raisonnant est-il responsable de ses actes? Abordons de front, selon nos habitudes, cette nouvelle et dernière difficulté, et avouons franchement que le problème du libre arbitre sera essentiellement insoluble tant qu'on persistera à vouloir le poser comme par le passé. Les dogmes de l'omnipotence divine et de la liberté humaine sont philosophiquement inconciliables. D'autre part, l'École matérialiste, niant l'existence de Dieu, peut tout à son aise nier l'existence de l'homme comme être moral indépendant. Mais laissons de côté ces erreurs et ces prétentions philosophiques stériles, ne nous perdons pas dans la recherche de l'absolu, qui nous échappera toujours, et contentons-nous d'envisager le libre arbitre au point de vue de la morale, le seul qui soit accessible à notre intelligence et le seul aussi qui ait, pour nous, un intérêt réel et une importance majeure.

A ce point de vue l'homme est libre et, par suite, il est responsable de ses actions. Le témoignage de notre conscience et le sentiment de notre propre dignité, à défaut d'autres raisons, qui ne manquent pourtant pas, suffiraient pour rendre évidente cette grande vérité. Empressons-nous cependant d'ajouter que tous les hommes ne jouissent pas du même degré de liberté : en admettant des circonstances atténuantes, la loi a reconnu, en fait, des degrés à notre indépendance morale. Ces degrés doivent être mesurés depuis la raison la plus saine jusqu'au néant le plus complet de l'intelligence, et non pas jusqu'à la folie seulement, car, pour avoir la raison troublée, l'aliéné n'est pas moins un homme.

C'est pour avoir don né à tort la folie pour limites au libre arbitre que la thèse de la responsabilité partielle a pu se faire jour dans la science. L'être humain, envisagé dans sa nature, et quelle que soit sa lucidité mentale, est responsable de ses actes; mais, quand on parcourt l'échelle de la responsabilité, il arrive un moment où les circonstances atténuantes deviennent prépondérantes, et où, par conséquent, la liberté cesse d'exister aux yeux de la loi. Ce moment est déterminé par l'existence de la folie. Que cette détermination soit arbitraire, nul ne saurait le nier; mais, en déplaçant le point de démarcation qui sépare la responsabilité de l'irresponsabilité, on ne lui enlève pas ce défaut, et en outre on la rend incertaine et presque impossible.

Au contraire, la folie est le terme le plus naturel et le plus précis que le législateur puisse prendre pour base de ses décisions. Rejeter ce terme, unanimement reconnu, sous des prétextes qui, en définitive, sont contraires à l'aliéné, c'est embrouiller la question et aggraver le sort, déjà bien triste, de celui qui a perdu l'usage de ses facultés.

Un asile d'aliénés est une société à part, où les individus sont pris pour des êtres raisonnables et traités comme tels, autant que la chose est possible. Là les degrés de culpabilité sont établis par le médecin, qui, en vue d'une guérison ou d'une amélioration, récompense ou punit si toutefois je puis me servir de cette dernière expression [1].

Mais, tout en admettant ainsi des circonstances en quelque sorte atténuantes, tout en acceptant la thèse d'une responsabilité partielle, l'homme de l'art ne saurait la porter sur le terrain de la société saine et libre.

D'ailleurs, quel est l'aliéniste assez sûr de lui-même qui, ne voyant dans un acte criminel commis par un fou aucune relation entre cet acte et le délire de celui qui l'a produit, déclarerait devant un tribunal que cette relation n'existe pas, que ce fou est réellement coupable et qu'il est passible des rigueurs de la loi ?

Non, la doctrine de la responsabilité partielle n'a pas de raison d'être dans l'état actuel de la psychiâtrie, et si, grâce à l'immense talent avec lequel on l'a sou-

---

[1] Le médecin traite, il ne punit pas.

tenue dernièrement, elle venait à prévaloir, les maniaques raisonnants seraient inévitablement les premiers à subir ses regrettables conséquences.

Selon nous, ces aliénés, malgré leur lucidité intellectuelle, ne sont pas responsables de leurs actes; dépourvus de sentiment moral et n'ayant de la moralité qu'une idée vague, variable et sans consistance, ils ne sont pas en état de contrôler et, à plus forte raison, d'arrêter les impulsions énergiques et répétées qui proviennent de leurs passions. Toutes les fois que celles-ci sont en jeu leur conscience disparaît, et avec elle leur libre arbitre; car ils manquent de plusieurs facultés destinées à opposer un frein, à faire contre-poids, à équilibrer les mauvaises tendances et les défectuosités de leur constitution mentale.

Leur conscience peut leur dire tout au plus qu'ils commettent une mauvaise action; son pouvoir ne va pas au delà, et encore faut-il, pour que sa voix se fasse entendre, que les mobiles de leurs actes soient bien faibles. On ne va pas obliger à marcher sans boiter un individu privé d'une jambe; de même il serait très-injuste de contraindre un maniaque raisonnant, qui est privé des ressorts moraux affectés aux besoins de la vie sociale, à s'acquitter convenablement des devoirs que la société nous impose. Né avec une organisation défectueuse, il en supporte les fâcheux effets pendant tout le cours de son existence. En dépit des apparences contraires, il est incapable d'apprécier la nature des incitations qui surgissent dans son cœur; souvent il fait le mal croyant faire le bien; le jugement le trompe, l'orgueil l'entraîne et, tout en raisonnant, il déraisonne pleinement. Sachant que ces malades, livrés à leurs propres forces, sont dans l'impossibilité de se conduire et de se diriger conformément à leurs intérêts, nous ne pouvons pas leur demander de respecter les intérêts d'autrui. Pourquoi donc ne reconnaîtrions-nous pas leur malheur et pourquoi leur refuserions-nous les bénéfices, relativement si minimes, attachés à leur triste sort ?

Terminons donc en disant que ni la doctrine de la responsabilité complète, ni celle de la responsabilité partielle ne sont applicables aux maniaques raisonnants. En matière civile, comme en matière criminelle, ils rentrent dans la catégorie des aliénés en général et ne donnent lieu, par conséquent, sous aucun de ses rapports, à des considérations spéciales tirées de leur individualité pathologique.

La manie raisonnante peut-elle être simulée ? Non, répondrons-nous hardiment, elle ne peut jamais être simulée : on invente un ou plusieurs symptômes, mais ce qu'on n'invente pas, ce qu'il est absolument impossible d'inventer, c'est la coordination de tout un appareil symptomatique, les proportions relatives de chacun de ses éléments et leur mode de succession pathogénique.

S'il en est ainsi, comment pourrait-on créer, pièce par pièce, les nombreuses particularités physiologiques et pathologiques qui caractérisent la manie raisonnante? Et puis ne savons-nous pas que ces particularités, simples nuances plutôt qu'autre chose, sont très-délicates et d'une observation très-difficile, même pour les médecins aliénistes?

Aussi, en affirmant que cette maladie mentale n'est pas susceptible d'être simulée, croyons-nous formuler une vérité inaccessible à toute discussion.

Mais, s'il est impossible de la simuler, il est au contraire fort aisé de la dissimuler. La perspicacité, la ruse, l'assurance des maniaques raisonnants et l'empire qu'ils exercent sur eux-mêmes, leur permettent de cacher, pendant un temps plus ou moins long, le mal dont ils sont atteints. Sachant admirablement ce qui, dans leur manière d'être, laisse à désirer aux yeux de la société, ils parviennent à se contraindre et à montrer une somme de raison, de bonté et de modestie qu'ils sont bien loin de posséder. A la faveur de cette contrainte, ils en imposent aux magistrats, au public et, au besoin, aux médecins chargés de les examiner, ainsi que l'a dit déjà l'illustre Esquirol, avec l'autorité que lui donnaient et sa grande supériorité et sa vaste expérience. Toutefois le temps, cet indiscret impitoyable, finit par les dénoncer et par montrer clairement leurs faiblesses, leurs passions et leur délire. Voilà pourquoi nous ne saurions trop mettre en garde contre toute précipitation le médecin qui est appelé à porter un jugement sur l'état de leurs facultés.

Et, qui le croira? ces mêmes aliénés, qui sont capables de cacher si soigneusement leur folie, sont aussi de force à simuler les délires qu'ils n'ont pas. Le sujet de notre première observation, désirant contrarier l'au torité supérieure de son département, savait très-bien devenir fort agité quand il attendait, après l'avoir provoquée, la visite des magistrats ou des hommes de l'art, afin de les obliger à donner un avis opposé à celui du préfet, qui persistait à le déclarer non aliéné. S... nous fit des aveux presque complets à cet égard. Il prétendait même qu'il simulerait le plus grand nombre des formes phrénopathiques, de façon à pouvoir subir impunément l'examen des sept huitièmes des médecins spéciaux. Faisant la part de l'exagération qui lui était naturelle, nous pensons qu'il était assez intelligent et assez instruit, par son séjour prolongé dans les asiles, pour pouvoir essayer, avec quelques chances de succès, une tentative de ce genre.

FIN DE LA PREMIÈRE PARTIE

DEUXIÈME PARTIE

OBSERVATIONS

PREMIÈRE OBSERVATION

Manie raisonnante. — Type de la variété orgueilleuse

Né le 24 avril 1811, à Aiguillon (Lot-et-Garonne), le nommé S. (M.-J.) passa son enfance près de sa famille, qui lui fit donner de l'instruction et le destina à la prêtrise. Nous n'avons sur ses parents que les renseignements fournis par lui-même ; pour plusieurs faits, du reste, nous sommes obligé de nous en rapporter à son dire, bien que sa véracité soit très-contestable.

Son grand-père paternel, quoique fort riche, était malheureux chaque fois qu'il avait à faire une dépense d'argent ; il ne sortait guère de la maison, qu'il dirigeait avec la plus stricte économie.

Sa grand'mère du côté paternel était une femme vaniteuse, sans énergie, qui contrariait souvent son mari par son peu d'intelligence et surtout par son goût pour la toilette; elle n'avait pas d'ordre dans son ménage.

Son père, homme d'une intelligence très-ordinaire, original, fantasque, brusque, exalté, grand amateur du jeu de piquet, était emporté, violent, et au fond faible de caractère, notablement égoïste et enchanté de sa personne. Il est mort jeune. Parmi les membres de sa famille, c'était celui dont la constitution laissait le plus à désirer.

Une cousine germaine (côté paternel), âgée de soixante-trois ans, est morte à l'asile d'aliénés de Bordeaux, à la suite d'un marasme consécutif à une démence compliquée, depuis deux ans, d'attaques d'épilepsie [1].

Son grand-père maternel ne supportait guère les contradictions; il aimait la bonne chère. Par moments sa violence était extrême.

Sa grand'mère du côté maternel se montrait au contraire très-apathique et très-indifférente.

La mère de S. avait un caractère assez extraordinaire. Égoïste, mobile, fantasque, excentrique, superstitieuse, elle était douée, dit-on, d'une grande énergie; mais on ajoute que sa volonté ne durait qu'un instant.

Un oncle maternel se châtra avec un rasoir, pour ne

[1] Ces derniers renseignements m'ont été transmis par mon savant collègue de Bordeaux, M. Dubiau; ils ont été oubliés dans nos tableaux étiologiques, qui ne constatent nulle part l'existence de ce cas de folie dans la famille de l'aliéné S.

pas manquer à ses vœux de chasteté. Sa religion mal-
entendue le rendait très-intolérant. En même temps il
était acariâtre, irritable, fier et très-satisfait de lui-
même. Tout nous porte à croire sa folie certaine ou du
moins très-probable, d'après l'avis même de notre malade.

Un des cousins germains (côté maternel) de S.
s'est pendu, ne pouvant pas épouser une jeune fille qu'il
aimait. Excentrique, bizarre, doué de peu de bon sens,
il n'avait pas des goûts ordinaires. Son imagination
exaltée ne pouvait pas trouver dans une intelligence
un peu faible le frein qui lui était nécessaire pour
diriger convenablement sa conduite. Réfractaire aux
conseils de sa famille, ce jeune homme portait dans sa
physionomie et dans ses allures les signes de la haute
opinion qu'il avait de sa personne. Aliénation mentale
plus que probable.

Le susnommé a eu cinq frères et trois sœurs.

1° et 2° Les deux aînés de la famille, un garçon et
une fille, sont morts le jour de leur naissance.

3° S. (P.), petit, difficile, intraitable aux époques
lunaires, était doué d'une volonté de fer et d'un orgueil
démesuré. Il est mort à soixante ans, après avoir donné
des signes vagues d'aliénation mentale pendant tout le
cours de son existence.

4° S. (Marie), à la suite d'une forte altercation avec
son frère, fut atteinte d'un délire permanent. Voici les
détails que je dois à l'obligeance de M. Dubiau, médecin en chef de l'asile d'aliénés de Bordeaux, où cette
malade avait été placée. « D'une constitution chétive,

d'une santé chancelante et d'une faiblesse de vue équivalant presque à une cécité, elle offrait, sous des dehors mélancoliques ou plutôt hypochondriaques, les signes d'une faiblesse mentale congénitale. Cette malade pleurait avec la plus grande facilité pour des motifs très-futiles; était flattée de l'attention qu'on lui donnait; avait des allures, des goûts et un langage puérils; voulait, à tout instant, parler aux médecins et s'accrochait en leur parlant, soit à leurs bras, soit à leurs vêtements. Elle est morte en 1862, à la suite d'une pleurésie et d'une péricardite ancienne, après dix-huit mois de séjour dans l'établissement. »

5° S. (H.) a quitté la vie ecclésiastique pour la magistrature; son caractère orgueilleux, mobile et tracassier, le rendait peu agréable pour son entourage.

6° S. (M.-V.), d'une douceur? et d'une beauté admirables, renonçant au mariage par excès de dévotion, se fit religieuse hospitalière et mourut, en 1848, à l'âge de quarante ans.

7° S. (P.) embrassa la carrière militaire; arrivé au grade de sergent-fourrier, il fut tué en duel en 1833. Au régiment on ne l'aimait pas, à cause de sa fatuité et de sa manie de médire de tout le monde. Par moments il était réellement aliéné.

8° S. (H.-E.) est curé dans une paroisse du département de Lot-et-Garonne.

9° S. (M.-J.) fait l'objet de cette observation. On voit par les lignes précédentes qu'il sort d'une famille où la folie a fait des ravages incontestables. Lui-même, il a toujours été victime du germe maladif qui, avant de le conduire en prison ou dans les asiles d'aliénés, se manifestait par un caractère singulier, bizarre, excentrique, et par des actes peu raisonnables.

Placé d'abord au grand séminaire, où il reçoit la tonsure, le sous-diaconat et le diaconat, S. se rend quelque temps après à Paris, pour se faire ordonner prêtre. Depuis ce moment il devient successivement trappiste, carme, jésuite, etc., fait partie d'un grand nombre de couvents dans lesquels il séjourne plus ou moins, mais jamais longtemps. L'ennui d'être soumis à une discipline ne pouvant pas lui convenir et son caractère inconstant ne lui permettant de se fixer nulle part, le susnommé part pour Rome, avec l'intention de se faire relever de ses vœux. Ses démarches à cet égard restant sans succès, il rentre en France, et, après avoir habité quelque temps le Midi, il se dirige vers l'Ouest, s'enferme dans un couvent de trappistes, qu'il quitte bientôt pour se faire carme déchaussé. Le 3 décembre 1837, S. abjure la religion catholique, embrasse le protestantisme, se met à écrire dans quelques feuilles périodiques contre la religion et contre les prêtres, et finit par entrer dans l'église de l'abbé Chatel.

Depuis 1838 jusqu'au 7 janvier 1840, il parcourt la France, l'Espagne et l'Italie, colportant des livres pieux et des bibles au compte de la religion protestante. A Rome il est arrêté, traduit devant un tribunal et renvoyé dans sa famille vers la fin de la même année. Ne pouvant vivre avec ses parents, S. recommence ses courses vagabondes. En 1841, il est séquestré pour la première fois à l'asile d'aliénés d'Auch; plus tard il pa-

raît à l'asile de Clermont; puis on le transfère à Agen.
De 1842 à 1844, il est interné dans les asiles de Carcassonne et de Limoux. En 1845, il passe en Afrique, et
presque aussitôt on le ramène en France. Pendant les
années 1846 et 1847, il visite plusieurs départements,
part pour l'Espagne, change d'itinéraire, s'arrête à Dijon et y suscite une émeute à l'occasion d'une exécution
capitale. Il se vante encore aujourd'hui de cet acte de
folie, qu'il considère comme un élan de son cœur et
comme un signe de son grand courage et de sa vaste
intelligence.

Depuis 1848 jusqu'en juillet 1861, nous n'avons
d'autres détails sur la vie de S. que ceux qu'il a
fournis lui-même; par conséquent on ne peut leur accorder qu'une médiocre confiance. Souvent, en effet,
il lui arrive de se dire libre, ou en pays étranger,
pendant un laps de temps qu'il aura passé en prison.
En décembre 1849, il s'évade, dit-il, de l'asile d'Aix et
passe en Suisse, où il fait imprimer un ouvrage intitulé :
la République, le Mal et la Religion; et, le 3 juillet
1850, il est traduit, pour ce fait, devant la cour d'as-
sises du Jura, qui le condamne, par défaut, à deux
ans de prison et à 500 fr. d'amende. Jusqu'en 1851, il
fait appel contre ce jugement, qui, tantôt cassé, tantôt
maintenu, est définitivement cassé le 8 août 1851. Le
11 août de la même année, il est condamné par le tribunal correctionnel de..... pour délit de presse. Enfin, le
12 novembre de la même année, il se marie en Suisse
avec la fille d'un pasteur protestant, malgré l'opposition
de l'évêque de Fribourg, et, le 13 novembre 1852, il de-

vient père et veuf. Il reste ensuite plus de trois ans en
Espagne, au Maroc, en Angleterre, à Genève, etc., et
nous ne trouvons dans ses papiers aucun renseignement
précis sur son compte, si ce n'est le jugement rendu
par le tribunal de première instance de Bordeaux, en
date du 10 juillet 1861, qui ordonne sa sortie immédiate de l'asile d'aliénés de Cadillac, où il était alors
enfermé.

De 1857 à 1859, il fait partie de divers ordres religieux, revient chez lui, quitte sa famille et entre comme
aliéné à Cadillac. La note suivante, rédigée par S. lui-
même, indique son genre d'existence jusqu'en 1865.

1° Du 26 janvier au 26 décembre 1859, aux aliénés
de Cadillac (Gironde)................ 273 jours.

2° Du 3 au 9 mai 1860, aux aliénés de
Bourg (Ain)........................ 6 —

3° Du 17 juillet au 22 octobre 1860, aux
aliénés de Bourg (Ain)............... 97 —

4° Du 22 octobre 1860 au 3 janvier 1861,
sous escorte de la gendarmerie, de Bourg à
Agen (Lot-et-Garonne), aliéné.......... 73 —

5° Du 3 au 6 janvier 1861, comme aliéné
à l'hôpital d'Agen .... 3 —

6° Du 6 janvier au 13 juillet 1861, aux
aliénés de Cadillac (Gironde).......... 188 —

7° Du 25 août au 7 octobre 1861, aux
aliénés de l'hôpital de Thonon (Haute-
Savoie) .... 44 —

A reporter........ 684 jours.

Report .... 684 jours.

8° Du 8 janvier au 28 avril 1862, aux aliénés de Bassens (Savoie)............ 110 —

9° Du 13 juillet au 9 août 1862, aux aliénés de Limoux (Aude) .... 27 —

10° Du 28 août au 15 novembre 1862, aux aliénés de Montpellier............ .. 79 —

11° Du 13 décembre 1862 au 19 janvier 1863, aux aliénés de l'asile Saint-Pierre, à Marseille .... 37 —

12° Du 7 juillet au 22 août 1863, aux aliénés de Saint-Etienne (Loire)........ 46 —

13° Du 16 janvier au 5 février 1864, aux aliénés d'Angoulême (Charente)......... 20 —

14° Du 15 février au 13 mai 1864, aux aliénés de Niort .... 88 —

15° Du 24 mai 1864 au 6 mars 1865, aux aliénés de Tours (Indre-et-Loire)........ 286 —

Total.... 1377 jours.

Nous avons sous les yeux la copie d'un mandat d'amener, en date du 10 mars 1863, lancé contre lui par M. Despeyronne, juge d'instruction à Agen, et un certificat de la cour impériale d'Agen, déclarant que la condamnation prononcée le 28 mars par le tribunal correctionnel, à trois mois d'emprisonnement et cinq ans de surveillance, pour vagabondage, a été cassée par la cour le 23 avril.

Le 17 mars, S. est à Bordeaux, où il se fait délivrer un certificat du médecin en chef de Cadillac, constatant

le temps qu'il a passé dans l'établissement en 1859 et
1861. Le 20 juin 1865, il est à Montjoyer (Drôme), où il
déclare transporter son domicile ; il sort de la prison de
Castelsarrazin, où il avait passé quelques jours sous l'in-
culpation de vagabondage et de falsification de passeport. Enfin, au mois de juillet, il part pour Nîmes, par
Saint-Pons et Montpellier, et va se faire arrêter, le
10 juillet 1865, à Orange. Transféré à l'asile de Montdevergues, il y reste un mois, après lequel il est ramené
chez lui par la gendarmerie.

Tels sont les renseignements les plus précis que nous
avons sur l'existence de cet homme. Depuis vingt-quatre
ans il est tour à tour en prison, dans une trentaine
d'asiles, en pays étrangers ou dans différents couvents.
Pendant ses voyages, il affecte un cynisme extraordinaire dans ses paroles et son costume, n'étant heureux,
il l'avoue lui-même, que quand on s'occupe de lui et
qu'on le prend en considération. Pour parvenir à ce but,
il inonde la petite presse d'articles de tout genre, et va,
pour attirer les regards, jusqu'à se faire raser une moitié de la tête et la moitié opposée de la barbe. Il se dit
le grand Turc, l'Etre suprême, l'intelligence incarnée.
Enfin, quoiqu'il affecte souvent une grande humilité,
il a pour lui la plus profonde estime. Voici maintenant
la copie de quelques pièces curieuses tirées de son dos-
sier.

Agen, le 20 juillet 1848.

CITOYEN ET CHER COLLÈGUE,

Un sieur S., né à Aiguillon, dans le département,
ayant abandonné la carrière ecclésiastique, alors qu'il

venait d'y contracter les premiers engagements, s'est trouvé jeté dans le monde d'une manière tout exceptionnelle. Enclin d'ailleurs à une certaine exaltation dans les idées, cet individu quitta sa famille et se mit à voyager. Arrivé à Paris, il s'y fait ordonner prêtre par l'évêque Poulard.

Arrêté plusieurs fois déjà dans divers départements et placé temporairement dans des maisons de santé, ce fou intelligent devient chaque jour une charge, dont il importe d'affranchir les fonds départementaux; nous le devons d'autant plus qu'il n'est pas aliéné dans l'acception légale du mot.

Ne s'occupant jamais la veille de ce qu'il deviendra le lendemain, vivant de fort peu et au jour le jour, tantôt du produit de la publication de quelques vers de son cru ou de la reproduction de quelques lettres de Marie Capelle (Mᵐᵉ Lafarge), tantôt de dons volontaires, S. sait, quand il le faut, invoquer la qualité d'aliéné, afin d'exciter la bienveillance de l'administration et se faire conduire dans un asile spécial. Voilà déjà huit ans ou dix que cet état de choses dure.

Ainsi il est allé à Rome essayer de se faire relever de ses vœux; rentré en France il a habité quelque temps le Midi; puis, se dirigeant vers l'Ouest, il entra dans un couvent de trappistes; ensuite il se fit carme déchaussé, écrivit contre sa religion, professa le protestantisme, et finit par entrer dans l'église de l'abbé Châtel.

Vers la fin de 1840, S. fut conduit à Aiguillon, domicile de sa famille. Ne pouvant vivre avec elle, il recommença ses courses vagabondes. En 1841, il est placé à l'asile d'Auch ; plus tard il paraît à Clermont, où on le séquestre dans l'asile départemental ; puis on le transfère à Agen, et il annonce l'intention d'aller en Amérique.

De 1842 à 1844, il est successivement placé dans les asiles de Carcassonne et d'Avignon. En 1845, il passe en Afrique, et presque aussitôt il est renvoyé en France. En 1846 et 1847, il parcourt les départements de l'Hérault, du Gard, du Calvados, de l'Aveyron, du Tarn, du Doubs, et, après avoir été séquestré diverses fois, il est reconduit à Agen.

Parti de nouveau pour l'Espagne, il change d'itinéraire et va à Dijon ; arrêté là, on lui demande compte de sa conduite, dans une émeute à l'occasion d'une exécution capitale. Transféré encore à Agen, il y reste à peine et se rend à Limogne (Lot), à Alby et à Auch.

Vous voyez, citoyen collègue, que S. ne saurait plus longtemps être l'objet de la bienveillance administrative. Il abuse d'un genre de vagabondage qui lui est propre, mais évite en général de troubler la tranquillité publique. Il ne faut point sans doute l'inquiéter, attenter à sa liberté ; mais nous ne devons pas non plus le considérer comme aliéné susceptible d'être accueilli dans un hospice.

L'un des bons moyens de se débarrasser de lui, c'est de ne pas y faire attention, et le meilleur, je crois, c'est, le cas échéant, de le livrer aux tribunaux comme vagabond. L'idée seule d'être détenu obligera ce triste imitateur d'un ancien maniaque à renoncer à sa vie errante. De cette manière nous affranchirons le budget départemental de l'impôt irrégulier trop longtemps obtenu par S. au profit de ses extravagances.

Cet individu a quitté Agen, il y a cinq jours, après avoir surpris de la bonne foi de l'autorité locale un passeport gratuit pour Nîmes.

Salut et fraternité !

Le Conseiller de préfecture, secrétaire général provisoire, chargé de l'intérieur,

Signé : E. ISSAUTIER.

L'an mil huit cent soixante-cinq et le vingt juin, à sept heures du matin, je soussigné, S., fils légitime de feu Antoine et de feu Antoinette L., né à Aiguillon (Lot-et-Garonne) le vingt-quatre avril mil huit cent onze, profession de prêtre et ancien religieux de divers ordres monastiques, savoir : 1° en 1834, membre de l'abbaye de Belle-Fontaine, ordre de Cîteaux, diocèse d'Angers (Maine-et-Loire), connu dans le monastère sous le nom de frère Isidore-Marie ; 2° en 1843, membre du monastère de Broussey, commune de Rion (Gironde), ordre des carmes déchaussés, connu dans ce monastère sous le nom de frère Augustin-des-Douleurs-de-Marie ; 3° en 1845, membre du monastère de Sainte-Marie, près de Malsan, diocèse de Besançon (Doubs), connu dans ce monastère sous le nom de frère Nux ; 4° en 1855, membre du monastère de Notre-Dame-Marie-du-Désert, diocèse de Toulouse (Haute-Garonne), connu dans ce monastère sous le nom de frère Nil ; 5° en 1855 et 1856, membre du monastère de Notre-Dame-des-Neiges, diocèse de Viviers (Ardèche), connu dans ce monastère sous le nom de frère Jérôme; 6° en 1856 et 1857, au monastère de Fontgoubault (Indre), diocèse de Bourges, connu dans ce monastère sous le nom de frère Orcise; 7° en 1857, membre de l'abbaye de Tymadeni, diocèse de Vannes (Morbihan), connu dans ce monastère sous le nom de frère Moïse, le tout établi par les registres desdits monastères ici dits plus haut; voulant mettre un terme aux conflits administratifs entre les deux départements de la Drôme et de Lot-et-Garonne, lieu d'origine de S., né à Aiguillon, le 24 avril 1811, aux termes des articles 102, 103, 104 du code Napoléon, je déclare à M. le Maire de Montjoyer, canton de Grignan, arrondissement de Montélimart (Drôme), transporter mon domicile de Montjoyer (Drôme) à Aiguillon, canton du Port-Sainte-Marie, arrondissement d'Agen (Lot-et-Garonne), mon domicile d'origine et désormais mon domicile de secours, et, par ce, déclare nul le changement de domicile du 24 avril 1863, devant le maire d'Aiguillon (Lot-et-Garonne), à Montjoyer (Drôme); et, afin que nul n'ignore de ma présente déclaration, je l'ai écrite et signée de ma main, afin que déclaration en soit faite au maire d'Aiguillon (Lot-et-Garonne), laquelle déclaration reste à la mairie de Montjoyer, canton de Grignan, arrondissement de Montélimart (Drôme).

Fait en mairie, à Montjoyer, le 20 juin 1865.

Signé : S., prêtre et ex-religieux, et DURAND, conseiller, pour le maire empêché.

Je soussigné, certifie que M. S., appelé par les cir-

constances à Castelsarrazin, y a fait sous ma direction
une retraite de plusieurs jours, s'est pieusement disposé
à recevoir le sacrement de pénitence, et que j'ai entendu
sa confession.

En foi de quoi: signé FOURMENT, curé de Saint-Sau-
veur.

Castelsarrazin, le 7 juin 1865.

Vu pour la légalisation de la signature de M. le Curé
de Castelsarrazin, ci-dessus apposée.

Montauban, le 7 juin 1865.

Signé: GUIRAUD (vicaire général [1]).

Ces pièces peuvent se passer de commentaires.

Entré pour la première fois dans l'asile sous le nom
de Laporte, le 14 juillet 1847, et rendu à la liberté dix-
neuf jours après; réintégré sous le même nom le 4 août
1854, et sorti le 8 février 1855, S. entra pour la troisième fois sous le nom de Hugues, le 15 juillet 1865,
pour être mis, le 15 août suivant, à la disposition de
M. le Procureur impérial pour mendicité et manœuvres
frauduleuses. Le procureur impérial le renvoya au bout
de quelques jours à sa famille.

S. est un homme assez gros, d'un tempérament lymphatico-nerveux, d'une figure intelligente, fine, rusée,
et d'une bonne constitution. Ses manières ont un certain cachet qui ne manque pas d'aisance ni d'élégance.

---

[1] C'est par erreur que nous avons dit, pag. 93, que cette pièce
avait été légalisée par le maire de la commune; c'est par un des
vicaires généraux du diocèse que nous aurions dû dire.

Les dimensions de sa tête sont les suivantes:

	centimet.
Diamètre occipito-frontal.............	18 50
Diamètre transversal....................	14 „ „
Courbe occipito-frontale.................	33 „ „
Courbe supérieure......................	35 „ „
Courbe antérieure.....................	30 „ „
Courbe postérieure....................	22 „ „
Poids...........	90 kilog.
Taille	162 cent.

S. offre un aplatissement très-marqué à la partie postérieure de la tête; l'écaille occipitale est verticale ou du moins très-peu bombée. Il existe aussi une dépression digitale au centre, un peu à droite de l'occipital; elle est peu importante. Enfin il y a encore une dépression large et superficielle, qui s'étend à toute la bosse pariétale gauche.

En voyant son attitude et en l'écoutant parler, on ne peut se dispenser de reconnaître en lui une assurance incroyable, fille d'un orgueil démesuré. Ce qu'il dit, ce qu'il fait, annonce, à ses yeux, une intelligence exceptionnelle; au besoin même, et sans se faire prier, il vous démontrera longuement qu'il a la conscience de sa valeur personnelle et que cette valeur est bien supérieure à celle des autres hommes. « D'ailleurs, mes écrits ne sont-ils pas là pour transmettre mon nom à la postérité? » Un rien suffit pour froisser son amour-propre. S. affirme d'un ton professoral; il n'admet ni contestation ni réplique, et malheur à celui qui oserait méconnaître sa supériorité. Ayant le plus profond mépris pour le genre humain, il tient à être flatté et admiré. Difficile, exigeant, il réclame des autres une foule d'égards, bien que son orgueil ne lui permette jamais d'avoir la moindre considération pour personne. Ceux qui veulent échapper à son despotisme sont, de sa part, l'objet de la critique la plus acerbe; il n'épargne personne, pas même les membres de sa famille. Se formant à première vue une opinion sur les hommes et les choses, il porte sur eux et sur elles des jugements ordinairement faux, sur lesquels on ne le verra jamais revenir, convaincu qu'il est de la perspicacité de son esprit et de l'infaillibilité de son observation. Nous devons ajouter que presque toujours une impression purement physique sert de base à ses appréciations, et que celles-ci changent du jour au lendemain et même d'un instant à l'autre. Parfois il simule une grande humilité pour mieux cacher l'orgueil exorbitant qui le domine. Flatteur et quelquefois rampant avec ses supérieurs, il est dur, hautain avec ses égaux, et se fait détester de son entourage.

Toujours prêt à méconnaître l'autorité, sous quelque forme qu'elle se présente, S. impose impitoyablement la sienne, sans mesure et sans considération aucune. A l'aide d'une foule de petits moyens qui lui sont habituels, il cherchera à s'attirer la bienveillance et les bonnes grâces de ceux qu'il veut exploiter, sauf à les vilipender dès qu'il n'en aura plus besoin ou qu'il n'aura plus à les craindre. On ne doit pas lui parler de soumission ou de discipline, car des ordres, des avis, des conseils, des reproches, des idées même, il en donne toujours; mais il se vante de ne jamais en recevoir de qui que ce soit.

En fait de religion on peut savoir déjà à quoi s'en
tenir sur son compte : il ne croit pas en Dieu ; il croit
en lui-même, et cela lui suffit. Il parle du Grand Tout,
de l'Être suprême, de l'Intelligence incarnée, et même
de la Divinité ; mais alors il prend un air d'incrédulité
railleuse et de mépris. Fataliste par nature, il attribue au hasard tous les événements, laissant complétement de côté le savoir et l'esprit humains. Demandons-
lui quelle est son opinion sur telle ou telle religion,
et aussitôt il la critiquera avec des mots méchants et
vides de sens. Quoique ses connaissances en matière
religieuse soient fort restreintes et très-mal élaborées
dans son esprit, il prouvera, séance tenante, que toutes
les religions sont bonnes ou mauvaises à notre choix
ou plutôt au sien, car il lui est impossible de diriger
et de maintenir son attention sur un point quelconque.

Se croyant l'homme moral par excellence, S. se considère volontiers comme le soutien des grandes vertus ;
ce qui ne l'empêche pas de réclamer ce qui ne lui appartient pas. A-t-il commis des vols? Certains indices
tendraient à nous le faire croire. Au reste, s'il n'a pas
volé, nous le croyons parfaitement capable de s'emparer, sans trop de façons, du bien d'autrui.

C'est évidemment pour la loyauté, pour la franchise,
pour la générosité, et surtout pour la bienveillance,
qu'il affiche les plus grandes prétentions. A chaque
instant il répète avec satisfaction : « Moi qui n'altère
jamais la vérité ; moi qui suis la justice même ; moi qui
préférerais la mort au mensonge ; moi qui suis d'une
bonté exagérée. »

Malgré des affirmations réitérées analogues à celle-ci : « Rien ne saurait me faire changer de ligne de conduite ; mon but est de faire le bien partout et toujours », ce malade varie d'un moment à l'autre dans ses goûts et dans ses pensées. Il n'a qu'une seule constance, la constance de l'orgueil, de l'égoïsme, de la méchanceté et du mensonge. Homme de mauvaise foi par-dessus tout, il ment presque sans s'en douter, tant la fourberie est ancrée dans son organisation mentale. Il prend dans une phrase un mot accessoire, insignifiant, pour bâtir, sur cette base, tout un système d'accusations, de plaintes, de récriminations, et, une fois sur ce terrain, sa fécondité est inépuisable. D'autres fois, en altérant et en grossissant à sa manière un fait, un détail sans importance, ce malheureux parviendra à le dénaturer complétement, à lui donner des proportions considérables et à lui faire prendre les apparences d'un acte grave et prémédité. C'est ainsi qu'il invente les plus grandes atrocités pour les attribuer à ceux dont il croit avoir à se plaindre. Quelques jours après son admission dans l'asile, il prétendait être au courant, mieux que nous, des choses qui s'étaient passées il y a déjà plusieurs années et qu'il ne savait, en réalité, que d'une manière vague et très-incomplète. Il est inutile d'ajouter que ces choses n'avaient pas, le moins du monde, l'importance et la nature dont il aimait à les parer.

La curiosité le porte à questionner les chefs de l'asile, les internes, les gardiens, les malades, afin d'inventer, avec deux ou trois renseignements sans valeur, des histoires ou plutôt des cancans qui, entre ses mains, deviennent des armes dangereuses.

Par son caractère frondeur, irritable, agressif, il se fait craindre de tout son entourage, et puis il exploite avec un art merveilleux la crainte qu'il sait si bien inspirer. A l'aide de ce moyen il apprend des gardiens ce qu'il désire savoir, et, quand ils lui opposent la moindre résistance, ses ressources sont là pour les dénoncer et pour leur reprocher leur mauvais cœur, et notamment les coups qu'ils donnent aux malades. Sachant pertinemment combien les médecins tiennent à ce que les aliénés soient bien soignés et menés par la douceur, S. se plaint amèrement et avec un air profondément affligé du gardien revêche à son influence et l'accuse, en face ou en secret, d'avoir rudoyé ou frappé tel ou tel malade. Si nous allons ensuite aux informations, nous ne trouvons rien qui justifie une pareille accusation.

Le susnommé a une audace dont rien n'approche. Sa violence en paroles est extrême; mais, au fond, quoique vantant sans cesse son courage et sa force de caractère, il est essentiellement poltron et mobile. La crainte d'une punition excite sa colère; il sait fort bien attendre, dans ce cas, pour exhaler ses récriminations avec une plus grande énergie. Lorsqu'il en veut à quelqu'un, son premier mot est celui-ci : « Je veux faire sur lui un article qui se chargera de me venger. » Ses articles sont l'épouvantail avec lequel cet infortuné veut établir aussi sa despotique domination.

Son égoïsme est profond; chez lui tout part du sentiment considérablement exagéré de sa personnalité et

tout converge vers lui. « Le moule qui me fit, aime-t-il
à répéter, se brisa après ma naissance. Il n'y a qu'un
Dieu, s'il y en a un, ce qui est douteux; mais il n'y a
qu'un moi, et ce moi vaut bien la peine qu'on s'en occupe. » En effet, dans sa section, on ne fait presque
attention qu'à ce malade, car à lui seul il donne plus
de travail que tous les habitants de son quartier réunis.
Tantôt, c'est une demande qu'il adresse avec son impatience habituelle; on est obligé de lui obéir promote-
ment, sans cela les gardiens s'exposeraient à ses ma-
lignes invectives : tantôt c'est une ou plusieurs lettres
qu'il écrit et qu'il veut faire expédier sur-le-champ ;
elles renferment des secrets d'une telle importance
qu'un retard quelconque, affirme-t-il, pourrait avoir les
plus graves conséquences. D'autres fois son habillement laisse quelque chose à désirer ; il lui manque un
bouton, et vite il faut aller à la lingerie réclamer
un habillement pour remplacer celui qu'il va envoyer
au raccommodage. Si les sœurs le faisaient attendre, il
exhalerait son venin sur toutes les communautés religieuses en général, et sur telle ou telle sœur en particulier. Maintenant il lui faut ceci, ensuite il aura
besoin de cela, et, sous un prétexte ou sous un autre, il
trouve toujours le moyen d'employer une ou plusieurs
personnes à son service. Et encore s'il était content, ce
ne serait rien; mais plus on fait pour lui être agréable,
plus on le rend exigeant sans qu'on puisse jamais le satisfaire. D'ailleurs serait-il réellement satisfait qu'il
ne l'avouerait pas, dans la crainte de s'avilir en remer-
ciant ses supérieurs. Au contraire, il ne considère pas

comme un avilissement le désir prémédité de nuire à
autrui, à l'aide des petits moyens qui sont toujours en
réserve dans sa féconde imagination. Sa méchanceté naturelle lui procure des joies infinies quand il déchaîne
sa mauvaise langue et qu'il voit la souffrance peinte
dans la physionomie de la personne que sa malignité
subjugue. S'emparant de toutes les occasions de paraître et d'être malicieux, et saisissant, du reste, fort
bien le ridicule des personnes, S., qui se croit très-
physionomiste et qui ne manque pas de s'en vanter,
attaque à tort et à travers les réputations et les vertus
les plus solides. Appréciant les autres d'après ses tendances naturelles, cet homme voit un mobile intéressé
dans les actes de dévouement les plus purs, les plus
louables. Les autres aliénés l'écoutent comme s'il était
un oracle et lui obéissent sans hésiter. Aussi fait-il servir cette obéissance passive à la réussite de ses projets.
Il leur persuade tout ce qui lui passe dans la tête, et, si
un jour il leur disait qu'il faut se livrer à un acte de violence envers quelqu'un, leur obéissance lui serait acquise. « Vous vous croyez maîtres ici, Messieurs; mais
non, détrompez-vous, quand je voudrai je vous le ferai
sentir. Vous me mettrez en cellule avec la camisole, à
l'abri de tout contact extérieur; mais, si vous me laissez
mon intelligence, toutes vos précautions seront complétement inutiles. »

Sa loquacité est extraordinaire: il parlera des heures
entières, répétant, il est vrai, la même chose à chaque
conversation et passant d'un sujet à un autre sujet avec
une facilité étonnante. A la faveur de quelques idées qu'il

prend à l'un et à l'autre, il discute toutes les questions. La société, la religion, la morale, telles que nous les entendons, sont d'après lui des rêveries qui ne méritent pas la peine d'être soutenues. En le poussant un peu, et c'est là ce qu'il désire, on parvient aisément à le faire discourir sur son système, ou plutôt sur ses systèmes, car il en a de tout prêts pour tout et pour tous les goûts. Il sait tout ce qu'il est possible de savoir, et même davantage. Bien que ses théories soient toutes d'une absurdité évidente, il ne les expose pas moins avec une sorte de complaisance, surtout lorsque son interlocuteur a la bonhomie de prendre au sérieux ses singulières conceptions. Pourvu qu'on le mette en relief, soit en entrant dans sa polémique, soit autrement, on est sûr de lui plaire. Le laisser parler et critiquer à son aise sans faire attention à lui, voilà le seul moyen de le blesser et d'abaisser son immense orgueil. L'indifférence lui est insupportable, et il se fera petit, rampant, flatteur, pour échapper à l'influence de cette arme redoutable. Il veut à tout prix qu'on s'occupe de lui, soit en bien, soit en mal, cela lui est égal; s'il est remarqué, ses désirs sont pleinement satisfaits.

Poussé par la rage d'écrire, il fait lettres sur lettres dans le but de prouver telle ou telle thèse, qu'il ne prouve pas du tout. J'ai rarement vu, dans sa vaste correspondance, des lettres sans un post-scriptum. Les post-scriptum sont absolument indispensables, et, lorsque les quatre pages, plus les marges, sont remplies, il ajoute un petit morceau de papier, où l'inévitable post-scriptum est contenu. Je ne crois pas cependant qu'il soit allé jusqu'à tracer, sur les lignes déjà tracées, d'autres lignes en travers, conformément aux habitudes de certains aliénés exaltés de ce genre.

Sa mémoire est d'une fidélité étonnante : ses souvenirs lui retracent les plus petits détails d'un fait ancien ou récent. Il comprend très-vite, à la condition qu'on ne fixera pas longtemps son attention : autrement les idées surgissent en foule dans son cerveau et l'empêchent de suivre son interlocuteur. Il est vrai qu'en pareilles circonstances ses ressources sont infinies pour interrompre l'imprudent qui engage une lutte de dialectique avec lui.

Ses poésies sont fort médiocres, ses articles de journaux sont plus médiocres encore. Sa plume, toujours trempée dans du fiel, ne ménage personne, et, quand par hasard il fait un éloge, c'est parce qu'il est sûr d'en tirer un avantage réel. Il a inventé un alphabet à son usage ; dans un moment d'abandon il nous en a donné la clef ; mais cet alphabet ne nous paraît ni simple ni commode.

Le temps qu'il a passé dans l'asile n'a pas été assez long pour que nous ayons pu étudier la marche de sa maladie. Toutefois, son exaltation mentale a été constante et fort intense par moments. Au milieu même de sa plus grande tranquillité il s'exaltait si facilement et si rapidement, que la moindre parole suffisait pour l'irriter, pour le mettre en colère et pour le rendre très-turbulent.

Les phénomènes somatiques qu'il présente sont peu importants ; quelques symptômes gastriques tenaces annoncent cependant que l'état de ses voies digestives n'est pas dans un état bien satisfaisant. Son appétit est irrégulier.

Le préfet de son département, réclamant la sortie de S., en disant qu'il n'était pas aliéné, motiva le certificat que voici :

La folie de ce malade est-elle simulée ? D'après ses propres renseignements, S. a été séquestré de 25 à 30 fois dans divers asiles. Il a donc été soumis à autant d'examens sérieux faits par des médecins différents, parmi lesquels on doit compter au moins 20 médecins aliénistes attachés à des établissements publics et présentant toutes les garanties possibles, soit sous le rapport des connaissances scientifiques spéciales, soit sous le rapport de l'habitude pratique du diagnostic des nombreuses formes phrénopatiques. Peut-on supposer que tous ces praticiens se soient trompés et que leurs lumières ne les aient conduits qu'à des convictions erronées ? Cette supposition n'étant pas soutenable, il faut se résigner à voir dans le susnommé un malheureux aliéné privé depuis longtemps du libre usage de ses facultés. Au reste, l'appareil symptomatique qu'il présente actuellement est trop complet et trop bien coordonné pour qu'il soit possible de le simuler. On invente un ou plusieurs symptômes; mais ce qu'on n'invente pas, c'est leur mode de succession et encore moins leurs rapports et leurs proportions. De pareils tours de force sont impossibles.

Le maniaque raisonnant naît et ne se copie pas: il est inimitable. D'ailleurs, S. est impropre à la vie sociale; on le voit bien par sa conduite passée. Ses rapports avec la société, même à petite dose (si je puis m'exprimer ainsi), l'exaltent et augmentent son délire; ils exercent sur lui un effet analogue à celui que produiraient sur un ivrogne les liqueurs alcooliques : ils l'enivrent en quelque sorte. Par la surexcitation constante de son intelligence, par son caractère orgueilleux, égoïste, acariâtre, ergoteur; par son jugement essentiellement faux, et surtout par son manque de sens commun, de religion, de moralité, d'affection, etc., il est un type à part, un type extra-physiologique, qui appartient de plein droit au domaine de la pathologie. C'est un être disgracié, dégénéré, doué d'une organisation mentale incomplète, défectueuse, qui ne lui permet pas de vivre en liberté avec ses semblables. C'est un homme qui sera partout un véritable fléau, et qui doit mourir dans un asile d'aliénés. C'est, en un mot, un être manqué, une espèce de monstruosité mentale, que la charité publique doit soigner et isoler pour mettre la société à l'abri de son active et inépuisable causticité. Toutefois, cet aliéné n'est pas dangereux, en ce sens que nous ne le croyons pas capable de se livrer à un acte de violence de nature grave : nous le croyons aussi ennuyeux, embarrassant et désagréable que possible, mais voilà tout. En effet, depuis qu'il est dans l'asile, le susnommé s'est montré inoffensif.

Voici, pour terminer cette longue histoire, une pièce de vers de la composition de S. ; c'est son chef-d'œuvre; elle a été publiée dans le journal d'une petite localité :

LA SŒUR GRISE

Oui, je veux consacrer ma lyre vierge encore
A célébrer les saints du Maître que j'adore ;
Qu'un autre favori des héros ou des dieux
Consacre à leur grandeur son luth harmonieux.

Comme l'on voit un lis dont l'odeur virginale
Sur un autel sacré dès le matin s'exhale,
Ma voix timide et pure, au pied du même autel,
S'élève sur la foi jusques au Dieu du Ciel.

Archanges, Séraphins, prêtez-moi votre lyre ;
Un instant secondez mon ravissant délire.
Mais quelle voix déjà vient de frapper les airs ?
Bienheureux Séraphins, seraient-ce vos concerts ?

C'est ta voix que j'entends, ô sœur hospitalière !
Tu commences le jour par des chants de prière,
Et bientôt l'on verra tes charitables mains
Soulager tous les maux des malheureux humains.

Ton front n'est point orné de roses fugitives.
Sous un habit de lin ces vierges sont captives ;
Pendant à leurs côtés, un rosaire de bois
Soutient de mon Sauveur la consolante croix.

Vers le lit des mourants l'airain sacré l'appelle.
Aux portes de la mort, ardente sentinelle,
Elle accourt ! Le malade ouvre encore les yeux,
Et croit dans cette sœur voir un ange des Cieux.

La vierge, d'une main charitable et sacrée,
A présenté la coupe à la lèvre altérée ;
En vain déjà la mort, sur ce lit de douleur,
De son aspect affreux a répandu l'horreur.

Sa main pure bénit et sa bouche console,
Jusqu'au moment heureux où l'âme au Ciel s'envole.
O fille de Sion, ange de charité,
Placée entre la tombe et l'immortalité,

Où puises-tu ta force et ta douce espérance ?
Sans doute dans le sein de la Toute-Puissance ;
Et toi, de saint Vincent aimable et chaste sœur,
Qui dira les vertus de ton céleste cœur ?

Vierge et mère pourtant, ô charitable fille !
Les enfants délaissés composent ta famille ;
Image de Marie, entre les Séraphins,
Mon œil aime à te voir parmi les orphelins.

Ta main sèche leurs pleurs et soutient leur faiblesse,
Tous ont part à tes soins, à ta pure tendresse ;
Tes plaisirs les plus vifs sont dans la charité;
Quoique pauvre, ta main secourt la pauvreté !

Toi que mon cœur aimait, ô vierge encore chère,
Tu quittas tes parents, et tes sœurs et ta mère,
Et ton cœur, tout rempli des feux de l'Eternel,
Te dicta ces accents : « Nous nous verrons au Ciel. »

Veille sur ces enfants qu'abandonna leur mère,
Jusqu'au jour où, laissant ta dépouille à la terre,
Comme la chrysalide, avec des ailes d'or,
Vers la voûte du Ciel tu prendras ton essor.

H.-I.-M. S.

DEUXIÈME OBSERVATION

Manie raisonnante.— Type de la variété orgueilleuse

M. l'abbé C., né et domicilié dans un petit village du Midi, d'un tempérament lymphatico-nerveux et d'une assez bonne constitution, est un homme âgé de trente-trois ans, de petite taille, maigre et bien conformé; sa physionomie est intelligente, ses yeux sont vifs, mais sa tête, quoique présentant dans sa moitié antérieure un développement normal, est en réalité un peu petite, à cause d'un aplatissement marqué qu'elle offre dans la région occipitale.

Nous n'avons pas de renseignements sur la question héréditaire, ce malade ayant toujours répondu de fort mauvaise grâce à toutes nos questions tendant à élucider le problème étiologique de son aliénation mentale. Croyant jouir de l'intégrité de ses facultés, il s'imagine qu'en donnant ces renseignements il fournira des armes à ses ennemis jaloux. « D'ailleurs, ajoute-t-il, vous n'avez pas besoin de connaître les causes d'une maladie que je n'ai pas. »

Toutefois, son père était scrofuleux et paraît avoir eu une tumeur blanche du genou qui nécessita l'amputation. Il vécut quelque temps après l'opération, mais il mourut, à la fleur de l'âge, très probablement, à la suite d'une fluxion de poitrine. Il avait un caractère violent, emporté, inconstant, et ne souffrait autour de lui qu'une seule manière de voir, la sienne. Bizarre, et possédant la meilleure opinion sur son compte, il était fort peu tolérant ; les personnes qui l'entouraient le craignaient à cause de son caractère égoïste, difficile, obstiné, et surtout à cause de sa *mauvaise langue*. Dans sa profession de moulinier en soie il se montrait actif, intelligent ; mais, malgré ces qualités, il fit de mauvaises affaires. La perte de sa petite fortune est attribuée à des malheurs ; il paraîtrait cependant qu'il était un peu original et qu'il manquait « d'un grain de bon sens. »

Les oncles paternels sont violents, d'une vivacité sans égale et fort mobiles. Toutefois un de ses oncles, contrairement à ses frères, qui sont loquaces et fort orgueilleux, est taciturne, pensif et parle très-peu ; il se trouve dans un état voisin de la misère et de la misanthropie.

Sa mère est une femme sans énergie aucune, sans spontanéité, peu franche, et ne jouit pas d'une grande portée intellectuelle. Elle ne croit pas son fils aliéné, malgré les preuves de folie trop incontestables, cependant, qu'il a données. Sans doute, l'amour maternel est bien excusable, surtout quand on songe que beaucoup de prêtres de son diocèse le considèrent comme sain d'esprit ; mais il nous semble que le sentiment maternel, quelque développé qu'il soit, s'il est tout à fait normal, ne peut guère se faire illusion au delà d'une certaine limite. Or Mme Vve C., en dépassant cette limite, nous fait penser que son tempérament moral offre déjà une défectuosité notable. Son égoïsme n'est pas douteux ; ses pensées sont très-lentes.

La tante maternelle de cet aliéné a plus d'activité

psychique que sa sœur, mais elle se fait sur les personnes et sur les choses des opinions préconçues, qu'il est ensuite impossible de lui faire modifier. Elle est rusée, égoïste, sournoise et peu communicative.

Un cousin germain (côté paternel) est épileptique et aliéné. Son caractère égoïste, paresseux et difficile, lui donne habituellement une légère teinte d'hypochondrie. Après ses attaques d'épilepsie il devient tracassier, très-méchant et très-agité.

Nous n'avons aucun renseignement sur les grands parents de M. C.

Dans son enfance il a toujours été vif, remuant, mobile, impérieux, exigeant. Sa constitution chétive, d'une part, et, d'autre part, la faiblesse de caractère de sa mère, lui ont permis de donner un libre cours à ses caprices. Sa précocité, qui était attribuée à une maladie accompagnée de convulsions qu'il eut à l'âge d'un ou deux ans, donnait néanmoins pour l'avenir les plus belles espérances. Ses parents, et avec eux beaucoup d'autres personnes du pays, étonnés de son intelligence, voyaient déjà en lui un homme supérieur. Le curé de son village lui donna quelques leçons de latin et le sort du jeune C. fut décidé. On l'envoya plus tard au grand séminaire, où il se fit remarquer par une espièglerie et par une indocilité peu communes, mais très-pardonnables à son âge, disait-on. On était très-indulgent pour lui; on espérait d'ailleurs que l'habit de prêtre et les années viendraient diminuer le feu de son imagination et lui donneraient la gravité nécessaire à l'exercice des fonctions sacerdotales.

Ordonné prêtre, il fut placé comme vicaire dans une paroisse pauvre. Son orgueil, le désir de parvenir et l'espoir de triompher de la misère dans laquelle il vivait, le poussèrent au travail. Il lisait beaucoup; sa mémoire lui était fidèle ; mais il employait son érudition et son talent à soutenir des opinions contraires à celles de son curé. Par sa volubilité et par ses nombreuses citations des Pères de l'Église, il obtenait facilement dans ses discussions avec ses confrères, et surtout avec son curé, des victoires très-flatteuses pour son orgueil. Malheureusement, ne comprenant pas que sa supériorité, sous ce rapport, ne lui donnait aucun droit contraire à l'ordre établi par la hiérarchie des fonctions, il s'imagina que son savoir le plaçait au premier rang, et, comme sa personnalité se trouvait en jeu, il se donna bientôt une importance qu'il ne devait pas avoir. Loin de chercher à obtenir, par ses connaissances théologiques, une juste influence dans la sphère de ses attributions, il voulait gouverner la paroisse ouvertement; il tenait à se faire connaître, et ce désir le conduisit jusqu'à lui faire mettre le presbytère en désordre. En effet, il commença à se plaindre de son curé, à critiquer ses actes et ses pensées, à lui jouer de mauvais tours, et, dans un espace de temps très-court, il parvint à lui rendre la vie insupportable.

M. C. fut changé de pays; mais les mêmes faits se renouvelèrent bientôt après, et son archevêque, voyant un caractère si peu accommodant, le mit seul comme curé dans une très-petite paroisse. Là cet aliéné montra son amour pour le changement. Tout en faisant dans son église plusieurs modifications peu heureuses, et en bouleversant tout autour de lui, il se livrait à l'étude avec une ardeur incroyable. Ses appointements, son seul moyen d'existence, s'élevaient à peine à 600 fr. Obligé de faire sa cuisine, il mangeait peu et mal; une grande partie de son argent était employée à l'achat de livres, de pinceaux, de couleurs, pour se livrer à la peinture.

Les excès de travail, les veilles, les privations, la mauvaise nourriture, les embarras pécuniaires, exaltèrent son intelligence. A partir de ce moment, son aliénation mentale devint évidente.

Toujours insoumis et désagréable, M. C. se mit à écrire des lettres bizarres, qu'il envoyait journellement à l'évêché, pour se plaindre des uns et des autres et notamment des vicaires généraux; pour demander des fonctions plus élevées ou mieux rétribuées que celles qu'il avait, etc. En même temps il se livrait à des actes de folie, qui attirèrent l'attention du procureur impérial. Enfin les choses arrivèrent à un tel point, qu'on dut considérer sa séquestration comme très-urgente et d'une nécessité absolue.

Il serait très-long d'énumérer les nombreux actes de folie de M. C.; je dois cependant en citer quelques-uns. Un jour il se mit à chercher dans le presbytère et à cacher ensuite dans un lieu sûr tous les livres dont les prêtres se servent quand ils administrent les saints sacrements. Appelé quelque temps après pour donner l'extrême-onction à un agonisant, son curé eut besoin d'un des livres dont il s'agit; mais les recherches les plus minutieuses, faites dans tous les coins du presbytère, restèrent infructueuses. Cependant le malade allait rendre le dernier soupir ; on venait à chaque instant à la cure, pour s'informer du motif d'un retard qui pouvait avoir des conséquences si fâcheuses, et, nonobstant, ces livres ne se trouvaient pas. Le curé, à bout de ressources et persuadé que son vicaire seul pouvait être la cause de cet incident, prit enfin le parti de s'adresser directement à lui et de lui réclamer avec énergie et dignité les ouvrages précités. M. C. prétendit qu'il était à cet égard dans l'ignorance la plus complète ; néanmoins il se mit de son côté à la recherche des livres égarés, et naturellement il eut le bonheur de trouver les volumes, dont la perte commençait à devenir inquiétante.

Plus tard, dans son propre pays, il se revêtit des habits sacerdotaux pour aller danser, ainsi habillé, autour de la tombe de son père. L'entrée du cimetière lui fut interdite ; mais ce malade, habillé comme pour une grande cérémonie religieuse, ne craignit pas d'en franchir les murs, afin d'aller crier, hurler, danser, se coucher sur la même tombe, dans le but, disait-il, de rendre un culte public aux restes qu'elle renfermait.

A la suite de ces actes de folie et de plusieurs autres du même genre, quoique beaucoup plus dangereux, et qu'il nous est impossible de consigner ici, ce malade fut envoyé à l'établissement. On le conduisit pendant la nuit, on le mit dans une chambre particulière, on lui fit prendre une tasse de lait, et le lendemain matin, pendant qu'il dormait, on substitua à sa soutane et à son chapeau un pantalon, un gilet, une redingote et un bonnet. Quand il s'aperçut du changement, il refusa de se lever; à la visite, nous lui fîmes comprendre qu'il avait été envoyé dans l'établissement pour cause d'aliénation mentale et pour y subir un traitement qui lui permît de reprendre promptement ses fonctions. Après une foule de protestations, il finit par s'habiller et par descendre dans la cour. Les autres malades ne tardèrent pas à lui transmettre les renseignements qui lui manquaient pour se faire une idée de sa nouvelle position. Il s'imagina que ses ennemis, c'est-à-dire les hommes qui devaient l'admirer, poussés par une jalousie criante, n'avaient reculé devant rien, puisqu'ils étaient parvenus à l'enfermer dans une maison de fous. Il soupçonna son archevêque et, en général, tous ses supérieurs, d'avoir voulu porter atteinte à son honneur et à son mérite. Exaspéré par tout ce qu'il venait d'apprendre, mais dominant encore son exaspération, il demanda du papier pour écrire un mémoire qui devait le justifier, tout en dévoilant « la conduite inique de ses ennemis. » Le papier qu'on lui donna fut rempli dans l'espace de quelques instants ; mais sa prétendue justification était une nouvelle preuve du trouble qui régnait dans ses facultés. Il demandait tous les jours, à la visite, du papier, pour écrire aux autorités, voulant à tout prix sortir de l'asile, « pour réparer son honneur outragé par des envieux.» Par moments il chantait, parlait, se promenait avec une vivacité extraordinaire. Si pour apaiser son exaltation on essayait de l'enfermer dans sa chambre, il se mettait à hurler ou à crier : «Au secours! aux assassins! », etc. Quand il était libre, avec un morceau de charbon il dessinait sur le sol avec une facilité étonnante. Dans l'espace de quelques heures, il remplit un jour sa chambre de dessins religieux et cyniques à la fois; il composa également une chanson du même genre, dans laquelle le nom de son archevêque revenait à chaque instant.

Au bout de quelques semaines, cet aliéné devint plus calme, mais aussi plus désagréable: il réunissait autour de lui les plus mauvais sujets de l'asile, les exaltait, les engageait à s'évader; toujours à la tête d'un complot échoué ou naissant, il semblait se plaire à détruire l'ordre, l'harmonie et le calme de tous les habitants de sa section. Son influence était toute-puissante à cause de sa profession, de ses connaissances, de sa lucidité, de son exaltation, de sa mauvaise foi, car il dénaturait les paroles les plus simples, les plus affectueuses, et leur trouvait un sens caché plein de malveillance.

Si un malade entrait dans l'asile ayant encore une intelligence capable de suivre un raisonnement, M. C. le questionnait, et après avoir connu son délire il dirigeait ses attaques de façon à lui faire comprendre qu'il ne sortirait pas de l'asile, qu'il se trouvait à jamais dans les mains de bourreaux cruels, inexorables, toujours prêts à cacher leur méchanceté sous les apparences de la bonté et de la bienveillance. A un malade qui craignait d'être empoisonné, il disait: « Le médecin vous donne des pilules, mais ne les avalez pas: elles contiennent une dose énorme de poison, qui vous tuera en peu de jours. Si ces Messieurs ne se débarrassent pas toujours rapidement des infortunés qui souffrent ici, c'est qu'ils font durer leur agonie pour pouvoir toucher

des appointements plus considérables. » En un mot, cet
aliéné était une plaie dans l'établissement; il avait
des périodes d'agitation pendant lesquelles il était plus
turbulent; mais les craintes qu'il nous inspirait sous le
rapport de son influence étaient plus grandes pendant
ses périodes de calme.

Voici maintenant son état actuel (9 mars 1860).

L'intelligence de ce malade a positivement plusieurs
qualités brillantes : son imagination, naturellement féconde, est pleine de vivacité ; sa mémoire, très-sûre
dans une certaine sphère, lui retrace les plus petits détails d'un fait quelconque, ancien ou nouveau. Pendant
ses heures d'insomnie il travaille, dit-il, à un grand
ouvrage et se vante de retenir parfaitement six cents
vers, n'ayant pas de papier pour les écrire et ne voulant
pas laisser perdre « des inspirations poétiques d'une si
haute portée. » Ses comparaisons souvent bizarres lui
permettent parfois de tirer quelques déductions, de
saisir certains rapports qui ne manquent ni d'originalité ni de finesse.

Ces facultés, quoique remarquables avant sa maladie,
sont plus actives encore sous l'influence de l'exaltation qui le domine aujourd'hui. Malheureusement elles
ne sont pas soutenues par les autres puissances de son
esprit. En effet M. C. n'est pas profond; il n'a pas les
allures généralisatrices, et surtout son jugement est essentiellement faux. Ses appréciations littéraires et artis-
tiques laissent toujours quelque chose à désirer et varient à chaque instant : ainsi, Molière sera pour lui un
homme ordinaire, un écrivain de troisième ordre, un

homme de talent, un génie, selon l'état de son humeur.
Quant à ses appréciations sur les faits pratiques, elles
atteignent parfois la bizarrerie et même le ridicule.

M. C. est incontestablement un homme incomplet;
sans doute il peut briller, il peut éblouir un instant;
mais, à coup sûr, son intelligence ne trompera pas la
personne qui se donnera la peine de l'étudier attentivement pendant quelque temps. Très-capable pour les
petites choses, pour les petites idées, il devient très-
médiocre quand il s'agit de grandes choses ou d'idées
larges. Entraîné par une ardeur irrésistible à discuter,
à critiquer, il entame des luttes sur tous les sujets, et,
sans autre guide que son amour-propre, il prétend tout
juger; ne doutant de rien, il prononce un arrêt sur
toutes choses avec un aplomb imperturbable. Son esprit
inquiet, ne vivant que de contradictions, aboutit à la
colère, aussi bien quand on rejette ses idées que lorsqu'on les accepte sans opposition. N'ayant pas conscience de son état, il méconnaît sa maladie; il ne se
rend pas compte non plus de son caractère. Il croit justement posséder toutes les facultés qui lui manquent,
et son esprit, à l'entendre parler, ne s'exerce que sur
des « pensées grandioses ». Au reste, son genre d'instruction variée, très-superficielle, de mauvais aloi,
vient confirmer notre opinion à son égard et nous
montre une certaine harmonie entre ses aptitudes et
ses acquisitions.

Le sentiment de la personnalité du susnommé est
tellement exagéré que cet aliéné ne peut se comparer
qu'à lui-même. « Mes sublimes poésies, mon magni-

fique poëme, mes admirables Noëls », tels sont les adjec-
tifs dont il se sert pour qualifier ses œuvres; il se croit
un homme supérieur par son intelligence, par ses talents; la poésie et la peinture sont, d'après lui, ses titres
aux honneurs et au respect de ses contemporains; il ne
doute point que la postérité, moins jalouse et plus juste
dans ses jugements, ne lui rende, tôt ou tard, les hom-
mages et l'admiration qui lui sont dus. Essentiellement
égoïste, il ne pense qu'à lui; de là ces idées hypochondriaques qui viennent le tourmenter pendant ses périodes de calme. Sa poitrine est pour lui l'objet d'une
surveillance spéciale : il la trouve délicate et prédis-
posée à la phthisie, par suite de la prédominance de
ses organes cérébraux. Par moments il est inquiété par
des douleurs nerveuses erratiques, par un sentiment de
malaise, par les mouvements du cœur, par son état
de faiblesse; mais ces inquiétudes ne diminuent pas
celles que lui inspirent ses fonctions respiratoires. Soit
sous la forme dépressive, soit sous la forme expansive,
son orgueil dépasse les limites de la physiologie d'une
manière si évidente, que les infirmiers n'hésitent pas
à le déclarer aliéné orgueilleux.

Le mot *autorité* n'a aucun sens pour lui, car il ne
connaît que la sienne. Ce qu'il fait, ce qu'il dit, est
parfait; s'il accepte une opinion, ce n'est pas sans lui
imposer de gré ou de force le cachet de son individualité.
Il voudrait tout modifier, tout changer, et son esprit,
peu accommodant, critique l'ordre établi et lui donne
le nom de vieille routine.

D'une moralité variable, le susnommé n'a que sa

personnalité pour guide dans toutes les questions relatives au bien et au mal. Le sentiment moral lui manque;
il comprend, mais il ne sent pas ce qui est juste et
ce qui ne l'est pas, et ses appréciations, dans cette
sphère, ne sont ni exactes, ni solides, ni durables. Nous
pourrions en dire autant de son sentiment religieux.
Il nous répugne de constater cette absence chez un
homme qui s'était voué à la carrière ecclésiastique, et
pourtant nous ne pouvons nous dispenser de consigner
dans cette observation purement scientifique les faits
dont nous sommes certain. A ce titre, nous devons dire
ici combien il laisse à désirer au point de vue religieux.
Ses prières, il ne les récite pas; il n'a même pas ces
habitudes modestes, calmes, recueillies, conciliantes,
bienfaisantes, qui abandonnent si rarement l'homme
réellement religieux, habitué depuis son jeune âge aux
pratiques du culte.

Menteur et de mauvaise foi, il se sert fréquemment
d'une phrase de ses égaux ou de ses supérieurs pour
en composer une autre, qui a un sens tout opposé, et
avec laquelle il prétend les accabler, les confondre. Cette
manière de faire est tellement ancrée dans ses habitudes
que son imagination met, souvent involontairement,
à la place d'une idée qu'on lui communique une idée différente qui lui appartient et qui reflète naturellement
ses propres sentiments. Armé de la sorte, il se pose en
victime, et, tout en disant combien il est bon, combien
il est à plaindre, etc., il lance ses apostrophes dans
tous les sens « contre les infâmes oppresseurs du génie,
contre les monstres qui dévorent le sang du fils de la

veuve et du soutien de l'orphelin. » A l'entendre parler, il a été, partout et toujours, victime de son mérite « trop supérieur, dit-il, pour être favorablement jugé. » Il ne dit rien des désagréments incessants qu'il donne aux personnes qui l'entourent, tandis qu'il s'arrête avec complaisance sur le bien qu'il a fait et sur celui qu'il aurait pu faire, si ses projets « n'avaient pas été entravés par des personnes malveillantes. »

Impérieux, présomptueux, stérile, malgré son abondance apparente, il s'égare dans le tourbillon de ses pensées, dans le bruit de ses paroles, dans la riche collection de raisonnements et de faits de toute nature qu'il accumule sans ordre, dans le but de prouver une proposition qu'il ne prouve pas, ou qu'il perd de vue insensiblement et sans s'en douter.

Connaissant les vertus que nous admirons tous et sachant, comme homme et comme prêtre, le parti qu'on peut en tirer pour agir sur le cœur humain, M. C. ne craint pas de se les attribuer, ce qui lui permet de faire son éloge, tout en faisant sentir la conduite infâme des hommes dont il se plaint; il manie les vertus qu'il n'a pas avec la même habileté qu'il déploie à mettre en relief les défauts réels ou supposés d'autrui.

C'est avec un talent tout particulier qu'il sait faire naître le sentiment de la peur chez les personnes qui l'environnent; et, après l'avoir inspiré par tous les moyens, il l'exploite à son avantage, sans dignité, sans pitié. Ingénieux à mettre en jeu les penchants des individus, l'abbé C. sait gagner en peu de temps la confiance des gardiens et de ses compagnons d'infortune,

qu'il domine facilement par sa ruse et par la nature
de son intelligence. Il obtient aisément des uns et des
autres tout ce qu'il veut, malgré les recommandations
qui leur sont faites pour les mettre en garde contre sa
funeste influence.

Son activité exaltée le porte à se plaindre sans cesse,
à faire des mémoires pour les envoyer aux autorités,
afin de dévoiler la malveillance mal déguisée qui le retient séquestré parmi les fous, et, chaque fois qu'il leur
adresse une lettre, son exaltation augmente et l'empêche de dormir.

En fait de sentiments affectifs, en fait de sentiments
de bienveillance, personne, à l'en croire, n'est mieux
doué que lui, et pourtant, quand on oublie ces grands
mots, ces longues phrases à grand effet, qu'il lance à
tout propos, et qu'on fait seulement attention à ses actes
ou à sa conduite, on voit avec peine que les pensées
généreuses dont il se pare ne sont autre chose que les
inspirations mensongères d'un immense orgueil. En
effet, tous les mobiles de ses actions dérivent du sentiment pathologiquement exagéré du *moi*.

Pouvant déployer dans un moment donné une prodigieuse énergie, cet aliéné est incapable, à cause de la
mobilité de son esprit, de produire pendant longtemps
cette action lente et durable qui constitue la véritable
force de caractère. Aussi devient-il faible, poltron et
rampant, lorsqu'une résistance quelconque s'oppose à
ses desseins.

Désagréable au dernier point, il tourne en ridicule
les paroles et les actes des fonctionnaires de l'asile, pour

entraîner les autres aliénés à la révolte, au désordre,
à l'indiscipline, à des actes de violence. Sa présence
dans l'établissement est un fléau. Insensible aux reproches comme aux bons procédés, il ne cède qu'à la douleur physique : les bains prolongés l'effrayent, parce qu'il
les croit contraires à sa poitrine, et cependant il ne fait
rien pour les éviter. Les attentions délicates, les prévenances, une bienveillance à toute épreuve, une sollicitude sans bornes, ne le touchent pas : ce qu'on fait
pour lui n'est rien, et puis « on est assez largement
payé par les bienfaits de Monseigneur, qui ne craint
pas de tremper son anneau épiscopal dans la plus
grande des abominations, la mort à petit feu d'un
homme, d'un prêtre, d'un savant, d'un artiste, d'un
génie. »

Ses penchants ne sont pas trop développés; s'il est
violent, emporté et même cruel parfois, c'est seulement
pour satisfaire son orgueil, c'est par esprit de vengeance ; il se plaît à tourmenter ceux qui lui déplaisent, mais son instinct pour le mal ne dépasse pas une
certaine limite. Bien qu'il ait parlé de tuer une ou deux
personnes, il n'est pas capable de se porter à un acte
de violence de ce genre. Les menaces sont pour lui un
moyen d'arriver à ses fins; il peut, dans un moment de
colère, devenir fort dangereux; mais, nous le répétons,
il est, à nos yeux, incapable de commettre un homicide.
Nous devons ajouter que, malgré ses dessins et ses chan-
sons obscènes, il n'a pas de penchants bien énergiques,
et sous ce rapport sa conduite de prêtre n'a rien laissé
à désirer.

Les symptômes physiques que M. C. offre à notre observation varient selon qu'il se trouve dans une période de calme ou dans un accès d'agitation. Quand il est agité, ce malade a une sensibilité physique moins vive que dans les conditions opposées ; il est moins sensible au froid, alors même qu'il reste dans l'inaction ; ses douleurs nerveuses sont rares, peu intenses ; son appétit est très-satisfaisant, ses digestions s'opèrent facilement ; son pouls est normal (de 60 à 65 pulsations par minute) ; son sommeil est long à venir et s'accompagne de rêves qui le troublent souvent. Pendant les périodes d'affaissement, son système digestif présente des symptômes plus marqués, quoique sans gravité réelle ; sa langue est blanche, parfois jaunâtre à la base ; ses papilles deviennent volumineuses, rouges et proéminentes. Cet aliéné se plaint alors d'avoir la bouche amère en se levant ; il a soif ; son appétit est irrégulier et la constipation alterne avec une diarrhée qui augmente la sensation de fatigue et de malaise qu'il éprouve. Ce malade demande du lait pour calmer sa toux et un régime choisi pour combattre sa faiblesse. Bien que le plus souvent sa toux soit insignifiante, il s'en inquiète, car la phthisie, « la maladie des grands hommes, doit terminer ses jours. » Les douleurs nerveuses n'attirent pas trop son attention tant qu'elles ne se portent pas sur la poitrine ; mais, aussitôt que les nerfs intercostaux sont le siége de ces douleurs, cet aliéné se croit très-malade ; son sommeil, dans ses jours de tranquillité, est calme et réparateur.

La période d'agitation se manifeste du jour au lende-

main. Au bout de quarante-huit heures, elle parvient à
son apogée; puis elle reste stationnaire, pour décliner
ensuite lentement. La période de calme est un peu plus
longue habituellement et dure un mois et demi ou deux
mois. Nous devons ajouter qu'entre ces deux périodes il
n'y a pas une différence bien tranchée. M. C. est toujours
exalté, mais cette exaltation est plus ou moins intense
selon qu'il est agité ou qu'il est calme. En outre, bien
que cet aliéné soit tranquille, comme sa sensibilité morale est si mobile, si impressionnable, il devient agité
très-facilement, sous l'influence d'une cause quelconque, même peu énergique. Il suffit parfois de l'autoriser
à écrire quelques vers pour observer une modification
notable dans son état.

M. C. a vécu ainsi dans l'établissement pendant deux
ans, mettant le trouble et l'indiscipline dans sa section,
soulevant les passions des aliénés, aggravant leur situation et entretenant chez eux une surexcitation constante, pénible, dévorante. Une idée, un mot, un geste,
un crayon, une ficelle, un petit clou, un morceau d'os,
tout, en un mot, devenait entre ses mains un objet
d'attaque ou d'évasion. Il n'épargnait personne, pas
même ses complices, qu'il dénonçait lâchement lorsque
ses complots étaient découverts.

Durant son séjour, les projets d'évasion ne l'ont pas
quitté un seul instant; il les élaborait dans son imagination, les combinait, les calculait et les préparait,
alors surtout que sa conduite et son langage pouvaient
inspirer un peu de confiance.

Dominé par son orgueil, et n'ayant pas conscience de

son état, il ne pouvait voir dans sa séquestration qu'une mesure illégale, éminemment arbitraire, capable de porter atteinte à son génie, à sa dignité professionnelle; conséquent avec cette idée, il devait chercher à se débarrasser « des entraves dont le directeur, le médecin et peut-être le préfet, soudoyés par Monseigneur, le chargaient, afin de l'arrêter dans sa carrière.» Aussi, depuis son entrée dans l'asile, était-il sans cesse poursuivi par l'idée de s'évader. Et comment n'aurait-il pas été préoccupé de cette idée, puisque tout, dans son tempérament moral, venait converger non-seulement pour la faire naître, mais encore pour l'enraciner dans son esprit. Ses rêves de gloire et de grandeur, objet de ses plus chères illusions, n'étaient-ils pas là pour réveiller en lui, à tous les moments, la pensée de la liberté et pour l'engager sans relâche à combiner les moyens de l'obtenir? Pouvait-il se décider à rester inactif lorsque, se croyant enfermé « par suite de la jalousie et de la perversité de ses ennemis », il se sentait accablé sous le poids de ce qu'il appelait, avec une ironie amère, son brevet de folie. Non, M. C. ne pouvait pas renoncer à son désir de prédilection sans changer de caractère, de manière d'être, sans renoncer à son individualité. D'ailleurs, il possédait en lui tout ce qu'il fallait pour mener à bonne fin un projet d'évasion. L'audace, la ruse, la perspicacité et surtout son orgueil et sa confiance en lui-même, lui permettaient de tenter avec succès des entreprises de ce genre. Aussi, après quelques essais avortés, parvint-il à sortir de l'asile en faisant un véritable tour de force pour monter sur les toits et pour descendre ensuite jusqu'à la rue.

Son évasion eut lieu dans la nuit du 4 au 5 mars 1860.

Nous avions perdu de vue ce malade lorsque, il y a deux ans, en visitant les hospices de Paris destinés aux aliénés, nous le trouvâmes dans une division, parfaitement calme et travaillant à dessiner un tableau. Mais, au bout de quelques instants de conversation, il devint très-exalté et nous nous empressâmes de le quitter. Dans l'intervalle qui s'est écoulé entre son évasion d'Avignon et sa séquestration à Paris, motivée encore par des excentricités, il paraît que M. C. a séjourné dans quelques maisons religieuses, soit comme prêtre, soit surtout comme peintre. On nous a même affirmé l'avoir vu à Marseille, en blouse, exerçant la profession de peintre en bâtiments. Quoi qu'il en soit, malgré toutes les précautions prises par son archevêque pour lui assurer un certain bien-être, ce malade a dû obéir aux tendances de son orgueil et à la mobilité de son esprit.

TROISIÈME OBSERVATION

Manie raisonnante. — Variété orgueilleuse

D. J.. , né le 2 janvier 1811, à.... (Gard), y domicilié, militaire, était entré, pour cause d'aliénation
mentale, à l'asile d'aliénés de Montpellier, le 7 septembre 1853. Il fut transféré à l'asile de Montdevergues
le 13 décembre 1857.

Voici les dimensions de sa tête :

	centimètres.
Diamètre occipito-frontal (antéro-postérieur)...	17
Courbe occipito-frontale (antéro-postérieure)....	29
Diamètre biauriculaire (latéral)..............	14
Courbe latérale (biauriculaire supérieure)......	34
Courbe biauriculaire antérieure (antérieure)....	27
Courbe biauriculaire postérieure (postérieure)...	20

Le frère de ce malade travaillait beaucoup, mais il
était bizarre, fier, peu intelligent, sans jugement. Nonobstant, il croyait avoir des connaissances très-éten-
dues en agriculture. Il était à la fois violent et faible.

Sa mère se sentait dominée par une grande apathie
physique et morale. Égoïste, indifférente, elle négligeait
sa maison et ses enfants.

Un frère, qui divaguait souvent, est mort d'une affection cérébrale. Pas d'autres renseignements.

D. J.., étant jeune, fut envoyé à l'école des Frères,
où il se fit remarquer par la facilité avec laquelle il apprenait ses leçons, mais aussi par son indocilité et son

indiscipline. « Je faisais enrager mes maîtres, disait-il dans ses bons moments; ils me donnaient des punitions sans compter; c'est pour cela que j'allais me promener au lieu de me rendre à l'école. » La paresse l'emportait d'une manière si peu douteuse, qu'en définitive le susnommé sait à peine lire. « Si mes parents m'avaient malmené, ajoutait-il, je ne serais pas aujourd'hui un âne. » Voyant qu'il perdait son temps à l'école, sa famille se décida à le faire travailler à la culture d'une propriété qu'elle avait. Ce travail ne convenait guère à D. J..., et, comme ses parents avaient un caractère faible et qu'ils lui laissaient faire ses volontés, il travaillait peu ou ne travaillait point. Lorsque le désir de se promener se faisait sentir, ce qui arrivait souvent, il ne manquait pas de quitter immédiatement son ouvrage. Avec son inconstance, avec sa paresse et malgré les reproches de tous les siens, il parvint à l'âge de vingt ans sans avoir rien fait et sans que sa famille eût été assez heureuse pour corriger le plus petit des défauts et modifier les tendances de la mauvaise organisation mentale du susnommé.

Le sort le désigna pour faire partie de l'armée; ce fut pour lui un jour de fête, d'abord à cause des « ribotes » (c'est son expression) qui précédèrent le départ, et ensuite à cause du changement qui allait s'opérer dans son existence. Tout lui souriait donc en partant pour le service militaire; mais, comme son caractère était difficile, indiscipliné, mobile, notre malade ne tarda pas à se livrer à la boisson pour oublier les corvées qui lui étaient imposées, à cause de ses nombreuses incartades. « Heureusement pour moi, disait-il, que, n'ayant presque jamais le sou, je ne pouvais pas trop m'amuser : le manque d'argent m'a épargné beaucoup de punitions. » En effet, lorsque D. J... pouvait aller boire une bouteille de vin avec ses camarades, il s'exaltait facilement, devenait fanfaron, méconnaissait toute autorité, rentrait en chantant à la caserne, etc., etc.

Ses actes d'insubordination l'amenèrent devant un conseil de guerre qui l'envoya en Afrique, dans une compagnie de discipline. Là, et toujours pour les mêmes causes, il fut traduit encore trois ou quatre fois en conseil de guerre ; D. J... arriva ainsi à servir pendant dix-huit ans pour faire un congé qu'il ne termina pas. Toutefois un des membres composant le dernier conseil de guerre qui devait le juger pour un nouvel acte d'indiscipline reconnut que ce militaire était aliéné et qu'il fallait le faire rentrer en France.

Les réclusions fréquentes et prolongées et l'abattement qui en résultait, les excès de boisson, l'onanisme et les excès de coït, sont les causes qui, d'après lui, ont agi pour produire sa maladie.

Pendant son séjour à l'asile de Montpellier, le susnommé montra beaucoup d'exaltation : il se plaignait sans cesse des gardiens, des sœurs, du médecin, de tout le monde ; à l'entendre parler, on le contrariait de toutes façons ; on le maltraitait, on n'avait pas pour lui les égards qu'on avait pour ses compagnons d'infortune, etc.

Le fait est qu'il était toujours associé aux plus mauvaises têtes de l'établissement et qu'il habitait presque toujours la section des agités, ce qui n'était pas une recommandation en sa faveur. Il fit sans succès plusieurs tentatives d'évasion. Une fois enfin, il parvint à sortir de l'asile par les toits, pendant la nuit. Au bout de trois ou quatre mois passés avec ses parents, qu'il ennuya de mille manières, il revint à l'établissement pour demander un certificat de guérison. Voyant qu'il ne pouvait. pas l'obtenir, il témoigna formellement le désir d'être réintégré dans l'établissement; c'était là en réalité ce qu'il voulait. On l'envoya à la préfecture pour se faire donner les pièces nécessaires à son admission, et le lendemain il vint tout seul à l'asile en promettant bien d'avoir, à l'avenir, une conduite exemplaire. Malheureusement D. J... n'était pas homme à tenir une promesse de ce genre; il fut encore ce qu'il avait toujours été, un être mobile, fantasque, désagréable et indiscipliné. Les douches ne lui manquaient pas; elles le calmaient pour deux ou trois jours : au reste, il les craignait beaucoup, car il était très-poltron. « On ne m'y prendra plus, disait-il; je n'écouterai plus ma mauvaise tête. » Ensuite il était docile, souple, flatteur même; il n'oubliait jamais de prendre un air triste, contrit et affligé jusqu'aux larmes; mais, bientôt après, il n'écoutait aucun bon conseil, sa loquacité l'exaltait et son irritabilité le portait à dire du mal de toutes les personnes qui l'approchaient. Il va sans dire que D. J... avait des rixes fréquentes et des disputes continuelles avec les autres aliénés, ce qui ne l'empêchait pas de comploter le lendemain avec les individus qui l'avaient battu la veille.

Préparer une évasion, mettre le désordre dans la section, maltraiter ou assassiner un gardien ou un fonctionnaire de la maison, telles étaient invariablement les questions qu'on agitait dans ces complots.

Contrairement aux habitudes des aliénés de son espèce, il n'adressait jamais aux autorités aucune demande de sortie. L'autorité militaire l'avait trop rudement traité pour qu'il eût encore envie d'avoir recours à ses supérieurs.

Transféré, vers la fin de décembre 1857, à l'asile de Montdevergues, D. J... ne fut plus le même homme. Pendant le temps qu'il était resté à Montpellier, son intelligence s'était un peu affaiblie, ou du moins elle n'avait plus son ancienne vivacité. Sa santé physique, quoique satisfaisante, témoignait déjà d'un délabrement notable de la constitution. La masturbation était la cause la plus puissante de son affaiblissement physique et peut-être mental.

Malgré cela, D. J... était encore fier, orgueilleux, fanfaron ; il parlait avec complaisance de sa carrière militaire, et surtout de sa tenue, de son attitude, de la manière de manier un fusil, bien que, dans ses moments d'abattement, il fût loin de tenir le même langage. Plein de confiance en lui-même, ce malade se croyait un homme supérieur. « Ah ! disait-il, si je savais lire, écrire et calculer, je donnerais du fil à retordre à tout mon monde . » La religion lui ayant toujours inspiré une certaine répulsion, il avait voué aux prêtres une haine que rien ne justifiait, car il n'avait jamais eu à se plaindre d'eux. Vers la fin de sa maladie, quand il fut recommandé aux soins de M. l'Aumônier de l'établissement, D. J.... prétendit qu'il appartenait à la religion protestante, et qu'il n'avait mis de sa vie le pied dans une église. Il est possible qu'il ne soit jamais entré dans une église, mais ce qui est certain, c'est qu'il etait catholique, et qu'il repoussait avec effroi les consolations religieuses.

Egoïste, menteur, colère, joueur, paresseux, buveur, cet aliéné était rempli de mauvaises qualités ; il ne se portait pas cependant à des actes de violence, et, si parfois il avait quelques moments de méchanceté, c'était toujours pour réagir contre l'agression d'un autre aliéné qu'il avait trop irrité. Courageux parfois jusqu'à la témérité, il était poltron à l'excès dans d'autres circonstances ; il passait ainsi d'un excès à l'autre dans l'espace de quelques instants ; son existence tout entière pourrait se résumer dans ces alternatives d'exaltation et d'abattement moral. Pour se procurer du tabac, il employait les ruses les plus variées : il flattait l'amour-propre des uns, intimidait les autres, trompait ceux-ci, volait ceux-là, et, en dernier résultat, il parvenait à obtenir des malades ce qu'il désirait. Il s'adressait de préférence à ceux de ses compagnons d'infortune que le délire rendait crédules, timides et peu intelligents. Il lui arrivait souvent, à la visite, de se dire malade et de faire quelques réclamations, alors qu'il s'attendait à recevoir un reproche pour quelque acte contraire au règlement de la maison. D'ailleurs, les réclamations lui étaient familières : il avait toujours quelque chose à nous demander, quelque plainte à nous adresser. Il exploitait parfaitement les nouveaux gardiens au moyen de la flatterie ou de l'intimidation ; il les surveillait attentivement, dénaturait leurs actes, soufflait le feu de la discorde sous le plus léger prétexte qu'ils lui donnaient, excitait contre eux les autres malades et arrivait ainsi à les faire quitter l'établissement. Son intelligence, normalement développée pour certaines choses, était pour certaines autres fort insuffisante. Sa mémoire lui retraçait fidèlement les souvenirs; mais il les altérait souvent en les combinant avec ses propres impressions. Il est inutile d'ajouter qu'il dénaturait volontiers les faits, quand il le croyait nécessaire. Son imagination lui fournissait aisément les justifications dont il avait besoin, ainsi que les moyens de réaliser ses désirs. Comme son langage, ses appréciations étaient toujours plus ou moins fausses, plus ou moins exagérées. Si les opinions émises devant lui ne méritaient pas son approbation, ce qui n'était pas rare, il se contentait de lever les épaules. Ce mouvement lui était surtout familier lorsqu'il se sentait dans son tort et qu'il ne voulait pas en convenir. Il discutait beaucoup plus avec ses égaux et avec les infirmiers qu'avec ses supérieurs, ce qui provenait sans doute des habitudes contractées pendant le long espace de temps qu'il passa au service militaire.

En 1860, D. J... se plaignit d'une douleur à la cheville droite, douleur accompagnée de gonflement et de difficulté dans les mouvements; elle résista à tous les moyens narcotiques et résolutifs, et, dans l'espace de deux mois, une tumeur blanche de l'articulation tibiotarsienne, avec gonflement du péroné, devint facile à diagnostiquer. Les mercuriaux, l'huile de foie de morue, l'iodure de potassium, l'extrait de noyer et plusieurs autres médicaments de ce genre, furent mis en usage avant et après l'explosion de sa maladie, sans aucun succès. La tumeur blanche faisant des progrès, nous fîmes appliquer, avec le même insuccès, des cautères volants; un abcès se forma bientôt après, et l'articulation s'ouvrit spontanément. Des fistules se formèrent et donnèrent issue à un pus noirâtre qui exhalait une mauvaise odeur.

Les injections iodées, quoique très-légères, augmentaient ses douleurs; la marche et la station sur le pied étaient impossibles. A mesure que la tumeur blanche s'aggravait, le pied se renversait en dedans, mais le gonflement augmentait à peine.

Nous avons remarqué très-souvent que, pendant les accès d'exaltation de D. J..., sa tumeur blanche suppurait peu; le pus était assez bon, blanchâtre, sans mauvaise odeur, tandis que, pendant les périodes d'affaissement, et surtout au début de ces périodes, les douleurs étaient très fortes, la suppuration augmentait et prenait, malgré les fréquents pansements, une odeur infecte.

Dans ces derniers temps, son agitation était moins vive qu'au début de sa séquestration. Elle se caractérisait tout simplement par une irritabilité exagérée, par des plaintes souvent accompagnées de pleurs, par de la mobilité, de la loquacité, etc. Par suite des progrès du mal, ces symptômes perdaient tous les jours de leur intensité; les plaintes et les sollicitations du malade, plus rares que par le passé, étaient en même temps plus

justes, plus raisonnables ; ses querelles, presque insignifiantes, étaient d'ailleurs et plus éloignées et mieux
motivées ; son pays n'avait pour lui aucun attrait, et son
indifférence pour sa famille était plus forte que jamais.

. Il faut dire aussi que sa tumeur blanche l'inquiétait
beaucoup ; il savait qu'on serait obligé de lui couper la
jambe, et cette idée le faisait frémir, le décourageait,
le rendait sombre et lui enlevait son babil ordinaire.

Les idées d'évasion n'existaient plus depuis qu'il se
trouvait dans l'impossibilité de marcher. Se sentant
peu capable de réagir, dans le cas où il aurait été at-
taqué, le susnommé abandonnait assez facilement son
opinion pour éviter des discussions capables de lui créer
une lutte peu avantageuse. D. J..., enfin, conservait
intact son caractère ; mais le feu de la jeunesse avait
disparu, en entraînant la spontanéité et une partie de
l'énergie de son esprit.

Tel était l'état de cet aliéné lorsque, sans cause
connue, sa tumeur blanche, depuis longtemps stationnaire et même améliorée, devint très-douloureuse et
donna lieu à une suppuration aussi infecte qu'abondante. D'un autre côté, son agitation s'accompagna de
symptômes inaccoutumés, tels que la malpropreté au lit,
la perte de l'éclat des yeux, l'inappétence, les gémissements, la constipation la plus opiniâtre, la sécheresse
de la langue, la fuliginosité des dents, etc. Ces phéno-
nomènes surgirent presque subitement, prirent rapidement des proportions inquiétantes, et D. J... succomba
après une courte agonie, en se plaignant de ce qu'on
lui faisait et de ce qu'on ne lui faisait pas à la jambe.

Autopsie de D. J., faite le 11 décembre 1862, à dix heures du matin, 28 heures après la mort.

Habitude extérieure.—Rien d'intéressant à signaler.

Le crâne, un peu aplati à sa partie postérieure, est un peu plus large du côté droit que du côté gauche. Il n'offre rien d'anormal dans sa contexture. La dure-mère est saine. L'arachnoïde offre quelques opacités sans importance réelle. La pie-mère contient dans ses mailles un peu de sérosité.

Le cerveau conserve sa coloration normale; sa consistance, un peu plus ferme qu'à l'ordinaire, est due en partie, mais en partie seulement, à la température, car le froid n'est pas assez intense pour donner l'explication de la fermeté de cet organe. Ses circonvolutions ne présentent aucune particularité digne d'être notée.

Les ventricules latéraux, à peine dilatés, renferment environ une cuillerée à café de sérosité. Le ventricule moyen, le cinquième et le quatrième ventricules n'offrent rien d'anormal; il en est de même de l'isthme de l'encéphale et du bulbe rachidien. La moelle n'a pas été examinée.

Le résultat de l'examen cadavérique des autres parties du corps du susnommé, n'ayant pas un rapport direct avec notre sujet, sera passé sous silence.

QUATRIÈME OBSERVATION

Manie raisonnante. — Variété orgueilleuse.

G. A., né le 1ᵉʳ janvier 1832 à Villeneuve-lez-Avignon (Gard), célibataire, d'une assez bonne constitution, d'un tempérament lymphatico-sanguin, est entré dans l'établissement d'aliénés de Montdevergues le 5 février 1862.

Les dimensions de sa tête sont les suivantes :

	centimètres
Diamètre occipito-frontal (antéro-postérieur)....	19
Courbe occipito-frontale (antéro-postérieure)....	31
Diamètre biauriculaire (latéral)...............	14
Courbe biauriculaire supérieure (latérale)......	35
Courbe biauriculaire antérieure (antérieure). ..	31
Courbe biauriculaire postérieure (postérieure)...	21
Taille.................................	166, 50
Poids	66 kil.

La tête de ce malade offre un beau développement à la partie antérieure, mais la partie supérieure est un peu aplatie. Cet aplatissement est très-fort sur la région occipitale.

La santé physique de G... est ordinairement bonne; il n'a jamais eu de maladies graves, si ce n'est la rougeole et la variole.

G... n'a pas connu son grand-père paternel; il ignore complétement quels étaient ses mœurs, ses habitudes, son caractère et sa position. Il sait seulement que son fils lui ressemblait par son esprit fier, impérieux et par son goût pour la boisson.

Sa grand'mère paternelle était dévote, minutieuse, acariâtre, méchante et médisante.

Il a connu son grand-oncle, frère de son grand-père : c'était un homme d'une taille très-élevée, d'une constitution très-robuste, d'un tempérament sanguin. Entré dans le service militaire comme engagé volontaire, il était parvenu au grade de capitaine de la garde impériale en faisant toutes les campagnes du premier Empire. Dans ces guerres il avait reçu de nombreuses blessures et avait gagné, par son courage et sa conduite, plusieurs décorations, parmi lesquelles se trouvaient celle d'officier de la Légion d'honneur et celle de chevalier de Saint-Louis. En menant la vie des camps, son caractère impérieux, orgueilleux, avait acquis une certaine roideur : il s'emportait à la moindre contrariété et ne pouvait souffrir qu'on lui fît une observation contraire à sa manière de voir. Il devenait furieux surtout quand on avait l'air de mettre en doute les divers récits qu'il faisait de ses campagnes. Pendant tout le temps qu'il a été militaire, et même après avoir eu sa retraite, cet homme s'est livré, avec excès, aux boissons alcooliques. Lorsque ses blessures le faisaient trop souffrir, pour tout remède il prenait de l'absinthe et du cognac. Il est mort à l'âge de soixante-neuf ans, à la suite d'une attaque ; mais, depuis quelque temps, il ne pouvait plus marcher et sa langue était paralysée.

Le père de notre malade avait une forte constitution et un tempérament sanguin ; vif, emporté, mais d'une grande faiblesse de caractère, il changeait facilement de manière de voir sur les hommes et sur les choses. Dans sa jeunesse, il était facteur dans une maison de commerce; cette place lui rapportait beaucoup d'argent, qu'il dépensait volontiers avec des femmes. Après son mariage, il s'occupa sérieusement de son travail et ne pensa plus qu'à mener une vie régulière, sobre et laborieuse; il est mort à l'âge de soixante-seize ans, à la suite d'une attaque d'apoplexie. Il a eu un frère et une sœur : le premier mourut à l'âge de vingt-huit ans à la suite d'un effort qu'il fit pour soulever un poids considérable. Sa sœur est morte à quatre-vingt-neuf ans; elle n'avait pas eu de maladie sérieuse. Son caractère était doux, paisible, apathique, indifférent et vaniteux.

G... n'a pas connu son grand-père maternel. Il sait cependant qu'il avait un caractère gai, jovial, farceur, une intelligence très-développée, un coup d'œil sûr; il en imposait à ceux qui l'entouraient, autant par la douceur de son caractère et la justesse de ses appréciations que par sa force corporelle. Dans son intérieur, il se montrait difficile, opiniâtre, égoïste et très-exigeant. Il était maquignon, et, comme tous les individus de son état, il a continuellement mené une vie vagabonde et déréglée; quoique fréquentant les cafés et autres lieux, il n'a jamais poussé ses excès jusqu'au point d'en être malade. A l'âge de soixante ans, il s'est retiré du commerce; il est mort très-vieux, laissant une assez belle fortune.

La grand'mère maternelle, morte à l'âge de quatre-vingt-sept ans, était laborieuse et avait beaucoup d'ordre dans son ménage. Son goût pour l'économie n'était pas très-éloigné de l'avarice.

La mère de G... est morte à l'âge de trente-deux ans, à la suite d'une fièvre typhoïde. Robuste malgré sa maigreur, laborieuse et active, elle poussait l'économie jusqu'à l'avarice; son ménage était un modèle d'ordre; elle paraissait aimer beaucoup son mari et ses enfants. Elle a eu deux frères; l'aîné est mort à l'âge de soixante-onze ans, à la suite de nombreuses attaques de goutte. C'était un homme orgueilleux, avare, usurier même, se privant des choses les plus nécessaires pour entasser son argent. Son caractère était vif, emporté; il n'agissait et n'avait d'égards que pour sa personne: il s'inquiétait fort peu de ses proches parents, et n'aurait rien fait pour leur venir en aide, s'ils avaient été dans la misère. Le plus jeune vit encore; il est dans l'aisance, travaille très-peu, aime la vie sobre et ressemble à sa sœur, tant au physique qu'au moral.

Le frère de G... a vingt-neuf ans environ; il jouit d'une bonne constitution. Son caractère, notablement égoïste, ne l'empêche pas d'être doux et très-affable.

Sa sœur est morte fort jeune, à la suite de couches. D'un tempérament nerveux, elle avait souvent des maux de tête; cependant sa santé n'était pas mauvaise.

Dès son jeune âge, il s'est fait remarquer par son indocilité et sa légéreté. A l'âge de dix ans, ses parents le mirent à l'école des Frères, où il resta jusqu'à quinze ans et demi. G..... était à cette époque assez laborieux: il apprenait ses leçons avec beaucoup de facilité, faisait son travail avec intelligence, était régulier et exact; malgré cela, il avait de nombreuses punitions, qui lui étaient infligées pour sa turbulence, son indocilité, les disputes fréquentes qu'il avait avec ses camarades et les répliques qu'il faisait à ses maîtres, qui le réprimandaient.

Après avoir quitté l'école des Frères, le susnommé fut placé chez un maître de pension; là il apprit les notions élémentaires d'histoire, de géographie, de mathématiques, etc. Ce genre d'études et la soumission qu'elles réclamaient le fatiguèrent bientôt et l'engagèrent à quitter la pension pour apprendre l'état de boulanger. Ce travail étant trop pénible, il l'abandonna pour essayer celui de menuisier, qu'il fit pendant quatre mois; mais une dispute qui s'éleva entre lui et un autre ouvrier du même atelier suffit pour l'en dégoûter. G..... entreprit alors le métier de cordonnier. Le patron chez lequel il travaillait avait un fils qui venait de tirer au sort et d'entrer dans son régiment. Se trouvant en garnison à Avignon, ce dernier venait très-souvent voir son père; G.... le voyait tous les jours. Envieux du costume de ce militaire, et surtout du peu de travail qu'il paraissait avoir, notre malade désira ardemment se faire soldat. Il en fit part à son père, qui en fut enchanté, espérant que les règlements et la sévérité militaires corrigeraient un peu son fils et le rendraient un peu plus laborieux.

G.... s'engagea donc volontairement dans le 5e régiment de chasseurs à cheval, alors en garnison à Avignon; c'était en 1849. Pendant tout le temps que ce malade resta dans cette ville, il fit son service assez régulièrement, et même avec beaucoup de goût, comme il avait fait d'ailleurs, en commençant, pour tous les métiers qu'il avait entrepris. Ensuite son régiment alla à Tarbes, et le susnommé le suivit. Dans cette ville, n'étant plus sous les yeux de sa famille, il commença à se plaindre de son service; sa paresse, ses penchants au libertinage, l'entraînèrent peu à peu et lui attirèrent de nombreuses punitions et une surveillance active. Pour se débarrasser de cette surveillance, il forma le projet de changer de régiment et d'aller en Afrique, croyant avoir beaucoup plus de liberté ; il demanda en conséquence la permission d'entrer dans un bataillon de chasseurs à pied. Sa demande n'eut aucun résultat. Furieux de voir qu'on ne l'écoutait pas, il se conduisit encore plus mal, insulta ses chefs, brisa le bois de son mousqueton, et fut, pour ce fait, traduit, vers la fin de l'année 1850, devant un conseil de guerre, qui le condamna à six mois de détention.

Sa peine terminée, on l'envoya à Mascara, dans un régiment presque exclusivement réservé aux militaires qui, à la suite de leur mauvaise conduite ou d'une faute assez grave, ont été condamnés à la détention.

Il resta depuis 1851 jusqu'en 1854 dans ce régiment. Pendant tout ce temps sa conduite ne fut pas meilleure qu'avant sa condamnation; ses six mois de prison ne l'avaient pas corrigé: il continua d'être indocile et de faire abus des boissons alcooliques. Pour se soustraire de nouveau à toutes les punitions, il déserta et resta quinze jours absent, se cachant dans les environs de la ville et menant une vie déplorable. Lorsqu'on l'eut découvert, on le mit en prison et on le traduisit de nouveau devant un conseil de guerre, qui le condamna seulement à trois ans de travaux publics, grâce, dit-il, aux nombreuses recommandations que son père employa.

Vers la fin de 1858, il rentra dans ses foyers. Arrivé au sein de sa famille, des scènes très-fâcheuses eurent lieu et se reproduisirent très-souvent. Un jour il menaça et alla même jusqu'à frapper son père en présence de plusieurs personnes, parce que ce dernier lui adressait quelques remontrances sur sa paresse et sa mauvaise conduite. Il provoqua alors le partage de la succession de sa mère; à cette occasion, il reçut pour sa part une somme de 8 à 10,000 fr., qu'il vint dévorer à Avignon, dans l'espace de quelques mois, en menant une vie excessivement déréglée, passant ses journées entières au café, buvant une grande quantité de boissons alcooliques, se retirant à des heures indues, etc. Il se trouva bientôt réduit à la plus grande misère, couchant quelquefois à la belle étoile, vivant d'expédients, étant un jour garçon de café, un autre jour garçon d'hôtel, conducteur de voitures, etc. Son père fut encore obligé de venir à son secours, lui fit une pension de 25 fr. par mois, et le plaça chez un maître cordonnier, où il resta quelques mois à peine. Sa famille, voyant que la conduite qu'il menait n'était pas celle d'un homme raisonnable, se décida cependant à le faire enfermer à l'hôpital de...... Pendant quelque temps il s'y conduisit bien, mais ensuite, son exaltation augmentant, on ne put plus le garder; il parlait d'une manière très-inconvenante aux sœurs, qui se virent dans la nécessité de le renvoyer pour se soustraire à ses imprécations et à ses fureurs.

Durant cet intervalle, son père mourut, et G..., voulant à toute force se procurer de l'argent, proposa à plusieurs personnes de leur vendre pour 2,000 fr. les droits qu'il avait à la succession de son père. Cette succession valait 10,000 fr. au moins. Ses propositions ne furent pas écoutées; alors il attendit le partage. Pendant ce temps, il eut de nombreuses disputes avec son frère. Lorsqu'il eut de l'argent, il alla à Avignon dans une mauvaise auberge, située dans le quartier le plus mal fréquenté ; c'est dans ce logement qu'on le prit, le 5 février 1862, pour le conduire à Montdevergues.

Depuis son entrée à l'asile, ce malade n'a pas cessé de donner des signes d'aliénation mentale. D'un caractère vif, emporté, très-irritable, il se porte souvent à des actes de violence envers ses compagnons d'infortune; obstiné, indocile, paresseux, il offre des périodes de calme et des accès d'agitation ; celle-ci n'est caractérisée que par une exaltation mentale plus ou moins intense.

Quand il est calme, G..... va, vient, se promène dans la cour avec le laisser-aller fanfaron et prétentieux propre aux mauvaises têtes des populations rurales. Sa tenue bien soignée, sa moustache bien peignée, son attitude toute militaire pendant la visite, son œil vif, sa tête haute, lui donnent un air fier qui contraste fortement avec les allures des malades qui l'entourent. Gai, insouciant, ne se préoccupant guère du lendemain, il cherche à tirer le meilleur parti possible de ses instants. Mobile dans ses goûts comme dans ses pensées, il aimera aujourd'hui une personne, une chose, qu'il regardera demain avec indifférence. Il ne serait pas trop paresseux si le travail lui convenait, c'est-à-dire s'il pouvait le varier toutes les heures. Ne trouvant pas une occupation remplissant toutes les conditions de son programme, cet aliéné préfère passer son temps soit à fumer sa pipe, soit à parler avec les uns, soit à se disputer avec les autres. Pourvu qu'il puisse se tenir au centre d'un cercle d'aliénés prêts à l'écouter, notre malade est content. Il fume, crache, se retourne, se balance, fait des gestes, parle en s'adressant tour à tour aux personnes les plus importantes de son auditoire, et témoigne de toutes les façons qu'il est au courant du sujet qu'il traite, et qu'il le traite avec satisfaction. Dans sa conversation, on retrouve les défauts de son caractère et surtout sa mobilité. En effet, G..... passe d'une question à une autre, soulève une foule de problèmes et ne conclut à rien, entraîné qu'il est par l'abondance de ses conceptions. Il racontera des farces ; il en inventera même en cas de besoin, son imagination étant toujours disposée à donner des productions de ce genre. Il est bien entendu que, directement ou indirectement, il se fera le héros de ses historiettes ; il dira de bonne foi tout le bien qu'il pense de sa personne, et, pour peu qu'on le presse, il avouera qu'il est mauvaise tête mais que son cœur est excellent. Le fait est qu'il a menacé et frappé son père ; qu'il l'a forcé à faire le partage des biens de sa mère, partage qui lui était très-pénible ; qu'il l'a vu mourir sans en être bien impressionné, et qu'il n'a guère plus regretté sa sœur, la personne qu'il aimait le plus au monde. D'après cela on peut dire que, s'il est bienveillant, il ne le montre pas beaucoup.

Sans être essentiellement dangereux, cet aliéné n'est qu'égoïste, orgueilleux et fanfaron ; les mobiles de sa conduite, favorisés par des passions fort vives pour les boissons et pour les plaisirs vénériens, le rendent ingrat, dur et violent. Les notions de moralité, de religion, d'ordre, de justice, sont inaccessibles à son esprit ; c'est perdre son temps que de vouloir lui faire sentir tout le vide de son existence passée. Les recommandations, les conseils de l'amitié, les avertissements de l'affection ne l'effleurent même pas. La flatterie et la plaisanterie sont les seules armes qui pénètrent jusqu'à son cœur, et encore doivent-elles être maniées avec un peu d'adresse.

Dans l'asile, G..... se trouve dans l'impossibilité de faire face aux exigences de ses penchants ; les liqueurs alcooliques lui manquent entièrement, le tabac n'est pas aussi abondant qu'il le voudrait, et ses désirs vénériens n'ont dans l'onanisme qu'une cause de surexcitation. Au début de ses accès d'agitation, cet aliéné, privé de sommeil par l'effervescence de son imagination, s'ennuie au lit, et le règlement de la maison, très-explicite à cet égard, ne lui permet ni de fumer, ni de se lever du lit avant l'heure du réveil. Que faire alors ? Ses organes surexcités se montrent exigeants, son esprit poursuit dans le vague certains souvenirs agréables, son imagination lui trace quelques tableaux voluptueux,

son économie entière est en feu, et les moyens de ré-
résister à tant d'éléments, notre pauvre malade ne les
a pas. Il succombe donc une première fois, puis une seconde; puis la surexcitation appelle la surexcitation, les
effets se confondent avec les causes et notre infortuné
jeune homme entend sonner le clairon qui l'engage à se
lever, au moment même où ses sens fatigués, assoupis,
semblaient lui promettre un sommeil calme et bienfai-
sant. Allons, il faut en prendre son parti, il faut quitter
le lit; on se fait prier, on se met en colère, on dit quelques gros mots, on passe son pantalon, on se débar-
bouille, et, la toilette terminée, on descend au réfectoire,
où le déjeuner est prêt. Après le déjeuner, la mauvaise
humeur continue, car le médecin, à la visite, ne manquera pas de trouver dans le bouleversement de la
figure les traces d'une nuit orageuse; puis le rapport
des domestiques est là pour constater sa paresse et son
humeur violente.

Son intelligence est assez vive, sa mémoire conserve
encore toute sa vigueur, ses facultés ne manquent pas
d'activité; mais, il faut le dire, ses facultés n'agissent
que sous l'influence de son égoïsme, de ses passions, de
son étourderie et de sa sensibilité morale exaltée,
excentrique, impressionnable et très-mobile. Aussi ses
appréciations sont-elles superficielles et presque toujours fausses; il s'exagère tout : fanfaron, bavard et
prolixe, il parle des choses qu'il connaît peu et surtout de celles qu'il ne connaît pas. C'est un homme qui
ne doute de rien. Privé de la conscience de son état,
cet aliéné ne croit pas être malade; il n'est pas non

plus disposé à accepter la réputation d'avoir « la tête fêlée, bien qu'on la lui ait toujours faite. » Ses idées se succèdent avec assez de rapidité dans son esprit ; elles sont nettes et superficielles ; leur bizarrerie est assez prononcée pour qu'il puisse être appelé un original. Il n'a jamais eu ni illusions, ni hallucinations.

Pendant ses accès d'agitation, G..... se montre avec les défauts naturels de son caractère, considérablement exagérés par la surexcitation mentale qui règne dans son intelligence. Inquiet, mobile, bavard, turbulent, il n'a pas un instant de repos : le besoin de mouvement le domine ; il parle, chante, se promène avec vivacité, se dispute avec les autres aliénés, dit du mal de tout le monde, se plaint de tout et de tous, soulève des discussions, met la guerre parmi les gardiens et parmi ses compagnons d'infortune, néglige sa toilette, remplit la cour de son quartier de dessins faits au crayon, etc. Ses dessins ne manquent pas de vie, et, quoique n'ayant jamais rien appris, il montre dans ses nombreuses productions une certaine disposition naturelle. Dans ses moments d'exaltation, il ne respecte personne : il ne craint rien et se vante de son indiscipline. On ne l'a jamais vu déchirer ses effets ; ses actes de violence ne sont pas généralement d'une nature grave ; les idées de suicide n'existent jamais dans son esprit ; en compensation, il cherche sans cesse à s'évader. Son agitation lui dure environ quinze jours ; ses périodes de calme sont de deux mois au moins.

Quand il est calme, G..... déplore l'impétuosité de son caractère ; il sait que sa conduite laisse quelque chose à désirer, mais il considère ses accès d'agitation comme de petits écarts, qu'il attribue à sa séquestration plutôt qu'à son délire. C'est quand il est tranquille que le sentiment de la personnalité se manifeste sous la forme hypochondriaque; sans doute l'affaissement de son moral envahit son organisation physique, mais les symptômes qu'il présente ne sont pas suffisants pour expliquer les souffrances qu'il dit éprouver dans les diverses parties du corps. Son système digestif est particulièrement atteint; sa langue est large, un peu blanchâtre; son appétit n'est pas régulier, ses digestions sont parfois un peu laborieuses; mais ces phénomènes ne peuvent pas rendre compte des craintes que l'état de sa santé lui inspire.

Telle était la situation de ce malade lorsque, à la suite d'une demande en interdiction faite par la famille, il fut interrogé par le tribunal, qui le trouva raisonnable, et qui agit fortement sur le Préfet, en lui demandant la sortie du susnommé. M. le Préfet me fit l'honneur de me consulter de vive voix sur la possibilité de cette sortie; mais, sur ma réponse négative, il me dit: « Nous ne pouvons pas cependant le garder dans l'établissement; faites un certificat selon vos convictions, et je prendrai cette mesure sous ma responsabilité. » G.... fut donc mis en liberté le 17 janvier 1864. Trois mois après, la police le prit criant dans les rues, un grand couteau ouvert à la main et donnant des signes non douteux d'une agitation intense. Depuis cette époque, l'état de cet infortuné n'a pas varié d'une manière notable.

CINQUIÈME OBSERVATION

Manie raisonnante — Variété orgueilleuse

P... M., né le 12 décembre 1825, à M... (Gard), ancien militaire, catholique, est doué d'un tempérament nerveux et légèrement lymphatique. Il est entré dans l'établissement le 31 octobre 1858. Poids, 74 kilogr.; taille 1ᵐ,70ᶜ.

Les dimensions de sa tête sont les suivantes :

	centimètres
Diamètre occipito-frontal (antéro-postérieur)...	19
Courbe occipito-frontale (antéro-postérieure). .	32
Diamètre biauriculaire (latéral)........	14
Courbe biauriculaire supérieure (latérale). .	34
Courbe biauriculaire antérieure (antérieure)....	30
Courbe biauriculaire postérieure (postérieure)..	22

La tête de P... est petite, le front bas, et, dans la région occipitale, on observe une dépression ou plutôt un aplatissement qui est plus considérable du côté gauche que du côté droit. La physionomie de cet aliéné prend souvent un air mélancolique, affligé; alors ses yeux demi-clos deviennent larmoyants et le son de sa voix acquiert un timbre en rapport avec la tristesse qu'il paraît éprouver.

Aîné de sept enfants, le père de P..., par suite de sa vivacité et de son irritabilité, entrait souvent dans de violentes coleres; neanmoins il était faible de caractère et passablement indécis. Il s'adonnait avec excès aux boissons alcooliques et paraissait ne pas négliger les plaisirs vénériens. Atteint d'une affection calculeuse qui occasionna sa mort, il souffrait beaucoup, surtout pendant la surexcitation produite par ses colères ou par ses excès.

Une tante paternelle devint aliénée sous l'influence de chagrins domestiques; elle guérit au bout de six mois. Pas de rechute. Son caractère, jaloux, égoïste, querelleur, violent, mobile, capricieux, bizarre, la rendait parfois très-désagréable.

Le bisaïeul maternel de P... était un homme doux, paisible, faible de caractère et d'intelligence; il compromit sérieusement sa fortune. Marié deux fois, il eut trois enfants du premier lit, quatre du second, et mourut de vieillesse à l'âge de quatre-vingt-dix ans.

Son aïeul maternel, très-attaché à l'argent, sans initiative aucune, sans ordre dans ses affaires, avait une intelligence faible.

Son aïeule maternelle était indifférente, tranquille, et mourut d'une fluxion de poitrine.

La mère de notre malade tenait son caractère du côté maternel. Égoïste, indocile, capricieuse, bizarre, mobile, mais aimant l'économie, elle se disputait souvent avec son mari; alors elle se retirait momentanément dans sa famille et ne rentrait dans sa maison que lorsqu'on était venu la chercher à plusieurs reprises. Ce fut à la suite d'une de ces querelles domestiques, et après être restée longtemps exposée aux rayons du soleil, qu'elle éprouva une affection cérébrale : « Elle divaguait

continuellement et ne jouissait aucunement, dit P...,
de l'intégrité de ses facultés mentales. » Cette maladie
se termina par la mort, au bout de quatre mois.

Une tante maternelle, très-jalouse, vécut en mauvaise
intelligence avec son mari.

P... a deux frères, qui sont laborieux, mais très-
égoïstes et un peu avares.

P... avait cinq ans lorsque ses frères le conduisirent
un jour à la campagne, et cela dans une saison très-
rigoureuse. L'impression du froid produisit chez lui une
maladie, dont la durée fut de cinq mois environ et pendant laquelle, dit-il, « mes facultés furent dérangées. »
Dans le cours de cette maladie, il ne cessait d'appeler
à grands cris une domestique qu'il aimait beaucoup et
qu'il ne voyait pas, bien qu'elle fût auprès de lui. De
temps en temps il avait des frayeurs qui semblaient dues
aux hallucinations de la vue. Enfin, ce qui ne prouve
pas beaucoup en faveur de son intelligence, il attribue
sa guérison, dans cette circonstance, « à une noix qu'un
ami de son père lui fit appliquer pendant quarante jours
sur la poitrine. »

A l'école, il était obstiné, paresseux et querelleur.
Ses maîtres obtenaient difficilement de lui l'obéissance.
Il apprit à lire assez facilement ; mais sa mémoire se
montrait parfois rebelle, et ce n'était pas sans peine
qu'il parvenait à retenir ce qu'il avait lu.

A onze ans, il fut atteint de fièvres intermittentes.
Retiré de l'école communale et placé dans une pension
où il ne resta pas longtemps, grâce à son indocilité, il
devint ensuite l'élève d'un prêtre qui devait lui ensei-

gner le latin. « Là, dit-il, je gaspillai mon temps jusqu'à l'âge de dix-sept ans. » P... était à cette époque ce qu'on appelle communément un très-mauvais sujet. Incapable de fixer son attention sur des choses sérieuses, il voulait toujours que sa volonté dominât celle des autres; il n'apprenait absolument rien de ses maîtres, et sa seule occupation était de chercher querelle à ses camarades, ou de commettre des dégâts partout où il portait ses pas. Fatigué de dépenser, pour son instruction, un argent inutile, son père le prit auprès de lui pour l'employer aux travaux de la maison.

P... commença dès lors à montrer des passions énergiques : il allait souvent au café, aimait le jeu et s'adonnait aux plaisirs vénériens. Son père lui donnait assez de latitude, sous ce rapport; et, tandis qu'il s'emportait contre ses autres fils et les appelait fainéants ou mauvais sujets, lorsqu'ils s'étaient un peu attardés au café, il donnait toute permission à P..., à tel point que celui-ci passait souvent des nuits entières à boire et à jouer. Après une de ces débauches nocturnes, le susnommé éprouva un froid très-vif, en rentrant chez lui et contracta une fluxion de poitrine. « Tout mon sang fut glacé », dit-il. Le délire s'empara de lui; il croyait aller au cimetière et s'en voyait ramené par un de ses oncles. P... resta au lit une quinzaine de jours; la convalescence fut longue et pénible. A peine était-il guéri de cette affection qu'il contracta une blennorrhagie dont la durée fut assez longue. Dix-huit mois après, il eut à supporter une seconde atteinte de la même maladie.

« Comme j'avais du goût, dit-il, pour l'état militaire,

je résolus de m'engager et j'entrai dans le 10e régiment de chasseurs. » Atteint d'une dysenterie à Tours, il fit un séjour de deux mois environ à l'hôpital de cette ville et obtint un congé de convalescence. Avant l'expiration de ce congé, il revint à Tours, muni d'une assez forte somme d'argent, qu'il venait de recevoir de son père, pour se faire exonérer du service militaire, et qu'il ne tarda pas à dépenser. Le café qu'il fréquentait était tenu par une femme de son pays, et, en sa qualité de compatriote, P... croyait avoir le droit de se montrer jaloux. Là se rendait également un sous-officier qui accablait de ses assiduités la maîtresse du lieu. Le susnommé prit la défense de sa compatriote, et, à la suite d'une violente dispute, pendant laquelle son adversaire dégaina et blessa un habitué du café, notre malade provoqua le séducteur et lui offrit une rencontre au sabre. La garde arriva et s'empara de P.... Quelque temps après, poursuivi devant un tribunal militaire, il fut condamné à dix ans de peines disciplinaires et dirigé sur l'Afrique pour y subir sa condamnation.

Là il fut employé à la construction des routes et à des travaux de terrassement. Ce travail, trop pénible pour lui, les chaleurs accablantes de la journée, la fraîcheur des nuits, la mauvaise nourriture, semblaient se réunir pour l'ennuyer et pour le rendre malade. Il contracta dans ce pays des douleurs rhumatismales, un rétrécissement du canal de l'urètre, et enfin une forte fièvre accompagnée de délire, qui dura huit jours et céda à l'emploi du sulfate de quinine.

Ne pouvant pas achever sa peine sans montrer

encore une fois l'indocilité de son caractère, P... se rendit coupable d'une nouvelle insubordination dans les circonstances suivantes : il avait été puni de quinze jours de prison et de diète par un sergent-major, pour avoir passé au delà d'un poste qu'il ne devait pas franchir. Accoutumé à la prison, mais peu disposé à subir la diète, qui lui paraissait une punition trop dure, il ne voulut pas la supporter et crut ne pouvoir mieux faire, pour l'éviter, que de donner un coup de poing au caporal chargé de veiller à l'exécution de sa peine. Notre malade fut traduit une deuxième fois devant un conseil de guerre, et il allait être condamné à une punition très-grave lorsque sa famille fit des démarches et réussit, dit-il, à le faire passer pour aliéné.

Transféré à l'asile d'aliénés de Marseille, il fut chargé de divers travaux ; entre autres occupations, on lui confia le soin des chevaux. Cet aliéné paraissait jouir de la confiance des fonctionnaires de l'asile : il sortait souvent de l'établissement, fréquentait des lieux de prostitution, et avait même fait la connaissance d'une femme qu'il allait voir plusieurs fois par semaine. Quant à l'argent qu'il pouvait obtenir, soit de sa famille soit du personnel de l'asile, il l'employait à boire du vermouth, de la bière et des liqueurs. Après huit mois de séjour à Saint-Pierre, il fut réformé et renvoyé quelques jours après dans sa famille ; mais, devenu amoureux de la femme dont il avait fait la connaissance en ville, il voulut retourner à Marseille, et alors, dit-il, «ma famille, croyant que je voulais me marier avec elle, chercha le moyen de me faire admettre de nouveau dans l'établissement. » P. fut en effet réintégré à l'asile de St-Pierre, d'où il s'évada au bout de quinze mois. C'était vers le milieu d'octobre 1858. Arrivé à Nîmes, il s'empressa de demander à un agent de police quelques renseignements sur la situation des maisons de prostitution. Interrogé sur le lieu de son domicile, il prétendit être du Var, et, comme il n'avait en sa possession aucune espèce de papiers et que son exaltation mentale était manifeste, il fut arrêté, déposé provisoirement à l'hôpital général de la même ville et enfin transféré à l'asile d'aliénés de Vaucluse, le 31 octobre 1858.

Pendant les cinq premiers mois de son séjour dans l'asile, il fut mobile, inquiet, tracassier, turbulent, exigeant, difficile, mécontent, irritable. «Ma séquestration, disait-il, est tout à fait arbitraire et ma conduite prouve combien cette mesure est illégitime et peu raisonnable.» Il se plaignait de ses parents, de ses amis, des fonctionnaires de l'asile, des gardiens, des autres malades ; il se plaignait de lui-même quand il avait épuisé la longue liste de ses griefs contre tout le monde. Il s'accusait alors de n'avoir pas profité de telle ou telle circonstance avantageuse pour arriver à une position lucrative, brillante et honorable.

Tous ses actes portaient l'empreinte de l'exaltation qui régnait dans son intelligence. Ses sentiments affectifs laissaient beaucoup à désirer, mais ils n'offraient aucune perversion : il ne cherchait dispute à ses frères que sur des questions d'argent.

Vers la fin du mois de mars 1859, c'est-à-dire cinq mois après son entrée, P. devint un peu plus calme et sa santé physique s'améliora. Toutefois il réclamait constamment sa sortie et ne semblait tenir aucun compte des réponses qu'on lui donnait. Trouvant sans doute que le certificat de sortie se faisait trop attendre, il s'évada le 7 octobre 1860. Une fois en liberté, il ne tarda pas à se mal conduire ; aussi fut-il réintégré dans l'établissement au bout de quatre mois. Pendant quelques jours il fut assez irritable, exalté et turbulent, mais il fut bientôt calme. Il est inutile de dire que P. restait inoccupé dans l'intérieur de sa division et qu'il avait été recommandé d'une manière spéciale à la surveillance des gardiens.

Malgré cette surveillance, il parvint encore à s'évader dans la nuit du 2 au 3 juillet 1861. Le lendemain, nous disions dans un bulletin de santé : « Doué héréditairement d'une organisation cérébrale défectueuse, P. a toujours eu un caractère à part. Son jugement essentiellement faux, ses idées originales, sa personnalité très-développée, ses sentiments égoïstes, fortement accusés, sa paresse habituelle, son état moral en un mot, a un cachet particulier. Chez lui l'homme et l'aliéné ne sont pas séparés. Entée sur son caractère, la folie de P. s'efface en grande partie aussitôt que son individualité n'est pas en jeu ; tandis qu'elle se manifeste rapidement avec une intensité variable lorsque, livré à lui-même, il est obligé de tirer de son propre fond une ligne de conduite. Chaque fois donc que son activité n'est pas dirigée par une volonté étrangère, le susnommé, qui va toujours d'un extrême à l'extrême opposé, s'exalte facilement, et avec l'exaltation sa folie apparaît aux yeux de tous. En résumé, ce malade ne peut être un peu raisonnable que dans un asile d'aliénés. »

Arrivé chez lui, il se mit à poursuivre les femmes et à les accabler de ses déclarations. Sans faire de mal à personne, il se fit craindre par ses entreprises et par ses discours. On lui tendit un piége, et P. se rendit à l'établissement pour réclamer ses papiers.

Un mois et demi après sa réintégration, se voyant encore l'objet de quelques mesures de rigueur prises à son égard, conformément au désir de toute sa famille, qui redoutait et qui redoute toujours ses évasions, le susnommé devint plus agité. Il était fort obstiné, indocile et faisait les demandes les plus bizarres : ainsi il voulait se marier et adressait des lettres à toutes les jeunes personnes qu'il connaissait dans l'asile, quel que fût leur rang. A la visite il se plaignait sans cesse de sa nourriture, de son lit, de sa cellule, de son esclavage, et demandait sa sortie. Il témoigna aussi le désir d'occuper, à Montdevergues, une place d'interne.

Cajoleries, prévenances, air sympathique, promesses d'argent ou d'une bonne place, tout lui était bon pour agir sur les gardiens, afin d'obtenir d'eux un défaut de surveillance qui lui permît de s'évader. Au reste, il n'employait ces moyens qu'après avoir épuisé inutilement son vaste arsenal d'insultes, de menaces, de méchancetés, d'intimidations de toute sorte. Par son activité inquiète et mal placée, il devenait à charge aux gardiens aussi bien qu'à ses compagnons d'infortune. Le besoin de fumer le dominait sans cesse, et, lorsque le tabac venait à lui manquer, il se le procurait n'importe comment : ordinairement il le volait, sans attacher à cet acte la plus légère importance. Un autre besoin, non moins impérieux pour lui, était celui de chercher dispute à tout le monde, de trouver mal dit ou mal fait ce qu'on disait ou faisait autour de lui. Il se plaisait à exciter les uns contre les autres malades ou gardiens, et son esprit semblait avoir des ressources infinies quand il fallait tourmenter son entourage. Sous des allures modestes, il cachait une somme d'orgueil et d'amour-propre qu'on ne lui aurait peut-être pas soupçonnée à première vue.

Une nouvelle évasion, accomplie dans la nuit du 12 juin 1865, lui fournit encore l'occasion de montrer son exaltation et de prouver une fois de plus combien il était incapable de vivre en liberté. En effet, comme par le passé, il ne chercha qu'à séduire des femmes, et cela avec une si grande audace et une telle étourderie, que le village tout ému demanda et obtint aussitôt la réintégration de cet infortuné. Depuis cette époque il couche constamment en cellule et ne sort jamais de la section des agités, car son esprit nous inspire des craintes sérieuses sous le rapport des évasions, qu'il sait combiner, préparer et mener à bonne fin, avec un art qui paraît incompatible avec la portée de son intelligence.

Les accès d'agitation de ce malade sont fort longs : ordinairement ils durent au moins trois mois. Les périodes de calme se prolongent pendant huit ou dix mois. Dans ces conditions, il parle sans cesse, crie, déraisonne, se livre à des actes de violence, déchire ses

effets et se promène toute la nuit dans sa chambre. Pas
d'illusions ou d'hallucinations.

Sous le rapport physique, il jouit d'une santé satisfaisante, mais il offre de temps en temps quelques
symptômes d'embarras gastrique qu'un régime sévère
parvient seul à faire disparaître : les vomitifs et les purgatifs semblent l'aggraver notablement. Quand il est
un peu souffrant, ce malade éprouve des craintes exagérées sur le résultat de ses souffrances. On le voit dans
cet état soumis, docile, acceptant volontiers les remèdes
qui lui sont prescrits et s'entourant de soins minutieux.

Depuis longtemps nous ne constatons aucun changement important dans sa situation; les accès d'agitation
succèdent aux périodes de calme, sans que ceux-ci ou
ceux-là offrent des particularités dignes d'une mention
spéciale. Sa folie ne paraît pas affaiblir son intelligence
d'une manière notable.

SIXIÈME OBSERVATION

Manie raisonnante. — Type de la variété égoïste

Mlle D. P. T., née le 18 juin 1819, à Bonsecours (Seine-Inférieure), domiciliée à Paris, transférée de la Salpêtrière, entrée à Montdevergues le 9 janvier 1866, est une personne petite, maigre, nerveuse et fort active. Malgré ses yeux bleus et ses cheveux noirs, elle a une physionomie peu sympathique. Ses traits annoncent une volonté ferme et une assurance qui ne manque pas d'une certaine fierté : on y trouve une expression dure et méchante.

Son père, qui était entrepreneur de pavages, acheta une filature qu'il vendit ensuite pour créer une maison de roulage. Intelligent, actif, laborieux, il a gagné beaucoup d'argent dans le cours de sa carrière; mais sa mobilité, son excès de confiance et son jugement faux ne lui ont pas permis de faire de bonnes affaires. Faible de caractère, indifférent, fanfaron et très-orgueilleux, comme son père, il aimait la vie des cafés et, pour que sa femme ne lui fît pas de reproches quand il se retirait trop tard, ce qui lui arrivait assez souvent, il la laissait gouverner entièrement dans son intérieur. Devenu veuf, il se remaria peu de temps après à l'âge de soixante ans, n'ayant plus de ses douze enfants que deux filles et un garçon ; à cette époque il était presque pauvre.

La mère de la malade avait un caractère peu affectueux, fier, dominateur, inquiet, hargneux, intéressé, méchant. Sans jugement et sans esprit de suite, elle avait par moments des idées tellement bizarres, qu'on se demandait involontairement si sa raison était intacte. Cette femme était maladive : elle est morte phthisique.

Le grand-père maternel, doué d'un caractère profondément égoïste, très-avare, avait fini par se créer, à force de travail et d'économie, une position aisée. Il mourut à la suite d'un cancer au nez.

Le bisaïeul maternel était aussi un peu avare, égoïste et laborieux.

La grand'tante maternelle, fière, bizarre, excentrique, indifférente, manquait d'esprit d'ordre, et se disputait fréquemment avec ses parents et ses voisins.

La famille de la mère a été très-nombreuse, mais il ne restait plus, il y a quatre ans, qu'un frère et deux sœurs ; les autres frères ou sœurs sont morts très-jeunes et presque toujours subitement. Depuis lors, une de ces sœurs, tante de Mlle D., très-égoïste, mourut subitement aussi lorsque son fils (singulière coïncidence) vint lui dire : « Quoique vous n'ayez pas voulu me donner votre consentement, je me suis marié tout de même. » Elle eut dix-huit enfants : deux seulement sont vivants aujourd'hui. La deuxième tante est très-apathique, indifférente, excentrique, mobile, peu intelligente, égoïste et sournoise comme son père. De ses quinze enfants elle n'en conserve que trois, les autres étant morts fort jeunes. L'oncle maternel de Mlle D. est tellement égoïste, bizarre et singulier, qu'il ne parle plus à aucun membre de la famille. D'ailleurs, ses deux sœurs ne s'aimaient

pas, et leur bonne intelligence ne pouvait pas se maintenir pendant six mois.

Une des sœurs de cette malade, à l'âge de douze ans,
était une merveille aux yeux de sa mère, qui voulait en
faire « un grand sujet ». Cependant, ne faisant aucun
progrès, elle finit par mécontenter sa mère, qui la retira
de la pension ; cette jeune fille en éprouva un tel chagrin qu'elle en mourut, après avoir vécu plus d'un an
pleurant sans cesse et ne mangeant presque rien. Était-
elle atteinte de lypémanie ?

Mlle D. n'a plus qu'un frère et une sœur. Cette dernière est altière, orgueilleuse, difficile, dévote ; mais
elle n'a pas, nous dit la malade, une religion bien entendue, car elle est très-fière et très-peu charitable.
« Ayant une espèce de répulsion pour le mariage, elle
n'a jamais voulu se marier.»

Gourmand, paresseux, étourdi, vantard, menteur,
dissipé, mauvaise tête, son frère fréquentait beaucoup
les maisons de tolérance. Après avoir fait une foule de
métiers, il épousa une de ses maîtresses à vingt-deux
ans. Il vola chez lui un reçu de deux ou trois mille
francs fait par sa tante et le remit à cette dernière
pour une petite somme. Aussitôt elle se rendit chez son
frère et prétendit avoir payé la somme qu'il lui avait
prêtée.

Dans la famille de cette aliénée il y a eu toujours des
affaires d'une moralité très-équivoque. Les cousins et
les cousines sont tous de mauvais sujets sous tous
les rapports. Le meilleur d'entre eux est un enfant
arriéré, imbécile et presque idiot. « J'ai vu mourir un

autre de mes cousins dans les plus affreuses convulsions. »

Voici les dimensions de la tête de Mlle D. :

	centimètres.
Diamètre antéro-postérieur (occipito-frontal)...	17
Diamètre latéral (biauriculaire).......... ...	13
Courbe antéro-postérieure (occipito-frontale)...	30
id. latérale (biauriculaire supérieure).....	31
id. antérieure (biauriculaire antérieure)...	25
id. postérieure (biauriculaire postérieure)..	25

L'écaille occipitale, surtout du côté droit, est peu bombée et comme aplatie.

Mlle D. pèse 52 kilogrammes ; sa taille est de 148 centimètres.

Sa mère, qui avait souvent des idées très-singulières et qui était peu affectueuse, même pour ses enfants, la mit en nourrice et ne s'en occupa presque plus. Lorsque la nourrice lui rendit sa fille, Mme D., voyant que celle-ci avait les genoux un peu cagneux, s'imagina qu'on lui avait changé son enfant et qu'on lui avait donné en remplacement celui, moins beau et moins bien portant, d'une de ses voisines.

Mlle D. ne fut donc pas bien accueillie : elle venait à peine de franchir le seuil de la vie et déjà le destin, qui devait peser sur son existence entière, commençait à lui faire sentir ses rigueurs en la privant des caresses maternelles. Elle grandit dans un milieu qui n'était pas fait pour développer ses sentiments affectifs. Toujours grondée, toujours repoussée par ses parents, elle était malheureuse et tout, dans les conditions où elle se trouvait placée, semblait converger pour augmenter son égoïsme et aigrir davantage son caractère. Un fait donnera une idée de la manière dont elle était traitée par ses parents ; laissons-lui la parole. « Dans mon pays, le jour de la première communion d'un enfant est une grande fête de famille : chacun s'empresse de donner à celui qui est l'objet de cette fête les plus grandes marques d'affection, de sympathie. Eh bien ! ce jour-là, en rentrant chez moi de retour de l'église, j'eus le malheur de déchirer un peu ma robe à un fer de la porte. Ma mère, qui entendit le bruit de la déchirure de la robe, m'appliqua un si violent soufflet que les personnes présentes en furent aussi étonnées que péniblement impressionnées. Ce soufflet fut mon premier déjeuner. »

Quelque temps après sa première communion, M\ue D. abandonna ses parents sans leur rien dire et alla chez sa tante, où elle resta pendant deux ans, souffrant beaucoup sous tous les rapports et faisant souffrir son entourage.

Espérant être mieux dans la maison paternelle, elle revint auprès de ses parents ; mais là une nouvelle déception l'attendait. Sa mère cherchait à chaque instant des prétextes pour la gronder et même pour la battre. Au bout de deux ou trois mois, elle parvint à s'échapper et se mit, à titre d'ouvrière, chez une modiste. La couture ne tarda pas à la fatiguer, et la susnommée fut obligée d'avoir encore recours à sa famille, qui l'accueillit « comme un chien. » Cependant elle essaya encore de supporter le mauvais caractère de sa mère. Il ne s'était pas encore écoulé six mois que déjà, ennuyée par des tracasseries incessantes, Mlle D. se décida à s'échapper de nouveau de sa maison : c'était pour la troisième fois. Le hasard la conduisit chez un pâtissier, qui la prit pour demoiselle de magasin. « Cette vie de comptoir, raconte-t-elle, me convenait assez, mais la faillite de mon patron me mit dans la nécessité de chercher un autre travail. J'avais alors une petite somme d'argent, avec laquelle j'achetai quelques marchandises de lingerie que j'allais vendre dans les villages. Le colportage ne me réussit pas ; avec l'argent qui me restait, je m'établis à Paris. Mon magasin de lingerie, quoique bien petit, me laissait quelques bénéfices, mais il était écrit que je ne serais pas heureuse. » En effet, Mlle D. vivait assez tranquille, malgré les tracasseries de ses voisins, lorsqu'elle fit la connaissance d'un avocat qui, après deux ans de relations intimes, la quitta brusquement, oubliant ses promesses, pour se marier avec une jeune fille fort riche. Mlle D. était amoureuse de ce jeune homme : la nouvelle de ce mariage fut donc pour elle un coup terrible. Son orgueil blessé, sa jalousie, ses espérances déçues, son avenir brisé, lui occasionnèrent un chagrin profond qui la rongeait sans cesse, et son caractère, qui était déjà insupportable, devint encore plus hargneux et plus acariâtre que par le passé. Elle cherchait dispute à tout le monde, même aux personnes de sa clientèle. Ses voisins, ses voisines, le curé, les vicaires de sa paroisse, se voyant obsédés par les cancans, par la turbulence, par les accusations fausses et par les insultes de la susnommée, portèrent leur plainte au commissaire de police, qui l'envoya, après un examen médical, à l'hos-

pice de la Salpêtrière. Comme elle n'était pas bien avec
ses parents et que ceux-ci n'allaient pas la visiter,
on la transféra à Montdevergues le 9 janvier 1866.

A son arrivée, Mlle D. paraissait une malade très-
intéressante à cause des vicissitudes de son existence,
qu'elle racontait d'une manière attachante. A l'entendre, rien n'égalait son bon cœur, sa douceur, sa bienveillance. Tous ceux qui lui parlaient se sentaient parfaitement disposés en sa faveur; mais leurs illusions ne
durèrent pas longtemps. Le lendemain elle avait une
série de plaintes à nous adresser et une longue liste de
demandes à faire. « On ne lui donnait pas le temps,
disait-elle, de se peigner le matin; sa voisine de lit ron-
flait trop en dormant; son déjeuner n'allait pas à son
estomac débilité; la nourriture était trop grossière, et
enfin sa maladie n'était pas de celles qu'on traitait dans
l'établissement.» A partir de ce moment, son caractère
exigeant, irritable, difficile et profondément égoïste, se
dévoila de plus en plus.

Depuis que nous l'observons, nous n'avons constaté
aucun changement notable dans sa situation: c'est toujours la même personne sous le rapport de son exaltation et de son irritabilité. Nous avons pour elle les plus
grands soins, les plus grandes prévenances, et cependant nous ne pouvons jamais la contenter. Le matin,
on lui donne du chocolat; le soir, en se couchant, elle
prend souvent une tasse de lait chaud; dans le courant de
l'après-midi, elle reçoit un peu de vin avec un biscuit
ou bien un fruit, et enfin à ses repas elle a généralement
un régime exceptionnel, presque toujours de son choix.

Il semblerait que Mlle D... dût nous en être reconnaissante, mais il n'en est rien. Elle ne trouve rien à son goût; ses aliments sont trop cuits, trop durs, trop froids ou mal préparés. La semaine dernière, elle nous fit, comme de coutume, sa série de plaintes et prétendit qu'on lui refusait même le pain, alors qu'elle n'avait presque rien mangé. Des informations prises immédiatement nous apprirent qu'elle avait eu du régime ordinaire outre son régime exceptionnel, et qu'elle était à son cinquième morceau de pain, ce qui équivalait à une double ration. Neuf fois sur dix, ses plaintes ne sont pas mieux fondées. Prise en flagrant délit de mensonge, elle soutient son dire, à l'instant même, et avec une audace dont on ne saurait se faire une idée. «Il ne faut jamais se donner tort, dit-elle, et, quand on vient d'avancer qu'il fait nuit en plein jour, il faut persister dans son opinion. » Telle est la morale pratique qui dirige, en toute circonstance, la conduite de cette infortunée.

Si le préfet, le maire, le procureur impérial, le juge de paix, un membre de la commission de surveillance de l'asile, etc., viennent visiter l'établissement, Mlle D. ne manque pas de quitter sa place pour leur adresser ses éternelles plaintes; seulement, par un excès de méchanceté, elle accuse en face les chefs de la maison ou les sœurs, et cela de façon à laisser dans l'esprit des visiteurs une impression fâcheuse sur les fonctionnaires. « Vous ne savez pas ce que nous souffrons, Messieurs, dit-elle; le médecin, le directeur, vous ont dit, sans doute, que la maison marche à merveille et que je suis insupportable, c'est leur grand cheval de bataille; mais n'en croyez rien : si je parle de la sorte en leur présence, c'est que ma patience et ma santé sont à bout. La malveillance n'est pour rien dans mes paroles : je pardonne tout très-aisément, excepté leur hypocrisie. Il faut du courage, n'en doutez pas, pour vous dire comment les choses se passent en dehors de vos visites, car je n'ignore pas qu'on me fera cruellement expier la satisfaction que je me donne, en ce moment, pour dégonfler et soulager mon cœur. Mes compagnes pensent et souffrent toutes comme moi, et leur silence ne provient que de leur timidité et de la peur qu'elles ont des punitions. » Ses griefs sont variables : sa conclusion ne varie pas : « Rendez-moi à la liberté. »

Dans ce long réquisitoire, c'est inutile de le dire, il n'y a pas une seule vérité.

La jalousie la porte à voir avec peine les attentions qu'on a pour les autres malades; elle veut avoir du chocolat le matin, mais elle veut aussi jouir seule de cet avantage.

Il ne se passe pas un jour sans qu'elle ait plusieurs discussions avec ses compagnes. Saisissant avec une perspicacité rare leurs défauts, elle met ces derniers en relief avec un art admirable, à la faveur de deux ou trois mots que son intelligence trouve immédiatement, sans effort, sans étude préalable. Elle ne respecte aujourd'hui, après avoir parcouru toutes les divisions du quartier des femmes, que deux ou trois malades, qui ont trouvé dans leur brutalité l'unique moyen de se faire respecter.

Menteuse au delà de toute expression, Mlle D... ment

par habitude et sans s'en douter. Sa paresse est très-grande : quand on la voit coudre, on peut affirmer d'avance, et sans crainte de se tromper, qu'elle travaille pour mettre en état ses objets d'habillement. Il ne faut pas que ses robes, ses souliers, ses mouchoirs, ses jupes, soient analogues à ceux des autres aliénées. Sa fierté se refuserait à accepter un costume qui, par l'étoffe ou la façon, ne sortirait pas de la ligne commune. Au reste, son esprit est assez inventif pour donner à ses robes un certain cachet, qui ne manque pas toujours de bon goût.

L'oreille constamment tendue, cette malade est au courant de tout, quoique ses compagnes cherchent à la fuir et à éviter ses questions. Il ne se passe rien dans sa division sans que Mlle D. exprime son opinion. Ordinairement, en dehors de ce qu'elle a dit ou fait, tout est mal dit ou mal fait : bien plus, la même action, la même parole qui chez elle est parfaite, devient ridicule ou absurde chez une autre. Par conséquent, l'orgueil ne lui manque pas non plus.

« Ma sœur, dit-elle, est très-dévote, très-religieuse; mais sa religion n'est pas assez charitable pour être bonne.» Cette observation nous paraît fort juste, et nous l'appliquerons volontiers à notre malade: aussi pourrons-nous dire, à notre tour, que sa religion a trop peu de charité pour être de bon aloi. En effet, le sentiment religieux est si peu sincère chez la susnommée, qu'à l'église elle se dispute, pour la moindre des choses, tout aussi facilement que si elle était dans la cour.

Sa morale, toute de circonstance, lui fait voir le bien

dans tout ce qui lui plaît, le mal dans tout ce qui ne lui convient pas. Ainsi elle s'appropriera sans le moindre scrupule une paire de bas, un bonnet, un mouchoir, etc., sachant parfaitement que ces objets appartiennent à telle ou telle personne, et qu'elle sera obligée de les démarquer, de les transformer, ou de les tenir cachés pendant tout le temps de leur durée. Toutefois les précautions qu'elle prend pour qu'on ne les reconnaisse pas dérivent de la peur qu'elle a de se les voir enlever, et nullement du désir de laisser ignorer un acte que sa conscience réprouve. D'ailleurs, un vol de ce genre accompli par elle n'a aucune importance à ses yeux; mais qu'une paralytique inconsciente lui prenne la moindre des choses, et alors cette soustraction aura, dans son opinion, les proportions d'un véritable crime. Évidemment sa personnalité seule sert de base à toutes les appréciations de ce genre, ce qui prouve que son sentiment moral, s'il existe, n'a aucune influence ni sur ses jugements, ni sur ses déterminations.

Ses penchants ne sont pas trop énergiques; la gourmandise provient de son égoïsme, de sa jalousie, de son orgueil, plutôt que d'un penchant bien prononcé.

Mlle D. est fort intelligente, en ce sens qu'elle saisit vite tout ce qui est du domaine de ses petites passions; le souvenir des torts réels ou imaginaires qu'on a pu avoir envers elle se conserve indéfiniment dans son esprit, tandis que sa mémoire oublie immédiatement le mal que cette malade fait en actes ou en paroles. Mais cette intelligence ne lui permet guère de songer au lendemain; son jugement est généralement très-faux, et sa pensée manque d'élévation et de portée. Enfin Mlle D. est bizarre, excentrique, mobile, capricieuse et très-susceptible. Pas le moindre signe de démence ou d'affaiblissement mental. Les illusions ou les hallucinations n'existent pas chez elle.

La forme rémittente de sa maladie donne, de temps en temps, à tous les symptômes psychiques énumérés ci-dessus une intensité particulière. Dans ses périodes d'exaltation, la susnommée devient insupportable; son activité s'exerce de la manière la plus regrettable, et son irritabilité est si exagérée que cette infortunée est poussée, comme par un ressort irrésistible, à se mêler de ce qui ne la regarde pas et à critiquer les actes de tout le monde. Ses discussions, ses querelles sont incessantes; la moindre chose suffit pour l'irriter outre mesure, pour la mettre en colère et pour la rendre turbulente. Son exaltation est d'autant plus fâcheuse que ses compagnes, ne voyant dans ses paroles aucun délire, sont peu disposées à l'indulgence et attribuent à la méchanceté de son naturel ce qui n'appartient plus qu'à sa maladie.

Il est rare de la voir exaltée pendant plus de dix jours. Ensuite elle tombe dans une sorte d'abattement qui lui enlève ses forces et qui la préoccupe singulièrement. Elle accuse un malaise général, un défaut d'appétit, une gêne dans les fonctions respiratoires, et, quoique ces phénomènes se soient présentés chez elle très-souvent et qu'ils se soient facilement dissipés, Mlle D., incapable de reconnaître leur peu d'importance par l'expérience du passé, s'imagine que sa santé est très-altérée et que sa fin n'est pas bien éloignée. Au bout de huit à dix jours, ces symptômes s'effacent et la susnommée jouit d'un bien-être relatif, qui ne tarde pas à être remplacé par une nouvelle période d'exaltation mentale.

Mlle D. est fréquemment malade; son système digestif offre les signes d'une inertie qui se traduit par un embarras gastrique, par des digestions lentes et difficiles, par des flatulences, par une constipation qui alterne parfois avec la diarrhée. Cette inertie des organes de la nutrition ne se montre que pendant les périodes d'affaissement. Dans ses accès d'exaltation, ils ont une énergie exagérée; c'est alors que son appétit augmente considérablement et devient nerveux. En pareilles circonstances, sa sensibilité est si vive qu'un petit vésicatoire la fait souffrir énormément. Les autres appareils organiques n'offrent rien de particulier à signaler. La menstruation n'existe plus depuis deux ans. Pas de signes d'hystérie.

Mlle D. fut atteinte, il y un an, d'une fluxion de poitrine; à partir de ce moment elle n'a pas été bien portante, et sa constitution semble se détériorer progressivement.

SEPTIÈME OBSERVATION

Manie raisonnante. — Type de variété égoïste

Mme G. née T., de la commune d'Avignon, née le 26 mars 1823, est entrée dans l'asile le 26 juin 1857. Elle est d'une bonne constitution, d'un tempérament lymphatico-nerveux, d'une taille moyenne.

Sa santé physique habituelle n'est pas mauvaise.

Mme G. nous assure qu'il n'y a jamais eu de cas de folie, d'imbécillité, d'idiotie ou de maladies nerveuses, chez ses grands parents. Son grand-père maternel, fort mangeur, joueur, paresseux et très-fier de sa personne, mourut d'une attaque d'apoplexie.

Le père de notre malade était d'une taille élevée et d'une constitution pléthorique. Doux, paisible, sobre, sage, habitué à une vie calme et régulière, il éprouva dans le cours de son existence deux fluxions de poitrine. Son esprit actif et son amour pour l'argent le portaient à travailler sans cesse, et sa préoccupation constante était celle de vouloir agrandir son commerce d'épiceries, qui, du reste, marchait fort bien. Ses voisins le trouvaient plus avare qu'affectueux. Une attaque d'apoplexie foudroyante vint terminer ses jours.

Son grand-père maternel était infatué de sa personne et très-violent ; on le craignait à cause de sa méchanceté et de sa médisance.

Sa grand'mère maternelle avait une peur terrible

des violences de son mari. Sans énergie aucune, pol-
tronne à l'excès, elle n'avait pas beaucoup d'intelligence.

Sa mère a toujours joui d'une excellente santé. D'un
caractère impérieux, méchant, orgueilleux, elle dépensait, malgré son avarice, beaucoup d'argent pour sa
toilette. « Ma mère était si violente, dit cette aliénée,
qu'un jour elle me brisa les os du nez d'un coup de cuil-
lère. » Le fait est que la susnommée a le nez déformé.
Minutieuse, bizarre, capricieuse, sans bon sens, jalouse
et pleine de haine, sa mère était si fanatique pour la
politique qu'elle devint folle de chagrin à l'époque de la
république de 1848. Sa guérison survint six mois après ;
mais les défauts de son naturel n'ont fait qu'augmenter
depuis cette époque. « Mes trois oncles et mes deux tantes
du côté maternel ont, à peu de chose près, le même caractère que ma mère. Ils sont tous querelleurs, méchants,
sans jugement et très-fanatiques pour la politique. Une
de mes tantes est morte d'apoplexie. »

Mme G. a eu trois sœurs et trois frères : deux de ses
sœurs sont mortes jeunes ; la troisième sœur, frêle, délicate, lymphatique, sans énergie, quoique très-entêtée
par moments, néglige beaucoup sa maison et ses enfants.
Apathique au physique et au moral, elle est égoïste,
inquiète, très-minutieuse et peu intelligente.

Un de ses frères, sournois, apathique, ne s'occupe
que de la pêche à la ligne : son existence n'a pas de but.
Il est très-indifférent au sujet de son avenir.

Un autre frère, joueur, sournois, paresseux, sans jugement, s'occupe beaucoup de spiritisme. On le dit un
peu fou.

Son, plus jeune frère a toujours été souffrant. Peu scrupuleux sur les questions d'argent, il est dans les affaires d'une moralité douteuse ; fin, rusé, joueur, il a des penchants vénériens très-prononcés : on prétend qu'il est atteint de satyriasis.

Dimensions de la tête de Mme G. :

	centimètres.
Diamètre occipito-frontal (antéro-postérieur)..	17 50
Courbe occipito-frontale (antéro-postérieure)..	37
Courbe latérale (latérale)........	37
Diamètre biauriculaire (latéral)........ ...	12
Courbe biauriculaire antérieure (antérieure)..	30
Courbe biauriculaire postérieure (postérieure).	20
Poids........	53 kilog.
Taille...............................	1^m,510^{mm}.

Dès son bas âge, Mme G. fut envoyée dans une pension, où elle apprit assez facilement à lire, à écrire, à coudre, à broder, etc. ; elle négligeait souvent son travail par pure paresse. Quand on la punissait, le tort, d'après elle, n'était jamais de son côté, c'était toujours une de ses camarades qui avait commis la faute ; « mais la maîtresse de pension m'en voulait et ne manquait pas de m'infliger la punition. »

A peine âgée de quatorze ans, elle ne voulut plus aller en pension, et cela parce qu'une modiste qui travaillait dans sa maison, et qui la voyait fréquemment, lui dit un jour : « Vous avez beaucoup de goût pour la couture et pour les modes. » Son amour-propre en fut tellement flatté qu'elle voulut de suite se faire modiste. Son apprentissage fut commencé immédiatement. Ses progrès étaient d'abord très-sensibles ; elle faisait son travail avec beaucoup de plaisir ; mais bientôt sa profession ne lui parut plus à la hauteur de ses talents. Cédant à ses désirs, ses parents la gardèrent chez eux et la chargèrent du soin du ménage et du magasin d'épicerie. Peu affable pour la pratique, elle s'attirait des reproches à chaque instant de la part de sa famille. En outre, trouvant que les matières débitées dans son commerce sentaient trop mauvais, elle chercha une foule de prétextes pour quitter ce travail et pour recommencer son premier état, qui l'ennuya encore au bout de quelques semaines. Deux ans s'étaient écoulés depuis sa sortie de pension, et déjà elle avait changé trois fois de profession.

Les ouvrières employées chez un bijoutier voisin lui donnèrent l'idée d'apprendre à polir les diamants, idée qui fut acceptée par ses parents et réalisée le surlendemain par notre malade. Mais en 1840, âgée de dix-sept ans, assistant un jour à la cérémonie de la prise d'habit d'une de ses amies, elle voulut se faire religieuse. Son père s'y opposa vivement et ne céda que plus tard aux prières, aux larmes et aux instances aussi ennuyeuses que réitérées de sa fille.

En conséquence, Mme G. entra comme postulante dans le couvent de.... Là elle continuait son état de polisseuse de diamants. On était très-content d'elle à cause de son travail, qui était bien fait. Elle s'y plaisait et y serait restée, peut-être définitivement, si au bout d'un an et demi elle n'avait pas été appelée à soigner sa sœur, atteinte d'une maladie très-grave. Pendant la maladie de sa sœur, Mme G. oublia le couvent et se décida à vivre au sein de sa famille.

De 1841 à 1853 nous ne rencontrons rien de particulier dans son existence, si ce n'est de nombreuses discussions avec tous ses parents. Une de ces disputes, beaucoup plus vive que toutes les autres, lui valut de la part de son père, qui n'avait jamais frappé ses enfants, une correction à la suite de laquelle la susnommée se réfugia chez une dame voisine et alla se plaindre à la police des mauvais traitements qu'on lui faisait subir. Cette scène n'eut pas de conséquence, mais son père, pour éviter de nouveaux scandales, résolut de la marier.

En 1853 on lui fit épouser M. G., menuisier-ébéniste, qu'elle n'avait vu que deux ou trois fois. N'ayant pour lui aucune sympathie, notre malade ne put s'habituer au caractère de son mari. Dès les premiers jours ils eurent des discussions qui dégénérèrent en véritables disputes. Vif, emporté, avare au suprême degré, il ne voulait pas lui laisser prendre du café le matin à son lever; il lui refusait également de l'argent pour acheter quelques petits objets de toilette. Les exigences de la femme ne pouvaient pas s'accorder avec les mesquineries du mari. Jalouses d'elle à cause de sa bonne tenue, ses belles-sœurs engageaient le mari à faire moins de dépenses pour la toilette de sa femme. Il ne fallait pas davantage pour mettre le désordre dans le nouveau ménage. Aussi Mme G., fatiguée de vivre avec cet homme, le quitta et resta dix jours dehors.

A son retour, consenti et préparé par les deux familles, M. G. fut assez doux, prévoyant, plein d'attentions, ce qui la fit devenir plus exigeante encore. Les disputes ne tardèrent pas à reparaître, et en 1854 elle quitta une seconde fois son mari, à l'occasion d'une scène d'intérieur. N'osant pas retourner avec son père, la susnommée s'adressa à son oncle, qui la reçut très-bien et lui donna de l'argent pour adresser au tribunal une demande en séparation de corps et de biens. Toutes les pièces furent fournies, le procès intenté; mais le tribunal condamna Mme G. à payer les frais et à retourner avec son mari. Peu de jours après, elle accoucha d'un petit garçon, qui est aujourd'hui encore avec son père. Une fois rétablie, elle demanda à son mari une robe qu'il lui refusa carrément. Alors elle s'empara de la clef du secrétaire et prit la somme qui lui était nécessaire. Il s'en aperçut, entra dans une violente colère, lui donna soixante francs pour faire sa route et la mit à la porte.

Ne comptant plus sur ses parents, Mme G. se rendit à Lyon. Une modiste de ses connaissances lui fournit de l'ouvrage, et elle put vivre pendant deux ans du produit de son travail, sage, retirée, mais non sans changer plusieurs fois de logement. Dans les premiers jours du mois de juin 1857, la propriétaire de sa chambre tomba malade. Mme G. la veilla quelquefois et assista même à ses derniers moments. Le spectacle de cette mort et les souffrances qui la précédèrent produisirent une si vive émotion sur notre malade, qu'elle se trouva presque subitement indisposée, perdit connaissance et resta vingt-quatre heures dans cet état. Lorsqu'elle revint un peu à elle, sa raison n'existait plus : les illusions et les hallucinations constituaient la base d'un

délire intense accompagné d'une forte fièvre. Voyant
que son état ne se modifiait pas, malgré les soins d'un
médecin qu'on avait fait appeler, un cordonnier qui
habitait la même maison résolut de la conduire à Avignon chez ses parents.

La susnommée arriva le 16 juin dans cette ville ; les
symptômes qu'elle avait éprouvés à Lyon ne diminuè-
rent pas, ils s'aggravèrent même ; elle criait, chantait,
déclamait, déchirait ses effets, essayait de mordre les
personnes qui l'entouraient, etc.

Le 27 juin 1857, on la conduisit à l'asile de Montdevergues.

A cette époque, Mme G. était très-agitée ; son délire
très-intense avait beaucoup d'analogie avec le délire
aigu, et s'accompagnait d'un grand nombre de symptômes physiques : peau sèche, chaleur mordicante,
pouls très-petit et très-fréquent, langue sèche et rôtie,
lèvres bordées d'un liséré noir, dents recouvertes d'un
enduit fuligineux noirâtre, soif intense, inappétence
complète, constipation, abdomen tendu, urines rares,
rouges, très-sédimenteuses ; anxiété, mobilité, physionomie exprimant la souffrance et l'angoisse, yeux saillants, pommettes rouges, faiblesse générale considérable, soubresauts des tendons, photophobie, fatigue
excessive, insomnie; son esprit était tourmenté par des
illusions et des hallucinations qui se mêlaient à ses
sensations réelles et embrouillaient ses idées : celles-ci,
nombreuses mais très-vagues, se succédaient avec une
si grande rapidité, qu'elles s'enchevêtraient et augmentaient l'obscurcissement de son esprit.

Mme G., couchée dans son lit, remuait souvent la tête
de droite à gauche et de gauche à droite, ne répondait
pas aux questions qu'on lui adressait et semblait entièrement étrangère au monde extérieur. Dans un état
d'anxiété considérable, elle prononçait des mots sans
suite, qui semblaient se rapporter à ses fausses sensations.

Après quelques potions calmantes et quelques bains
avec affusions froides sur la tête, cette malade devint
plus calme, et, cinq jours après son entrée, elle pouvait
nous exprimer sa reconnaissance pour les soins qu'on
lui prodiguait ; sa fièvre avait disparu ; ses illusions et
ses hallucinations n'existaient plus ; sa langue se dé-
pouillait ; la soif était moins vive ; l'appétit commençait à se faire sentir ; le sommeil se prolongeait de plus
en plus, et tous les symptômes physiques s'amélioraient
successivement. Vers le sixième ou le septième jour de
son entrée, elle prenait quelques aliments légers, et
restait levée deux ou trois heures dans l'après-midi.
Peu à peu ces phénomènes s'effacèrent entièrement, ses
forces se rétablirent, son délire disparut, et Mme G.
put se livrer à une petite occupation de nature à la
distraire.

Bientôt après, elle eut une période d'affaissement
qui dura deux mois environ ; pendant ce temps, cette
malade restait apathique, indifférente, peu communicative. L'activité, sous quelque forme qu'elle fût, lui
était désagréable et même pénible ; le travail, les promenades, les distractions n'avaient aucun attrait pour
elle. Ses parents, son enfant, son mari, ses affaires,

son avenir, ne l'inquiétaient guère. Ses pensées étaient lentes, un peu vagues, et ne semblaient subir dans son esprit qu'une évolution très-incomplète, puisqu'elle n'en tirait pas les conséquences les plus simples. Son appétit se conservait et réparait les forces perdues dans le cours de sa maladie.

L'affaissement de cette malade disparaissait peu à peu et son activité intellectuelle revenait; elle demandait la permission d'écrire à Lyon, pour réclamer ses objets d'habillement, témoignait le désir de voir sa famille, soignait sa toilette, se mettait au courant des choses qui concernaient les personnes qui l'entouraient, et tout semblait annoncer une guérison prochaine et certaine. Il y avait toujours cependant une particularité qui nous engageait à être prudents au sujet du pronostic de la folie de cette aliénée: c'est la rapidité du retour à la raison.

En effet, nous eûmes plusieurs fois, à cette époque, l'occasion d'exprimer à son frère notre opinion à ce sujet. La voyant dans un état fort satisfaisant et ne pouvant pas comprendre la portée d'une amélioration survenue trop rapidement, il avait de la peine à nous croire sur parole; quoique très-disposé à réclamer sa sœur, il recula pourtant devant l'assurance formelle que nous lui donnâmes sur la non-guérison de sa malade. La suite ne tarda pas à justifier nos craintes. Cette malade sortit complétement de son affaissement, devint exaltée et présenta, bientôt après, tous les symptômes que nous observons encore aujourd'hui chez elle.

On ne peut obtenir qu'elle fasse comme font les autres

malades : elle voudra se peigner lorsque l'heure du travail aura sonné; se lever du lit en même temps que
ses compagnes lui est une chose impossible. Elle perd
beaucoup de temps à faire sa toilette, à mettre de
l'ordre dans ses affaires, et néanmoins son armoire est
pleine de saletés en désordre. Les pratiques du culte
n'ont aucun attrait pour Mme G.; si elle demande la permission d'aller à la messe, c'est pour le plaisir de faire
voir sa toilette, pour voir ce qui s'y passe, pour se donner une heure de distraction. Quand elle veut aller se
confesser, on peut bien assurer que le désir d'avouer ses
fautes et de se corriger n'y est pour rien. Elle avouera,
sans trop de gêne et croyant dire la vérité, que, sans
avoir une dévotion exagérée, elle est bonne, douce,
affectueuse, serviable, bienveillante; mais de ses défauts il n'en sera pas question. Ces paroles sont suffisantes
pour nous faire comprendre que son sentiment religieux
n'est pas bien puissant; elle s'en sert uniquement pour
donner une couleur recommandable à l'égoïsme qui domine et qui remplit son cœur. En compensation, l'orgueil, la vanité et quelques autres passions de ce genre,
constituent en entier le fond de son caractère; tout,
dans son moral, converge vers ces sentiments, point de
départ de tous ses mobiles d'action.

Quant aux sentiments affectifs, elle est aussi mal
partagée que possible. Dans ses lettres, on voit qu'elle
témoigne à ses parents un attachement assez grand;
mais, en les examinant attentivement, on sent facilement
qu'elles ont été faites sous l'influence d'une idée inté-
ressée, et qu'en les écrivant son unique but était de se

plaindre des uns et des autres, de réclamer sa sortie, de demander des objets d'habillement ou des gourmandises, etc. Elle exprime rarement le désir de voir son enfant; sa sollicitude maternelle ne va pas jusqu'à s'informer si son enfant est bien soigné, bien habillé, bien nourri, bien portant, et s'il reçoit l'éducation que la position de son père peut lui donner.

Au parloir, elle fatigue sa famille, qui n'ose plus venir la voir, tant Mme G. la tourmente par ses demandes de sortie et par ses plaintes incessantes. Elle dit « qu'on la déteste dans l'établissement, qu'on la met à la table des plus malpropres, qu'on ne lui donne aucun soin, qu'on lui prend ses affaires, qu'on la maltraite. Pourquoi me fait-on souffrir, moi qui suis si bonne pour tout le monde? C'est parce qu'on voit que ma famille m'abandonne; si vous me réclamiez, cela n'arriverait pas. C'est un déshonneur pour nous et pour tous nos parents. »

Absolue dans ses volontés, très-insouciante pour les autres, elle est pleine de soins pour sa personne. Il n'y a qu'une circonstance dans laquelle nous l'ayons vue empressée et dévouée, c'est lorsqu'une malade plus ou moins lucide, à son entrée dans l'asile, cherche à connaître le nouveau milieu qu'on lui a donné. Alors Mme G. entoure la nouvelle pensionnaire de sa sollicitude, gagne rapidement sa confiance et lui fait raconter toutes les péripéties de son existence. Chemin faisant, elle lui parle des gens qui l'entoureront et les lui fait voir sous le plus mauvais aspect possible. Sa langue, d'un ton calme et presque mesuré, jette le blâme partout, et la malheureuse aliénée qui l'écoute se sent abandonnée, se décourage, voit tout à travers le prisme noirci par la malveillance de la susnommée, et, si son délire est de nature triste, sa maladie s'aggrave et les tendances au suicide s'exagèrent. Non contente de lui faire tant de mal, Mme G. se servira plus tard des confidences faites par la nouvelle aliénée pour la chagriner de toute façon.

Orgueilleuse, vaniteuse, loquace, menteuse et peu délicate, elle se plaint sans cesse des soins qu'on lui donne, de sa nourriture, de ses compagnes, des sœurs, de sa famille, de tout le monde. Elle s'empare des objets d'habillement, bons ou mauvais, appartenant à la maison ou à ses compagnes, leur enlève les marques, s'ils en ont une, et y met ses initiales, sans trop se cacher et sans craindre les reproches qui pourront lui être adressés à ce sujet.

Mme G. voudrait rester avec les dames pensionnaires d'une classe supérieure à la sienne, et, malgré les observations qui lui ont été faites à cet égard, elle persiste dans ses idées, se révolte contre les sœurs ou les infirmières qui l'engagent à se conformer aux ordres du médecin, et va même jusqu'à leur déchirer le bonnet et à les frapper. Toutefois sa méchanceté, qui n'épargne personne, ménage pourtant les personnes capables de lui rendre ses mauvais coups ou ses mauvais propos.

Son orgueil ne reconnaît que sa suprématie, son autorité; tout le reste est considéré par elle comme non avenu. Sa présence dans l'établissement est une cause incessante de trouble, de tapage, de querelles, de dés-

ordres. Mme G. est la révolution en permanence. Il est
rare qu'elle ne parvienne à obtenir des autres aliénées
une foule de petits services qu'elle refuserait positivement à sa meilleure amie. Ennuyeuse et insolente
par-dessus tout, cette malade finit par faire mettre en
colère toutes les personnes qui l'entourent. Sa gourmandise la porte jusqu'à manger les restes de la table
des pensionnaires riches; mais elle se plaindrait bien
vivement si les mêmes restes lui étaient offerts.

Souvent elle accuse des douleurs dans diverses parties du corps : « J'ai la diarrhée, mon ventre est enflé :
ma bouche est très-amère; ma tête me fait bien mal. »
Hier sa poitrine était prise, aujourd'hui les palpitations
la fatiguent, et chaque jour apporte une nouvelle plainte,
fondée sur une souffrance nouvelle.

La sensibilité morale de cette aliénée est inquiète
et très-mobile : elle la dispose à voir les choses sous
une couleur sombre. Une faveur insignifiante accordée
à une autre aliénée, un reproche, un encouragement,
un rien, en un mot, suffit parfois (surtout pendant
sa période menstruelle) pour l'exalter. Alors elle se
met à faire immédiatement une demande, qui est suivie
d'une longue exposition de griefs capables de fatiguer
la personne la plus patiente; sous l'influence de cette
exaltation, le caractère de cette infortunée, naturellement très-désagréable, devient insupportable.

Les instincts ne paraissent pas avoir chez Mme G.
une prédominance bien marquée. Cependant elle est
plus désagréable que de coutume lorsque le tabac à
priser lui manque.

Se croyant victime de la malveillance de tout le monde, elle ne cherche pas dans son propre caractère les causes de l'éloignement qu'on a pour elle. Ces causes, elle ne les trouve que chez les autres, et, pour les découvrir, sa sagacité n'est surpassée que par le tact avec lequel elle saisit la forme la plus blessante du reproche qu'elle sait adresser très-méchamment. Elle est donc bien loin de croire que son mauvais caractère constitue une espèce de folie dont les racines plongent dans toute son organisation physique et mentale. Sa mémoire et son imagination ne lui font jamais défaut quand il s'agit de faire du tort à quelqu'un; mais les bienfaits qu'elle reçoit ne laissent aucune trace dans son esprit. Son jugement est essentiellement faux : un seul fait, quelle que soit son importance, et avant même de l'avoir attentivement examiné, lui donne une opinion arrêtée sur une personne ou sur une chose, et ce qu'il y a de remarquable, c'est qu'il est excessivement rare que cette opinion soit favorable à la personne qui en est le sujet. Du reste, le jugement, chez elle, se ressent des matériaux imparfaits qui alimentent son activité psychique, et qui proviennent d'un égoïsme exagéré outre mesure et d'une sensibilité mobile et fantasque.

Mᵐᵉ G. n'est pas très-intelligente, c'est incontestable; son intelligence roule dans un petit cercle circonscrit par son égoïsme. Son esprit est fait pour les petites choses : l'avenir, préoccupation incessante des véritables intelligences, n'attire jamais son attention; vivant, sous ce rapport, au jour le jour, elle ne veut rien laisser pour le lendemain. Méconnaissant parfois ses véritables intérêts, son égoïsme ne sait pas attendre. C'est pour cela qu'elle ne ménage ni les choses, ni les personnes, pas même celles dont elle aura besoin sous peu. D'ailleurs, elle n'a pas d'illusions, d'hallucinations, et ses idées, tout en étant un peu bizarres, sont assez positives. Elle n'a pas ces conceptions délirantes extravagantes, drôles, extraordinaires, qui par leur nombre acquièrent une grande importance chez beaucoup d'insensés.

Cette aliénée n'a rien présenté de semblable à l'accès d'agitation qui menaçait ses jours, à l'époque de son entrée dans l'asile. Elle a régulièrement, à chaque période menstruelle, quelques jours de surexcitation mentale. Plus irritable et plus ennuyeuse que jamais, elle fatigue alors toutes les personnes de son entourage, soit par sa loquacité, soit par ses plaintes, soit par ses nombreux défauts, qui acquièrent une vivacité fâcheuse. Son mauvais caractère devient insupportable et constitue un délire évident aux yeux de tous. Hors de cet état, la susnommée est considérée comme étant douée d'un mauvais naturel, mais ayant la plénitude de ses facultés et, par suite, étant responsable de tous ses actes. Les aliénées, si compétentes parfois en pareille matière, se refusent à voir dans ses actes l'expression d'une maladie. « Elle serait plus convenable si le médecin en chef la ménageait un peu moins », disent fréquemment les autres malades.

Comme symptômes physiques, cette infortunée paraît éprouver souvent des douleurs nerveuses qui changent à chaque instant de place : les dents, la poitrine, les reins, le bas-ventre, sont tour à tour leur siége. Ces douleurs ne sont pas intenses et disparaissent par moments pour revenir bientôt après. Ses dents gâtées donnent à son haleine une odeur désagréable. Parfois Mme G. sent dans la bouche une forte chaleur, qui se termine par une inflammation légère, accompagnée de quelques aphthes. Les digestions attirent son attention : elle ne passe pas un mois sans nous dire, à la visite, que ses digestions sont pénibles, laborieuses ; que son estomac se gonfle, que son ventre fait du bruit et se ballonne, et, en effet, la production des gaz est fort abondante chez cette aliénée. Ses voisines de lit trouvent sa présence incommode à cause du peu de ménagement qu'elle met à se débarrasser des fluides qui la tourmentent : de sorte que, au physique comme au moral, il faut qu'elle soit un sujet d'ennui pour les personnes qui l'environnent.

Ce symptôme constitue-t-il un phénomène hystérique ? Nous ne le pensons pas, car, depuis huit ans que nous l'observons, nous n'avons jamais constaté chez elle aucune attaque convulsive, aucune crise de pleurs, aucun signe, en un mot, de l'hystérie. Habituellement cette malade est constipée ; son appétit est assez régulier ; son sommeil ne laisse rien à désirer. La sensibilité physique est normale. Sa menstruation est régulière ; sa santé physique est assez satisfaisante.

La marche de sa maladie est excessivement lente ; ses périodes menstruelles surexcitent son intelligence et la rendent plus irritable, capricieuse, obstinée, querelleuse et désagréable que de coutume.

Bien que la folie dure depuis huit ans, nous pouvons affirmer qu'elle n'a pas encore affaibli les facultés de cette malade. Mme G. est aujourd'hui ce qu'elle était pendant la première année de son séjour dans l'asile, et tout nous fait croire que son état actuel n'est pas encore prêt à se modifier.

L'observation qu'on vient de lire a été rédigée au commencement du mois de mars 1862. Depuis cette époque, l'état de cette intéressante, mais désagréable malade, n'a pas varié d'une manière sensible, ni au physique, ni au moral. Réclamée enfin par sa famille, qui était déjà bien renseignée sur le caractère morbide de Mme G., celle-ci fut rendue à la liberté le 6 novembre 1867.

HUITIÈME OBSERVATION

Manie raisonnante — Variété égoïste

Fr. (J.), âgé de quarante-huit ans, né à Levens (Alpes-Maritimes), cultivateur, célibataire, est entré à Mont-devergues le 23 août 1866. Il est petit, mais robuste; son système musculaire est parfaitement développé; cependant il est maigre et un peu nerveux.

Le grand-père paternel de cet aliéné était un homme d'ordre, laborieux, économe jusqu'à l'avarice. Son caractère égoïste et sournois le rendait très-peu sociable. Le père de Fr., quoique très-violent et très-vif, montrait en toute circonstance un esprit très-indécis. Enchanté de sa personne, beau parleur, dépensier, il ne pouvait réussir dans aucune de ses entreprises, car son jugement était naturellement faux. Un oncle paternel, quoique doué de beaucoup d'esprit et d'intelligence, manquait de jugement et de bon sens. Acariâtre, intolérant, méchant, il avait une teinte non douteuse d'avarice.

Sa mère aimait beaucoup le travail; mais son caractère égoïste, absolu, dominateur, la rendait d'autant plus désagréable qu'elle n'aimait personne, pas même ses enfants. Toute sa famille la détestait. Un oncle maternel, simple d'esprit, paresseux, était incapable de se conduire seul dans les circonstances les plus simples de la vie sociale. Sa sœur est égoïste et très-attachée à l'argent.

La jeunesse de Fr. n'offre rien d'intéressant à signaler, si ce n'est sa paresse, son mauvais caractère et sa mobilité. Il a essayé de faire plusieurs métiers, sans en accepter aucun d'une manière définitive. La mort de ses parents est attribuée par sa sœur aux chagrins incessants que le susnommé leur donnait. Marié jeune, il ne s'est pas trop livré à l'inconduite; cependant sa femme était horriblement malheureuse, à cause du caractère inquiet, difficile, insupportable, de son mari. Les chagrins domestiques sont, dit-on, la principale cause de sa mort. Pas d'enfants. A la suite de la mort de sa femme, un accès d'agitation vint rendre plus saillants les défauts naturels de l'organisation mentale de Fr., qui devint inquiet, exalté, et même très-agité par moments. Dans un de ses accès d'agitation, il essaya de se couper la gorge avec un rasoir, mais la plaie qu'il se fit était insignifiante; il disait aussi que son intention était de tuer plusieurs personnes et de se tuer ensuite lui-même. Les craintes qu'il inspirait motivèrent son placement à Montdevergues.

Depuis qu'il est soumis à notre observation, nous n'avons observé chez cet aliéné aucune idée délirante proprement dite, aucun phénomène perceptif anormal.

Il est atteint d'une surexcitation constante de l'intelligence, entée sur un caractère excessivement égoïste. Désirant le faire interdire, sa sœur nous demanda, le 8 avril dernier, un bulletin de santé. Dans notre réponse, nous nous exprimions ainsi :

« Le délire intellectuel de ce malade est vague, mal dessiné, en ce sens que la lucidité de son esprit lui permet de comprendre, de se souvenir, de comparer et même de porter dans une certaine sphère des jugements assez satisfaisants. Toutefois ses facultés mentales laissent toujours quelque chose à désirer, et, quand on peut l'examiner attentivement pendant quelque temps, on parvient facilement à reconnaître un délire très-étendu, quoique peu apparent. Les facultés morales, et notamment les sentiments égoïstes, sont le siége principal de sa folie; voilà pourquoi le susnommé déraisonne plutôt dans ses actes que dans ses paroles. Plein d'orgueil et d'égoïsme, il a une très-haute idée de sa personne et de ce qui vient de lui : il croit que tout lui est dû et qu'il ne doit rien à qui que ce soit. La moindre chose suffit pour froisser son amour-propre, pour l'irriter, pour le mettre en colère, et aussitôt il devient inquiet, capricieux, loquace, exalté et turbulent. D'une obstination rare, il est incapable de modifier en rien ses idées; son esprit est inaccessible aux raisonnements les plus persuasifs, et tout ce qu'on peut lui dire pour lui faire comprendre ses torts doit être considéré comme nul et non avenu. Le lendemain, soutenant une thèse complétement opposée à celle de la veille, il montrera un entêtement non moins remarquable. Fr. se plaint constamment des domestiques, sous prétexte qu'ils font de faux rapports sur son compte, et cependant, connaissant combien ce malade est susceptible et capricieux, ils lui laissent, d'après nos indications, une très-grande liberté d'action. On l'entoure de soins et d'égards, qui, loin de le contenter, ne servent qu'à exagérer son amour-propre et à le faire crier contre l'injustice des fonctionnaires et des employés de l'asile.

Le susnommé a parcouru toutes les divisions du quar-

tier des hommes, et partout il a eu des discussions violentes avec les autres aliénés et même avec les domestiques. Quand on le voit arriver dans une section, le
mécontentement se traduit visiblement dans toutes les
physionomies. Avant d'aller au travail, il impose en
quelque sorte ses conditions : il lui faut un déjeuner particulier, une certaine quantité de vin, un régime à part
et un domestique qu'il désigne lui-même. Quand on lui
accorde toutes ces demandes, il travaille un peu; mais,
au bout de trois ou quatre jours, il a une nouvelle raison
pour rester sans rien faire. S'il est abandonné à sa paresse, Fr. réclame encore et prétend que l'ennui le ronge
et qu'on le rend malheureux.

Croyant jouir de l'intégrité de son bon sens et voyant
que son travail n'est pas assez largement rétribué, ce
malade demande sans cesse son billet de sortie, en disant : « Ma place n'est pas dans un asile d'aliénés :
on me tracasse, on me fait faire du mauvais sang, on
nuit à mon avenir en m'empêchant d'aller travailler
pendant que je suis jeune; on me met ainsi dans l'impossibilité de gagner quelque argent pour me nourrir
dans mes vieux jours. »

C'est surtout pendant ses périodes d'affaissement, qui
n'ont d'ailleurs qu'une bien faible importance, que ce
malade se préoccupe de sa santé ; alors il voit tout du
mauvais côté; la tristesse le domine par moments : « Je
me sens vieillir », dit-il; mais ses idées tristes disparaissent aussitôt qu'il est un peu exalté. Toujours sérieux,
n'aimant pas la plaisanterie, il attache une grande importance à ses paroles. On ne le voit fréquenter que les

mécontents comme lui ; aussi est-il l'objet d'une surveillance continue et très-active, car nous savons que,
dans ses rapports avec les autres malades, il n'est guère
question que de projets d'évasion ou de révolte. Néanmoins, dans l'asile, il ne s'est pas porté à des actes de
violence graves.

Le développement de ses penchants n'offre rien d'extraordinaire : Fr. aime le vin et les liqueurs fortes, mais
il paraît n'avoir jamais fait d'excès d'aucun genre. Les
périodes d'affaissement et les accès d'agitation de ce
malade sont peu marqués et peu prolongés. Il a souvent des embarras gastriques légers. Sous tous les autres
rapports, il jouit d'une bonne santé physique.

Le poids de Fr. est de .....   69 kilogrammes.
Sa taille est de........... 157 centimètres.

Mesures de sa tête :

	centimètres
Diamètre antéro-postérieur.................	19
Courbe antéro-postérieure........	30
Diamètre latéral ou biauriculaire.	14
Courbe latérale....................	32
— antérieure.....	30
— postérieure.......	25

Sous le rapport de la forme, la tête de ce malade présente une particularité que nous devons signaler : c'est
un aplatissement de sa région postérieure. On dirait
que les bosses occipitales n'existent pas et que les lobes
postérieurs du cerveau sont fort peu développés.

NEUVIÈME OBSERVATION

Manie raisonnante — Variété égoïste

Le nommé B. (P.), né en 1810 à Bagnols-les-Bains (Lozère), domicilié à R. (Vaucluse), célibataire, peintre en bâtiments, fut admis dans l'établissement le 23 juin 1853.

Nous n'avons aucun renseignement sur ses grands parents.

Son père était petit, robuste, sanguin ; son caractère, notablement indifférent et très-égoïste, lui permettait assez facilement de supporter sa misère. Doux, paisible par apathie et par défaut d'intelligence, il ne savait pas se conduire lui-même dans les affaires de la vie, car il était incapable de prendre une décision quelconque. Il mourut à l'âge de quatre-vingt-cinq ans, d'une attaque d'apoplexie (?)

Son frère, oncle paternel de B., était au contraire un homme actif, laborieux, entreprenant, impérieux, égoïste, avare, orgueilleux. Il n'est jamais venu en aide à son frère, qui se trouvait souvent dans le besoin. Il est mort vieux, laissant cinq enfants, qui se portent bien.

Née de parents pauvres, la mère de notre malade a vécu péniblement, travaillant beaucoup, malgré sa constitution délicate et son tempérament lymphatique. Les accouchements difficiles, l'allaitement de ses enfants, la mauvaise nourriture, les chagrins domestiques, ruinèrent bientôt sa santé et lui occasionnèrent une tumeur blanche du genou. Elle mourut à la fleur de son âge, au milieu des souffrances physiques et morales de toute sorte. Douée à la fois d'une certaine apathie et d'une grande force de caractère, elle devint, vers la fin de ses jours, inquiète, mobile, irritable, capricieuse; elle prenait en aversion son mari et ses enfants, et se portait envers eux à des actes de violence qu'elle déplorait le lendemain. Sa raison n'était pas entière.

B. a eu trois frères et une sœur. L'aîné est facteur rural; intelligent, laborieux, actif, il a un très-bon caractère, mais il ne pense qu'à lui. Le cadet est mort à l'âge de douze ans. Le plus jeune est curé à...; il se porte bien. « Son caractère, dit notre malade, ses habitudes, sa moralité, sont à la hauteur de la noblesse de sa profession; malheureusement, il est trop égoïste. » Sa sœur est également indifférente, égoïste et apathique.

Par suite de l'existence misérable de sa famille, B. fut forcé de se livrer de bonne heure au travail. A l'âge de douze ans, sachant à peine lire et écrire, il entra comme apprenti dans une fabrique de papier. Sa maladresse, son peu de goût pour ce genre de travail, firent qu'on ne le garda pas longtemps. Quelques mois après, il alla chez un peintre et, dans l'espace d'un an et demi, il apprit les premiers éléments de cet état; mais bientôt son inattention, sa paresse, son étourderie, prirent le dessus, et B. ne passait pas un seul jour sans gâter quelque chose. Son patron le renvoya, à cause des frais qu'il lui occasionnait.

Le désir de courir et les idées de vagabondage qui l'ont dominé pendant tout le cours de sa carrière commencèrent à se montrer. Il n'avait qu'une seule pensée : celle de s'éloigner de son pays natal. Il l'abandonna, en effet, quatre fois en trois ans. Appelé par le sort à faire partie de l'armée, B. se conduisait assez bien tant qu'il n'avait pas d'argent; mais il se livrait à des excès alcooliques aussitôt qu'il avait quelques centimes à sa disposition. En outre, son indiscipline, sa mauvaise tête, lui valaient souvent quelques journées de salle de police.

Quand son congé fut terminé, B. se rendit à Paris et, pendant neuf ans, il ne cessa pour ainsi dire de changer de patron et de se livrer à des excès alcooliques. Pris, à la suite d'une orgie, d'une maladie très-grave accompagnée d'un délire général et d'un trouble très-considérable dans les idées, il courait dans les rues à moitié nu, parlant seul, gesticulant, insultant les passants, etc. Peu de temps après, il escalada en plein jour un mur, afin d'entrer dans une maison pour y commettre un vol; surpris par la police et reconnu atteint d'aliénation mentale, il fut placé à Bicêtre. En proie à une agitation violente, criant jour et nuit, déchirant ses effets, salissant son lit par malice, mais conservant « la lucidité de ses idées », le susnommé ne tarda pas cependant à se calmer. Ensuite il tomba dans une période d'affaissement, d'où il sortit rapidement. Au bout d'un mois et demi de séjour à Bicêtre, B. fut rendu à la liberté, son état étant fort satisfaisant. Se voyant libre, il alla voir son frère dans le Midi; puis il entra dans une fabrique de sucre à Marseille, comme homme de peine. Cette fabrique était mal surveillée, et B. profitait de ce défaut de surveillance pour se laisser aller à sa paresse et à sa passion favorite. Mais, le patron ayant fait faillite, le susnommé dut se procurer un autre travail. Ne trouvant pas à Marseille un genre d'occupation qui pût lui être agréable, il revint chez son frère, qui lui procura une place de piéton. Cette place ne pouvait pas lui convenir non plus; aussi l'abandonna-t-il bientôt pour se rendre de nouveau à Marseille, où il changea plusieurs fois, en peu de temps, de patron et de genre de travail.

Fatigué de son existence, il se rapprocha encore de son frère et alla travailler avec un cantonnier : il brisait des pierres sur une grande route, lorsqu'un violent orage éclata ; les éclairs, les tonnerres furent si forts, que B., éprouvant une frayeur insolite, rentra chez lui avec un mal de tête très-fort. Il se mit au lit, passa une nuit affreuse, sans sommeil et dans un état d'angoisse extrême. Le moindre bruit le terrifiait à tel point qu'il n'osait pas sortir de sa chambre, craignant d'être tué. Cet état persista le lendemain et les jours suivants. Il croyait que sa vie était menacée, surtout par son frère. Néanmoins il se décida à quitter sa chambre et partit pour L...., afin de demander protection au curé de cette localité, qu'il avait rencontré à plusieurs reprises chez son frère. Il y arriva dans l'état le plus déplorable: son chapeau, sa cravate, sa veste, son gilet, avaient été égarés en route. Le curé de L.... lui conseilla d'aller retrouver son frère; B. se disposait à suivre ce conseil; mais les gendarmes le rencontrèrent et le conduisirent à l'hospice de C... Son agitation augmentait de plus en plus; on le mit en cellule et, peu de jours après, on le transféra à l'asile d'aliénés d'Avignon.

Gros, rouge, d'une taille peu élevée, d'une bonne constitution et d'un tempérament lymphatico-sanguin, cet aliéné a les yeux petits, mais vifs; ils expriment la ruse et la méfiance. Sa physionomie, peu sympathique, a quelque chose de méchant. On remarque à la région occipitale un aplatissement notable, un peu plus marqué à droite qu'à gauche.

Voici les dimensions de sa tête :

	centimètres.
Diamètre occipito-frontal (antéro-postérieur)..	18
Courbe occipito-frontale (antéro-postérieure) ..	31
Diamètre biauriculaire (latéral)...........	14
Courbe biauriculaire supérieure (latérale)...	34
Courbe biauriculaire antérieure............	30
Courbe biauriculaire postérieure...........	19
Poids.......................	69 kilogr.
Taille.......................	1^m, 56^c.

Employé dans l'établissement comme peintre vitrier, cet aliéné a des périodes de calme et des périodes d'agitation; celles-ci sont habituellement de simples paroxysmes, qui consistent en une exagération de son caractère normal. Les accès d'agitation plus graves et plus intenses sont très-rares chez lui.

Quand il est calme, B. se montre apathique, indolent, paresseux, égoïste et toujours disposé à se plaindre de tout et de tous. A l'entendre, la nourriture est très-mauvai e et le rend malade; on le fait trop travailler, comme s'il n'avait que vingt ans; cependant c'est à peine s'il pose un carreau de vitre dans le courant d'une matinée, tant il est lent et tant il met de mauvaise volonté à faire son travail. Jouissant dans l'asile d'un grande liberté, à cause de la nature de ses occupations, et, par suite, ne se sentant pas toujours surveillé, il reste des heures entières dans son atelier à faire semblant de travailler. Quand on lui reproche sa paresse, il dit que la tête lui fait mal, qu'il a des vertiges, que sa vue s'affaiblit beaucoup, que ses jambes n'ont plus d'élasticité. Les idées hypochondriaques le tourmentent, et parfois il éprouve des douleurs vagues dans tout le corps, des vertiges, des bruits dans les oreilles, des battements artériels, qui l'alarment et qui mettent en jeu sa poltronnerie. De là proviennent sa mollesse, sa lenteur au travail; de là dérivent aussi toutes les précautions qu'il prend pour se mettre à l'abri de toute influence capable d'accélérer le mouvement circulatoire et de rendre plus sensibles les phénomènes intérieurs qui fixent son attention.

Lorsque sa famille vient le voir, il demande sa sortie sous prétexte qu'il se fait vieux et qu'en le retenant dans l'asile on le prive des moyens de gagner sa vie et de se ménager quelques ressources pour plus tard. Ne se croyant pas malade, il ne comprend pas le motif de sa séquestration. Dans ses lettres on ne voit que des plaintes; il se dit abandonné comme un criminel, et engage fortement ses parents à le tirer de la triste situation où il se trouve. Le désir d'être rendu à la liberté est le

seul sentiment qui le guide dans ses rapports avec sa famille, car ses affections sont bien tièdes. D'ailleurs, et
contrairement aux aliénés de sa catégorie, il ne cherche
pas trop à s'évader, car il sent au fond que, dans l'asile,
sa position n'est pas bien malheureuse. Parfois on le
voit pendant quelque temps fréquenter un aliéné ; mais
ses conversations roulent toutes sur le même sujet. « On
le retient injustement en esclavage, on le rend malheureux, on l'accable de travail, on altère sa santé, etc.
Son interlocuteur, on peut l'assurer d'avance, est aussi
un aliéné mécontent, un incompris, un exalté, qui
s'exalte davantage sous l'influence du langage du susnommé.

Difficile, orgueilleux, égoïste, il se dispute avec les
autres aliénés, soulève des discussions, attaque gardiens
et malades, calomnie tout le monde. S'il fait la partie
aux cartes avec ses compagnons d'infortune, il l'abandonne bientôt après, sous un prétexte ou sous un autre,
et va se promener tout seul dans la cour de son quartier, en se plaignant de l'étourderie de son partenaire.
Ne pouvant pas se livrer dans la maison à l'abus des
boissons alcooliques, sa passion frvorite, il affirme avec
un sérieux admirable qu'en sortant de l'établissement
il ne boira plus, parce que le vin et les liqueurs lui sont
nuisibles.

Pendant ses accès d'agitation, B. devient très-irritable. Il se plaint sans cesse des fonctionnaires et des
employés de l'établissement, les accuse de manger
l'argent des pauvres, qu'ils rendent malheureux, soit en
les retenant injustement, soit en les faisant travailler

comme des esclaves, soit enfin en les accablant de punitions pour les plus petites choses. Sa langue n'épargne personne, et, comme son langage est assez calme, il en impose aux nouveaux venus, qui ne le connaissent pas. C'est dans cet état que le susnommé cherche à exalter les autres malades et les engage à se coaliser pour opérer des évasions, sauf ensuite à les dénoncer, par jalousie, si leur projet a quelques chances de succès. En pareilles circonstances son activité augmente, ses idées deviennent plus claires, plus nombreuses, et les sentiments de haine qu'il nourrit dans son cœur contre toutes les personnes attachées à l'établissement se font jour à chaque instant, sous les formes les plus variées.

Menteur, indocile, rusé, indiscipliné et très–irritable, B. ne craint pas de se lever la nuit pour voler soit du tabac, soit des mouchoirs, soit d'autres objets de ce genre. Il n'aime à parler de la religion ou de ses représentants que pour en dire du mal ; alors sa figure s'anime, son langage et ses gestes acquièrent une vivacité inaccoutumée, et ses déclamations se terminent invariablement par une sortie contre son frère, qui pourtant n'a jamais cherché qu'à lui être utile et même agréable.

Son intelligence n'est pas très-développée; cependant pour les petites choses, pour les cancans, pour la méchanceté, il montre un degré de perspicacité et de finesse fort remarquable.

Au début de ses accès de prostration, cet aliéné devient sombre, hypochondriaque, et présente ordinairement, du côté du système digestif, quelques symptômes

d'inertie, qui s'effacent au bout de six à huit jours, et
qui consistent en un état saburral de la langue accompagné de soif, d'inappétence et de constipation. Son
goût l'engage, en pareille circonstance, à manger des
choses fortes; s'il était libre, il ne manquerait pas de
s'adonner aux boissons alcooliques.

Ses périodes d'agitation lui durent, en général, de
deux à trois mois.

Vers le mois de mai 1863, B. tomba presque tout à
coup dans un état profond d'apathie physique et morale.
Ses nuits étaient très-mauvaises, surtout à la fin de cette
espèce de période d'incubation. L'agitation nocturne fut
en effet le commencement d'un accès de folie, qui se ma-
nifesta bientôt avec une intensité et une force insolites.
Ce malade criait, se roulait par terre, se livrait à des
voies de fait, et son intelligence était si obscurcie qu'il
semblait être complétement étranger à tout ce qui l'en-
tourait. Parfois il restait des heures entières dans une
immobilité absolue; ses yeux roulaient dans leur or-
bite sans donner aucun signe d'intelligence; mais, quand
il sortait de cette situation, c'était pour devenir excessivement agité. Son agitation, inconsciente ou plutôt
automatique, s'accompagnait de fièvre, d'inappétence
et d'une soif dévorante. Après dix jours, son délire se
modifia; son intelligence commença à s'ouvrir aux impressions extérieures, mais la plupart de ces impressions
étaient altérées et converties en illusions. Des idées religieuses surgirent dans son délire; la fièvre et la soif se
calmèrent; l'appétit revint; les fausses sensations s'effacèrent, et B. reprit, trois semaines plus tard, son état

ordinaire. Toutefois, à partir de ce moment, il ne fut plus le même homme; son accès, qui n'était à nos yeux que l'effet d'une complication, ou plutôt l'expression d'une lésion organique du cerveau, lui laissa un affaiblissement mental notable. Son esprit, primitivement inquiet, querelleur, révolutionnaire, ne se préoccupa plus que de sa santé : tout mouvement lui était pénible ou désagréable, et B. ne sortait de son apathie que pour se rendre au dortoir ou au réfectoire. Quelque temps après, son indolence diminua, et B. put reprendre son travail; mais par moments il sentait sa tête si fatiguée, qu'il lui était impossible de rien faire. Néanmoins, sa dernière crise menaçait toujours de se reproduire. Elle se reproduisit, en effet, en octobre 1866; seulement elle fut un peu plus longue et plus grave encore que la crise précédente, et le laissa dans un état d'affaiblissement physique et mental qui nous inspirait les plus vives inquiétudes pour les jours de ce malade. Il se releva pourtant de cette seconde atteinte, mais trois mois après il succomba à la suite d'une attaque d'apoplexie symptomatique d'un ramollissement cérébral.

N'étant pas autorisé par la famille de cet aliéné à faire son autopsie cadavérique, nous n'avons pas eu le moyen de vérifier l'exactitude de notre diagnostic.

DIXIÈME OBSERVATION

Manie raisonnante. — Variété égoïste

G. (Julie) est née à N... (Alpes-Maritimes) ; elle a toujours habité ce pays, exerçant d'abord la profession de domestique et ensuite celle de couturière ; mariée depuis six ans avec un employé de l'octroi de la même ville, elle est aujourd'hui âgée de trente-un ans environ ; son entrée dans l'établissement eut lieu le 10 août 1861.

Les dimensions de sa tête sont les suivantes :

	centimètres.
Diamètre occipito-frontal (antéro-postérieur).	19
Courbe occipito-frontale (antéro-postérieure).	31
Diamètre biauriculaire (latéral).........	13
Courbe biauriculaire supérieure (latérale)...	35
Courbe biauriculaire antérieure (antérieure).	30
Courbe biauriculaire postérieure (postérieure).	23

Le front est bas, peu découvert ; il existe à la partie postérieure de la tête un aplatissement notable, qui se termine supérieurement d'une manière assez brusque et qui se continue avec un aplatissement léger de la voûte crânienne. La physionomie de cette malade n'indique pas une intelligence bien développée. Quoique lymphatique, elle a une assez bonne constitution.

Les renseignements que nous avons pu recueillir sur cette malade, au point de vue de l'hérédité, ne remontent pas au delà de son père et de sa mère.

Son père a été, jusqu'à l'époque de sa mort, chargé des écritures dans une maison de commerce. Il jouissait en outre d'un petit revenu, qui lui permettait d'introduire l'aisance dans sa famille. Fort, robuste, gros mangeur et porté aux excès vénériens, cet homme était par moments très-violent; il mourut de la goutte à l'âge de soixante-dix ans.

La mère de notre malade, méchante et acariâtre, se mettait souvent en colère, surtout contre sa fille Julie, qu'elle paraissait aimer beaucoup moins que ses deux autres enfants: si elle avait à se plaindre de la moindre des choses, c'était sur Julie qu'elle faisait éclater sa mauvaise humeur, et celle-ci se rappelle très-bien que, pendant son bas âge, sa mère la jetait violemment sur le sol, puis la prenait dans ses bras, la mordait et se livrait à son égard à mille autres mauvais traitements. Cette femme, qui souffrait souvent de la migraine, eut à plusieurs reprises, alors qu'elle se mettait en fureur, des attaques de nerfs, suivies pendant deux ou trois heures d'une agitation extrême. Elle s'adonnait fréquemment à la boisson. Après la mort de son mari, elle allait même souvent jusqu'à s'enivrer; plusieurs fois ses enfants l'aidèrent à se soulever et l'empêchèrent de se traîner sur le sol. Douée dans sa jeunesse d'un embonpoint très-satisfaisant, elle maigrit plus tard à la suite de ses excès et mourut d'épuisement et peut-être même de phthisie pulmonaire.

La susnommée a eu un frère et une sœur.

G. (P.), mort phthisique à l'âge de trente-sept ans, était faible et souvent malade. Son père, imitant en cela la conduite de la mère, le laissa tomber un jour volontairement sur le parquet, et, à la suite de cette chute, G. (P.) fut atteint d'une affection caractérisée par les symptômes suivants : il se levait la nuit de son lit, criait, frappait de tous côtés, paraissait en proie à une vive frayeur ; quelquefois aussi il présentait des phénomènes de somnambulisme. Ce jeune homme, préféré par sa mère, entreprit inutilement une foule de professions, car il était très-paresseux. Loin d'aimer ses sœurs, il les frappait très-souvent sans raison aucune.

G. (F)., plus jeune de quelques années que notre malade, est une personne d'une santé délicate, d'une constitution faible, d'un teint cachectique ; elle a les hommes en aversion et n'a jamais voulu se marier, bien que les partis avantageux ne lui aient pas manqué. Vaniteuse, jalouse, indifférente, aimant à contrarier sa sœur, elle eut dans son enfance des convulsions fréquentes.

Vers l'âge de neuf ans, G. (J.) eut le malheur de perdre son père. N'étant pas dans une position bien aisée pour élever ses trois enfants, sa mère voulut assurer l'existence de sa fille aînée Julie, en la mettant au couvent des orphelines. G. (J.) attribue cette mesure aux préférences nombreuses que montrait sa mère pour son frère et pour sa sœur. Elle y resta pendant cinq ans, ne pouvant apprendre à lire, souffrant souvent de la tête, passant au lit la moitié de sa vie, crachant le sang et jouissant d'une santé très-délicate. Elle fut atteinte aussi d'une fièvre typhoïde grave, accompagnée d'un délire intense.

Placée comme domestique à l'âge de seize ans, elle changeait à chaque instant de maîtres: sa mauvaise langue, son humeur acariâtre, sa paresse, sa mobilité, ne lui permettaient pas de rester six mois dans la même maison. Aujourd'hui elle ne peut parvenir à se rappeler approximativement le nombre de maisons où elle a été employée. Fatiguée du service et ne pouvant plus demeurer avec sa mère, elle fut obligée, pour vivre, de louer une chambre et de chercher du travail comme couturière. Les renseignements que nous avons pu obtenir sur sa moralité sont complétement nuls. L'inconstance de son caractère et son mécontentement ordinaire augmentaient tous les jours et la mettaient dans la nécessité de changer très-fréquemment de logement: tantôt c'était la malpropreté de la maison, tantôt c'était l'inconduite de ses voisins, qui ne lui convenaient pas; en un mot, les raisons pour se déplacer ne lui manquaient jamais.

Elle avait environ vingt-six ans lorsqu'elle épousa un employé de l'octroi de.... « Mon mari, dit-elle, était lunatique. » Ce qu'il y a de certain, c'est que les deux époux ne vivaient pas en très-bon accord: ils avaient souvent des discussions, et restaient ensuite deux ou trois mois sans se parler. Son mari la frappait souvent; quelquefois il rentrait ivre, faisait à sa femme des scènes de jalousie, lui reprochait de ne pas avoir d'enfants et se livrait à son égard à des actes de violence.

Elle fut atteinte un an après d'une affection intestinale, qui fit croire à l'existence d'une grossesse. Tant qu'il la crut enceinte, son mari la soigna beaucoup;

mais il ne tarda pas à l'abandonner quand il eut la preuve du contraire. Au reste, il était fatigué du mauvais caractère de sa femme, qui, non contente de le tourmenter sans cesse, se disputait encore avec toutes ses voisines. Cherchant à se rapprocher de son mari, notre malade vint à lui, se plaignant de ce qui se passait dans la maison qu'elle habitait, et ajoutant qu'elle se jetterait par la fenêtre plutôt que de rester dans une pareille situation. G. fut très-mal reçue par son mari, qui la renvoya grossièrement. Rentrée chez elle, en proie à la fièvre et à de violentes douleurs de tête, elle se précipita deux jours après par la fenêtre, dans un accès de « fièvre chaude. » On la conduisit à l'hôpital, et le médecin reconnut une luxation du poignet et une fracture comminutive de la jambe. « Ma tête, dit la susnommée, n'était plus à moi ; je ne sentais rien, je ne voyais rien et je n'ai jamais pu me rappeler ce qui s'était passé pendant les premiers jours de ma maladie. Je me souviens cependant que tout tournait autour de moi et que je croyais subir des châtiments immérités. Il me semblait aussi que les personnes de mon entourage se plaisaient à me martyriser, en me disant que mon mari venait de mourir et que j'étais condamnée à mort. » Au bout de trois semaines, son délire, qui avait l'apparence d'un délire aigu, cessa; mais elle resta encore cinq mois à l'hôpital à cause de sa jambe. En sortant, elle alla demeurer pendant huit jours chez la femme d'un employé de l'octroi, supérieur en grade à son mari. Cette femme fit tant et si bien que, quoique peu disposé à reprendre sa femme, ce dernier consentit cependant à

la garder auprès de lui. Un mois ne s'était pas encore
écoulé que déjà les querelles entre les époux avaient
pris des proportions considérables. « Mon mari disait
partout que j'etais folle, que j'avais commis un meurtre.
Je portai ma plainte à la police, qui ne m'écouta pas et
qui m'envoya encore à l'hôpital, justement un jour que
mon mari fit beaucoup de tapage dans la maison. » Là
elle devint très-exaltée et très-désagréable. Les sœurs,
les bonnes, les médecins et les aumôniers s'étaient con-
certés, disait-elle, pour la rendre malheureuse. Insupportable par ses plaintes autant que par son caractère, elle était à charge à tout le monde. Enfin on dut
solliciter sa séquestration dans un asile d'aliénés.

Depuis son entrée dans l'établissement, son état
n'a pas varié. Toujours inquiète, remuante, indocile,
irritable, G. est envieuse de tout ce qu'elle voit. Les
priviléges accordés aux malades de l'infirmerie sont,
à ses yeux, des faveurs qu'elle mérite mieux que personne, à cause du profit que retire la maison de son
travail. Se plaindre de tout et de tous, telle est sa
marotte favorite. « Ah ! je suis bien malheureuse dans
cette prison ! quand il y a un ouvrage rude à faire,
on m'appelle, mais on ne pense pas à moi dans les
bonnes occasions. Si je n'étais pas si bonne, si je
n'étais pas toujours prête à obliger tout le monde, si
mon caractère était mauvais, on n'abuserait pas de
moi et je ne souffrirais pas le centième de ce que je
souffre. » Le fait est, malgré ses plaintes, qu'elle réussit souvent à éviter les travaux de sa section ; que, loin
d'être obligeante, elle abuse de tout son entourage ;

que son caractère est détestable, et que, pour ses compagnes comme pour les sœurs, sa présence est intolérable. Elle est une source permanente de querelles, de
cancans malveillants, de mensonges, de tracasseries
de toute sorte. La calomnie est pour elle un besoin
irrésistible : il faut que son esprit soit constamment en
travail pour imaginer les contes qu'elle invente à plaisir, afin de contrarier ses prétendus ennemis. Sa toilette
est fort soignée, et G. tient à ce qu'on lui en fasse des
compliments, surtout devant les autres malades, pour
que l'humiliation de ces infortunées donne à son immense amour-propre la plus ample satisfaction possible.

Méchante par nature, elle cherche dispute aux autres
aliénées, les agace, les obsède, ce qui ne l'empêche
pas de porter la première ses plaintes au médecin,
en disant qu'on lui a pris tels ou tels objets (objets, au
contraire, volés par elle), et que, pour les avoir deman-
dés poliment on a sauté sur elle, sans lui donner le temps
d'appeler la sœur. Quand elle peut prendre le vin
à ses voisines de table, la susnommée ne manque jamais de le faire. Indisciplinable par-dessus tout, G.
s'inquiète fort peu de la mauvaise impression que sa
présence produit partout où elle se trouve. Dans toutes
les divisions du quartier des femmes, on conserve le
souvenir de son passage, et sœurs infirmières et aliénées éprouvent une émotion pénible lorsqu'on la voit
revenir avec son paquet.

Toutefois, quand on ne la connaît pas, on se ferait
difficilement une idée de sa malveillance. On dirait
qu'elle est une victime de sa propre modestie, de sa

modération, de son inépuisable bonté: son langage miel-
leux, mesuré même par moments, lui donne un air si
intéressant, que les malades récemment admises dans
l'asile se laissent séduire par son babil et par ses petites prévenances, car elle ne néglige rien pour s'emparer de leur esprit et pour leur donner les plus mauvais
renseignements possibles sur la population de l'établissement.

Quoique réfractaire à toute idée religieuse, elle voulut, il y a deux ou trois ans, remplir ses devoirs religieux; mais M. l'Aumônier ne la trouva pas en état de
communier. A son retour de la chapelle, elle prétendit
qu'on lui avait refusé l'absolution parce qu'elle ne voulait à aucun prix divulguer un secret qu'on lui avait
confié. C'est ainsi que son esprit dénature et transforme à son avantage les faits les plus sérieux comme
les plus insignifiants.

Egoïste et quand même, elle exagère considérablement l'importance de ses actes, de ses paroles. « On
me rend, dit-elle, le mal pour le bien; l'ingratitude
me glace le cœur, et cependant je suis toujours prête
à venir en aide à mon semblable. Je suis juste, très-
juste, et les préférences soulèvent mon indignation. »
Douée d'un jugement éminemment faux, cette femme
interprète tout en sa faveur, critique à tort et à travers ce qui se fait en sa présence, sème la discorde
parmi ses compagnes, se plaint de sa séquestration
et réclame sans cesse sa liberté. Intelligente pour les
petites choses, elle est incapable d'apprendre à écrire;
son habileté pour les travaux d'aiguille ordinaires

entretient dans son esprit l'idée de sa supériorité et contribue fortement à la rendre intolérable.

Ses fonctions organiques s'effectuent avec régularité, même au début de ses périodes d'exaltation, qui précèdent de deux ou trois jours ses époques menstruelles; celles-ci sont régulières et n'offrent rien d'important à signaler. La durée de l'accès d'exaltation est de dix à douze jours. Pendant ce laps de temps, G. travaille peu et mal; mais, en revanche, elle devient si désagréable qu'on a de la peine à supporter son caractère capricieux, mobile, tracassier et méchant. Elle se soigne beaucoup et se croit très-facilement, surtout au début de ses périodes de calme, à la veille d'avoir une maladie mortelle. Pas de symptômes d'hystérie, pas d'illusions, ni d'hallucinations.

Bien que sa folie ait au moins dix ans de date, on ne remarque encore dans son intelligence aucun signe de démence proprement dite.

ONZIÈME OBSERVATION

Manie raisonnante. — Variété égoïste

C. (L.), célibataire, né au Ch.. (Ardèche), corroyeur, âgé de quarante-trois ans, catholique, est entré dans l'établissement le 24 mars 1859, pour cause d'aliénation mentale.

Son père, mort à l'âge de soixante ans environ, était marchand de peaux ; il s'était marié deux fois et avait eu, nous assure le malade, quinze enfants de sa première femme, et quatre de la seconde. Notre malade est du second lit; il avait à peine deux ans lorsque son père mourut. Cet homme bizarre, excentrique, doué de peu de bon sens, avait deux frères. L'un d'eux était chanoine; petit, très-nerveux, bossu, boiteux, acariâtre, égoïste et d'une santé délicate, il vécut néanmoins jusqu'à l'âge de soixante-cinq ans. L'autre, marchand de fer, avait un caractère peu énergique, doux, affable par apathie et par égoïsme. Les deux fils de ce dernier sont morts très-jeunes, à la suite d'abus de boissons alcooliques.

La mère de cet aliéné n'a jamais été malade. Apathique, molle, insouciante, elle s'occupa fort peu de son ménage après la mort de son mari. N'ayant pas de force de caractère, cette femme ne sut pas gouverner ses enfants, qu'elle laissa un peu à l'abandon.

C. (L.) a eu de la même mère deux frères et une

sœur. Son frère aîné est corroyeur : c'est tout ce que nous avons pu savoir sur son compte.

Sorti de l'école de Saint-Cyr, son frère cadet mourut à Lyon, par suite des blessures reçues à la guerre de Crimée; il était parvenu au grade de capitaine.

Agée de quarante-cinq ans environ, sa sœur est veuve et tient une épicerie à... C'est la seule personne de sa famille avec laquelle C. ait eu quelques relations. « Elle a, dit-il, un caractère vif, emporté, volontaire et parfois méchant; mais l'avarice est son plus grand défaut : elle a fait mourir son mari à petit feu, en lui refusant l'argent nécessaire à ses besoins les plus pressants. »

C. (L.), qui va nous occuper maintenant, est un homme d'une taille peu élevée, d'une constitution assez robuste, d'un tempérament lymphatico-nerveux. Son front est bas et couvert, ses cheveux châtains, son nez épaté, ses yeux ronds. Sa tête petite présente un aplatissement très-marqué à la partie supérieure de l'occipital.

Dimensions de sa tête :

	centimètres.
Diamètre occipito-frontal (antéro-postérieur)	17,50
Courbe occipito-frontale (antéro-postérieure)	32 » »
Diamètre biauriculaire (latéral)..........	12 » »
Courbe biauriculaire supérieure (latérale)..	35 » »
Courbe biauriculaire antérieure (antérieure)	30 » »
Courbe biauriculaire postérieure (postérieure)	22 » »

D'une famille aisée, cet aliéné a fréquenté les écoles, puis le collége de Ch... Paresseux, léger, peu attentif,

querelleur et ne recevant jamais aucun reproche de
sa mère, il manquait très-souvent les classes, courait
d'un côté et d'autre, allait voler des fruits, chasser,
pêcher, etc. Aussi, dans l'espace de dix ans, à peine
a-t-il appris à lire et à écrire, et encore d'une façon
très-médiocre, attendu qu'aujourd'hui il est obligé de
faire écrire ses lettres; il sait à peine signer. A l'école,
il était toujours puni; son entêtement, sa paresse et
surtout son caractère querelleur (qui le portait sans
cesse à se disputer ou à se battre avec ses compagnons et à contrefaire ses maîtres) étaient les principales causes de ses punitions, auxquelles il se montrait d'ailleurs peu sensible. Il n'a pas eu de maladie
grave dans son enfance.

A seize ans, on lui fit apprendre l'état de corroyeur;
il travailla à peu près six mois dans son pays et partit
ensuite pour Lyon, afin de terminer son apprentissage.
C. L. avait déjà la passion de se livrer avec excès aux
boissons alcooliques. Un jour de fête, il fit une partie
de chasse avec quelques-uns de ses amis; en passant
devant une maison de campagne, qu'ils savaient inha-
bitée ce jour-là, ils escaladèrent les murs, s'introdui-
sirent dans l'intérieur, cherchèrent du vin et burent
une grande partie de la journée. Le soir, en rentrant
chez eux, leur ivresse était complète. Le mois suivant,
il fit huit jours de prison, pour avoir été pris à la
chasse en temps prohibé, et surtout pour avoir menacé les gendarmes qui l'arrêtèrent. Ce malade resta
treize mois à Lyon, employé toujours chez le même fa-
bricant; il ne nous a rien signalé de particulier pendant

le temps qu'il séjourna dans cette ville. Il se rendait
régulièrement tous les matins à son travail et le soir
au café faire sa partie avec ses camarades habituels.
De Lyon, il vint à Privas, pour travailler aux mines de
fer. Il retourna ensuite chez lui, où il attendit, sans rien
faire, d'avoir vingt et un ans. Dans cet intervalle et dans
un moment d'ivresse, il prit de la paille, l'apporta
au coin de sa maison, et y mit le feu, qu'on éteignit
avec beaucoup de peine. Il nous a dit que c'était pour
s'amuser et pour effrayer un peu les habitants de son
village. A l'âge de vingt et un ans, C. (L.) vendit le
bien qui lui revenait de son père et partit pour Marseille, avec une somme de 1500 francs qu'on lui avait
remise en à-compte. De Marseille, il alla à Toulon,
et de là en Corse ; il parcourut cette île en grande
partie, ne faisant absolument rien, mangeant son argent en orgies, ne pensant nullement à l'avenir, et se
figurant, dit-il, qu'il pourrait toujours continuer cette
vie de débauche et de paresse. De retour de Corse, il
s'arrêta à Marseille, où il finit d'épuiser sa bourse. Il
resta trois mois dans l'hôpital de cette ville, pour se
faire soigner d'une affection syphilitique très-grave.

En sortant de l'hôpital, C. (L.) revint à son pays
natal. Peu de jours après, il fut appelé sous les armes
et rejoignit son régiment en Corse. Il resta environ
deux ans soldat ; puis, fatigué de la régularité et de la
discipline militaires, il se fit remplacer.

En quittant le régiment, C., ayant à peine vingt-
trois ans, avait déjà dévoré ce que son père lui avait
laissé en mourant ; il fut donc forcé d'entrer comme

domestique chez un propriétaire de son pays, qui lui
fit cultiver et arroser son petit jardin. Cet homme aimait beaucoup notre malade; il le garda quinze à seize
ans à son service. N'ayant pas beaucoup de travail,
C. passait ses heures de loisir à la chasse ou à la pêche.
Un jour qu'il portait une magnifique truite, le procureur impérial le vit et le pria de la lui céder.
« Mon refus, dit le susnommé, a été la cause de tous
mes malheurs. Depuis lors, le procureur impérial m'a
poursuivi sans cesse, m'a fait passer pour ivrogne, vo-
leur, incendiaire et fou, et a fini par me mettre aux
aliénés. »

Après avoir quitté sans raison son dernier maître
et changé un grand nombre de fois de patron et de
métier, il s'arrêta dans la commune de R...., arrondissement d'Alais, où il trouva une place. Sa conduite,
pendant les quinze jours qu'il y resta, fut déplorable.
C. (L.) insultait les femmes, menaçait d'incendier les
habitations, et rentrait tous les soirs dans un état
d'ivresse plus ou moins complet.

Voici d'ailleurs la lettre que le maire de R.... écrivait
à cette époque au procureur impérial, au sujet du susnommé : «Je mets à votre disposition le nommé C.
(L), aliéné très-dangereux. Cet individu est du Ch.,
département de l'Ardèche ; il se porte à des voies de
fait contre les personnes et a une idée fixe quand il a
un accès ou qu'il est ivre : c'est d'incendier quelque
maison, ce qu'il a déjà fait une fois chez lui. Il cherche
toujours à se procurer des allumettes chimiques. Des
plaintes très-graves nous ont été portées contre lui par

34

les habitants du château de T. Je l'ai livré à la briga le
de Saint-Ambroix. » Au bout de trois mois, C., reconnu
atteint d'aliénation, fut envoyé à l'asile du département de Vaucluse.

C. est un homme d'une petite taille, d'un tempérament lymphatique; il tient toujours la tête courbée et
regarde en dessous. Sa physionomie semble annoncer
un être rusé, méchant, qui a toujours été dominé par
des passions vives. Il est sournois, hypocrite et surtout menteur. Son caractère est hargneux, emporté
et médisant. Depuis son entrée dans l'asile, il n'a pas
cessé de donner des signes d'aliénation mentale. Cette
affection se manifeste chez lui par des périodes d'exaltation suivies de quelque temps de calme.

Dans ses accès, C. est excessivement mobile, irritable, mécontent de tout et de tous; il exprime sa
mauvaise humeur en termes très-grossiers. C'est sous
l'influence de cette surexcitation qu'il devient inquiet,
dangereux et enclin aux excès alcooliques et vénériens; c'est alors qu'il cherche également à s'évader
de l'asile, ce qu'il a déjà fait une fois. Se voyant
maintenant dans l'impossibilité de fuir, il demande
continuellement sa sortie, disant qu'il n'est nullement
malade, se plaignant insolemment de ceux qui ont ordonné et de ceux qui prolongent sa séquestration. Dans
ces circonstances, son irritabilité est si exagérée que
tout le contrarie et le porte à chercher dispute soit aux
autres aliénés, soit même aux gardiens. Sa physionomie exprime par moments la haine profonde qui le
domine; les muscles de la face se contractent, ses yeux

deviennent brillants, ses lèvres se pincent, sa prononciation et le son de sa voix ont quelque chose de méchant, de farouche même. Cependant, malgré la fréquence de ses accès de colère, il ne se livre pas souvent à des actes de violence.

Après ses périodes d'exaltation mentale, C. éprouve dans diverses régions du corps des douleurs nerveuses; son appétit et son énergie diminuent sensiblement; ses mauvais penchants, son caractère hargneux, persistent encore, mais il cherche à les dissimuler. Son peu de courage le rend méfiant, paresseux, menteur. Il essaye, par ses mauvais conseils, d'entraîner les autres malades à faire ce qu'il n'ose pas faire lui-même. C'est principalement les nouveaux venus qu'il attire à lui pour les engager à s'évader, en leur faisant croire qu'ils ne sont pas malades et que, s'ils ne s'échappent pas, ils ne sortiront jamais de l'asile.

Bien que C. soit assez intelligent pour certaines choses, ses facultés intellectuelles ne donnent lieu, en définitive, qu'à des jugements éminemment faux. N'ayant pas la conscience de son état mental, il croit jouir de l'intégrité de sa raison; il se rappelle très-bien et raconte avec précision tout ce qu'il a fait; il désapprouve sa vie passée, ses débauches, ses colères : mais il les attribue à des états d'ivresse momentanée, qui ne peuvent pas avoir eu une grande influence sur son état mental et qui surtout ne doivent pas être la cause de sa séquestration perpétuelle dans un asile d'aliénés, «car, ajoute-t-il, si on voulait enfermer tous les ivrognes, les asiles devraient être plus grands que les villes les plus

grandes. » Ses tentatives d'incendie, il les avoue sans
les regretter. Son imagination est assez vive, surtout
lorsqu'il s'agit de diriger un complot ou d'outrager
quelqu'un. C'est à cause de son esprit acerbe, méchant,
querelleur, qu'on le déteste partout.

Cet aliéné n'écrit pas beaucoup ; cependant il ne passe
pas trois mois sans adresser des lettres aux préfets et
aux personnes qu'il croit en état de le faire sortir.
Sa moralité est bien restreinte : tout moyen lui est
bon pourvu qu'il arrive à son but. En outre, il pousse
à l'immoralité les autres aliénés, afin de les faire
punir. Il n'a d'affection pour personne ; s'il écrit quelquefois à sa sœur ou à un homme qui lui a rendu des
services, ce n'est pas dans le but de savoir de leurs
nouvelles, cela l'inquiète peu : c'est seulement pour les
prier de lui venir en aide, de faire des démarches pour
le rendre à la liberté.

Exigeant, difficile, insolent, terrible envers les faibles, cet aliéné est bas, rampant, flatteur envers ceux
qu'il craint, sauf à en dire du mal aussitôt qu'il se
croit à l'abri de leur atteinte. Il a des discussions avec
tout le monde, mais il ne se bat qu'avec les aliénés incapables de lui rendre ses coups. Se plaindre en tout et
partout sur le même ton et avec des mouvements de colère, des jurons, etc., tel est le besoin le plus constant
qui le domine. Hypocrite par caractère, faux et sournois, il affecte une modestie qui n'est pas dans sa nature ; il se croit au contraire un homme adroit, capable
de faire un travail difficile quelconque. En fait de chasseurs, il n'en connaît pas qui le vaillent. « Je suis petit

et je ne sais pas écrire ; sans cela je ne serais pas ici :
j'aurais gagné à moi seul plus d'argent que vous tous.»

Malgré ses fanfaronnades le susnommé est excessivement poltron; quand il est un peu malade, il s'exagère
si fortement ses souffrances, et ses craintes hypochondriaques le rendent si malheureux, qu'il restera sans
boire toute une journée de fièvre si on lui dit que cette
sorte d'abstinence lui sera avantageuse. Dans ses périodes d'abattement, il éprouve une espèce d'apathie du
système digestif qui se traduit par un défaut d'appétit,
par une langue saburrale et par un peu de constipation.
Ces symptômes, sans importance, l'effrayent outre mesure et font qu'il se soigne beaucoup, ne voulant pas
«mourir si jeune.» «A ma mort, dit-il, vous serez tous
contents d'être débarrassés de moi; mais, en attendant,
je vous ferai encore bien enrager: si je souffre vous
souffrirez tous, tas de c....»

Ses fonctions organiques n'offrent rien d'anormal à
signaler. A part les troubles digestifs qui accompagnent
le début de l'abattement, il jouit d'une bonne santé. Sa
sensibilité est intacte.

La période d'exaltatation est d'environ vingt ou
trente jours; il reste ensuite une semaine un peu affaissé et dominé par des idées hypochondriaques: celle
de bien-être ne dure presque jamais trois mois.

DOUZIÈME OBSERVATION

Manie raisonnante. — Variété égoïste.

B. (L.) est né dans un petit village du département de Vaucluse, le 22 décembre 1849. Sans profession, d'un tempérament nerveux légèrement lymphatique, d'une bonne constitution, assez bien développé pour son âge, il est entré dans l'établissement le 31 juillet 1863, pour cause d'aliénation mentale.

Sa tête, qui offre un aplatissement notable à la région occipitale, présente les dimensions suivantes :

centimètres

Diamètre occipito-frontal (antéro-postérieur) 18 » »
Diamètre latéral (biauriculaire)......... 13 » »
Courbe antéro-postérieure (occipito-frontale) 32 » »
Courbe latérale (biauriculaire).......... 35 50
Courbe antérieure (auriculaire antérieure).. 31 » »
Courbe postérieure (auriculaire postérieure) 19 » »
Poids .... 51 kil.
Taille...................... 1^m,55^c.

Le grand-père paternel de cet aliéné mourut à l'âge de soixante-un ans, à la suite d'une hydropisie. Il avait fait deux congés, et pendant tout ce temps s'était livré fréquemment à des excès de boisson ; quoique marié à un âge déjà un peu avancé, cet ancien militaire s'abandonna un peu trop, dit-on, à son penchant pour les plaisirs vénériens.

La grand'mère du côté paternel était assez grande,

robuste, très-nerveuse, très-vive, méchante, acariâtre et jalouse ; elle ne vivait pas toujours en paix avec son mari, qu'elle dominait par son entêtement.

Le grand-père maternel, peu intelligent, sans spontanéité, sans énergie, se laissait facilement influencer par le premier venu. Par ses bizarreries, il excitait parfois l'hilarité des habitants de son pays. Grand, robuste, gros mangeur, il mourut à la suite d'une attaque d'apoplexie. Sa femme aimait à gouverner ; elle était très-obstinée et surtout très-violente : tout son entourage pliait devant son caractère absolu. «Pendant les dernières années de son existence, elle se plaisait à malmener les personnes et les choses. »

Le père de B. aime bien les boissons, mais il est pauvre ; de plus il a une femme qui ne lui permet jamais le moindre écart. Malgré la faiblesse naturelle de son caractère, il est passablement orgueilleux, indifférent et très-violent par moments. On le croit également un peu indolent ; ses pensées sont vagues, rares et fort lentes.

La mère de ce malade est fort intelligente ; elle parle peu et paraît avoir un caractère pliant ; mais, sous cette apparence, elle cache une grande énergie, que son mari prend pour de l'entêtement. Soigneuse pour ses enfants et très-laborieuse, elle dirige sa petite maison et sa nombreuse famille au milieu des embarras pécuniaires les plus persistants.

B. (L.) a un frère aîné bizarre, non communicatif, peu intelligent ; on le dit simple d'esprit. Après lui il y a encore trois enfants. Le premier est berger ; on l'aime beaucoup à cause de sa douceur, qui contraste vivement avec la méchanceté de la plupart des membres de sa famille. Le second est absolumènt le portrait de notre malade: il inspire à sa mère les plus vives inquiétudes pour l'avenir. Le troisième enfin est une petite fille, qui paraît assez intelligente: elle offre quelques bizarreries dans ses goûts, qui ne permettent pas encore à la mère de savoir ce qui en résultera.

Jusqu'à l'âge de dix ans, B, (L.) ne donna aucun signe qui pût faire prévoir la maladie dont il est atteint aujourd'hui. Son intelligence était même assez développée. Un jour, il entra dans une vigne pour voler quelques raisins; surpris par le garde champêtre, il fut conduit au propriétaire, dont les remontrances produisirent un tel effet sur sa jeune imagination, qu'à partir de ce moment le susnommé commença à donner des signes d'aliénation mentale. Il courait tout nu dans les rues, s'armait de bâtons pour frapper sans aucun motif les enfants, etc. Ne pouvant plus s'en rendre maîtres, ses parents l'envoyèrent à l'école; mais il montra une paresse si grande et un esprit dissipé si prononcé, que l'instituteur le renvoya chez lui. Alors on le fit admettre dans un hospice. Trompant, au bout de quelques jours, la vigilance de ses gardiens, il revint à la maison paternelle, où son arrivée fut annoncée par l'incendie d'un tas de paille, auquel B. (L.) avait mis le feu. Le lendemain ou le surlendemain, il jeta à l'eau un de ses camarades, dans l'intention de le noyer. Ces actes de violence motivèrent sa séquestration dans l'établissement.

Quand il est calme, B. (L.) travaille un peu dans l'intérieur de sa section, pourvu toutefois qu'il soit seul et qu'on lui accorde quelque faveur; autrement il a toujours le moyen de distraire désagréablement ceux qui travaillent auprès de lui, lorsqu'il ne les tourmente pas jusqu'à les mettre en colère. Il a un tact particulier pour trouver le côté faible des personnes et pour diriger dans ce sens son attaque. Quoique peu intelligent pour les choses de la vie, il montre une perspicacité étonnante et une imagination plus étonnante encore dans le choix des épithètes les plus blessantes. Sa causticité n'épargne personne : grands ou petits, tous les malades souffrent de sa présence. Toutefois il a pour les faibles une préférence marquée, qui se traduit par des coups de poing et autres mauvais traitements de ce genre. Sa poltronnerie ne lui permet pas de déployer sa ruse et sa malignité en toute liberté, car il craint beaucoup les punitions. Ses larmes sont très-fréquentes et très-abondantes; il les verse en toute occasion, bien que la colère soit le grand motif de ses pleurs.

M. l'Aumônier de l'établissement est parvenu, non sans peine, à lui faire faire la première communion. Sa mémoire pour les bonnes choses est nulle, au lieu que le souvenir de ses ruses, de ses méchancetés, de ses agressions, reste fortement gravé dans son esprit et favorise puissamment le développement de ses mauvais penchants. Inaccessible au bien, son intelligence n'est façonnée que pour le mal.

B. (L.) cherche à prendre aux autres malades les mouchoirs, le tabac et tout ce qu'il peut leur voler. Surpris en flagrant délit de vol, il nie le fait avec une assurance impertubable; au besoin même, il saura donner à sa contenance un air innocent, plein de candeur. On ne peut jamais obtenir de lui une vérité quelconque: il ment par nature et par habitude, alors même que le mensonge lui est préjudiciable. Malgré cela, il prétend que les punitions de sa mère l'ont corrigé, et que maintenant il ne ment plus. La moralité d'un acte, quel qu'il soit, lui échappe entièrement. Tout ce qu'il peut savoir à cet égard, c'est par ouï-dire. Il a si peu la conscience de la moralité, qu'il pleure à tout propos, ne sachant pas au juste s'il a droit à des éloges ou s'il mérite des reproches.

Ce malade ne manque pas d'orgueil; il croit travailler mieux et plus que ses compagnons d'infortune, et son bonheur n'est jamais plus grand que lorsqu'il a l'occasion d'avoir à ses côtés un aliéné qui apprend sous sa direction à cirer les dortoirs.

Vicieux déjà, ce jeune homme se livre à l'onanisme, et, sans la surveillance active et continue qui l'entoure, il n'hésiterait pas à donner à ses énergiques penchants une plus ample satisfaction. Le tabac paraît avoir aussi beaucoup d'attrait pour lui, et, pour se le procurer, il n'y pas de ruses qu'il n'invente. Incapable de travailler assidûment, de gagner son existence et de se conduire dans les circonstances ordinaires de la vie, B. (L.) vit au jour le jour, sans s'inquiéter du lendemain. Nous l'avons déjà mis dans plusieurs sections, et partout il a su se faire détester. Les autres aliénés lui ont même infligé quelques corrections, que la

prompte arrivée des gardiens ont rendues peu sévères.
Personne ne l'aime; mais, à son tour, il n'aime personne. Poltron à l'excès avec ceux qui sont plus forts
que lui, ce malade est sans pitié pour ceux qu'il domine par sa force ou par sa ruse. Quand un malade nouveau entre dans sa section, ce jeune homme l'aborde,
lui demande quelques détails et se met immédiatement à lui faire connaître le personnel de la maison
sous le plus triste aspect possible. En le quittant, il
ira raconter, en les dénaturant autant qu'il le peut,
les renseignements qui lui ont été donnés.

B. (L.) appartient évidemment à la catégorie des
simples d'esprit. Il ne peut rien apprendre; ses idées
ne sont pas très-nombreuses et roulent dans un cercle
fort restreint; elles reviennent dans son esprit avec
une certaine persistance, et pourtant il ne les poursuit pas au delà de leurs conséquences immédiates, directes; il ne les associe, il ne les combine, que pour en
tirer les déductions les plus simples. Son attention peut
à peine se fixer quelques instants sur le même sujet,
et sa réflexion est nulle ou à peu près. Depuis longtemps, il va à l'école de l'asile; mais ses progrès sont
nuls ou insignifiants.

Pendant ses périodes d'agitation, qui durent environ
un mois, les symptômes mentionnés ci-dessus acquièrent
chez lui une grande intensité et le rendent insupportable
ou dangereux. Il taquine les uns, frappe les autres, dit
à tous les paroles les plus blessantes, et met dans ces
actes un art et une malignité que le degré de son intelligence ne laisserait pas soupçonner au premier abord.

Il est rare que son exaltation acquière les proportions d'une violente agitation, et cependant, dans cet
état, il est plusdésagréable que s'il était franchement
agité. Après son agitation, il tombe dans une espèce
d'engourdissement durant quelques jours, engourdissement qui lui enlève la plus grande partie de son
énergie. Néanmoins, au milieu de son affaissement, son
caractère méchant se traduit par des actes dictés par
une malveillance non douteuse. C'est alors surtout qu'il
perd l'appétit; en compensation, il dort beaucoup. En
pareilles circonstances, ce malade offre seulement,
comme phénomènes somatiques, quelques troubles insignifiants du côté du système digestif, qui l'inquiètent
cependant beaucoup.

TREIZIÈME OBSERVATION

Manie raisonnante. — Type de la variété envieuse

Mme veuve M. R., née le 9 août 1796, à Montpellier, domiciliée à Avignon, rentière, est entrée dans
l'établissement le 20 février 1867, nous présentant les
signes de la manie raisonnante.

Le père de cette malade était un homme difficile,
acariâtre, qui ne pouvait vivre en bonne intelligence
avec personne. Actif, très-laborieux et fort avare, il
avait un magasin d'orfèvrerie. Pendant la Révolution,
on commit chez lui des vols importants, que sa fille attribue aux antipathies que les voisins avaient pour lui.
Ces vols remplirent d'amertume la dernière partie de
son existence. Il eut plusieurs enfants, mais il n'en conserva qu'un seul : c'est la malade qui nous est confiée.

La mère de celle-ci est morte avant l'âge de quarante ans; elle avait un caractère insouciant, rusé,
méchant. On ne l'aimait pas, à cause de son égoïsme,
de son indifférence et surtout de sa manie de médire de
tout le monde.

Petite, maigre, nerveuse, un peu voûtée, Mme M. ne
pèse que 52 kilogrammes; sa taille est de 1^m48^c.

Les dimensions de sa tête sont les suivantes :

Diamètre antéro-postérieur (occipito-frontal)   0^m,179
      —   latéral (biauriculaire)..........   0^m,138

Courbe antéro-postérieure (occipito-frontale) $0^m,270$
   — latérale (auriculaire supérieure).... $0^m,290$
   — antérieure (auriculaire antérieure).. $0^m,280$
   — postérieure (auriculaire postérieure). $0^m,250$

Sa tête offre dans sa région occipitale un aplatissement bien marqué ; la ligne de son cou semble se continuer, sans se dévier, avec celle de la partie postérieure du crâne.

Les renseignements que nous avons pu obtenir sur les antécédents et surtout sur la jeunesse de cette pensionnaire sont bien restreints : la mauvaise volonté qu'elle met à répondre à toutes nos questions nous met, d'ailleurs, dans l'impossibilité de les compléter. Tout ce que nous savons sur son compte, c'est qu'elle obligeait ses parents à la changer fréquemment de pension et qu'elle ne pouvait rien apprendre : c'est à peine si elle sait lire et écrire, malgré toute la sollicitude que sa famille semble avoir déployée pour lui donner une éducation convenable.

Mariée fort jeune, elle n'a pas été heureuse en ménage, et son mari encore moins. Celui-ci mourut fort jeune. Elle perdit également un fils de quinze ans, et le chagrin qu'elle en éprouva contribua, à son tour, à lui aigrir le caractère.

Restée veuve, Mme M., ne pouvant vivre ni avec ses parents, ni avec ceux de son mari, se retira dans une maison avec une domestique. Celle-ci la quitta bientôt après, et un grand nombre d'autres domestiques lui succédèrent : son caractère était si dés-

agréable que personne ne pouvait le supporter. Elle
se décida à prendre une femme de ménage, qui venait,
deux heures par jour, lui approprier sa maison et lui
faire ses commissions. Ce nouveau système ne lui réussit
pas: comme les domestiques, les femmes de ménage ne
pouvaient pas s'habituer à ses exigences et à ses accusations. En effet, elle prétendait qu'on la volait, qu'on
lui apportait ce qu'il y avait de plus cher et de plus
mauvais au marché, qu'on lui remplissait la maison
d'insectes et de saletés. Ses voisins, qui n'étaient pas
épargnés par ses épithètes injurieuses, la craignaient
et la fuyaient. Mme M. était parvenue à se faire autour d'elle la solitude la plus complète. Néanmoins,
un bruit, une parole, un geste de ses voisins, une
action quelconque, en un mot, était l'objet d'une interprétation fâcheuse de sa part et donnait lieu à une
réaction malveillante. Enfin elle était entraînée à
un tel point par sa défiance, qu'on ne la voyait plus
sortir. Sa nourriture ne se composait plus que de
pain et d'eau, car la susnommée préférait, au désa-
grément de sortir les privations de toute sorte. Bien
plus, elle enlevait les carreaux de son petit apparte-
ment pour les lancer à la tête des personnes qui pas-
seraient le seuil de sa maison. Menacés ainsi, ses colo-
cataires et ses voisins s'adressèrent au commissaire de
police, qui, d'accord avec ses parents, et après l'avoir
soumise à un examen médical, l'envoya à Montdevergues.

On trouva sa chambre dans un si grand désordre,
si sale et si pleine d'insectes, qu'on ne pouvait pas com-

prendre comment cette infor tunée avait pu vivre dans un pareil milieu.

Cette malade est d'une jalousie extrême; l'envie est le seul sentiment qui paraisse exister dans cette organisation haineuse, inquiète et malheureuse. On dirait que toutes les facultés mentales ont abdiqué leur autonomie pour se mettre entièrement au service de ce sentiment de jalousie, dont l'énergie a pris des proportions exorbitantes.

En se levant le matin, elle commence à dire que sa nuit a été mauvaise; que, son lit étant mal fait, elle n'a pu fermer l'œil de toute la nuit: « Les bonnes s'arrangent pour donner une jolie tournure à mon lit, tout en le préparant de façon à m'empêcher de dormir. » Le lendemain on l'engage à le faire elle-même; mais ses récriminations prennent une autre forme. « C'est bien malheureux d'être forcée de rester dans une maison, où en payant un prix de pension très-élevé, on est obligée de se servir soi-même. Il n'y a qu'à moi que ces choses-là arrivent; les autres dames ronflent depuis le soir jusqu'au matin: ce n'est pas étonnant, on remue bien leur paillasse, on secoue bien leurs matelas, on met bien leurs couvertures, tandis que pour moi on s'évertue à me rendre malheureuse nuit et jour. »

Lui aide-t-on à faire sa toilette, Mme M. se plaint qu'on lui arrache les cheveux, qu'on la peigne sans aucun ménagement; que, sous ce rapport, les chiens sont mieux partagés; que sa pommade est mauvaise, que son bonnet n'est pas assez bien repassé, et, comme de coutume, elle ne manque pas d'ajouter : « Ces dames sont autrement soignées que moi. » Au déjeuner, elle trouve son café au lait mauvais; il est froid, mal sucré, sans arome; tout en grommelant elle le boit en regardant obliquement celui de ses compagnes, qui lui paraît meilleur que le sien. Ensuite elle se met à sa place habituelle, demande son travail et attend que la visite arrive pour faire semblant de travailler. Après la visite, elle quitte son ouvrage pour ne le reprendre que le lendemain matin.

A dîner on a pris le parti de lui servir ce qu'elle a demandé; cette attention ne l'empêche pas de dire : « C'est toujours la même chose pour varier; des côtelettes, j'en ai par-dessus la tête »; puis elle trouve que ces côtelettes sont trop dures, trop grandes ou trop petites, trop grasses ou trop maigres, trop ou pas assez cuites, et, tout en les mangeant d'un fort bon appétit, elle prétend qu'elles la dégoûtent par leur mauvaise mine, par leur mauvais goût. On a la précaution de lui présenter le plat pour qu'elle puisse se servir la première et choisir ce qui lui convient le mieux; mais cette précaution ne la prive pas du plaisir de se plaindre et de dire qu'on lui présente le plat du mauvais côté, pour l'obliger à prendre les plus mauvais morceaux; qu'on ne lui laisse pas le temps de faire son choix, et que, sous les apparences d'une bonne manière, tout cela n'est qu'une malice de la sœur, qui met exprès au fond du plat les plus jolis morceaux, afin de les distribuer à ses préférées. Si on la sert à son tour et que, par hasard, elle soit des dernières,

35

elle regarde d'un œil d'envie ce que l'on donne aux autres, et, lorsque son tour arrive, elle dit : « Oui, on vient me servir maintenant qu'il ne reste presque plus rien; je vais avoir les restes de tout le monde, on le fait exprès pour me contrarier . Si j'étais moins indulgente, cela ne m'arriverait pas. »

Dans l'après-midi, quand on l'engage à sortir, elle regarde le ciel, fait la grimace, dit que le temps n'est pas beau et témoigne clairement le désir de rester dans sa chambre. Si la sœur insiste, on la tourmente; si elle n'insiste pas : «Ah! je le savais bien, c'était une dérision; on me disait d'aller à la promenade et on ne demandait pas mieux que de me laisser à la maison. »

Le soir à dîner, les scènes du déjeuner se renouvellent, et toujours de la même façon et sur le même ton. En se couchant, ce sont encore les mêmes plaintes. Elle est tellement ennuyeuse qu'aucune bonne ne veut l'approcher de près ni de loin. Son caractère acariâtre, difficile, intolérant, ne lui permet pas de rester quelques heures seulement sans critiquer ce qui se fait en sa présence; toute la bonté, toutes les prévenances, tout le dévouement des personnes qui la soignent sont pour elle des égards non avenus, et, loin d'en être reconnaissante, Mme M. trouve constamment le moyen de tout dénigrer. Elle voit clairement qu'on cherche toutes les occasions de lui faire plaisir, de lui être utile ou agréable, et cependant elle n'en est point touchée.

Dans ses promenades, quoique fort avare, elle fait toujours quelques petites dépenses, mais pour des gourmandises et des futilités; et, si la sœur lui en fait très-

poliment l'observation, Mme M. se met en colère et recommence ses inévitables plaintes. « Je suis riche et
assez grande pour savoir ce que je dois faire ; vous êtes
heureuse de me tourmenter pour des riens et vous laissez faire aux autres tout ce qu'elles veulent. Il suffit que
je veuille me procurer une petite satisfaction, pour
que vous veniez vous y opposer.

A-t-elle besoin de quelque objet d'habillement, elle
le réclame avec instance, puis elle ne le trouve pas à
son goût : la qualité, la couleur, la coupe, les coutures,
le prix ne lui conviennent pas. « C'est ma famille qui devrait me les fournir, mais on veut gagner de l'argent,
on tient à m'exploiter ; d'ailleurs, je n'ai besoin que
de ma liberté. On fait sortir les folles, et les personnes
raisonnables restent en prison. »

Parfois cette intéressante, mais insupportable pensionnaire, se met en colère subitement, et cela à propos des choses les plus insignifiantes. La jalousie est
constamment la grande et souvent l'unique cause de ses
crises d'impatience. Il y a quelques jours, en voyant
un paquet de mouchoirs bien blancs, bien pliés, appartenant à une autre pensionnaire, Mme M. les prit, les
froissa avec rage, s'en essuya la figure avec mépris et
les cacha au fond d'une corbeille de linge sale.

Elle prend la chaise la plus neuve, l'assiette la plus
jolie, le verre qui lui paraît le plus propre ; et, quand
elle n'arrive pas la première pour faire son choix, on
est sûr de la voir malheureuse, car elle s'imagine, dans
ce cas, qu'on a déjà pris ce qu'il y avait de mieux, avec
l'intention bien arrêtée de la chagriner.

Quand on entend parler quelques minutes Mme M., on la trouve intelligente et presque raisonnable, tant son esprit conserve sa lucidité ; mais, en la suivant pendant toute une journée, malgré l'absence complète des idées délirantes proprement dites, on constate un délire très-intense et très-étendu. Toute son activité mentale roule autour d'un seul mais immense besoin, le besoin de la critique. Elle ne voit que le mauvais côté des personnes ou des choses, et sa perspicacité sous ce rapport est vraiment étonnante. Elle saisit admirablement une foule de petits détails qui, analysés, comparés, rapprochés avec une rare finesse, lui permettent de glisser adroitement un aperçu malveillant que nul n'aurait soupçonné. Sa propre personne n'est pas à l'abri de sa puissante critique, car Mme M. se reproche sans cesse, qui le croirait ? d'être trop bonne, trop tolérante, trop conciliante. « Ah ! si j'étais une mauvaise langue, comme ces dames, disait-elle en se disputant avec une autre pensionnaire, je ne manquerais pas de dire que vous êtes ceci et cela », et, tout en affirmant que son intention était de l'épargner, elle l'accablait et la réduisait au silence. Ainsi, ayant le désir réel à nos yeux de ne rien dire, et subissant, inconsciente, l'influence de son penchant, Mme M. ne pouvait pas s'empêcher d'exprimer ses fâcheuses impressions.

Cette malade a aussi à sa disposition une sorte d'éloquence agressive qu'on ne saurait trop remarquer. On dirait que son intelligence possède une faculté spécialement préposée au choix des expressions les plus mordantes, les plus acérées, faculté qui s'acquitte de ses fonctions avec une facilité qui tient du merveilleux. Dans ses plaintes ou ses accusations, tous les mots portent, et ils portent vigoureusement. Ils ne sont presque jamais grossiers, c'est ce qui fait leur force. Son vocabulaire ne sort pas d'un cercle très-restreint; mais quelle richesse! quelle variété d'expressions! Puis il faut voir le tact qui préside à leur choix. A la faveur de deux ou trois mots parfaitement appropriés aux circonstances, elle dessine avec vigueur le caractère et le travers d'une personne; sa supériorité, sous ce rapport, est vraiment étonnante.

Enfin l'attitude, les gestes, les grimaces et même le son de la voix, favorisent admirablement la manifestation de ses pensées et augmentent considérablement l'énergie de ses paroles. En dehors de cette sphère, Mme M. est une femme très-ordinaire, et son intelligence n'a pas de portée; toutefois ses facultés intellectuelles n'ont pas été affaiblies par sa folie. Pas d'illusions ni d'hallucinations.

Cette malade n'aime personne, elle n'aime pas non plus les animaux; c'est tout au plus si elle s'attache aux objets de son usage, et encore cet attachement n'est pas durable. Indifférente pour la religion, elle néglige toutes les pratiques de son culte, sous le prétexte que les moyens de remplir convenablement ses devoirs religieux lui manquent entièrement. La moralité comme la justice sont très-relatives pour cette pensionnaire, qui ne trouve moral ou juste que ce qu'elle dit ou ce qu'elle fait. On ne la voit jamais causer avec les autres malades, ni leur témoigner le moindre intérêt sous aucun rapport. Elle ne laissera jamais échapper la plus petite occasion de faire de la peine à quelqu'un ; en outre, elle trouvera mille raisons pour ne pas rendre le plus léger service à qui que ce soit. Toujours seule, dans une position un peu accroupie, elle promène un regard inquiet sur tout son entourage, et son oreille constamment en alerte ne perd pas un mot de ce qui se dit. C'est beaucoup lorsque, par ses gestes ou par ses monosyllabes, elle ne désapprouve pas les pensées émises par ses compagnes. Parlant très-peu, comme si elle avait peur de se compromettre, Mme M. n'ouvre la bouche que pour exhaler ses plaintes, pour critiquer les autres ou pour leur dire une méchanceté. Enfin nous ne constatons chez elle la prédominance d'aucun penchant.

Toute sa maladie réside dans son caractère : on cherche en vain à découvrir chez cette infortunée aucune conception délirante digne de ce nom, et cependant sa conduite est incontestablement le résultat d'une aliénation mentale aussi étendue que grave et facile à déterminer.

Les périodes de calme et les accès d'agitation de Mme M. ne sont pas très-marqués : elle se trouve dans un état constant d'exaltation mentale, qui de temps en temps, et sans cause extérieure connue, acquiert pourtant un plus haut degré d'intensité que de coutume. Ses périodes d'affaissement sont également peu accusées, et les symptômes physiques qui les accompagnent ont encore moins d'importance que chez les autres maniaques raisonnants. Néanmoins on ne constate pas

moins, à certaines époques, un peu d'inertie des organes digestifs. De cette inertie dérivent quelques phénomènes morbides qui, malgré leur peu d'importance,
la préoccupent outre mesure et donnent à ses idées
une légère teinte hypochondriaque. Pas de symptômes
d'hystérie.

QUATORZIÈME OBSERVATION

Manie raisonnante. — Variété envieuse

L..., née à E... (Vaucluse), le 28 septembre 1793, est entrée dans l'établissement le 27 novembre 1862.

D'un tempérament nerveux bien prononcé, petite, sèche et affaiblie, L... n'a jamais joui d'une intelligence bien solide. Sa tête petite, un peu aplatie latéralement, est assez bombée à la partie supérieure et postérieure; son front est très-étroit et fort bas. D'un caractère violent, irritable, absolu, bizarre, elle avait dans le pays une réputation de « mauvaise langue », réputation admise sans contestation. Égoïste, gourmande, jalouse, bavarde, emportée, elle a vécu longtemps avec son mari, qu'elle rendait très-malheureux et qu'elle quittait souvent à la suite de discussions vives, pour aller passer plusieurs jours chez ses divers parents; ses voisins prétendaient qu'elle l'avait fait mourir « à petit feu », par son caractère insupportable. Son bavardage et ses cancans ont toujours été la cause de la mésintelligence qui régnait dans sa famille : partout où elle passait, sa « mauvaise langue » laissait des traces profondes; L... n'épargnait personne, et, lorsque ses propos lui procuraient quelque contestation, elle était la première à chercher dispute, et même à frapper les personnes qui avaient à se plaindre de son esprit querelleur. Connaissant son caractère emporté et sa méchanceté, les habitants d'E..., et même des environs, la fuyaient; chaque fois qu'elle entrait chez ses parents, elle s'emparait de divers objets de lingerie, et prenait dans leurs cuisines, sans aucune considération, les aliments qui lui convenaient. On la craignait tant, qu'on la laissait faire sans lui rien dire. Son égoïsme et son orgueil avaient une prédominance telle, que cette malade ne pouvait pas comprendre qu'on ne s'empressât pas de donner satisfaction à ses plus petits désirs. Aussi disposait-elle du bien d'autrui comme du sien propre.

Elle appartient à une famille qui n'avait point d'aliénés, mais qui était composée de membres plus égoïstes et plus bizarres les uns que les autres. « *Ils ont tous la tête fêlée; ils sont secs comme l'amadou.* » Leur réputation, sous ce rapport, est très-ancienne dans le pays et remonte à deux ou trois générations. Il en est qui sont morts poitrinaires. Le père de cette malade, qui était très-orgueilleux, méchant, irritable à l'excès, sans ordre et plein de ruse, ne paraissait content que lorsqu'il pouvait, par ses discours, contrarier quelqu'un.

On ne connaît pas les causes de sa folie; celle-ci s'est développée peu à peu; pour les habitants d'E..., cette femme est plutôt méchante que folle. Le caractère de L... devenait avec l'âge de plus en plus insupportable; elle était aliénée longtemps avant la mort de son mari, mais c'est seulement à cette époque que ses parents font remonter sa folie. Dans son rapport à l'occasion de la séquestration de la susnommée, le commissaire de police d'E... constate plusieurs faits qui annoncent chez cette malade une assez forte exaltation et surtout une irritabilité particulière, qui la portaient à proférer des insultes, à menacer les personnes qui ne lui plaisaient pas et à leur chercher dispute. Elle se livrait, même en public, à des vols de fruits et d'objets de peu de valeur. On la trouva une fois changeant de chemise, près du village, sans s'inquiéter des cultivateurs qui se trouvaient presque à son côté.

Admise dans l'établissement, L... fit immédiatement l'éloge de la maison, des sœurs, des autres malades. Tout dans l'asile lui souriait; elle s'étonnait seulement qu'on pût lui refuser une tasse de café qu'elle demandait. Le lendemain de son entrée, elle avait déjà à se plaindre de vingt personnes. « On ne me donne pas à manger, on me prive de café, on me refuse l'eau pour boire, on m'a pris un morceau de savon qui devait me servir à laver mon mouchoir, etc. » Tous les jours de nouvelles plaintes se pressaient sur ses lèvres, et, quand on cherchait à savoir ce qu'elles pouvaient avoir de fondé, on apprenait que L... mangeait beaucoup, presque avec voracité, et que tous les torts étaient de son côté. Non contente de sa portion, elle s'emparait violemment de celle de ses voisines, injuriait tout le monde, cherchait dispute à ses compagnes, et se battait à chaque instant. Ses mouvements de colère étaient violents et surtout très-fréquents; elle égratignait les sœurs qui l'empêchaient de se battre; elle était enfin une cause constante de trouble, de désordre et d'agitation dans sa division.

Tourmentée par le désir de posséder les mouchoirs, les fichus, les jupes, etc., qui lui convenaient, L... ne reculait devant rien pour s'en emparer ; ses habitudes, dans ces circonstances, consistaient à s'adresser à la malade qui portait l'objet de sa convoitise, à l'insulter, en lui disant qu'elle le lui avait volé, et que l'objet lui appartenait. Si la malade ne répondait pas à cause de sa faiblesse intellectuelle, la susnommée l'égratignait ou lui arrachait les cheveux. La sœur de service ne manquait pas, en cherchant à terminer la querelle, de recevoir sa part d'égratignures. Interprétant à sa façon un fait sans importance ou un détail insignifiant, qu'elle exagérait considérablement et dans le sens de ses désirs, elle bâtissait des histoires, où le mensonge égalait la méchanceté et l'esprit de dénigrement. Critiquer les personnes et les choses, tel était le besoin qui la dominait constamment ; sans la surveillance des sœurs, elle n'aurait rien laissé sur place, pas même les gros meubles de la section. Dévorée par l'envie ou par la jalousie, elle voyait d'un œil inquiet les attentions et les soins qu'on avait pour les autres malades, et s'en plaignait amèrement. La jalousie était ordinairement la cause de ses querelles, de ses plaintes, de sa violence et de son exaltation. Sous ce rapport, sa susceptibilité était si forte, que la sœur était obligée de se cacher chaque fois qu'elle avait quelque chose à donner aux autres aliénés.

Par moments, L... s'occupait au filage ; elle travaillait assez rapidement, mais il y avait dans cette rapidité quelque chose d'anormal. D'ailleurs, son travail, quoique très-mal fait, n'était pas moins admiré par la malade, qui le montrait à la visite avec orgueil. Obstinée, difficile, exigeante, elle n'était jamais contente de rien, pas même de ce qu'elle venait de demander avec les plus vives instances un moment auparavant. Quand on lui parlait de ses devoirs religieux, cette aliénée prétendait que son chapelet lui avait été volé et qu'elle ne pouvait pas faire ses prières. Lorsqu'elle était contrariée, ce qui arrivait assez souvent, L... demandait sa sortie : on avait beau lui dire qu'à son âge elle ne pouvait pas gagner sa vie et que ses parents ne voulaient plus la garder chez eux, elle n'écoutait rien et persistait à vouloir sortir.

Toutefois, si L... ne tenait pas compte des observations qu'on lui adressait à cet égard, ce n'était pas que l'état de son intelligence la mît dans l'impossibilité de les comprendre : non, elles les saisissait assez bien ; mais son jugement les considérait comme trop peu importantes, ou plutôt comme trop absurdes, pour s'y arrêter. Au reste, ce qu'elle faisait ne pouvait pas être mieux fait.

Orgueilleuse malgré son âge, cette malade parlait avec complaisance de sa jeunesse, de ses talents culinaires ; elle allait jusqu'à se vanter d'avoir un excellent caractère. A l'entendre, elle était la bonté même ; malheureusement « on ne veut pas m'écouter, on me contrarie, on me persécute de mille manières ; j'ai un cœur d'or, et, si j'étais riche, je ferais beaucoup d'aumônes. » L... se croyait charitable, et cependant l'égoïsme le plus absolu la dominait.

Il paraît que sa conduite n'a pas été mauvaise. Paresseuse, négligente, malpropre, elle avait sa chevelure, le jour de son entrée, dans l'incurie la plus complète ; parfois elle urinait dans son lit, ce qui ne l'empêchait pas de se dire la personne la plus propre de la maison.

Sa mémoire était un peu affaiblie, ainsi que ses facultés intellectuelles et morales; mais cet affaiblissement n'avait à son âge rien d'extraordinaire. Ses jugements portaient tous un cachet particulier de bizarrerie et d'originalité.

Pas d'attaques convulsives, pas de crises de spasmes ou de pleurs, pas de névralgies, d'hyperesthésies, de contractures, de paralysies, etc. Sous l'influence d'un bon régime, l'état physique de cette malade s'améliora bientôt d'une manière notable; mais cette amélioration ne fut pas de longue durée. En effet, bien que son appétit fût bien conservé et que ses fonctions physiologiques s'effectuassent d'une manière régulière en apparence, L... dépérissait de jour en jour. Elle réclamait son café, et, comme il y avait lieu de croire que cette boisson était entrée dans ses habitudes, on la lui prescrivit, sans que son usage vînt modifier en rien la marche de son affaiblissement. Celui-ci devenait de plus en plus évident, malgré les toniques les plus variés. La diarrhée ne tarda pas à se manifester chez cette malade, et son affaiblissement physique s'aggrava encore. Toutefois la diarrhée ne fut jamais bien forte, ni bien constante. Les aliments semblaient traverser son corps sans la nourrir. Enfin, après avoir fait un séjour au lit de deux ou trois semaines, elle s'éteignit, le 8 avril 1863, à la suite d'un marasme bien caractérisé. Il est inutile d'ajouter que son agonie fut assez longue, et que par moments L... recouvrait ses sens pour dire à la sœur de lui donner à boire ou à manger. Son autopsie n'a pas été faite.

QUINZIÈME OBSERVATION

Manie raisonnante. – Variété envieuse

Mlle R., née à N. le 10 mai 1833, d'un tempérament nerveux, d'une santé délicate, a été placée à Montdevergues le 20 janvier 1865.

Maigre, petite quoique assez bien proportionnée, cette malade ne pèse que 48 kilogrammes ; sa taille est de 150 centimètres. Elle n'offre que des signes vagues et très-incertains de rachitisme ; cependant il n'est pas possible de méconnaître, dans toute son individualité, un certain degré de rabougrissement. On remarque, dans la région occipitale, un aplatissement bien prononcé, surtout à droite. Les dimensions de sa tête sont les suivantes :

centimètres.

Diamètre antéro-postérieur (occipito-frontal).	17,5
Diamètre latéral (biauriculaire)............	13 »
Courbe antéro-postérieure (occipito-frontale).	30 »
Courbe latérale (auriculaire supérieure).....	34 »
Courbe antérieure (auriculaire antérieure)...	29 »
Courbe postérieure (auriculaire postérieure)..	23 »

Le grand-père paternel de Mlle R. compromit sa fortune par son peu de bon sens, ses bizarreries et son mauvais jugement ; il mourut d'une attaque d'apoplexie.

Le père de cette malade était excessivement impressionnable; la moindre émotion le faisait pleurer. Égoïste, sans initiative, sans spontanéité aucune, il n'avait pas de volonté. Dominé par les personnes et par les circonstances les plus insignifiantes, il était toujours malheureux ; se voyant embarrassé pour un rien, il gémissait de tout ce qui lui arrivait.

La mère de Mlle R. est une femme de petite taille, d'un tempérament sanguin, grasse, sans obésité et d'une bonne constitution. Profondément égoïste, jalouse, indifférente, vaniteuse, bizarre et d'une mobilité excessive, elle appartient par son intelligence à la catégorie des faibles d'esprit. Elle devint aliénée peu à peu et sans cause connue. A l'âge de vingt-huit ans, son délire était déjà évident; celui-ci est constant, mais il acquiert par accès une plus grande intensité et se traduit par les phénomènes suivants : besoin continuel de déplacement, accès de colère et même de fureur, tendances au suicide, agitation, plaintes incessantes sur tout et sur tous, lucidité habituelle, conservation de la mémoire et de la conscience, excepté pendant ses moments de fureur ; manie de ramasser des chiffons et des cailloux, indifférence complète, insomnie tenace. Dans ses périodes de calme, elle est affaissée, indolente, apathique, et ne se préoccupe de rien. Incurabilité absolue; sa démence fait peu de progrès.

Une sœur de cette malade est née non viable; ses lèvres n'avaient pas la force de prendre le sein. Elle mourut quelques jours après sa naissance.

Dès sa plus tendre enfance, Mlle R. montra un caractère excessivement jaloux, égoïste et contrariant. Capricieuse, bizarre et d'une grande mobilité, elle détestait le lendemain les personnes qu'elle semblait avoir aimées la veille. En pension, elle était déjà désagréable au dernier point. Ses parents ont cherché à lui donner une bonne éducation, et, à force de lui changer ses professeurs, on est parvenu à lui faire apprendre divers ouvrages d'aiguille, la lecture, l'écriture, un peu de calcul et la musique. Elle joue fort bien du piano; ses aptitudes musicales sont assez prononcées.

Privée de son père et des soins maternels, Mlle R. a vécu tantôt avec ses parents, tantôt dans des couvents, tantôt enfin chez elle, et partout la mobilité de son esprit et les défectuosités de son caractère l'ont rendue insupportable. Attribuant d'abord les meilleurs sentiments aux personnes qui l'entouraient, elle ne tardait pas à changer de manière de voir et à les rendre responsables d'une foule de griefs plus ou moins imaginaires, absurdes et parfois ridicules. Elle prétendait qu'on conspirait contre sa sûreté, contre sa réputation et contre celle de sa famille.

Se livrant par moments, avec une grande exagération, aux pratiques du culte, elle se disait une sainte incomprise et voulait consacrer son existence à la vie claustrale. D'autres fois, au contraire, elle se parait avec un certain soin et disait que sa vocation l'appelait au mariage. Très-difficile pour sa nourriture, elle ne trouvait rien à sa convenance; changeante pour cela comme pour tout le reste, elle repoussait avec dégoût ce qui lui avait fait plaisir deux ou trois jours auparavant.

En 1863, étant au couvent, Mlle R. fut subitement

tourmentée par la crainte d'être poitrinaire : elle se mit au lit, parlant de sa mort prochaine, de ses souffrances, de son testament, et se montrant encore plus exigeante que de coutume. La personne qui la soignait, n'ayant plus la patience de supporter et ses manies et sa mauvaise humeur, se permit de lui dire que son imagination était plus malade que sa poitrine. Il ne fallut pas davantage pour faire croire à Mlle R. que cette personne la détestait et que la haine pouvait lui donner quelque mauvaise pensée. Cette idée grandit dans l'esprit de notre malade, et le lendemain elle affirma que la personne dont il s'agit avait cherché à mettre du poison dans sa tisane. Quelques jours après, la crainte de mourir fut remplacée par le désir de se marier. La supérieure du couvent, profitant de cette nouvelle disposition d'esprit de sa pensionnaire, la renvoya dans sa famille. Au bout d'un mois, Mlle R., soupçonnant ses parents de vouloir la faire mourir pour s'emparer de sa fortune, les quitta pour aller habiter seule dans une maison, avec deux domestiques de son choix.

Celles-ci devinrent bientôt l'objet d'une surveillance excessive, car elle se figurait que c'était par leur entremise que sa famille voulait accomplir ses projets. Aussi, presque toutes les semaines, elle renvoyait les personnes qui entraient à son service. Dans une liste faite par la malade elle-même, nous voyons qu'elle a eu, pendant l'espace de trois ou quatre ans, plus de quatre-vingts serviteurs. Pour se venger de la prétendue malveillance de ses domestiques et pour les effrayer, elle mit dans leur soupe quelques allumettes ; elles s'effrayèrent, en effet, mais leurs plaintes, adressées à la fois au commissaire de police et au procureur impérial, eurent pour résultat la séquestration de la susnommée dans l'établissement.

A son arrivée, Mlle R., en proie à une sorte d'inquiétude fiévreuse, demandait une ou plusieurs choses, et dès qu'elle les avait il lui en fallait d'autres. Pendant les deux ou trois premiers jours, la correspondance l'occupa beaucoup : elle usa quatre ou cinq cahiers de papier pour se plaindre de sa séquestration, qui lui semblait un nouvel attentat contre sa personne et un nouveau moyen employé par sa famille pour la faire mourir. « Je ne suis pas folle, répétait-elle à chaque instant; je ne dois pas rester dans une maison de fous, et, si malgré ma volonté on persiste à me laisser ici, je briserai, je casserai tout. » Cependant elle parut se résigner à son triste sort, et, changeant de tactique, cette demoiselle affirma que sa liberté lui était une chose indifférente et que son seul désir consistait à vouloir être transférée dans une autre maison de santé. Quand elle vit ensuite que les fonctionnaires étaient très-disposés à lui donner cette satisfaction, Mlle R. les pria instamment de ne plus s'occuper de cette affaire, en disant : «La grâce vient de m'éclairer, et maintenant je comprends que le séjour dans cet hôpital m'est réellement avantageux. » Comme on lui demandait quelques explications à cet égard, elle nous apprit qu'au couvent, une sœur étant devenue folle, on la substitua à cette infortunée, et que, nécessairement, ayant pris la personnalité et par conséquent la folie de cette sœur, elle devait subir à sa place le traitement réclamé par la maladie.

Cette aliénée attache une grande importance aux actes de tous ceux qui l'entourent, et les choses les plus insignifiantes sont de sa part l'objet d'une interprétation plus ou moins extraordinaire; seulement elle se fait violence pour ne pas trahir ses pensées; alors elle pâlit subitement et sa préoccupation se traduit par un besoin de mouvement ou par une exaltation particulière, qui dure parfois assez longtemps.

Fatiguée très-souvent, surtout pendant ses périodes d'exaltation, par des sensations internes sur lesquelles nous ne pouvons obtenir aucun détail, Mlle R. se plaint cependant de ses souffrances. « Vous devez savoir ce qu'il en est, nous dit-elle, on me monte tant qu'on peut; d'autres fois on me descend avec rage, et les tiraillements qui en sont la conséquence me font souffrir horriblement. » Elle éprouve, en effet, dans le bas-ventre une sensation très-douloureuse, qui parcourt à peine une distance de 5 ou 7 centimètres, sensation qui paraît avoir, tantôt une marche ascendante, tantôt au contraire une marche descendante. Il est bien entendu que ces sensations sont, à ses yeux, produites par des manœuvres exercées à distance sur elle, aujourd'hui par une personne, demain par une autre, sans qu'elle puisse s'expliquer la nature ou le mode d'action des moyens employés. Inquiète, difficile, versatile, aimant à faire des plaintes, sur tout et sur tous, elle demande souvent sa sortie et fait avec grand fracas les préparatifs de son départ. Pour donner satisfaction au besoin de changement et de mouvement qui la domine, cette malade se

met au piano, le quitte pour écrire, reprend la musique,
va de sa chambre au jardin, remonte dans sa chambre,
descend encore, adresse des questions aux autres aliénées, et, dans l'espace de quelques minutes, on la voit
préoccupée d'une foule d'affaires qui, à peine enta-
mées, la fatiguent déjà.

Parfois elle veut se faire protestante; d'autres fois elle
prétend qu'on prolonge sa séquestration dans le but de
gêner le développement de sa vocation religieuse ; par
moments, enfin, elle est convaincue que l'existence de
jeune fille ne lui convient plus et que le mariage seul
peut réaliser ses beaux rêves.

Mlle R. est jalouse de tout : « La sœur ne doit donner
des soïns à qui que ce soit, les domestiques sont à mon
service et nullement au service des autres pensionnaires. » A table, elle fait éclater à chaque instant sa
mauvaise humeur, en disant que les bons morceaux qu'on
a le soin de lui envoyer de la cuisine restent toujours en
route ou sont distribués à ses compagnes. La jalousie et
l'envie se trouvent au fond de toutes ses plaintes, de tous
ses sujets de mécontentement; ces sentiments toujours
vivaces, toujours actifs et presque toujours froissés directement ou indirectement, la rendent acariâtre, malheureuse, violente et tellement irritable, qu'un rien suffit
pour l'exaspérer et pour la mettre en colere. Son esprit,
très-inventif quand il s'agit d'être désagréable à quelqu'un, trouve, à tout propos, des griefs complétement
imaginaires, qu'elle donne ensuite, et cela de bonne foi,
comme l'expression de la vérité. Le besoin de mentir ne
l'abandonne jamais; seulement elle oublie bientôt après

les transformations que subissent ses inventions dans son intelligence. Mlle R. se dit à elle-même : « Telle chose devrait se passer ainsi », et aussitôt elle est persuadée non-seulement que cette chose peut se passer ainsi, mais encore qu'elle s'est réellement passée selon ses désirs. Voilà comment sa mémoire devient l'esclave de ses conceptions délirantes, et comment un fait imaginaire prend, dans son esprit, les allures d'une vérité incontestable. Dans ce cas, notre malade perd la conscience de ses opérations mentales, et, par suite, son jugement devient incapable de les apprécier ou de les rectifier. Les transformations dont il s'agit laissent son raisonnement intact et font croire à un degré de lucidité qu'elle est bien loin d'avoir.

Ses penchants sont peu prononcés, mais en compensation son égoïsme est immense; et, si la religion la préoccupe tout un jour, c'est tout ce dont elle est capable : ordinairement, les idées mondaines et les idées religieuses se succèdent dans son intelligence sans transition aucune. Sa méchanceté, masquée parfois sous les dehors d'un dévouement affectueux plein de sincérité, ne tarde pas à se dévoiler et à se manifester sous les formes les plus variées. On la surprit un jour mettant des aiguilles sur une chaise, dans l'espoir qu'une pensionnaire, qui lui était en ce moment antipathique, irait s'y asseoir. Elle n'épargne pas même les animaux : les chats surtout lui inspirent une sorte de répulsion, car elle assure qu'ils lui font des grimaces. Au reste, Mlle R. nous a offert à plusieurs reprises quelques illusions parfaitement caractérisées et même quelques hallucinations;

mais ces phénomènes perceptifs, surtout les derniers, sont très-rares. Les sensations douloureuses qu'elle éprouve dans la région hypogastrique sont peut-être des illusions; elles n'ont, dans tous les cas et selon toute probabilité, aucune relation avec l'hystérie.

Pendant ses périodes d'affaissement, Mlle R. se préoccupe d'une manière exagérée de sa santé; sa poitrine lui inspire les craintes les plus sérieuses, et cependant ses rhumes se traduisent plutôt par des symptômes généraux que par des localisations dans les organes pulmonaires. Sous tous les autres rapports, l'état de cette malade, qu'elle soit exaltée ou affaissée, est absolument identique; l'intensité de l'appareil symptomatique est seule variable.

Les accès d'agitation de cette aliénée se prolongent parfois d'une façon insolite pendant deux ou trois mois, et son exaltation acquiert, aux époques menstruelles, une aggravation notable. Ses périodes d'abattement, toujours mal dessinées, lui durent ordinairement de quinze à vingt-cinq ou trente jours. Elles s'accompagnent, au début, de quelques phénomènes gastriques peu prononcés.

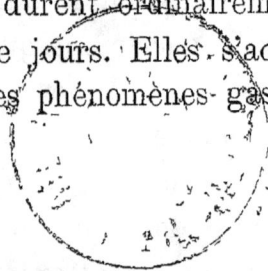

FIN.

TABLE DES MATIÈRES

INTRODUCTION

PREMIÈRE PARTIE.

HISTOIRE DE LA MANIE RAISONNANTE.

SECONDE PARTIE.

OBSERVATIONS.

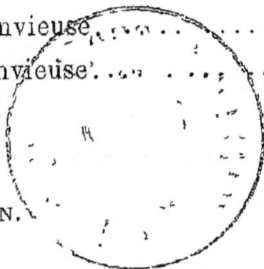

FIN.